정치시대를
넘어
경제시대로

정치시대를 넘어 경제시대로

한국정치, 이제 새로운 틀을 짜야 한다

서상목 지음

북크리아

 **머 리 말**

　한국에서 정치만큼 재미있는 드라마가 없다고 한다. 드라마는 앞으로 펼쳐질 사건의 흐름을 대충 짐작할 수 있으나 한국정치가 어떻게 전개되어 갈지를 예측하는 것은 불가능하기 때문에 정치가 드라마보다 더 흥미진진하다는 것이다.

　아무도 노무현 정권의 등장을 예견하지 못했고 취임 후 1년도 안 되어 재신임 문제가 부각되고 탄핵파동이 야기될 것을 알지 못하였다. 더욱이 취임 첫 1년 동안의 실정에도 불구하고 열린우리당이 4·15 총선에서 국회 과반수를 차지하는 다수당으로 부상될 것을 예측한 사람은 아무도 없었다.

　한국정치와 같이 템포가 빠른 드라마도 없을 것이다. 한국정치의 중심에서 국정을 좌지우지하던 정치인들이 일시에 몰락하고 새로운 인물들이 여론의 집중적인 조명을 받으면서 부상하고 있다. 4·15 총선을 정치신인이라 할 수 있는 한나라당의 박근혜 대표, 열린우리당의 정동영 의장, 그리고 민주당의 추미애 선대위원장이 지휘하리라는 것을 아무도 상상하지 못하였다.

불과 몇 년 전만 하더라도 한국의 주요 정당들은 서로 보수임을 자처하면서 치열한 '보수경쟁'을 전개하였다. 그 당시에 전문가들은 한국에서 진보주의는 영원히 발을 붙이지 못할 것이라는 성급한 전망을 하기도 하였다. 그런데 이제는 진보세력이 권력의 심장부인 청와대를 장악하였고 국회도 지배하게 되었다. 얼마 전까지만 해도 보수를 표방한 정당조차도 이제는 각종 대북협력 제안을 하면서 자신의 '진보성'을 부각시키려 노력하고 있다.

한국정치와 같이 거칠고 액션 만점인 드라마가 없다. 흔히 권력은 부자지간에도 나눌 수 없다고 한다. 그래서인지 한국정치에서의 경쟁은 치열한 투쟁으로 발전하게 되고 이 과정에는 경기규칙도 존재하지 않는다. 수단방법을 가리지 않고 살아남아야 하는 로마의 검투사와 같이 정치인들은 정권을 잡기 위해 그리고 선거에서 승리하기 위해 끊임없이 싸운다.

목적 달성을 위해 상대방의 약점을 집중 공격하는 것은 물론이고 필요하면 유언비어도 만들어 유포시킨다. 정치권에서 살아남기 위해 당적을 옮기는 정치적 배신행위가 비일비재하게 발생하고 있고 정권을 잡기 위해서는 자신과 정치적 소신을 달리하는 정치세력과의 연대 구축도 마다하지 않는 것이 오늘날 한국정치의 현주소다.

한국정치 드라마의 클라이맥스는 대통령 선거다. 헌법에 의해 행정부의 수장과 국가수반이라는 막강한 지위가 보장된 대통령이 되기 위해 모든 유력정치인들은 치열한 경쟁을 하고 있다. 주요 정당들은 대통령선거에서의 승리를 위해 당의 명운을 건 싸움을 전개한다. 이 싸움에서 승자는 모든 것을 얻고 패자는 모든 것을 잃는다. 승자는 대통령이 되고 패자는 정계에서 은퇴해야 한다. 대선 승자의 출신지역 인사들은 정부와 정부가 영향력을 미치는 기관의 요직을 독식하고 패자의 출신지역 인사들은 이 자리에서 물러나야 한다. 승자와 승자 주변의 인사들은 부귀권세를 누리는 반면 패자와 패자 주변의 인사들은 검찰수사의 대상이 되어 '부패 정치인'이라는 낙인이 찍혀 감옥에도 가야 한다. 보수주의자가 승자가 되면 보수주의의 르네상스 시대가 되나 진보주의자가 승자가 되면 진보주의가 사회의 기본 이념으로 부상한다.

이러한 한국정치의 역동적인 드라마를 지켜보는 관객인 국민들은 매우 이중적인 행태를 보이고 있다. 정치인의 부도덕성과 무능력을 비난하면서도 두셋만 모이면 정치 이야기로 꽃을 피우고 선거철이 되면 너도나도 정치인이 되겠다고 나서고 있다. 정치인들이 지역주의를 조장하고 이를 정치적으로 이용한다고 비판하면서도 자신들의 투표행위는 철저히 지역이기주의에 의해 이루어지고 있다. 대통령의 무능에 대해 공감을 하면서도 대통령의 탄핵에 대해서는 흥분하며 반대한다. 정치인들의 정경유착과 불법 정치자금 수수행위를 비난하면서도 자신들은 정치인으로부터 대접받기를 원하고 어려운 일이 생기면 정치인을 찾아가 부탁하기를 주저하지 않는다. 화합의 정치를 해야 한다고 말하면서도 자신의 이해가 엇갈리는 사안이 발생하면 과격시위도 불사한다.

나는 이러한 한국정치 현장에서 1988년부터 12년간 국회의원 생활을 하였다. 이 기간 중 두 차례의 대통령선거에서 기획업무를 담당하였고 세 차례의 국회의원 선거에 출마하여 당선되었다. 당에서는 정책 관련 당직을 맡아 활동하였고 국회에서는 경제 관련 상임위와 의원외교 활동에 전념하였다. 지난 5년간은 이른바 '세풍사건'에 연루되어 집권세력의 정치공격과 탄압의 대상이 되어왔다. 정치하는 동안 나는 선거에서 승리의 짜릿함도 맛보았고 패배의 허탈함도 느낄 수 있었다. 권력 다툼에서 승자에게 쏠리는 힘과 권세의 위력도 지켜보았고 패자에 대한 권력의 탄압도 나는 실감할 수 있었다.

이 책을 집필하는 첫 번째 동기는 내가 현장에서 보고 느낀 한국정치의 문제점을 정리하고 나 나름대로의 개선방안을 제시하는 것이다. 정치학을 전공하지 않은 내가 정치에 관한 글을 쓰는 것이 부담스럽기도 하였다. 그럼에도 불구하고, 집필을 시작한 것은 내가 지난 16년간 지켜본 한국 정치에 대해 나 자신의 견해를 밝혀야 한다는 생각 때문이다. 책 말미에 나열된 한국정치에 관한 전문가들의 분석 내용을 집필과정에서 참고하였다. 조사결과와 주관적 의견을 인용할 때에는 출처를 명시하였으나 역사적 사실과 객관적 통계는 문장의 원활한 흐름을 위해 자유롭게 사용하였다. 이 책들은 전문가의 자문을 구할 수 없고 자료검색이 어려운 상황에서 집필을 해야 하는 나에게 큰 도움이 되었다. 저자들에게 감사의 뜻을 전한다. 그러나 이 책에 제시된 분석과 정책 건의는 나 자신의 판단에 의한 것으로 그 책임은 오로지 나에게 있다는 것을 분명히 하고자 한다.

민주화 이후 한국정치는 새로운 균형점을 찾아 계속 변화되어 왔다고 할 수 있다. 한국정치가 안정되지 못하고 불안정과 혼란을 거듭하고 있는 것은 아직 세계화, 정보화 그리고 민주화라는 세계의 거대한 추세에 부합하는 새로운 정치적 균형에 이르지 못했기 때문이다. 그래서 우리는 새로운 시대적 여건에 맞는 방향으로 정치 분야에서의 해답을 찾기 위해 부단히 노력해야 할 것이다. 4·15 총선이 끝나고 탄핵정국이 마무리된 지금이야 말로 이러한 노력에 가속도가 붙어야 할 시점이라고 생각한다. 이 책이 그러한 노력에 조금이나마 도움이 되기를 기대한다.

나는 경제 전문가 입장에서 민주화 이후 한국정치가 경제발전에 도움이 되지 않고 오히려 장애물 역할을 하였다는 사실을 늘 안타깝게 생각하여 왔다. 따라서 이 책에서 제시된 한국정치의 문제점과 해결방안은 정치가 경제발전에 적어도 걸림돌이 되어서는 안 된다는 시각에서 출발하고 있다고 할 수 있다.

그래서 한국정치의 좌표를 우리만의 편견과 관습에서 벗어나 세계적 흐름 속에서 설정할 것을 제안하고 있다. 또한, 건국 후 지난 50여 년간 한국정치 발전에 장애물이 된 대통령제 권력구조를 내각제로 전환시킬 것을 건의하고 있다. 정당구조, 선거제도, 국회 운영방식 등도 저비용·고효율의 제도로 개선해 나갈 것을 강조하고 있다. 민주화 이후 고조된 지역 간 갈등구조에 이어 최근 새로 부각되고 있는 보수와 진보진영 간의 대립구도도 상생과 화합을 강조하는 정치 리더십을 통해 선의의 정책경쟁으로 승화시켜 나갈 것을 건의하고 있다. 이러한 제도적 개선과 새로운 정치 리더십 확립으로 정치 안정을 이루어 국정운영의 우선순위가 경제 등 민생 문제에 집중되는 '경제시대'를 열어 갈 것을 나는 이 책에서 주창하고 있다.

옥중에서 두 번째 책의 집필을 마무리하게 되어 감회가 깊다. 이제는 한 평짜리 방에 쭈그리고 앉아 책을 읽고 글을 쓰는 일도 상당히 익숙해진 것 같다. 담요와 베개를 등받이로, 작은 밥상을 책상 삼아 구식 모나미 볼펜으로 교정(矯正) 노트에 생각을 정리해 나가면서 쓴 이 책이 단순히 교도소에서 시간의 공백을 메우는데 그치지 않고 한국정치 발전을 위한 국민적 지혜를 모으는 과정에 조금이라도 기여하게 되기를 바란다.

정상적이지 아니한 여건에서 집필한 이 책이 세상의 빛을 보기까지에는 많은 분들의 도움이 있었다. 누구보다도 이 책의 집필을 허가해 준 서울구치소 당국에 감사드린다. 또 이 책의 출판을 기꺼이 맡아준 북코리아 이찬규 사장에게 감사의 뜻을 전한다. 자료수집과 편집을 도와준 허정회 보좌관과 원고정리에 수고한 장석영 비서에게도 매우 고맙게 생각한다. 그리고 지난 5년간 집권세력으로부터 '세도'(稅盜)라는 비난 속에서 검찰수사와 재판을 받고, 1년간 옥고를 치르는 동안에도 나에게 변함없는 격려와 사랑을 보내준 모든 분들께 이 책을 바치고자 한다.

2004년 7월
여주교도소에서
저자 서 상 목

차례

제2부 정책으로 경쟁하는 정치 : 어떻게 이루어가야 하나

글을 시작하며

한국정치, 이제 새로운 틀을 짜야 한다

"

민주주의는 대중선동을 불러왔고,

아리스토텔레스가 예언한 것처럼

세상에 완벽한 민주주의보다

더 부끄러움을 모르는 통치형태도 없을 것이다.

그 이유는 주권자인 국민의 판단이

옳지 않을 수 있다는 가능성을 인정하지 않기 때문이다.

"

Andrew Roberts, 「Hitler & Churchill : Secrets of Leadership」

대통령 무책임제에서 내각책임제로

한국정치의 드라마는 '대통령 만들기'에서 시작해서 '대통령 만들기'로 끝난다고 해도 과언이 아니다. 모든 유력 정치인들은 대통령이 되기 위해 혼신의 노력을 경주하고 있고 이들 중 일부는 '대통령 병환자'라고도 불리어질 정도로 이 문제에 집착해 있다. 주요 정당은 '대통령 만들기'에 성공하기 위해 치열한 각축전을 벌이고 있다.

대통령선거에서의 승패는 해당 정치인은 물론 정당의 정치적 운명을 결정하기 때문에 후보와 정당들은 대선에서의 승리를 위해 수단과 방법을 가리지 않는다. 상대방 후보에 대한 무차별적인 흑색선전이 난무하고 언론계, 종교계, 학계 등 거의 모든 분야에서 주요 대선후보 별로 편이 갈라져 갈등구조를 형성하게 된다. 재계는 차기 정권으로부터 불이익을 받지 않기 위해 당선 가능성이 높은 후보에게 정치자금을 제공하게 되고 고위 공무원들도 유력 후보 진영의 인사들과 친분관계를 맺어 자신의 출세에 도움이 되도록 노력한다.

대통령제는 한국정치에서 '만병의 근원'이 되고 있으며 이 중 가장 문제가 되는 것은 대통령제의 '승자 독식' 현상이라 할 수 있다. 한국정치가 상생(相生)의 정치관행을 정착시키지 못하고 서로 헐뜯기 경쟁에 몰입하게 되는 것은 대선에서 승자는 권력을 독식하고 패자는 정계은퇴 또는 정치탄압의 대상으로 전락한다는 사실에 기인하는 바 크다. 그래서 정경유착과 불법 정치자금 문제도 내각제보다는 권력집중 현상이 심한 대통령제에서 더욱 두드러지게 나타나게 되는 것이다.

정치인들이 팀을 이루어 집권하는 내각제와는 달리 대통령제에서는 선거가 정당보다는 후보 개인의 이미지 위주로 전개되고 선거후에도 대통령은 주로 당 외 인사들로 내각과 청와대 비서진을 구성하여 국정을 운영하게 된다. '토사구팽'(兎死狗烹)이란 말이 인구(人口)에 회자(膾炙)될 정도로 대선과정에서 공헌한 정치인들은 집권 후 오히려 권력에서 소외되는 경우가 허다하다. 반면, 대통령은 정치적 부담이 없는 학자 또는 공무원 출신 인사들을 각료 등 정부 요직에 기용한다. 그러나 학자 출신 장관은 행정 경험이 없어 부처장악에 실패하는 경우가 많으며 공무원 출신 장관은 무난하기는 하지만 기존 관료사회의 패러다임을 깨는 개혁정책을 추진하려 하지 않는다는 문제가 있다.

내각이 연대 책임을 지는 내각제에서는 장관은 대부분의 경우 내각 수반인 총리와 임기를 같이 하나 대통령제의 장관은 대통령에 의해 손쉽게 해임되는 경우가 많다. 한국에서 민주화 이후 출범한 역대 정권에서 장관의 평균 재임기간이 1년 정도로 나타났으며 장관의 70% 이상이 본인의 잘못과는 관련 없는 '정치적 이유'로 해임되었다. 장관의 정치적 위상이 대통령에 비해 현저히 떨어지기 때문에 대통령은 자신이 정치적 어려움에 처했을 때 개각을 '국면전환용' 카드로 활용하여 온 것이다. 경제, 복지, 교육 등 민생분야에서 민주화 이후 정권의 업적이 극히 저조한 것은 장관의 평균수명이 매우 짧다는 사실에 기인하는 바 크다.

대통령제에서는 국민과 언론의 정치적 관심이 대통령과 유력 대통령 후보들에게 집중되기 때문에 정당이 사당화(私黨化)되는 경향이 있으며 이는 이제까지 한국에서 정당정치가 뿌리를 내리지 못하는 근본적인 원인이 되고 있다. 역대 대통령들은 집권하면 자신의 추종세력만으로 새로운 정당을 만들었으며 이렇게 만들어진 여당은 국회에서 '거수기' 노릇을 하는 데 급급했다.

유력 대통령 후보군에 속하는 야당지도자들도 강한 지역기반을 바탕으로 자신이 적을 두고 있는 정당을 사당화 하였으며 한국정치에서의 지역주의는 이러한 정치관행에서 생성되어 왔다. 정당이 정치지도자를 만든 것이 아니라 정치지도자가 정당을 만들어 왔기 때문에 한국정당은 이념과 정치철학을 바탕으로 한 대중정당이 되지 못하고 정치지도자 중심의 붕당 형태를 취하게 된 것이다. 이 역시 대통령제의 폐단인 것이다.

대통령과 야당 정치지도자가 지배하는 정당구조는 필연적으로 국회를 무력화 시키게 된다. 국회의원들이 대통령과 야당 정치지도자들의 거수기 또는 대리투쟁 역할을 담당하기 때문에 국회는 국가 정책을 토론하고 좋은 법안을 만드는 '일하는 장소'가 되지 못하고 대통령의 독주를 야당지도자들이 견제하는 '투쟁의 장소'로 전락해 버렸으며 이런 과정에서 국회에 대한 국민의 신뢰는 추락하였다. 국회 위상의 하락은 대통령에게는 상대적으로 더 큰 힘을 행사할 수 있는 기회를 주게 되었고 이러한 악순환은 지금까지도 되풀이되고 있다.

최근의 대선자금 문제와 탄핵파동이 좋은 사례라 할 수 있다. 불법 대선자금의 직접적 수혜자인 대통령과 대통령 후보는 검찰의 수사대상에서 제외되고 대선 당시 소속 정당에서 선거책임을 맡은 국회의원들만 사법처리의 대상이 되었고 이로 인해 국회의원과 국회의 위상은 크게 떨어졌으나 대통령의 위상은 상대적으로 높아졌다. 노무현 대통령은 집권 후 전임자들의 전철을 밟아 새로운 정당을 만들어 여당을 더욱 왜소하게 만들었고 다가오는 총선에서 이를 만회하기 위해 '부적절한' 발언을 하여 국회탄핵의 원인을 제공하였다. 그런데도 국민들은 불법 대선자금의 수혜자인 대통령보다 대통령 후보를 위해 불법자금을 모금한 국회의원의 죄가 훨씬 크다고 생각하는 것이 오늘의 실상이다. 이러한 상황이 반복되면 한국에서 대의민주주의 기반은 무너지고 대통령은 국회를 우회하여 국민에게 직접 호소하는 포퓰리즘적 통치행위에 의존하는 새로운 정치관행이 정착될 수도 있을 것이다.

대통령제는 필연적으로 이중적 정통성 문제를 야기한다. 대통령과 국회의원 모두 국민이 직접 선출하기 때문에 여당이 국회 과반의석을 확보하지 못할 경우 대통령과 국회는 서로 충돌할 수밖에 없으며 이를 중재할 기구는 대통령제에서 존재하지 않는다. 반면, 내각제에서는 국회 다수 의석을 확보해야 집권할 수 있기 때문에 국회와 행정부가 충돌하는 경우가 발생하지 않으며 이에 따른 국정혼란도 없다. 내각제에서 국정이 더 안정적인 이유가 바로 여기에 있는 것이다.

대통령제에서 대통령은 국정운영을 독점하나 그 결과에 대한 책임을 지지 않는다. 특히, 현행의 단임 대통령제에서 대통령에게 정치적 책임을 묻는 것은 사실상 불가능하다. 탄핵제도가 있으나 최근의 탄핵파동에서 나타났듯이 많은 정치·사회적 혼란을 야기하게 된다. 그러나 내각제에서는 내각불신임과 총선 실시 등의 방법으로 내각에 대한 책임을 묻는 장치가 제도적으로 보장되어 있다. 이 역시 현행의 '대통령 무책임제'를 내각책임제로 전환시켜야 하는 이유다.

내각제를 채택하면 정국이 불안해진다고 생각하는 것은 4·19 학생운동 직후 집권한 장면 정권의 1년도 안되는 내각제 경험에서 유래된 잘못된 인식이다. 당시의 정국 불안은 내각제라는 제도보다는 4·19 이후의 사회혼란과 장면 총리의 정치력 부재에 기인하였다는 것이 좀더 정확한 분석일 것이다. 내각제와 대통령제를 비교 분석한 연구결과에 의하면 장관의 평균 재임기간이 대통령제보다 내각제에서 두 배나 길고 장관 경험이 있는 인사가 장관을 하는 경우도 내각제에서 세 배나 많은 것으로 나타나고 있다.

임기가 고정된 대통령제보다 내각제에서 유능한 정치지도자의 집권기간이 길었다는 사실 역시 내각제가 대통령제보다 훨씬 더 안정적인 정치제도라는 것을 말해 준다고 할 수 있다. 대통령제에서 대통령은 능력과 관계없이 고정된 임기를 채우게 되나 내각제의 수상은 유능하면 오래 집권하고 무능하면 단기집권으로 끝나기 때문에 내각제가 대통령제보다 더 합리적인 권력구조인 것이다.

고비용·저효율에서 저비용·고효율 정치제도로

고비용 정치의 원인은 한국의 정당제도와 선거제도에서 찾을 수 있을 것이다. 한국정치가 고비용 구조를 갖게 된 근본적인 원인은 한국의 정당들이 자발적인 지지자들로 구성된 대중정당이 되지 못한데 있다고 할 수 있다. 정치지도자들이 자신의 정치적 목적 달성을 위해 정당을 만들었기 때문에 평상시 이를 유지하고 선거과정에서 당 조직을 가동하려면 많은 정치자금이 필요하게 되는 것이다. 그래서 한국의 정당조직은 선거철만 되면 '돈 먹는 하마'라고 불리어지게 되었다.

저비용 정치를 위해 16대 국회 막바지에 정당법, 정치자금법, 선거법 등이 개정되었다. 고비용 구조의 원인이 되었던 지구당 제도가 폐지되었고 선거과정에서 많은 선거운동원을 동원해야하는 정당연설회, 합동연설회 등도 금지 되었다. 선거기간 중 후보 외에는 어깨띠를 착용할 수 없게 하였고 선거비용 지출에 대한 선거관리위원회의 감시기능도 강화하였다. 또한, 법인의 정치후원금 납부를 금지하여 정경유착의 가능성을 원천적으로 봉쇄하였다.

이러한 개선조치들이 4·15 총선에서 선거비용을 줄여 돈 선거 관행을 막는 데에는 크게 기여한 것으로 평가되고 있다. 그러나 저비용 정치를 위한 개선안이 다른 부작용을 야기할 것이라는 비판여론도 만만치 않다. 우선 지구당 폐지는 가뜩이나 대중정당이 되지 못하고 있는 한국정당의 발전에 부정적 결과를 초래할 가능성이 있다는 것이다. 또한, 법인의 정치후원금 금지는 새로운 형태의 탈법과 위법 사례만을 양산할 것이라는 지적도 있다.

이는 정치제도에 있어서도 단속과 처벌 강화만이 만병통치약이 될 수 없음을 의미하기도 한다. 정치인 대다수가 실제로 정치자금법을 위반하고 있는 현 상황에서는 추가적 규제와 처벌에 앞서 제도의 현실화로 정치자금을 양성화하고 투명화 하는 노력이 선행되어야 할 것이다. 이제 총선도 끝났기 때문에 좀 더 차분한 분위기에서 정치자금과 관련한 제도와 관행의 개선방안을 강구해야 할 것이다.

정당의 대중화는 정치제도 개선에 있어 가장 핵심적인 과제다. 이를 위해서 미국식 공개 예비선거제도(open primary)의 도입을 건의한다. 이는 유권자가 당에 대한 등록이나 소속을 공개할 필요 없이 예비선거일에 투표장에서 자신이 참여를 원하는 정당의 투표용지에 투표를 하는 제도로 이의 실시는 유권자들의 정당 소속의식을 제고하여 정당의 대중화에 크게 기여할 것이다.

또한, 공개 예비선거제도의 도입은 당내 민주화를 제도화하는 계기가 될 것이다. 이에 대한 반론으로 선거를 사실상 두 번해야 하는데 따른 정치비용 증가가 지적될 수 있으나 선거운동 방법에 대한 규제가 강화되고 선거공영제의 폭이 확대된다면 이는 큰 문제가 되지 않을 것으로 생각된다. 무엇보다도 예비선거제도가 정당발전에 기여할 긍정적인 효과를 감안할 때 어느 정도의 정치비용 증가는 부담해도 무방하리라 판단된다.

정당의 고비용 구조를 개선하고 국회의 효율성을 제고하기 위해서는 기존정당의 원내 정당화가 추진되어야 한다. 비대한 기존의 중앙당 조직을 대폭 축소하고 원내대표를 중심으로 정당이 운영되게 하는 것이다. 또한, 국회를 '일하는 장소'로 만들기 위해서는 상시국회 체제로 전환하여 국회가 항상 열려 있도록 하여야 할 것이다. 이에 더하여, 법안에 대한 공청회 또는 청문회 개최를 의무화 하며 예산관련 분과위원회를 '예산위원회'와 '세출위원회'로 이원화하고 이를 상설화 하여야 한다.

새로 신설된 국회 예산정책처의 인력도 지속적으로 보강하여 국회가 예산심의 기능을 충실히 수행할 수 있도록 해야 할 것이다. 또한, 의장의 경위권 발동을 통해서라도 국회에서 '실력저지' 또는 '날치기 통과'라는 변칙적인 관행이 사라지고 다수결 원칙이 반드시 지켜지는 관행이 정착되어야 할 것이다.

지역정당을 정책정당으로

민주화 이후 한국정치의 가장 큰 병폐는 지역주의라고 할 수 있다. 1987년 대선 이후 실시된 거의 모든 선거에서 지역주의는 선거결과를 결정하는 가장 중요한 요인으로 나타나고 있다. 이러한 현상은 지역주의의 대표주자인 김영삼 대통령과 김대중 대통령이 정계를 떠났고 김종필 총재의 정치적 영향력이 크게 쇠퇴한 4·15 총선에서도 지속되었다. 오랜 지역주의에 의한 투표 관행이 없어지려면 상당한 시간이 흘러야 함을 알 수 있다.

진보성향의 노무현 정권이 출범하고 노무현 대통령을 지지하는 인사들로 구성된 열린우리당이 창당됨으로써 한국정치에서도 이제 본격적으로 보수와 진보세력이 경쟁하는 시대가 열리게 되었다. 건국 후 50여 년간 보수정당끼리만 정권경쟁을 하던 전통이 사라지게 된 것이다. 이러한 새로운 상황은 단기적으로는 보수와 진보세력 간의 갈등으로 인한 사회적 혼란을 야기할 수도 있으나 중장기적인 시각에서는 한국정치가 이제 본격적으로 이념과 정치철학의 차이를 기초로 정책경쟁을 하는 현대적 정당정치 시대를 여는 계기가 될 수 있다. 보수와 진보세력이 경쟁하는 관행이 정착되면 종래의 지역주의 관행도 점차 사라질 수 있을 것으로 전망된다.

그러나 현재 진행되고 있는 보수와 진보세력 간의 경합은 미래지향적 정책 제시를 통한 선의의 경쟁으로 이루어지지 않고 상대방의 과거를 들추어내어 이를 호도(糊塗)하는 부정적인 방법으로 진행된다는 데에 그 문제점이 있다. 그래서 보수와 진보세력의 대결이 경쟁을 통한 발전의 길이 되지 못하고 갈등과 대립의 골을 깊게 하는 결과만을 초래하고 있는 것이다.

진보세력은 보수세력을 '친일파', '군사독재세력' 또는 '부패세력'으로 매도하고 보수세력은 진보세력을 '친북세력', '사회주의세력' 또는 '사회불안세력'으로 부르고 있다. 두 세력 모두 상대방의 과거에 대해 부정적 평가를 하는 데에만 열을 올리고, FTA나 이라크 파병 등 주요 정책현안에 대해서는 애매모호한 입장을 취하고 있으며 자신들의 이념에 부합하는 미래청사진도 제시하지 못하고 있다. 선거 때마다 내놓는 정책공약을 보면 어느 정당이 보수인지 또는 진보인지 알 수 없을 정도로 서로 비슷하며 자신들의 이념과는 관계없이 유권자들의 호감을 사기위한 선심성 정책들이 선거공약의 주종을 이루고 있다. 그래서 정당 구성원의 이념과 정치철학이 분명히 다름에도 불구하고 정당 간 정책경쟁이 이루어지지 않고 있는 것이다.

이제는 보수정당과 진보정당 모두 좀 더 솔직해져야 한다. 우선 정당이 표방하는 이념이나 정치철학을 더욱 분명하게 정립하고 이에 기초한 분야별 정책대안을 제시하여야 할 것이다. 유권자들도 현재 각 정당들이 경쟁적으로 전개하고 있는 이벤트 정치에 현혹되지 말고 정당 구성원들의 이념과 정치철학이 무엇인지 파악하고 분야별 정책공약을 평가하여 정당과 후보자를 선택해야 할 것이다. 이 과정에서 무엇보다도 언론과 전문가 집단의 역할이 중요하다고 생각한다. 정당의 정책을 평가하여 정책 간의 일관성을 점검하고 정책의 실현가능성을 검증하여 그 결과를 유권자들에게 알리는 역할을 이들이 수행해야 하기 때문이다.

'우물 안' 정치를 세계화 정치로

우리는 근대역사의 중요한 갈림길에서 세계의 흐름을 제대로 파악하지 못하고 우리 내부의 갈등에 휘말려 좌절과 고난의 길을 걸었던 쓰라린 경험을 갖고 있다. 임진왜란 당시 일본의 침략의도를 제대로 읽지 못하고 당쟁에만 몰두한 것이나 조선 말 개방의 기회를 놓쳐 일제 식민치하를 경험한 것이 그 대표적인 사례다.

21세기 문턱에 있는 지금은 세계화의 거대한 물결이 전 세계를 뒤덮고 있으며 중국의 개혁·개방정책으로 동아시아의 세력판도도 급격히 변화하고 있다. 다행히 우리는 1960년대 초 이후 대외지향적 경제발전 전략의 추진으로 세계화 시대의 국제경쟁에서 선두대열에 진입해 있는 것이 사실이다. 특히, 한국의 IT산업은 세계시장에서 선두를 달리고 있으며 정보화 역시 세계 최고수준을 자랑하고 있다. 그러나, 민주화 이후 계속 세를 더해가고 있는 강성 노조활동은 기업경영 환경을 어렵게 하고 있고 잦은 장관의 교체와 과다한 정부규제는 정부행정의 국제경쟁력을 떨어뜨리는 요인으로 작용하고 있다.

얼마 전 한·칠레 FTA 협정의 국회비준 과정에서 잘 나타났듯이 민주화는 정치권으로 하여금 개방 등 특정 이해집단의 반발을 유발하는 정책추진을 어렵게 하고 있다. 또한, 세계화와 이를 주도하는 미국에 대해 부정적 시각을 갖고 있는 진보세력의 약진은 정부가 세계화 시대에 필요한 경제정책과 외교정책을 펼쳐나가는데 큰 걸림돌로 작용할 수 있을 것이다.

이러한 우려는 이미 현실로 나타나고 있다. 대선과정에서 동북아 중심국가를 표방하고 경제성장을 강조한 노무현 정권이 집권 후 추진한 경제정책은 친노(親勞)성격의 것이어서 재계와 경제전문가들을 놀라게 하였다. 진보세력이 집권한 후 우리 사회에 만연되고 있는 반미감정 역시 미국이 주도하는 세계화 시대에서 경쟁해야 하는 기업들을 불안해 하고 있다. 최근 주한 미군의 조기감축 파장이 이를 잘 입증해 주고 있다.

공산주의가 몰락하고 경제 분야에서 세계화가 본격적으로 진행되면서 서구의 진보정당들은 자신의 정책을 종래의 사회주의적 노선에서 시장주의적 방향으로 크게 선회하였다. 브라질 등 남미에서도 좌파정당이 집권한 후 경제정책은 자유주의적 보수노선을 추구하여 국제사회로부터 신뢰를 잃지 않으려 하고 있다. 한국이 세계화 시대의 경쟁에서 승자가 되기 위해서는 한국정치의 주도권을 쥔 노무현 대통령과 열린우리당도 같은 선택을 해야 한다고 생각한다. 이는 대외지향적 자유시장경제 철학을 경제정책의 기본이념으로 확실히 정립하고 기존의 한·미동맹 체계를 확고히 함은 물론 신흥세력으로 부상하는 중국과의 FTA 체결 등을 통한 경제 분야에서의 유대를 더욱 공고히 하는 것을 의미할 것이다.

또한, 대북정책에 있어서도 식량 등 인도주의적 차원의 지원은 지속하되 경제협력은 철저히 수익성 우선원칙에 의해 이루어져야 할 것이다. 이와 같이 경제정책과 외교정책의 기본 노선에 있어서도 종래 진보세력의 기본입장을 대폭 수정하되 세계화 시대에 필연적으로 수반되는 소득격차 확대, 개방에 따른 피해 등의 부작용 해결에는 '뜨거운 가슴'에 입각한 보완대책을 마련함으로써 진보세력의 '진보성'을 부각시키는 것이 대통령과 여당의 선택이 되어야 하는 것이다.

정치시대에서 경제시대로

민주화 이후 역대 대통령들의 관심사는 경제보다는 정치문제에 있었다. 노태우 대통령은 올림픽과 북방외교, 김영삼 대통령은 역사 바로 세우기, 김대중 대통령은 햇볕정책, 노무현 대통령은 시민혁명을 통한 진보세력의 정치적 입지 확립이 최우선 관심사였으며 이 부문에서 역대 대통령들은 나름대로 괄목할만한 성과를 이루었다고 할 수 있다.

그러나 민주화 과정에서 경제 문제는 국정의 우선순위에서 뒤로 밀렸고 그 결과 민주화 이후 역대 정권의 경제성적표는 대체로 저조하였다. 예외가 있었다면 외환위기로 IMF에 의해 경제구조조정 정책이 강요된 김대중 정권의 경제성적표가 상대적으로 좋았다는 평가를 받는다는 것이다.

한국경제는 대통령이 국정운영의 최우선 순위를 경제에 두었을 때 눈부신 발전을 하였고 경제문제가 정치 현안에 밀려 있을 때에는 침체 또는 답보상태를 보여 왔다. 박정희 정권과 전두환 정권이 전자에 해당하며 민주화 이후의 정권들이 대체로 후자에 속한다고 할 수 있다. 전자를 경제시대라고 한다면 후자는 정치시대라고 하겠다. 우리는 과거 권위주의적 군사정권들이 경제시대를 열어 국민소득이 크게 높아졌고 한국의 국제적 지위 역시 크게 향상된 것을 경험하였다. 그런데 민주화 이후 정권에서는 정치시대가 전개되면서 한국경제는 국제경쟁에서 밀리게 되었고 외환위기마저 발생하여 국제적인 수모를 겪기도 하였다.

이제 세계는 군사적 힘이 아니라 경제성적표에 의해 국가의 국제적 위상이 결정되는 경제시대에 진입하였다. 이것이 소련이 붕괴된 후 전 세계적으로 불고 있는 세계화 추세의 결과인 것이다. 공산주의 국가였던 중국은 개방정책으로 세계화 과정에 참여하여 눈부신 성과를 올리고 있는 반면 북한은 정반대의 길을 걸어 국제적 비난과 경계의 대상이 되고 있다. 이러한 상황에서 한국의 선택은 분명하다. 그것은 민주화 이후 계속된 정치시대를 끝내고 경제시대를 여는 것이다. 이것이 탄핵정국 이후 노무현 대통령과 여·야 정치권에게 주어진 시대적 사명이라고 생각한다.

무엇보다도 경제를 우선하는 정치가 펼쳐져야 할 것이다. 이를 위해서는 과거지향적 갈등의 정치를 청산하고 미래지향적 화합의 정치가 전개되어야 한다. 확고한 미래에 대한 비전을 갖고 실사구시의 외교

전략과 대외지향적 시장경제 정책을 추진할 수 있는 정치지도자가 있어야 경제시대가 열릴 수 있다는 것이 외국 경험과 우리 역사의 교훈이다.

또한, 오랫동안 관행화된 정부주도 경제운용의 유산도 과감히 청산되어야 하고 세계화, 정보화, 그리고 민주화에 부합하는 방향으로 정부행정 체계와 관행도 재정립되어야 할 것이다. 대통령은 장관에게 충분한 재임기간과 전문 인력의 외부 충원을 보장하여 장관이 자신의 구상을 행정에 반영시킬 수 있도록 하여야 한다. 이와 아울러, 교육, 치안 등의 분야에서 지방 분권화를 활성화하고 지방행정에서 참여민주주의의 폭을 확대하여 지역경제의 활성화와 민주주의의 공고화를 동시에 이루어 나가야 할 것이다. 정치시대를 넘어 새로운 경제시대를 여는 정치리더십이 절실히 요청되고 있다.

제 1 부

정치에 정책이 없다

왜 이렇게 되었는가 ?

"

모든 정치 엘리트들은

마치 회오리바람처럼

권력의 구심점을 향하여 소용돌이치며 질주하게 되고,

지역적 특성이나 중간조직은

이 회오리바람에 휘말려 제 구실을 못하고

더욱 권력의 중심부에 예속되는

중앙집권화 경향을 촉진시켜왔다

"

Gregory Henderson, 「Korea : The Politics of the Vortex」

제1장

경제발전에 걸림돌이 되는 정치

"

우리가 정권을 잡았을 때

영국은 쇠퇴의 늪으로 빠져들고 있었습니다.

그런 영국을 건져내기 위해 기업가정신을 본보기로 삼아

흐트러졌던 법과 질서를 바로 잡았습니다.

전적으로 부당하게 운영되던 노동조합 문제도 해결했습니다.

노동당 정부 하에서 나라가 쇠퇴로 치닫고 있었는데

그 상황을 중단시켰습니다.

"

Margaret Thatcher 연설 중에서

1. 한국정치는 3류인가?

얼마 전 박용성 대한상공회의소 회장이 "한국정치는 3류"라고 하였다. 정치가 경제의 발목을 잡고 있다는 기업인들의 인식을 반영한 발언이라고 생각된다. 주한 외국기업 최고경영자(CEO)들을 대상으로 한 최근 조선일보 여론조사 결과에 의하면 외국인 CEO의 52%가 노무현 정부 출범 이후 가장 악화된 분야로 '정치 리더십'을 지적했으며 이들의 42%는 한국경제의 성장을 가로막는 첫 번째 장애물로 '정치 불안정'을 꼽았다.

이들은 "정치적 리더십을 선진국 수준으로 끌어올리지 않고서는 1인당 국민소득 2만 달러 국가로의 도약은 공허한 구호에 불과하다"라고 말하고 있다. 제프리 존스(Jeffery Johnes) 전 주한 미국상공회의소(AMCHAM Korea) 회장은 "기업환경 개선을 위해서는 정부가 사회적 갈등을 적극 봉합하고 무엇보다 기업인들에게 안정감을 주는 것이 필수"라고 강조하고 있다.

한국의 국가경쟁력을 비교·분석한 산업정책연구원(IPS)은 2003년 보고서에서 한국의 국가경쟁력이 세계 주요 68개국 중 2001년 22위에서 2003년 25위로 하락하였으며 그 주요 원인으로 노동쟁의와 정치인과 관료의 낮은 경쟁력을 지적하고 있다. 스위스 국제경영개발원(IMD)의 분석 결과 역시 정치 불안정을 한국의 국가경쟁력을 저하시키는 주요 원인으로 지적하고 있다. 결국, 정치가 한국경제 발전에 걸림돌이 되고 있다는 것이 기업인은 물론 경제분석을 하는 국내외 전문가들의 공통된 견해라고 할 수 있다.

이러한 분석은 최근 갑자기 나온 것이 아니라 상당히 오래된 것으로 노무현 정권 출범 이후 정국 불안정이 심화되면서 다시 표출되었다고 할 수 있다. 10년 전 김영삼 대통령이 '역사 바로 세우기', '금융실명제' 등 이른바 개혁작업을 한창 진행하고 있을 때 이건희 삼성그룹 회장이 '한국기업은 2류, 정부는 3류, 정치는 4류'라는 발언을 하여 사회적인 물의를 일으킨 적이 있었다. 당시 급속도로 진전되고 있는 세계화 시대에서 살아남기 위해서는 세계시장에서 1등을 해야 하는데 2류밖에 안 되는 한국기업의 현실을 지적하면서 정부와 정치권이 기업을 도와주기는커녕 오히려 발목을 잡고 있다는 한국의 현실을 기업가의 입장에서 표현한 것이라고 생각된다.

세계화 시대에 2류밖에 되지 못한 한국의 대기업들은 1997년 진행된 아시아 금융위기 과정에서 외환위기의 '주범'이 되어 우리에게 큰 경제적 그리고 사회적 고통을 안겨주었다. 이 과정에서 많은 기업들이 도산하여 정리되거나 법정관리로 넘어가는 운명에 처하게 되었고 살아남은 기업들은 뼈를 깎는 구조조정 노력을 통해 그 중 일부는 세계 1류기업으로 성장하는 전화위복의 기회를 만들기도 하였다.

영업이익 측면에서 일본의 소니(Sony)를 추월하여 명실 공히 세계 최고의 전자회사로 부상한 삼성전자가 그 대표적인 성공사례라고 할 수 있다. 미국의 브랜드 연구기관인 인터브랜드가 85개국 4천여 명의 네티즌을 상대로 조사한 '올해의 글로벌 브랜드'에서 삼성은 2001년 48위였으나 2002년 12위로 상승하였고 2003년에는 세계 5위로 부상하였다. LG전자 역시 이 조사에서 세계 18위를 차지해 한국기업으로는 삼성전자 다음으로 세계 1류 기업군에 속한다는 사실이 입증되었다.

한국에서 기업부문이 가장 국제경쟁력이 높은 것으로 나타나는 이유는 1960년대 초 대외지향적 경제정책을 추진한 결과 한국기업들이 수출시장에서 치열한 경쟁과정을 통해 성장해 왔기 때문이다. 1950년대에는 높은 수입장벽을 보호막으로 국내시장에만 안주한 결과 '우물 안 개구리'에 불과했던 한국기업들이 국제무대에서 실력을 인정받는 수준으로 성장한 것은 이들을 국제적으로 경쟁하게끔 한 개방적 경제정책의 결과라고 할 수 있다.

1970년대 무리한 중화학공업 육성과 정경유착을 통한 재벌 지원정책이 비효율을 야기하여 대기업이 1997년 외환위기의 주범으로 전락하는 결과를 초래하기도 하였으나, 외환위기 수습과정에서 구조조정 노력에 성공한 기업들은 세계 1류기업으로 다시 도약하는 계기를 만드는데 성공한 것이다.

반면, 국내시장에서 독점적 위치를 차지하고 있는 정부부문은 1960년대는 과감한 정책기조 전환을 통해 기업부문을 선도하는 역할을 성공적으로 수행하였으나 상대적인 능력저하로 인해 지금은 오히려 기업부문의 발전에 걸림돌이 되고 있다. 1960년대 수출산업에 대한 전폭적인 지원으로 시작된 정부의 기업정책은 1970년대에는 중화학공업 분야에서 기업에 대한 집중적인 지원으로 발전하였고 그 결과 단기간에 산업구조의 고도화는 이루었으나 경제력 집중, 부실채권 발생 등의 부작용이 초래된 것도 사실이다.

1980년대 초에는 그간의 중상주의적 산업정책 기조에서 탈피하여 자유시장경제에 충실한 방향으로 경제발전 전략을 선회하려는 노력을 하였으나 세계화 시대에 걸맞는 새로운 정책의 틀을 정착시키지는 못하였다. 경제력 집중을 해소하기 위해 추진된 대기업에 대한 각종 규제조치와 중소기업 육성을 위한 수많은 지원대책들은 산업조직의 균형적 발전이라는 본래의 정책목표도 달성하지 못하면서 기업활동에 대한 정부차원의 인위적인 개입만 확대함으로써 세계화 시대에 기업이 발전하는데 장애물 역할을 하게 된 것이다.

정부운용의 궁극적인 책임이 정치권에 있다고 볼 때 정부 산업정책의 실패는 정치권의 실패를 의미한다고 할 수 있다. 정부정책의 실패이외에도 경제계는 정치권의 문제로 '정치 불안'과 '정치 리더십 부재'를 지적하고 있다. 이는 기업경영의 최대 걸림돌이 되고 있는 노사불안이 정치 리더십 결여로 인한 정치 불안에 기인한다는 인식에 근거하는 것이다.

또한, 최근 정치자금에 대한 검찰수사와 이에 따른 기업의 피해의식 역시 한국정치가 안정되지 못한데에 근본적 원인이 있기 때문에 경제계는 정치권이 경제발전의 발목을 잡고 있다고 인식하고 있는 것이다. 그래서 '한국정치가 3류'라는 것은 주로 경제계의 정치권에 대한 인식을 반영하는 표현이라 할 수 있다.

2. 경제발전과 정치발전

정치발전의 의미

경제발전에 관한 지표는 여러 가지가 있을 수 있으나 그 중 가장 대표적인 것이 1인당 국민소득이다. 한국의 1인당 국민소득이 1960년대 초 불과 수백 달러 수준에서 지금은 1만 달러 수준에 이른 것은 그동안 한국경제의 눈부신 발전을 상징한다고 할 수 있다. 우리는 지금 국민소득 2만 달러 달성을 경제운용의 최우선 목표로 설정하고 이를 위해 최선의 노력을 다하고 있다.

국민소득이 경제발전의 양(量)을 나타내는 지표인 반면, 분배의 정도를 측정하는 지표로는 지니(Gini)계수 등이 있고 삶의 질(質)을 나타내는 지표로는 영아사망률, 평균수명, 문맹률 등이 활용되고 있다. 또한, 경제학에는 경제발전에 관한 여러 이론들이 존재하고 있으며 '경제발전론'은 경제학의 주요 부문으로 자리잡고 있다.

경제발전이 개념적으로 잘 정리되었고 이를 측정하는 지표도 체계화된 데 반해, 정치발전에 관한 개념은 애매모호하며 이를 측정할 수 있는 지표도 없다. 흔히 민주화를 정치발전의 척도로 활용하기도 하나 민주화만이 정치발전의 기준이 되어야 한다고 하기는 어려우며 비록 이를 수긍한다 하더라도 민주화의 정도 또는 진전 속도를 지표로 체계화하는 것은 매우 힘들다.

그래서 정치학에서는 '정치발전'(Political Development) 대신에 '정치적 변화'(Political Change)라는 용어가 주로 사용된다. 정치 분야에서

‘발전’이라는 단어를 정의하기가 어렵기 때문에 ‘변화’라는 단어로 각종 정치현상을 설명하는 것이다.

민주화의 획기적 진전

‘민주화’를 정치발전의 중요한 기준으로 상정해 볼 때 한국정치는 지난 20년간 매우 큰 발전을 거듭해 왔다고 평가하지 않을 수 없다. 1987년에 있었던 6·29 민주화선언이 민주화 진행과정에서 큰 분수령이 되었다는 사실에는 아무도 이의를 제기하지 않을 것이다. 박정희 정권 유신체제의 권위주의적 전통을 그대로 답습한 전두환 정권 당시까지만 해도 한국에서 민주적 선거에 의해 정권이 교체될 수 있을 것이라고 예측한 사람은 별로 없었다.

5·18 광주항쟁을 무력으로 제압한 전두환 정권은 경제 분야에서의 괄목할만한 성과에도 불구하고 정권에 대한 국민들의 신뢰를 얻는 데에는 실패하였다. 박종철 고문치사 사건을 계기로 저항세력의 시위가 국민적인 지지를 얻게 되자 당시 집권세력은 결국 국민들의 대통령 직선제 요구를 전적으로 수용할 수밖에 없었고 이로 인해 그 후 한국정치 사상 처음으로 평화적 정권교체도 가능하게 된 것이다.

비록 당시 민주화 세력이 대통령후보 단일화에 실패하여 1987년 12월 대선에서 민정당의 노태우 후보가 대통령에 당선됨으로써 군 출신이 계속 정권을 잡게 되었으나, 실제 정치행태에서는 민주화로의 괄목할만한 진전이 있었던 것이 사실이다.

1988년 4월 총선에서 여당이 과반의석 확보에 실패하여 국회는 이른바 '여소야대' 상황이 되었고 정부와 여당은 추곡수매 등 주요 정책을 야당과의 협의과정을 통해 결정하지 않으면 안 되는 상황이 전개되었다. 당시 야 3당은 효과적인 공조체제를 이루어 국회 5공 청문회 등을 개최함으로써 5공화국의 역사적 정통성을 뿌리 채 흔들어 놓았고 언론의 자유가 완전히 보장됨은 물론 야당에 대한 정치적 탄압도 불가능한 상황이 되었다. 이로써 민주화는 거스를 수 없는 시대적 대세로 우리사회에 자리 잡아가게 된 것이다.

1990년 1월 단행된 '3당 통합'이 인위적인 정계 개편으로 호남권을 정치적으로 소외시켰다는 비난이 있었던 것이 사실이나 이를 계기로 1992년 대선에서 김영삼 후보가 승리하여 30년 만에 처음으로 민간인 출신이 대통령이 되는 이른바 '문민정부'가 출범한 것도 민주화라는 측면에서 큰 진전이라 아니할 수 없다.

김영삼 대통령은 취임하자마자 금융실명제 등의 개혁조치를 취하면서 '역사 바로 세우기'라는 명분으로 12·12 사태 관련 인사들을 법정에 세워 사법처리하였고 전두환, 노태우 등 전직 대통령을 '뇌물 수수' 혐의로 형사처벌하였다. 군 내부의 '하나회' 인사들을 정리하는 등 김영삼 정권의 '과거 청산' 작업은 강도 높게 추진되었다. 이러한 일련의 조치들로 군부세력이 정치에 간여할 수 있는 명분과 기회는 완전히 차단되었고 그 결과 문민통치의 기반은 더욱 확고해졌다고 할 수 있다.

경제사회적 혼란이 발생하면 군부에 의한 개입이 다시 시작되는 남미국가들과는 달리 한국은 1987년 6·29 민주화선언 이후 외환위기 등의 경제사회적 혼란이 있었음에도 불구하고 문민통치의 전통이 지금까지 지속되고 있다. 오랜 기간 군부통치의 쓰라린 경험을 갖고 있는 우리로서는 민주화의 큰 진전이라고 자부하지 않을 수 없다.

1997년 대선에서 사상 처음으로 선거에 의해 여·야 간 정권 교체가 이루어졌다는 것 역시 한국 정치사에 큰 획을 긋는 사건이었다. 1998년 2월 김대중 정권의 출범은 여·야 간 정권교체라는 의미에 더하여 30여 년간의 영남 정권시대가 끝나고 그간 우리 사회에서의 소외세력이라고 할 수 있는 호남정권이 탄생했다는 측면에서도 의미하는 바가 크다.

여·야 간 정권교체와 영남에서 호남으로의 권력이동은 우리사회의 지배층이 교체되는 결과를 초래하였으며 비록 우리 정치와 사회의 고질적인 지역주의 문제가 해소되지는 않았지만 호남인의 '한'(恨)을 풀어주는 계기가 되었다. 결국, 1997년 대선 결과로 1990년의 3당 통합 이후 많은 사람들이 우려했던 호남인의 정치적 소외가 영구적으로 고착화될 것이라는 우려가 해소됨으로써 한국정치에서의 민주화는 한 단계 발전하는 계기가 마련되었다고 할 수 있을 것이다.

2002년 대선에서 노무현 후보의 승리 역시 민주화라는 관점에서는 발전이라고 할 수 있을 것이다. 2002년 대선은 우리 정치사에서 처음으로 보수 대 진보의 세력대결을 의미하였고 이 싸움에서 진보세력의 대표주자인 노무현 후보가 보수세력의 대표주자 이회창 후보를 이겼다. 이는 우리 사회에서 진보세력은 집권할 수 없을 것이라는 종래의 주장을 뒤집는 것으로 이제 우리 나라에서도 구미 선진국과 같이 보수세력과 진보세력 간의 경쟁과 이러한 과정을 통한 정권교체가 가능해졌다는 것을 의미한다.

한국은 1960년대 초 이후 20여 년간 권위주의적 정권하에서 연평균 9%의 고도성장을 이룩하여 경제발전이라는 측면에서는 '한강의 기적'을 이루는 신화를 만들었다. 오랜 기간 퇴행의 길을 가던 한국정치도 1987년 6·29 민주화선언 이후 민주화가 급속히 진전되어 '한강의 기적'으로 상징되는 경제발전에 못지않은 급속한 발전을 이룩한 것이 사실이다.

지난 17년간의 정치발전을 민주화라는 잣대로 재어 본다면 분명 연 평균 10%가 넘는 고도성장을 하였다고 생각된다. 그럼에도 불구하고, 한국에서는 '정치가 경제의 발목을 잡고 있다'라는 인식이 팽배하고 심지어는 기업인들이 '한국정치는 3류'라는 발언을 공공연히 하는 이유는 무엇일까?

흔들리는 한국경제

해방 이후 50여 년간의 한국 근대사를 살펴보면 경제발전과 정치발전은 역(逆)의 상관관계가 있었음을 알 수 있다. 앞에서 지적한대로 '한강의 기적'으로 대내외적으로 불리어지는 경제발전은 정치발전 측면에서 퇴행의 길을 간 박정희 정권과 전두환 정권에서 이루어졌다.

이러한 경제발전의 결과 한국의 국제적 위상은 하위 후진국의 대열에서 상위 중진국의 반열로 크게 상승하게 되었다. 또한, 대외지향적 수출산업의 집중 육성으로 요약되는 한국의 경제발전 전략은 중국, 태국 등 아시아 국가들은 물론 멕시코, 칠레 등 남미국가들의 경제발전 모델이 되었고 한국의 경험으로부터 배우자는 열풍이 전 세계적으로 일었다. 이러한 '국제적 수요'를 충족시키기 위해 한국개발원(KDI)은 국제연수원을 부설기관으로 설립하여 개발도상국의 경제관료를 대상으로 한 연수과정을 운영하기도 하였고 나는 이들을 대상으로 한국의 개발경험에 관한 강의도 하였다.

그러나 한국경제는 6·29 민주화선언 이후 흔들리기 시작하였다. 군사정부의 집권기간 중 억제되었던 근로자와 노동운동가들의 욕구가 폭발적으로 분출되어 근로현장에서 불법 노사분규는 다반사로 발생하였고 심지어는 경영자를 구타하고 생산시설을 파괴하는 폭력사태도 수시로 일어났다. 이러한 상황은 1990년부터 다소 진정되어 점차 정상을 찾아가고 있으나 아직도 불안한 노사관계는 한국경제의 국제경쟁력을 저하시키고 외국기업들이 한국에서의 직접투자를 꺼리고 있는 첫 번째 요인이 되고 있다.

IMD의 2003년 국가경쟁력 보고서는 노사불안 측면에서 한국을 30개 분석대상 국가 중 꼴찌인 30위로 평가하면서 '한국경제는 가장 적대적인 노사관계로 극심한 국력의 낭비를 경험하고 있다'라고 서술하고 있다. 1980년대 후반까지만 해도 한국의 경험으로부터 배우려고 하던 중국은 한국경제가 민주화과정에서 노사분규 등으로 크게 흔들리는 것을 보면서 이제부터는 한국이 중국으로부터 배워야 할 것이라고 이야기하고 있다. 한국을 경제발전 모델로 삼고 경제정책을 추진해 왔던 칠레, 멕시코 등 남미국가들도 최근 한국이 한·칠레 자유무역협정(FTA)

의 국회 비준과정에서 혼선과 추태를 보이는 것을 지켜보면서 이제는 한국으로부터 배울 것이 없다고 선언하고 있다.

이와 같은 한국의 경험으로 미루어 민주화가 경제발전에 걸림돌이 된다는 결론을 내릴 수도 있겠으나 이는 너무 조급한 판단이라고 생각된다. 세계 각국의 경험들을 종합해 보면 독재정권에서 경제가 침체의 늪에서 벗어나지 못한 경우가 많은 반면 민주화된 국가에서 경제가 눈부시게 발전한 경우가 많이 있기 때문이다. 특히, 현 시점에서 한국경제의 당면 과제가 과거의 중상주의적 정부개입 전략에서 탈피하여 자유주의에 바탕을 둔 시장경제 체제로 전환하는 것이라고 한다면 민주화는 시장경제 활성화에 걸림돌이 아니라 오히려 필수요건이 된다는 것이 경제전문가들의 공통된 견해다.

3. 대통령의 경제리더십

그러면 왜 민주화 정권에서 한국경제가 흔들리게 되었는가? 그 첫 번째 이유는 민주화 이후에 집권한 대통령이 경제에 대한 관심이 적었기 때문이라고 생각한다. 경제발전에 성공한 박정희 정권과 전두환 정권의 공통적인 특징은 대통령 자신이 국정운영의 최우선 순위를 경제발전에 두었다는 사실이다. 집권 초기의 경제사정이 나빴기 때문에 경제문제가 당연히 집권자의 관심사로 부각되었다는 이유 외에도 이들 집권자들이 정권의 취약한 정치적 정당성을 경제발전의 가시화로 상쇄시켜 보려

했다는 데에도 그 원인을 찾을 수 있을 것이다.

박정희 대통령

특히, 한국과 같이 대통령이 막강한 권력을 휘두르는 대통령중심제에서 국정운영에 있어 대통령이 경제발전에 얼마나 큰 비중을 두느냐하는 것은 중요한 의미를 갖게 된다. 대통령은 각종 경제정책의 최종 결정자이고 인사권을 독점하고 있기 때문이다. 박정희 대통령과 전두환 대통령 모두 경제전문가가 아님은 물론이고 경제에 관한 지식이 별로 없는 상태에서 집권하였다.

더욱이, 박정희 대통령이 평소 이집트의 나세르 대통령과 인도의 간디 수상을 존경했다는 사실로 미루어 박 대통령의 철학도 우파보다는 좌파에 속했다고 생각된다. 그러나 그는 집권을 하면서 당시 상황에서 경제발전을 위해서는 미국의 도움이 절대로 필요하다는 것을 인식하였고 미국은 경제지원의 조건으로 미국 경제전문가들이 추천한 대외지향적 경제정책을 추진할 것을 권고하였으며 박정희 대통령은 이를 받아들였다. 장기집권 과정에서 박 대통령은 스스로의 경험을 통해 경제전문가가 되었고 1970년대에는 여러 경제전문가들의 각기 다른 정책 건의를 듣고 스스로 결정할 수 있는 수준에까지 이르게 되었다.

전두환 대통령

전두환 대통령은 경제정책의 결정권을 자신이 신임하는 김재익 경제수석에게 일임하였다. 원래 자유주의적 시장경제 철학이 확고한 김재익 수석을 중심으로 한 경제팀은 안정화와 대외개방을 근간으로 하는 일련의 경제개혁정책을 추진하여 저(低)물가, 국제수지 흑자, 고도성장의 이른바 '세 마리 토끼'를 한꺼번에 잡는 경제적 성과를 이룩하였다.

이와 같이, 권위주의 시대의 대통령들이 경제전문가가 아닌데도 불구하고 경제발전을 국정운영의 최고목표로 설정하여 눈부신 성과를 이룬데 반해 민주화 시대의 대통령들은 전임자들에 비해 경험이나 지적 능력 면에서 부족함이 없음에도 불구하고 경제에 대한 무관심 또는 관심 부족으로 경제 분야에서의 성적이 낮은 것으로 나타나고 있다.

노태우 대통령

야권의 분열로 1987년 대선에서 당선된 노태우 대통령은 '민주화 시대를 연 대통령', ''88 서울올림픽을 성공적으로 개최한 대통령', '소련, 중국 등과의 북방외교를 개척한 대통령'으로 역사에 기록되기를 원했으며 따라서 노 대통령의 관심사는 국내 경제보다는 외교문제에 관심이 많았고 잦은 불법 노사분규에 대한 공권력의 투입도 민주화 취지에 어긋난다는 이유로 소극적인 태도로 일관하였다.

전두환 정권에서 긴축기조를 유지했던 재정정책은 사회간접자본을 확충한다는 명목으로 지역주민들에게 인기가 있는 각종 지역개발을 추진하기 위해 확대재정으로 기조가 전환되었다. 불법적 노사분규에 정부가 공권력 개입을 자제하게 되자 기업주들은 노사분규의 해결을 위해 생산성 증가를 훨씬 상회하는 수준까지 근로 여건을 개선시켜 줄 수밖에 없게 되었고 그 결과 한국기업의 국제경쟁력은 급속도로 약화되었다.

1997년 말 외환위기로 결말이 나는 한국 경제위기 발생과정에서 '불행의 씨앗'은 민주화 시대의 첫 번째 대통령인 노태우 정권에 의해 뿌려지게 된 것이다.

김영삼 대통령

경제여건이 매우 좋은 상황에서 집권하여 경제에 별 관심을 두지 않았던 노태우 대통령과는 달리 김영삼 대통령은 집권 초기의 경제상황이 안 좋았기 때문에 노 대통령보다는 경제문제에 많은 관심을 갖게 되었다. 집권하자마자 경제활성화를 위한 '100일 계획'을 세워 추진하였고 한국경제의 문제점을 '고비용·저효율'로 요약하여 각종 개선시책을 적극 추진하면서 선진국 경제클럽인 OECD 가입을 성사시키기도 하였다. 이와 같이 외형 면에서 합리적이며 다양한 경제시책의 추진에도 불구하고 그 효과 면에서는 큰 업적을 이루지 못하고 급기야 1997년 말 외환위기를 맞이함으로써 김영삼 정권의 경제성적 역시 낙제점으로 평가 받게 되었다.

그 원인은 여러 가지가 있겠으나 이 중 가장 중요한 것은 대통령의 주요 관심사가 경제문제보다는 '역사 바로 세우기'로 요약되는 정치개혁에 있었다는 사실일 것이다. 집권 초 경기활성화에 걸림돌이 될 수 있다는 이유로 박재윤 경제수석이 반대한 금융실명제를 정치개혁 차원에서 대통령이 직접 밀어붙인 것이 이를 잘 입증한다고 할 수 있다. 전직 대통령의 정치 비자금을 조사하기 위해 대기업 총수들을 수사하여 법정에 세운 것도 김영삼 대통령의 통치 우선순위가 경제보다는 정치개혁에 있었다는 사실을 뒷받침해 주고 있다.

이에 더해, 김 대통령은 자신이 오랜 군부 통치 이후 처음으로 국민에 의해 당선된 민간인 출신 대통령이라는 강한 자존심 때문에 정권에 대한 여론의 비판에 대해 민감하게 반응하여 조금만 문제가 생기면 각료들을 경질하는 우(愚)를 범하였다. 예를 들어, 집권 5년간 김 대통령은 경제팀을 여섯 번이나 경질함으로써 어느 누구도 자신이 구상한 정책들을 실천하지 못하고 자리를 물러나야 했다. 김영삼 정권에서 임명된 경제 각료들이 개인적으로는 뛰어난 능력의 소유자였고 이들이 구상한 정책들이 대부분 매우 시의적절 하였음에도 불구하고 그 효과를 발휘하지 못한 것은 경제팀이 충분한 시간적 여유를 갖고 소신껏 경제시책을 추진할 수 없었다는 사실에 기인하는 바 크다.

결국, 김영삼 대통령의 경제에 대한 깊은 이해 부족과 정치개혁을 완성한 대통령으로 평가받고 싶은 강한 욕망이 김영삼 정권에서 효율적인 경제운용을 어렵게 한 요인으로 작용한 것이다.

김대중 대통령

민주화 이후 경제성적표가 상대적으로 제일 좋은 대통령은 김대중 대통령이다. 외환위기 상황을 조기에 수습하고 금융, 기업부문의 구조조정 정책들도 비교적 성공적으로 추진하였기 때문이다. 경제 부문에서 김대중 정권의 성공요인으로는 위기상황에서 집권하였기 때문에 경제문제에 국정운영의 최우선 순위를 둘 수밖에 없었고 정리해고 등 사회적으로 민감한 사안에 대해서도 국민은 물론 강성노조 지도자들의 협조를 얻을 수 있었다는 사실을 지적할 수 있다.

이에 더해, 외환위기로 경제정책의 주도권이 한국정부로부터 국제기구인 IMF에게 넘어가는 상황이 되었고, 철저히 자유주의 시장경제 논리에 근거한 IMF의 정책건의안을 한국정부가 그대로 수용할 수밖에 없었다는 것도 김대중 정부의 경제정책이 성공한 요인이 되었다. 노태우, 김영삼 대통령에 비해서는 김대중 대통령이 경제정책에 대해 이해가 높았다는 사실 역시 김대중 정권에서 경제정책이 나름대로 일관성을 유지할 수 있었던 이유가 될 수 있을 것이다.

이와 같은 강점에도 불구하고 대북정책과 사회정책 분야에서는 경제원리를 완전히 도외시하는 시책들을 추진함으로써 경제에 부담을 주는 결과를 초래하였다. 그 대표적인 사례가 무리한 햇볕정책의 추진이라 할 수 있다. 정상회담의 성사를 위해 현대로 하여금 무려 5억 달러의 현금을 김정일 정권에 지불하게 함은 물론 막대한 규모의 적자를 초래하는 금강산 관광사업을 추진하게 함으로써 현대는 부도 위기에 몰리게 되었고 급기야 정몽헌 회장이 자살하는 개인적인 비극마저 발생하였다.

정부는 현대의 적자를 보전해 주기 위해 '빅 딜' 정책이라는 명분으로 반도체 사업을 LG그룹으로부터 뺏어 현대에 넘겨주었고 현대건설, 하이닉스 등 현대 계열사의 부도를 막기 위해 30조 원에 달하는 거액의 공적자금을 지원해야 했다. 결국, 무리한 햇볕정책은 현대를 부실기업으로 전락하게 하였고 이의 도산을 막는 과정에서 엄청난 규모의 국민적 재정부담이 이루어진 것이다.

사회분야에서 대표적인 실패사례는 의료보험이다. 김대중 정부는 의료보험 조합의 재정통합과 의약분업을 실시하는 과정에서 의료서비스의 질 개선과는 아무 관계없이 국민들의 의료보험비 부담만 두 배 이상 증가시키는 결과를 초래하였다. 경제성을 도외시하고 이상주의에 근거한 사회보장 정책의 추진이 국민경제에 얼마나 큰 부담이 될 수 있는가를 보여주는 사례가 김대중 정부에서의 의료보험과 관련한 시행착오라고 할 수 있다.

김대중 정권의 좌파적 이념상의 특성과 햇볕정책 및 의료보험 정책에서의 실패 등을 감안할 때 만일 외환위기가 없었다면 김대중 정권의 경제성적표는 노태우, 김영삼 정권보다 더 나빴을 가능성도 충분히 있었을 것이다.

노무현 대통령

노무현 정권의 경제성적표를 평가하기에는 다소 이른 감이 없지 않으나 취임 후 지금까지의 실적으로 보아 매우 실망적인 것이 사실이다.

취임 초부터 한국중공업 노사분규 과정에 정부가 개입하여 노조측의 손을 들어 줌으로써 노동계의 요구는 더욱 거세어졌고 이는 그 후 일어난 화물연대 등의 노사분규에서 사용자의 입장을 매우 어렵게 하였다.

노무현 정권의 친노(親勞)정책 성향은 과거 고도성장 과정에서 근로자들의 권익이 제대로 보장되지 않았기 때문에 정부가 근로자의 편에 서야한다는 인식에 기초하는 것으로 이는 국내외 기업들로 하여금 노무현 정권을 반(反)기업적 정권이라고 생각하게 하는 계기가 되었다. 이에 더해, 사회 현안으로 부각된 신용카드 문제, 부동산가격 상승 문제 등에 경제팀이 미숙하게 대응하여 문제 해결도 제대로 하지 못하면서 국내경기만 급속히 위축시켜 실업문제를 증폭시키는 결과를 초래하고 있다.

결과적으로, 노무현 정권의 친노 성향과 경제팀의 미숙한 경제운용이 국내외 기업인들의 투자심리를 위축시키고 경기하락을 가속화시키게 된 것이다.

최근에는 행정수도 이전, 지역 균형발전, 개방에 따른 농가피해 보상, 경기부양 등의 명분으로 대규모 재정사업 계획들이 잇달아 발표되고 있다. 경제성을 도외시한 대형사업들이 국가재정을 더욱 어렵게 하고 국가경쟁력을 저하시키는 요인이 될 것을 우려하지 않을 수 없다.

역대 정권의 경제성적표 분석을 통해 우리는 대통령제에서 대통령 자신의 경제철학, 경제에 대한 관심도 그리고 적절한 인사들로 경제팀을 구성하고 이를 뒷받침해 주는 경영능력이 정권의 경제실적을 좌우한다는 사실을 잘 알 수 있다. 권위주의적 정권의 집권자가 '경제대통령' 역할을 잘 수행하여 한국경제가 도약의 기반을 마련한 반면 민주화 이후의 집권자들은 '정치대통령' 역할에 몰두한 결과 한국경제는 정체 또는 후퇴의 길을 걷게 된 것이다.

그러나, 외국의 경험을 살펴보면 '경제대통령'이 반드시 권위주의적이 되어야 할 이유가 없으며 민주적 지도자가 경제문제를 등한시하게 된다는 가설 역시 성립되지 않는다. 세계화 시대를 맞아 민주화가 성숙단계에 접어든 선진 각국의 정치지도자들은 경제문제에 국정운영의 최우선 순위를 두고 있으며 정상외교도 경제문제에 역점을 두고 있다.

이제 우리도 대통령이 국내정치 문제보다는 경제에 관심을 집중시켜 국정운영을 하는 '경제대통령'시대를 열어야 할 것이다. 그래야만 '정치가 경제에 부담을 주고 있다'는 기업인들의 불만이 사라질 수 있게 될 것이다.

4. 정치 불안정의 실체

정치 안정의 기본요건

이미 지적한대로, 기업인들은 '정치 불안정'을 기업환경을 악화시키고 국가경쟁력 향상에 저해가 되는 요인으로 지적하고 있다. 그러면 한국정치는 과연 불안정한 것인가? 불안정하다면 그 원인은 어디에 있는가에 대해 살펴보기로 한다.

보다 넓은 시각에서 한국정치를 불안정하게 할 수 있는 요인으로는 헌정질서, 시장경제체제 그리고 한·미동맹 관계의 붕괴 가능성을 지적할 수 있을 것이다.

우선, 헌정질서가 군사 쿠데타에 의해 무너져 버릴 가능성은 희박하다고 판단된다. 김영삼 정권에서 하나회 해체, 12.12 사태 관련자들의 사법처리 등의 조치에도 불구하고 군부는 동요하지 않았다. 외환위기 과정에서는 물론 김대중 정부의 햇볕정책 추진으로 북한을 주적(主敵)으로 삼는 종래의 국방전략 개념이 흔들리는 상황에서도 군부는 제자리를 굳건히 지켰다. 보수세력으로부터 '좌파정권'이라고 비난을 받고 있는 노무현 정권에 대해서도 군부의 정치개입 가능성이 희박하다는 사실로 미루어 한국은 이제 문민통치의 기반이 확고히 다져졌다고 할 수 있다.

이는 군인의 정치개입이 국민들로부터는 물론이고 국제사회로부터 지지를 받을 수 없다는 사실을 누구보다도 군부가 잘 인식하고 있기 때문이라고 생각한다. 이와 같이, 극우적 군사독재 정권의 탄생 가능성이 희박함은 물론이고 극좌적 사회주의 정권의 출현 가능성 또한 매우 낮다고 판단되기 때문에 이제 한국에서 민주주의는 뒤집을 수 없는 정치체제로 뿌리 내렸다고 할 수 있을 것이다.

이에 더해, 시장경제를 바탕으로 한 자본주의 경제체제 역시 우리사회에서 자리를 잡았다고 생각한다. 집권 전에는 이른바 '색깔 논쟁'에 휘말렸던 김대중 대통령이 집권하면서 신자유주의 정신에 입각한 IMF의 구조조정 경제조치들을 그대로 수용하여 추진하였고, 좌파 성향이 있는 현재의 노무현 정권도 시장원리와 자본주의 경제체제의 틀 속에서 경제정책을 추진하고 있다.

비록 경제운용에 있어 정부개입의 정도 측면에서는 정파나 전문가들의 철학에 따라 차이가 있는 것이 사실이나 시장경제나 자본주의체제 자체를 부인하는 정당이나 전문가 집단은 아직 우리사회에서 부각되지 않고 있다. 이러한 사실은 해방 이후 50여 년간 많은 시행착오를 거치면서 시장원리에 입각한 자본주의 경제체제가 이제 선택의 여지가 없는 시대적 대세로 한국사회에서 자리를 굳히고 있다는 증거이기도 하다.

민주주의 정치체제와 자본주의 경제체제가 우리사회의 기본 골격이 되는 제도적 장치라고 한다면 한·미동맹 관계는 해방 이후 한국외교의 기본 틀이라 할 수 있으며 이는 그 동안 한국의 안보를 보장해 주고 더 나아가 경제적 번영을 가져다 준 필수적 요건이 되었다는 사실을 부정할 수 없다.

그런데 김대중 정권의 햇볕정책이 미국 부시 행정부의 대북 강경노선과 마찰을 빚고, 자주외교를 표방하는 노무현 정권이 출범하면서 그 동안 한국안보와 경제발전의 버팀목 역할을 한 한·미동맹 관계에 문제가 생기는 것이 아닌가 하는 의구심이 일어나고 있다. 이는 최근 북한의 핵무기개발 재개 등의 조치와 맞물려 한반도에서 국제적 긴장을 고조시키는 요인이 되고 있으며 외국 투자자들이나 신용평가 기관들이 한국경제의 장래에 대해 불안하게 평가하는 근본적인 원인이 되고 있다.

그러나 이 문제 역시 일부에서의 우려처럼 상황이 극한으로 치닫지는 않을 것으로 보인다. 그 이유는 햇볕정책을 고안한 김대중 정권은 물론이고 이를 기본적으로 지지하는 노무현 정권 역시 한·미동맹의 중요성을 인식하고 있기 때문에 한·미동맹 관계를 크게 훼손하지 않는

범위 내에서 햇볕정책으로 요약되는 친북적(親北的) 대북정책을 추진할 것으로 예상되고 있다.

지금까지 노무현 정권의 외교정책 전개과정을 살펴보면 그동안 많은 논란과 내부적 갈등에도 불구하고 한·미동맹 관계를 유지하려고 노력하고 있으며 현안인 북한 핵무기 문제에 있어서도 한·미 간 긴밀한 공조체계를 유지하려고 애쓰는 것을 잘 알 수 있다. 매우 다행스러운 일이 아닐 수 없다.

그러나 이 문제는 아직 낙관할 상황은 아니라고 생각된다. 외견상으로는 한·미동맹 관계가 그런대로 잘 유지되고 있으나 최근의 주한 미군 조기감축 파장 과정에서도 나타났듯이 내용면에서는 "한·미관계에 석양이 지고 있다"라는 말이 나올 정도로 균열과 마찰이 발생하고 있기 때문이다. 북한의 위협에 대한 한·미 간의 시각 차이는 하루아침에 해소되기 어려운 것이기 때문에 이 문제는 상당기간 지속될 가능성이 높다.

따라서, 최근 기업인들과 경제전문가들이 지적하는 '정치 불안정'이라는 용어에는 햇볕정책의 추진 이후 악화되어가고 있는 한·미동맹 관계에 대한 우려의 표시가 많이 담겨져 있다고 할 수 있다.

노사불안

민주주의 정치체제, 자본주의 경제체제 그리고 한·미동맹 관계가 근본적인 차원에서 정치안정을 결정하는 요인이라고 한다면 노사불안,

정치자금 관련 사건 등으로 인한 사회불안은 국내외 기업인들로 하여금 한국정치가 불안하다고 느끼게 하는 보다 직접적인 원인이 되고 있다고 할 수 있다. 이 중에서도 노사문제가 가장 심각한 것으로 지적되고 있다.

1987년 6·29 민주화선언 이후 몇 년 동안 우리 나라에서 노사분규가 심했던 것은 오랫동안 노동운동이 권위주의적 정권에 의해 탄압되었기 때문에 발생한 불가피한 현상이었다고 할 수도 있다. 다행히 그 후 노사분규는 서서히 안정을 되찾기 시작하였고 1997년 외환위기를 전후한 노동 관련법의 개정으로 인해 법체계 측면에서도 한국의 노동법은 이제 선진화된 모습을 갖추었다고 할 수 있다. 특히, 외환위기로 인한 대량 실업사태를 근로자들이 직접 경험하게 됨으로써 세계화 시대에 중요한 것은 강경 노조활동을 통한 처우개선보다도 자신들이 근무하는 기업의 국제경쟁력에 문제가 없어야 직업이 안정적으로 보장될 수 있다는 인식을 확실히 하게 되었다.

그러므로, 지금 시점에서 노사분야의 당면과제는 노사 양측이 보다 성숙한 자세로 상대방의 입장을 존중하고 이해하면서 대화를 통해 평화적으로 노사문제를 해결해 나가는 것이다. 이러한 과정에서 정부의 역할은 노사분쟁에 있어 어느 한 쪽에 치우치는 개입을 자제하고 대화 분위기를 조성하면서 불법사례 발생시에는 불법행위 당사자를 노사에 관계없이 처리하는 것이라고 할 수 있다. 따라서, 현재의 노무현 정부도 노동자가 산업발전 과정에서 피해자이기 때문에 분규 발생시 이들의 편을 들어주어야 한다는 편견을 버리고 공정한 법의 집행자 역할을 충실히 수행하여야 할 것이다.

정치자금 수사로 인한 불안

최근 2002년 대선자금이 1997년에 이어 다시 검찰의 수사대상이 되면서 재계는 정치가 불안하여 기업하기가 어렵다고 하소연하게 되었다. 기업의 입장에서 보면 자신들이 정치권에 기부하는 정치자금은 자금 지원 자체가 기업에게 재정적 부담이 된다는 것뿐만 아니라 현실적으로 정치자금법이 정하는 방법과 한도를 어길 수밖에 없는 여건에서 검찰이 이를 수사의 대상으로 삼고 사법처리를 하는 것이 더 큰 부담이 되고 있다. 정치자금에 대한 검찰수사는 기업인에게 개인적인 차원의 고통뿐 아니라 이로 인한 해당 기업의 대내외 이미지 손상 등 이중적인 손해를 끼치게 되기 때문이다.

한국 4대 기업군에 속하는 SK그룹이 SK글로벌과 SK해운에 대한 검찰수사로 인해 기업의 대외신인도가 크게 훼손됨은 물론 경영권이 외국투자 그룹에 넘어갈지도 모르는 위험한 상황까지 발생하였다. 검찰의 대선자금 수사는 SK는 물론 삼성, 현대, LG, 롯데 등 한국의 대표적인 대기업 전체에 확대되었기 때문에 이로 인한 재계의 불안은 최고조에 달하였으며 관련 기업의 국제적 위상에도 적지 않은 손상을 초래하였다.

검찰수사가 비록 단기적으로 재계에 어려움을 주다하더라도 우리의 잘못된 관행은 시정되어야만 하고 이는 장기적인 관점에서 한국기업에도 도움이 될 것이라는 주장을 할 수 있을 것이다. 그러나 이와는 전혀 상반된 주장 역시 만만치 않다. 그것은 정치자금에 대한 수사가 정치적인 목적에 의해 진행되기 때문에 이로 인한 긍정적인 효과보다는 재계에 부정적인 효과가 훨씬 크다는 것이다.

민주화 이후 새로 출범한 정권은 예외 없이 전 정권의 정치자금 문제를 검찰의 수사대상으로 삼아 관련자들을 처벌하여 왔다. 노태우 정권은 전두환 대통령 친인척과 측근 인사들의 정치자금을 사법처리하였고 전두환 대통령을 백담사로 보냈다. 그리고 김영삼 정권은 노태우, 전두환 대통령의 정치자금을 밝혀내 이들을 구속하고 사법처리하였다. 김대중 정권은 대선 패자인 이회창 후보의 대선자금을 '세풍'(稅風)이라는 이름으로 사법처리하였고, 김영삼 대통령의 정치자금을 '안풍'(安風)이라 하여 사법부의 심판대에 올려놓았다.

2003년 노무현 정권이 출범하면서 2002년 대선자금이 검찰의 수사 대상이 되었다. 그 결과 대선 패자인 한나라당은 정치적 곤경에 처하게 되었고 이회창 후보 진영의 주요 인사들은 감옥에 구속되었다. 이번에는 과거와는 달리 대선 승자인 노무현 후보 진영의 주요 인사들과 노무현 대통령 측근인사들도 사법처리 대상이 되고 있으나 검찰수사의 강도는 역시 야당인 한나라당의 정치자금에 집중되었다는 인상을 갖지 않을 수 없다.

결국, 민주화 이후 정치자금에 대한 검찰수사 역시 집권세력의 정치적인 목적을 달성하는 차원에서 이루어져왔다고 생각할 수 있다. 정권이 같은 당내에서 이동한 경우는 전임자를 정치자금 수사의 대상으로 삼음으로써 집권자는 권력기반을 확고히 구축하는 수단으로 사용하였고 정권이 여당에서 야당으로 넘어간 경우에는 상대 당을 정치적으로 견제하고 차기 유력 대통령 후보에게 정치적 상처를 주는 수단으로 활용하였다. 그렇기 때문에 정권이 바뀔 때마다 검찰이 대대적인 정치자금 수사를 진행시키고 그 과정에서 관련 정치인은 물론이고 많은 기업인들이 수난을 겪었으며 이는 5년마다 반복되는 '정례 행사'가 되어 버린 것이다.

정치자금에 대한 수사가 정치적인 목적에 의해 기획되고 정치적인 약자에게 불리한 방향으로 진행되기 때문에 검찰의 정치자금 수사가 정치권에게 '불법자금은 거두어서는 안 된다'가 아니라 '무슨 방법을 동원해서라도 정권을 잡아야한다'라는 교훈마저 주게 되는 것이다.

정치인 모두가 정치자금법을 위반하고 있는 한국의 현실에서 정치자금에 대한 검찰의 엄격한 수사보다는 정치자금 수요를 원천적으로 줄이며 자금모집과 집행과정을 투명화하고 현실화하는 미래지향적이며 제도적인 개선대책을 마련하는 것이 급선무라는 생각을 갖지 않을 수 없다.

검찰의 정치자금 수사는 국가운영의 어젠다(agenda)를 과거지향적인 것으로 집중시키고 있다. 여·야 정치권은 자신의 잘못은 감추면서 상대방의 잘못은 들추어내려고 전력을 다하는 추태를 보이고 있다. 기업인들은 세계화 시대에 1등 기업이 되기 위한 전략세우기는 뒷전으로 미루고 검찰의 수사를 걱정하고 이를 피하기 위해 해외출장을 '만들어 내는' 희극적인 상황도 연출되고 있다.

이런 과정에서 한국의 정치권은 부패집단으로 국내외적으로 부각되었고 한국의 대표적인 기업들 역시 회계장부가 모두 엉터리인 3류 기업으로 국제사회에서 인식되어지고 있는 것이다. 이러한 정치적 자학행위를 새 정권이 집권할 때마다 반복해야 되는지 정치지도자들에게 묻지 않을 수 없다.

이제는 보다 건설적이고 미래지향적인 차원에서 정치자금 제도는 물론 '전부가 아니면 전무(全無)'(all or nothing)식의 권력구조 체제 자체를 재설계하는 지혜를 발휘해야 하는 시점이 되었다고 생각한다.

제2장

국회는 투쟁의 장 場

> "
>
> 사람들은 자기주장을 위해 피를 흘리고 죽어간다.
>
> 정치는 우리가 살아가는 이러한 일상의 세계를 어렵게나마 지탱하는 것이다.
>
> 정치란 인간 삶의 총체적 구성 틀을 유지하는 활동이다.
>
> 정치활동은 전적으로 영웅적 행위와 이중성으로 가득 찬 인간의 삶이다.
>
> "

Kenneth Minogue, 『Politics』

1. 부실한 정책 활동

내 사전에 없었던 국회의원

김영삼 대통령은 학창시절부터 책상위 벽에 '대통령'이라는 세 글자를 적어 붙여 놓았다고 한다. 대통령이 되겠다는 정치적 포부를 어릴 때부터 갖고 있었다는 이야기다. 많은 사람들이 국회의원이 되기 위해 꾸준한 노력을 한다. 이들은 주요 정당의 공천을 받기 위해 공천에 영향을 줄 수 있는 정당의 실세 정치인들과 연줄을 맺으려고 백방으로 뛰기도 하고 거액의 정치자금을 당에 기부하기도 한다.

선거에 지고도 계속 출마하여 '칠전팔기'(七顚八起)의 '기적'을 이룬 인사들도 있다. 국회의원이 되고자 하는 인사들의 배경 또한 다양하다. 젊은 시절부터 정치권에 발을 들여 놓은 '직업 정치인'도 있고 오랫동안 정부에서 근무한 고위공직자는 물론 언론인, 군 장성, 변호사, 기업인, 연예계 스타 등 거의 모든 직종의 사람들이 국회의원을 하고 싶어 한다. 여론조사에 의하면 국민들로부터 가장 신뢰를 못 받고 있는 직업이 국회의원이라고 한다. 그럼에도 불구하고, 언론계, 학계, 관계, 재계는 물론 노동계, 시민운동가들도 자신의 분야에서 상당한 수준의 성공을 이룬 후 국민으로부터 가장 신뢰를 받지 못하는 국회의원이 되려고 하는 것은 정말로 이상한 일이 아닐 수 없다.

국회의원은 물론 여러 차례의 장관, 대학 교수, 기업체 사장 등 세상 사람들이 부러워하는 직책을 두루 경험한 어느 인사에게 이 중 어느 것이 가장 좋았는가 물어 본 적이 있는데 이에 대한 그의 대답은 국회의원이었다. 그 이유는 행정부 장관이나 기업체 사장직은 나름대로 보람을 느낄 수 있는 것은 사실이나 책임감이 막중한 반면 국회의원직은 과중한 책임을 질 필요가 없으면서 자유스럽고 주위로부터 상당한 대접을 받을 수 있다는 것이었다. 국회의원이 사회적으로 성공한 인사들에게 인기가 있는 이유가 바로 여기에 있는지 모르겠다는 생각을 하게 된다.

그러나 나의 인생설계에는 국회의원이 없었다. 그렇기 때문에 국회의원이 되려고 준비를 하거나 정계인사들과 의도적인 접촉을 시도한 적이 없었다. 그런데 1988년 초 어느 날 평소에 잘 알고 지내던 이병기 청와대 의전수석으로부터 전화를 받았다. 13대 민정당 전국구 국회의원을 하라는 노태우 대통령의 제의가 있는데 받아들이겠느냐는 것이었다.

당시 나는 한국개발연구원(KDI) 부원장직을 4년째 수행하고 있었다. 나의 인생설계는 KDI 부원장직을 거쳐 원장이 되고 그 곳에서의 정책연구 경험을 바탕으로 대통령 경제수석 또는 경제부처 장관이 되어 경제정책 추진의 책임을 직접 맡아 보는 것이었다. 그런데 바라던 KDI 원장이나 경제수석은 '아직 나이가 너무 어리다'는 이유로 되지 않았고 갑자기 국회의원을 하라는 청와대의 제의를 받은 것이었다. 잠시 고민을 하고 가족과 상의를 한 후 청와대 제의를 수락하기로 하였다. 그 이유는 소수 엘리트 전문가들에 의해 경제정책이 만들어지고 대통령의 결단으로 집행되던 권위주의적 정부 시대와는 달리 민주화 시대에는 경제정책도 정치와 분리되어 수립되고 집행될 수 없을 것이기 때문에 정치현장에 경제정책 전문가로 참여하는 것도 나름대로 의미가 있을 것으로 생각되었기 때문이다.

내가 국회의원직을 수락한 것이 잘한 것인지는 알 수 없으나 12년 간의 국회의원 생활은 나에게 많은 번민의 시간을 안겨줌과 동시에 새로운 경험을 하는 기회가 된 것이 사실이다. 정책과제가 언제나 뒷전으로 밀리는 한국정치 상황에서 정책전문가로서의 좌절감도 맛보았고, 정적(政敵)을 음해하고 정치적 배신도 서슴지 않는 정치인들의 행태에 대해 수치심을 갖지 않을 수 없었으며, 대통령과 공권력이 한 개인을 향해 공격할 때 속수무책으로 당해야 하는 무력감도 체험하였다. 그러나 정치현장에서 많은 사람들을 만나고 이들과의 교류과정에서 정책문제를 보는 시각이 다양해야 됨을 배웠고 이들을 설득하여 내가 옳다고 생각하는 주장을 정책화시키는 과정에서 큰 보람을 느끼기도 하였다.

나의 선친은 1950년 고향인 충남 홍성에서 당시 우파 정치단체였던 국민회 대표로 국회의원 선거에 출마하여 낙선한 적이 있다. 그 후 6·25 전쟁이 발발하면서 선친은 인민군에 의해 체포되어 대전교도소에서 처형되었는데 1950년 총선에서 우파단체의 대표로 출마한 것이 인민군에 의해 처형을 당한 원인을 제공하였을 것으로 짐작된다.

나 역시 1997년 대선에서 '이회창 대통령 만들기'에 앞장섰다가 실패한 후 대선자금 사건에 연루되어 의원직을 사퇴하고 지금은 옥고를 치르고 있다. 정치로 인해 개인적인 불행을 겪는 것마저 대물림을 하는 것이 아닌가 하는 생각이 든다. 한국정치의 험난한 전통이 건국 이후 50년이 지난 지금까지도 지속되고 있는 것이다.

정책이 없는 정치

정책전문가 역할을 하기 위해 정치권에 입문한 내가 받은 첫 번째 충격은 정치권의 정책 활동이 총체적으로 부실하다는 사실이다. 정치를 시장에 비유하여 설명할 때 정책은 한 마디로 시장에서 판매자와 소비자를 연결시켜 주는 상품에 해당하는 것인 바, 선거에서 정당이 유권자에게 내놓는 상품이 바로 정책이라 할 수 있는 것이다.

그러나, 한국에서는 소비자인 유권자가 선거에서 지지정당을 선택하는 기준으로 정책보다는 후보의 이미지 또는 정당지도자의 지역 연고 등 비합리적인 요소에 더 큰 비중을 두기 때문에 정책이 선거시장에서 상품으로서의 가치가 별로 높지 않다. 그 결과, 정당은 자연히 정책문제에 소홀하게 되고 정책전문가는 한국정치의 중심에 설 수 없게 되는 것이다.

나는 1988년 4월 정치권에 입문한 이후 당에서 줄곧 정책분야 업무를 담당하였다. 처음에는 당 정책위원회 정책조정 부실장을 맡다가 얼마 후 정책조정실장으로 승진하여 당의 경제정책을 총괄하는 직책을 맡았고 1998년에는 잠시 정책위원회 의장직을 수행하기도 하였다.

이 과정에서 내가 느낀 것은 정책문제에 관해 당 지도부의 관심이 높지 않다는 것이다. 그렇기 때문에 정책문제는 나와 같은 소수의 전문가들에게 일임하고 당 지도부는 여·야 간 쟁점이 되는 이른바 '정치현안'에 관심을 집중시키는 것이 보통이다. 그 결과 나는 집권 여당의 경제정책을 전문위원으로 구성된 정책실무진의 도움을 받아 거의 도맡아 관장하는 '막중한' 임무를 수행하게 되었다. 수시로 진행되는 당정협

의 과정에서 당의 입장을 정리하는 것은 물론 주요 선거에서 당의 선거공
약을 개발하는 것도 모두 내 몫이 되었다.

정책전문가 자격으로 정치권에 들어온 내 입장에서는 중요한 역할을
수행하게 된 데 대해 나름대로 보람을 느낄 수 있는 계기가 된 것이
사실이나 당이나 정치권 전체의 입장에서는 집권당의 정책결정을 전문
가 한 사람에게 위임하는 것이 결코 바람직한 일이라고 할 수 없다.
사정이 이렇다보니 정책위원회의 활동은 당내 예산 또는 인원의 배정과
정에서 항상 우선순위에서 밀리는 결과를 가져왔다.

선거에서 전국적인 당 조직 가동을 위해서는 엄청난 규모의 자금지
출을 마다하지 않으면서도 당 정책위원회는 정책 활동에 필요한 자금의
확보마저 쉽지 않았던 것이다. 또한, 선거철과 같이 당이 바쁜 시기가
되면 거의 예외 없이 정책위원회 산하의 유능한 직원은 사무총장 소속으
로 재배치되어 선거운동에 참여하게 되었다. 언론도 당의 정치적 활동에
는 많은 비중으로 다루면서도 당의 정책 활동은 잘 다루려고 하지 않았다.

입법 활동의 문제

이러한 현상은 국회 의정활동에도 그대로 나타났다. 국회에서 가장
중요한 활동은 입법 활동이라 할 수 있다. 그러나 국회의원들이 실제로
입법 활동에 할애하는 시간은 그리 많지 않다. 우선, 입법부인 국회
자체가 입법 활동을 국회의원보다는 정부에 의존하고 있다.

예를 들어, 제헌국회에서 제15대 국회까지 국회를 통과한 총 5,415건

의 법률안 중 64%인 3,461건이 정부가 제출한 법률로서 국회의원이 제안한 1,954건보다 훨씬 많다. 사실상 정부가 준비한 법률이 부처 간 협의과정을 생략하기 위해 또는 여당에게 정치적 생색을 내어주기 위해 의원 발의 형식으로 제출되는 법안이 적지 않은 점을 감안하면 행정부에 의한 입법주도권은 앞의 통계수치보다 훨씬 클 것이다. 제출법안의 가결 비율 역시 정부입법의 경우 79%로 높으나 의원입법은 48%에 불과해 의원입법안의 내용이 상대적으로 부실하였음을 보여 주고 있다.

법안심의의 질적 측면에서도 많은 문제점을 지적할 수 있다. 우선, 국회의원이 법률안 심의에 소비하는 시간이 너무 적다. 의회가 상시 열려있는 미국 등 선진국과는 달리 한국에서는 100일 이내의 회기로 매년 9월 1일 열리는 정기국회를 제외하고는 여·야 합의에 의해 임시국회를 소집하며 회기는 30일로 되어 있다. 결국, 여·야 합의가 없는 한 국회는 닫혀 있는 셈이니 국회의원이 일하는 시간이 상대적으로 짧은 것은 당연하다.

이에 더해, 정부는 대부분의 정부입법안을 정기국회에 제출한다. 그러나 정기국회에서는 국정감사와 예산심의 등이 동시에 실시되기 때문에 국회의원은 매우 바쁘다. 또한, 법률안의 실질적인 심의가 이루어지는 분야별 상임위원회는 상당시간을 해당 부처와 산하기관의 현황 업무보고와 이와 관련한 정책질의에 소비하기 때문에 법안을 심의하는 것은 회기 말에 가서나 이루어진다.

전체 상임위원회에서 전문적인 법안심의가 이루어지기 어렵기 때문에 전체회의에서는 법안에 대한 매우 개괄적인 질의·응답만 하고 법안의 실질심사는 법안 소위원회로 넘겨진다. 법안 소위원회는 흔히 5~7명의 의원으로 구성되는데 이른바 3선 이상의 중진의원들은 법안 소위원회 활동에서 면제시켜 주고 초재선 의원들로 구성되어 운영된다. 이렇게 구성된 법안 소위원회는 대개 2~3일간의 짧은 기간에 여러 개의 법안을 심의하기 때문에 심의내용이 부실할 가능성이 매우 높다. 각계의 이해가 엇갈리고 전문가들 간에 이견이 많은 경우에는 해당 법안에 대한 공청회 등을 통한 충분한 의견수렴이 필요하나 공청회가 개최되는 경우는 많지 않다.

이의 시정을 위해 16대 국회에서는 공청회를 의무화하는 내용의 국회법 개정이 있었으나 '위원회의 의결로 이를 생략할 수 있다'라는 단서 조항 때문에 공청회 개최 비율은 아직 50%에도 미치지 못하고 있다. 그나마 16대 국회 이전에는 법률안 심의와 관련하여 공청회를 개최하는 경우가 극히 드물었다.

법률안 심의의 두 번째 문제는 법안소위원회가 비공개로 운영되며 종전에는 회의록도 작성하지 않았다는 사실이다. 16대 국회에서 회의는 비공개로 하더라도 회의록 작성은 의무화 하였으나 이 역시 위원회 의결로 요지만을 작성하도록 규정하였다. 그 결과, 축조심의를 반드시 해야 하는 규칙이 지켜지지 않는 경우가 많고 법안 심의과정에서 각계의 다른 의견들이 충분한 토론과정을 거쳐 합리적으로 결론이 내려졌는지에 대한 객관적인 평가가 어려운 것이 사실이다.

예산심의 과정의 문제

법안심의 다음으로 중요한 국회의 정책 활동인 예산심의 역시 부실하게 이루어지기는 마찬가지다. 오히려 예산심의 과정의 문제는 법안심의의 경우보다 더욱 심각하다고 할 수 있다. 그 이유는 법안심의는 해당 상임위원회에서 이루어지기 때문에 국회의원들이 나름대로 그 분야에 관한 전문성을 축적해 나갈 수 있으나 예산을 심의하는 예산결산위원회는 특별위원회로 매년 새롭게 구성되기 때문에 이에 참여하는 국회의원들은 예산심의에 필요한 전문성을 전혀 갖추지 못한 상태에서 예산심의 과정에 참여하게 된다. 더욱이 예산의 경우 법률안과는 달리 사업내용이 생략된 채 사업에 필요한 예산 숫자만 예산서에 제시되기 때문에 전문가에 의한 분석 없이 갑자기 예산결산특별위원회에 참여한 국회의원들이 특정사업 예산의 적정성을 판별하는 것은 거의 불가능하다 할 수 있다.

미국의 경우 500여 명의 전문가로 구성된 의회예산처(Congressional Budget Office : CBO)가 행정부가 제출한 예산을 철저히 분석하여 의원들이 전략적인 사항에 대해 정치적 판단을 할 수 있게 도와주고 있으나, 우리 나라는 정부의 예산부처로부터 파견된 수석전문위원과 소수의 국회 실무진의 보좌만으로 국회의원의 예산심의가 이루어지고 있다. 결국, 행정부 전체의 활동을 요약하는 예산에 대한 본질적인 심의가 사실상 불가능한 상태에서 국회의 예산심의가 이루어지고 있는 것이다.

나는 정계에 입문한 1988년부터 6년간 계속해서 예산결산위원회에 참여하는 국회기록을 세운 바 있다. 예산결산위원회는 지역구 사업을 챙겨야 하는 지역구 국회의원에게는 일종의 '특권'으로 되어 있기 때문에 이러한 특권은 의원 임기 4년 중 보통 한 번 주어지게 되지만 나는 당의 정책위원회를 대표하여 매년 이 과정에 참여하게 된 것이다. 경제전문가로 매년 예산심의에 참석하는 나도 예산 전체를 파악하기 어려운데 비전문가로 처음 참석하는 의원의 경우는 어떠한지 잘 알 수 있는 것이다.

이에 더해, 앞에서 지적된 법안심의 과정에서 발생하는 시간적 제약, 비공개로 인한 객관적 평가 곤란 등의 문제가 예산심의 과정에서도 그대로 일어나고 있다. 정부 예산안은 헌법 제54조에 의해 회계연도 개시 90일 전까지 국회에 제출하도록 되어 있으며 예산결산위원회의 종합심사에 앞서 각 상임위원회의 예비심사가 이루어진다. 상임위원회 심사는 10월 중순 경에 행해지며 심사기간은 보통 5일 이내다. 예산결산 위원회의 본격적인 예산심의는 10월 하순 경부터 시작되는데, 상당 시간을 종합 정책질의에 소비하고 이 기간의 대부분을 예산관련 질의보다는 당면 정치현안에 대한 정치적 공방으로 허비하는 경우가 많다. 또한, 예산결산위원회는 위원수도 50명이나 되기 때문에 전체회의는 국회 본회의의 축소판이라 할 수 있어 효율적인 예산심의가 사실상 불가능하다.

결국, 예산안에 대한 실질적인 조정은 계수조정 소위원회에서 이루어지게 되는데 이 역시 법안심의 소위원회와 같이 비공개적으로 이루어지고 심의기간 역시 매우 짧기 때문에 충분한 심의를 바탕으로 한 예산 계수조정이 이루어지는 것은 불가능하다. 그래서 결국 예산 계수조정은 여·야 정치권이 관심이 있는 몇 개 사업에 대한 예산을 증액 또는 감액하는 선에서 마무리되는 것이 우리국회의 현실이라고 할 수 있다.

더 큰 문제는 결산의 경우로 보통 결산에 대한 심의는 하루 이틀에 이루어지고 처리된다. 정부 결산안을 국회가 그대로 접수하는 것이 관례라고 생각하면 되는 것이다. 16대 국회에서 국회법이 개정되어 결산안을 예산안이 심의되는 정기국회 이전인 6월부터 심의할 수 있게 한 것은 그나마 진일보한 조치라고 할 수 있다.

정부예산은 정부 활동 전체를 압축시킨 것이라 할 수 있기 때문에 국회가 정부예산 심의활동을 충실히 수행한다면 행정부 활동을 감시하고 견제하는 기능을 잘 하는 것이다. 그러나 반대로 지금과 같이 국회가 정부예산 심의를 지극히 형식적인 차원에서 하는데 그친다면 국회가 행정부의 감시 및 견제기능을 제대로 수행하지 못한다는 것을 의미한다.

미국에서의 대통령제가 '제왕적 대통령'을 만들지 않고 있는 것은 미국 의회가 철저한 예산심의 과정을 통해 행정부의 일거수일투족을 감시하고 견제하기 때문이다. 이미 지적한대로, 수 백 명의 전문가 집단이 의회의 예산심의 과정을 기술적으로 뒷받침해 주고 예산심의 기간도 무려 240일이나 된다. 거의 일년 내내 정부예산을 심의하는 것이다.

그러나, 한국에서는 국회가 예산심의권을 제대로 행사하지 못하고 있기 때문에 행정부의 독주를 견제하지 못하고 있으며 이러한 상황에서 한국의 대통령은 필연적으로 '제왕적' 대통령이 될 수밖에 없는 것이다. 따라서, 국회의 개혁은 국회의 예산심의권 강화에서부터 시작하여야 할 것이다.

언론의 각광을 받는 국정감사 역시 부실하기는 마찬가지다. 그 이유는 국회의원의 국정감사 활동을 뒷받침해 주는 전문조직이 없기 때문이다. 보통 하나의 상임위원회가 관장하는 국가기관의 업무는 매우 방대하다. 소관 정부부처와 수많은 산하기관을 포함하기 때문에 국회의원이 이들의 업무를 소상히 파악하여 감사를 한다는 것은 거의 불가능하다.

그래서 현행 국정감사는 소관 부서 업무의 철저한 분석과 조사에 의한 것이라기보다는 수박 겉핥기식의 질의나 내부 불만자의 제보에 의한 비리폭로 등에 의해 진행되고 있다. 이를 시정하기 위해서는 감사원의 국회 이관이 추진되어야 하나 이는 대통령 권한의 약화로 인식되기 때문에 대통령과 여당은 야당일 때는 이러한 주장을 하다가도 집권하면 이의 추진에 절대 반대하여 왔다. 결국, 국정감사도 '소리만 요란한 빈 수레'와 같이 진행되고 있는 것이다.

'한계적 의회'

정책결정 과정에서 의회가 수행하는 역할 또는 영향력의 정도에 따라 세계 각국의 의회를 분류하기도 한다. 메지(Mezey)는 '의회제도의 비교'(Comparative Legislatures)에서 의회의 정책 영향력과 의회에 대한 지지도라는 두 가지 기준으로 세계 각국의 의회를 분석하였다.

그에 의하면 미국 의회는 정책 영향력이 높고 지지도도 강한 '능동적 의회', 영국, 프랑스, 일본 등의 의회는 정책 영향력은 중간 정도이나 지지도는 강한 '수동적 의회', 필리핀, 프랑스 제 3,4공화국, 바이마르 공화국 등의 의회를 정책 영향력은 강하나 지지도가 약한 '취약한 의회'로 분류하면서 한국, 브라질 등의 의회는 중간 정도의 정책 영향력과 낮은 지지도를 지닌 '한계적 의회' 그리고 소련, 폴란드 등의 공산권 의회는 약한 정책 결정권과 약한 지지도의 '최소한 의회'로 부르고 있다. 메지가 분석한 시점이 1970년대 말이었기 때문에 민주화 이후의 한국의회는 정책 영향력에서는 아직도 중간 정도에 머무르고 있으나 지지도는 약한 수준에서 점차 강한 수준으로 이동하고 있는, 다시 말해, '한계적 의회'에서 '수동적 의회'로 발전하고 있는 단계에 있다고 할 수 있을 것이다.

2. 정당이 지배하는 국회

거수기 노릇하는 국회의원

흔히 국회의원을 '독립된 헌법기관'이라고 한다. 행정부가 하나의 조직체로서 개인이 아니라 조직 차원에서 모든 행동이 이루어지는 것과는 달리 국회에서 국회의원은 각기 독립된 국민의 대표로서 자신의 의견을 제시하고 표결에 참여하기 때문이다. 그래서 국회의원에게는 헌법 제50조에 의한 '국회 내에서 발표한 의견과 표결에 관하여 외부에 대하여 책임을 지지 아니한다'라는 면책 특권은 물론 헌법 제49조에 의한 '현행범을 제외하고 회기 중 국회의 동의 없이 체포 또는 구금되지 아니하며 회기 전에 체포 또는 구금되었을 때에는 국회의 요구가 있으면 회기 중 석방된다'라는 회기 중 불체포 특권도 주어지고 있다. 임기 중 형사소추를 받지 않는 대통령에 못지않은 법적특권이 국회의원에게 주어지는 셈이다.

이와 같이, 국회의원에게 면책 특권과 회기 중 불체포 특권이 주어지는 것은 국민의 대표자격으로 국회에서 소신껏 의정활동을 하라는 것이다. 그러나 실제로 우리 나라 국회의원들의 의정활동은 소속정당이 정해 준 정치적 경계를 넘지 못하는 것이 사실이다. 여당일 때는 국회에서 '거수기' 노릇하다 끝나고 야당일 때는 국회에서 '정치투쟁' 하다가 끝났다는 것이 많은 국회의원들의 솔직한 고백이다. 그 이유는 정당이 소속 국회의원들의 원내 활동을 지배하기 때문이다.

나는 12년간 국회의원으로 있으면서 첫 9년 반은 여당의원이었고 나중 2년 반은 야당의원이었다. 나는 의정생활을 하면서 국회에서 한 번도 당론에 어긋나는 표결을 한 적이 없었다. 좋게 보면 '모범생'이고 나쁘게 보면 '거수기'였던 것이다. 그러나 나는 의정활동의 거의 대부분을 정책위원회에서 정책조정실장 또는 정책위의장이라는 당직을 맡거나 행정부 장관직을 맡았기 때문에 당과 정부의 정책결정 과정에서 나름대로 역할을 하였다. 그렇기 때문에 국회에서의 '거수기' 역할이 크게 자존심 상하는 일이 아니었다고 할 수 있다. 그러나 대다수의 의원들은 당의 의사결정에도 별 역할을 하지 않으면서 국회에서는 당론에 따라 행동하는 명실 공히 '거수기' 노릇을 하고 있는 것이다. 국회의원을 '독립된 헌법기관'이라고 부르기가 민망한 노릇이 아닐 수 없다.

국회의원의 몸싸움

국회의원이 '거수기' 노릇을 하는 것은 그래도 '양반'이라고 할 수 있다. 국회의원은 때로는 조직폭력 조직의 조직원들 같이 국회에서 TV로 전 국민이 지켜보는 가운데 '몸싸움'을 해야 한다. 내가 국회의원을 하면서 가장 난감하다고 느낄 때가 바로 몸싸움을 해야 하는 순간이었다. 국회에서 몸싸움이 수시로 벌어지는 것은 다수결 원칙이 잘 지켜지지 않기 때문이다. 민주주의의 전당이라 하는 국회에서 민주주의의 기본 규칙인 다수결 원칙이 지켜지지 않는 것이 우리의 현실이다. 그 원인은 과거 독재정권에서 여당이 3선 개헌 등의 비민주적 조치들을 강행 추진하는 과정에서 야당이 수적 열세를 '실력저지'하는 과정에서 몸싸움도 불사한 데 있다.

당시에는 야당에 의한 실력저지의 대상이 집권기간을 인위적으로 연장하는 등의 비민주적 조치였기 때문에 야당의 몸싸움은 국민들로부터 비난의 대상이 아니라 오히려 격려의 대상이 되었던 것이 사실이다. 그러나, 1987년 6·29 민주화선언 이후에는 여·야 간 몸싸움의 대상이 추곡수매가, 정부예산안, 노동관련 입법 등 민생관련 사항이었기 때문에 당연히 민주주의에서의 다수결 원칙이 지켜졌어야 했다. 그러나 권위주의적 정치시대에 길들여진 야당 정치지도자들은 민생관련 법안의 통과를 저지시킴으로써 자신들의 정치적 위상을 제고시킬 목적으로 소속의원들에게 '실력저지'를 명하였고 이로 인한 여·야 의원들 간의 몸싸움은 불가피했던 것이다.

13대 국회에서는 예산안 통과가 주로 여·야 의원 간 몸싸움의 대상이 되었다. 13대 국회 초기에는 여소야대 상황이었기 때문에 추곡수매가 결정 등 정치적으로 민감한 정책사안들이 여·야 간 정책협의 과정을 통해 타결되었다. 1988년 6월 원 구성 이후 3당 합당이 이루어진 1990년 1월까지의 기간은 제헌국회 이후 한국 의회가 가장 민주적이며 모범적으로 운영된 시기라고 할 수 있다. 이 시기에는 주요 정책문제에 대한 4당 정책위의장단 회의 등을 통해 여·야 간 실질적인 대화가 정례적으로 이루어졌고 이런 과정에서 각 당 정책위원회의 위상도 상대적으로 높아졌다.

그런데, 3당 합당으로 여당이 국회에서 절대 다수의석을 차지하게 되자 주요 정책현안에 대한 여·야 간의 대화는 형식적인 차원에서만 진행되었다. 야당과의 타협이 이루어지지 않는 경우 여당은 정부안을 다수결로 밀어붙이려 했고 야당은 몸싸움도 불사하면서 이를 저지시키려 했다.

그러나, 대부분의 경우 여당은 이른바 '변칙처리'를 통해 야당과의 기(氣)싸움에서 이기려 하였다. 당시 세입을 다루는 재무위원회 소속으로 당 정책위원회를 대표하여 매년 예산결산위원회에 참가한 나는 예산안 통과와 관련한 여·야 간 몸싸움 과정에 거의 예외 없이 참가해야 했고 재무위원회에서 세법 개정안을 변칙 처리하는 과정에서 내가 야당의원과 몸싸움하는 장면이 일간지 1면 머리기사로 장식된 적도 있었다. 당시 중학생이었던 아들이 조간신문을 내게 주면서 "아빠 사진이 신문에 나왔네"하자 나는 창피해서 몸 둘 바를 몰랐던 기억이 새롭다.

학계 출신이며 성격적으로도 몸싸움이 체질에 맞지 않았지만 당소속 국회의원으로서 이를 피하는 것은 항명 행동일 뿐만 아니라 인간적으로도 비겁한 짓이라 생각되어 이 불편한 자리를 지킬 수밖에 없었던 것이다. 몸싸움을 하여 언론으로부터 '저질' 국회의원이라고 손가락질 받은 국회의원 모두 당시 나와 같은 심정에서 하고 싶지 않은 일을 자신들의 소속된 당을 위해 한 것이다.

주요 정당에 의한 국회 지배는 국회법에 의해 제도적으로 보장되어 있다. 현행 국회법은 의원 20인 이상의 경우 원내 교섭단체를 구성할 수 있도록 하고 원내 교섭단체 대표인 원내총무들에게 국회운영에 상당한 권한을 위임하고 있다. 교섭단체 대표의원들은 국회운영일정, 의원의 위원회 배정, 본회의 발언자 선정 등 국회 운영상 중요사항에 대해 국회의장의 협의에 응할 수 있는 권한이 국회법에 명시되어 있다.

이에 더해, 정당 지도부는 국회의원의 공천권까지 쥐고 있기 때문에 소속 의원들이 정당의 지시에 따라 일사불란하게 움직이는 것은 당연한 것이다. 형식적으로는 국회의원 개개인이 독립된 헌법기관이나 실제적으로는 군대의 일원과 같이 당 수뇌부의 지시에 따라 의정활동을 하는 것이다. 그래서 국회는 주요 정당 소속 국회의원들이 정당 수뇌부의 작전명령에 의해 싸움을 하는 전쟁터인 셈이다. 국회가 정책토론의 장이 아니라 정치투쟁의 장이 되는 이유가 바로 여기에 있는 것이다.

국회의원의 수준은 국민수준

국회가 정책토론이 아닌 정치투쟁의 장소가 되다 보니 이를 TV 등 대중매체를 통해 바라보는 국민의 눈에는 국회의원 모두가 저질이라는 생각을 갖지 않을 수 없을 것이다. 그러나 내가 12년간 의정활동을 하면서 만난 국회의원들의 대다수는 상당수준의 식견과 인격을 갖춘 인사들이었다. 이들 대부분은 대졸 이상의 학력을 갖고 있고 행정부에서 고위공직의 경험을 쌓은 사람들도 많으며 나름대로 자기 분야에서 상당한 성공을 이룬 후 이를 배경으로 정계에 진출한 것이다.

국회의원들의 경력도 다양해 학계, 법조계, 관계, 언론계, 예술계 등 대한민국의 거의 모든 직종이 망라되어 있다고 해도 과언이 아니다. 내가 정계에 입문하여 얻은 가장 큰 소득은 이렇게 다양한 배경을 갖고 있는 여러 의원들과 교류를 할 수 있는 기회를 얻게 되었다는 것이다. 문제는 국회의원의 전문성과 성실성을 발휘할 수 있는 입법 활동이나 예산심의 활동은 형식적으로 이루어지는 반면, 각 정당을 이끌어 가는 정치지도자들의 정치적 위상 제고를 위한 정치투쟁을 위해 국회의원들이 온 국민이 보는 앞에서 몸싸움도 불사해야 하는 우리 나라의 정치현실인 것이다. 이런 과정에서 국회의원은 국민들의 눈에 저질로 비추어지고 퇴출대상 제1호로 지목되고 있는 것이다.

따라서, 새로운 정치는 정치인들의 물갈이만으로 될 수 있는 것이 아니라 국회의 정책관련 활동의 활성화를 위한 제도적 개선책이 추진되고 정당과 정치인이 이러한 활동에서의 업적으로 유권자에 의해 평가되는 정치적 풍토와 전통이 확립되어야 이루어질 수 있는 것이다.

3. 의원외교의 허와 실

의원외교의 중요성

국회의원들의 해외출장이 가끔 사회적 물의를 일으키곤 한다. 해외출장 중 국회의원들이 의원외교 활동은 지극히 형식적으로 하면서 명소관광, 쇼핑 등에 많은 시간을 보낸다는 것이 의원외교 활동을 부정적으로 보는 이유다. 그러나, 나의 경험으로 미루어 의원외교야말로 국회의원들이 할 수 있는 그리고 반드시 해야 하는 중요한 업무영역이라고 생각한다. 나는 국내에서의 의정활동은 정책문제를 소홀히 다루는 제도적 결함과 관행 때문에 언제나 한계를 느끼면서 실망한데 반해, 의원외교 활동부문에 있어서는 상당히 보람을 느낄 수 있었다.

환경에 관한 아시아·태평양지역의원연맹(APPCED)을 창설하는 역할을 하고 이의 집행위원장직을 수행하면서 환경 분야에서 한국의 위상을 높일 수 있었고, 매년 한·미의원연맹 회의에 참가하여 통상문제 등 양국 간 현안해결에 큰 도움이 되는 활동도 하였으며, UR 협상 과정에 한국 쌀 개방의 정치적 어려움을 설득하기 위해 GATT 본부와 주요 선진국을 방문하였고, 대만 핵폐기물의 북한 반출을 저지하기 위해 미국의회와 UN을 방문하여 큰 성과를 거두기도 하였기 때문이다.

나의 의원외교 경험

의원외교가 중요한 첫 번째 이유는 미국, 일본 등 선진국의 의회는 자국정부의 정책에 매우 큰 영향을 주고 있기 때문에 이들을 상대로 하는 의원외교는 한국의 국익 증진에 큰 도움이 된다는 것이다. 또한, 의원들은 정치인이기 때문에 행정부 관리들에 비해 생각이나 행동이 상대적으로 자유스러우며 이들과의 대화를 통해 우리의 관심사를 설득 시키기가 훨씬 수월하다는 점이다.

나는 이러한 사실을 대만의 핵폐기물 북한 반출 기도 사태가 발생하였을 때 실감하였다. 특히, 대만과는 한국이 중국과 수교를 하면서 외교관계를 단절하였기 때문에 정부차원에서 대만정부와 이 문제를 해결하는 것이 매우 어려운 상황이었다. 그러나, 대만은 정치·외교적으로 미국의 지지에 의해 중국으로부터의 생존이 보장되고 있기 때문에 미국의 영향력은 가히 절대적이며 그런 차원에서 당시 박관용 외교통일위원장은 방미 국회대표단을 구성하면서 나를 대표로 지명하였다. 나와 조순승, 이부영, 조홍규 의원으로 구성된 국회 대표단은 우선 미국 의회를 방문하여 상하원 외교분과 위원장들과 깅리치 하원의장 등을 면담하였다.

이 과정에서 우리는 비록 지금은 분단되었지만 북한도 엄연히 한국 영토에 속하는데 대만의 핵폐기물이 북한으로 반출되는 것을 한국이 허용할 수 없다는 국민적 정서를 이들에게 설명하면서 북한 당국의 수준으로 보아 핵폐기물을 안전하게 관리할 능력이 없기 때문에 심각한 환경문제를 일으키게 될 것이라고 하였다. 처음에는 이들 의원들 대다수가 친(親) 대만 성향이어서 미국이 간여할 문제가 아니라면서 중립적인 태도를 취하였으나 북한의 관리소홀로 심각한 환경문제가 발생할지도 모를 것이라는 설명을 들으면서 우리들의 의견을 경청하기 시작하였다.

얼마 후 깅리치 하원의장은 여러 의원들과 함께 한국을 방문하였고 당시 국회의장 공관에서 있었던 만찬석상에서 다음 방문지인 대만에 가면 핵폐기물 문제를 대만 정부에 제기할 것이라고 약속하였다. 그 결과, 대만 정부는 초기의 강경한 입장을 철회하고 핵폐기물의 북한 반출을 포기하기에 이르렀다. 의원외교가 매우 민감한 외교현안을 해결하는데 결정적인 기여를 한 사례라고 할 수 있다.

또한, 나는 UR 협상이 한창 진행되고 있을 때 박준병 의원을 단장으로 구성된 국회대표단의 일원으로 제네바를 방문하여 GATT 사무총장과 한국 농산물 개방 압력에 앞장서는 국가들의 대표를 만난 적이 있다. 국회대표단은 대부분 농촌출신 의원들로 구성되었고 나는 경제전문가 자격으로 대표단에 참여하였다.

당시 나는 여당의 정책조정실장 자격으로 UR 협상으로 인한 농산물 개방에 대비하여 42조원 규모의 '농업경쟁력 향상과 농촌생활환경 개선 사업'을 구상하고 있었다. UR 협상에서 농업개방을 강력하게 주장한 국가들은 미국과 호주, 태국 등 농산물 수출국으로 구성된 이른바 '케언즈 그룹'이었다. 마침 박수길 제네바 주재 한국대사가 케언즈 그룹 국가 대사들과의 오찬 자리를 마련해 주었다. 나는 이들에게 경제전문가로서 농업개방이 무엇보다도 우리 자신에게 유익하다는 점을 잘 알고 있다고 말하였다.

그러나, 아직도 인구의 상당수가 농업에 종사하고 있는 한국에서 농업의 급격한 개방은 엄청난 정치·사회적 문제를 야기할 것이라는 사실을 강조하면서 우리도 적절한 대책을 구상하고 있기 때문에 농산물 개방은 점진적으로 이루어져야 하며 특히, 쌀 개방문제는 신중히 다루어야 한다는 논리를 전개하였다. 이들의 상당수는 내가 제기한 논리에 수긍하는 태도를 보였고 당시 국회대표단의 활동은 한국 정부가 UR협상에서 농산물 특히 쌀 개방 일정을 우리 형편에 맞게 조정하는데 나름대로 큰 도움이 되었다고 판단된다.

연례적으로 이루어졌던 한·미의원연맹 활동 역시 양국 간 주요 현안 해결에 많은 기여를 하였다고 생각한다. 미국 의회가 미국 행정부의 정책결정 과정에 미치는 영향은 막강하며 특히 한국에 대한 통상압력의 진원지는 미국 의회다. 힘의 우위를 바탕으로 이루어지는 양국 정부 간의 협상에서 상대적 열세를 만회하기 위해서는 의원외교를 통해 미국의 통상압력이 한국에 미치는 경제적 손해는 물론 정치적 문제에 대해 미국 의회 의원들을 설득하는 것이 매우 중요한 것이다. 나는 미국정부의 지나친 통상압력은 한국내에서 반미감정을 자극하여 장기적으로 미국 국익에 도움이 되지 않을 것이라는 논리로 미국 의원들을 설득하였다.

한·미 의원외교에 참가한 한국측 의원들은 나를 포함하여 나웅배, 한승수 의원 등 경제전문가와 오세응, 정재문, 조홍규 의원 등 국제관계 전문가로 구성되어 분야별 분업도 잘 이루어졌고 미국측 의원들과의 심도있는 대화도 가능하였다는 것이 나름대로 큰 성과를 거둘 수 있었던 이유였다고 생각된다.

내가 박준병, 이해찬, 정우택, 도영심 의원 등과 같이 창설한 아시아·태평양환경의원연맹(APPCED) 역시 의원외교를 통해 한국의 위상을 제고시킨 사례였다고 생각한다. 처음에는 국내에서 환경과 아동·인구문제에 관한 의원들 간의 공부모임으로 출발하였으나 나는 박준병 의원과 같이 1993년 리오 세계 환경회의에 국회대표로 참석하면서 아시아·태평양환경의원연맹을 만들기로 하고 각국의 의사를 타진하였다. 여러 나라로부터 의외로 좋은 반응을 얻게 되자 1차 회의를 서울에서 개최하였고 박준병 의원을 초대 집행위원장으로 추대하였다.

그 후부터 이 회의는 한국이 주도하게 되었고 집행위원장 자리도 박준병 의원 다음에 내가 맡았고 내가 국회의원직을 사퇴한 후에는 정우택 의원이 승계하게 되었다. 환경문제가 세계적 관심사로 부각되고 무엇보다도 이 분야에서 국제협력의 중요성이 강조되면서 APPCED 회의는 국제적 관심을 불러일으키게 되었고 나는 이 모임을 성공적으로 주도하였다는 공로로 유엔환경기구(UNEP)로부터 표창을 받기도 하였다.

의원외교에 대한 이해 부족

이렇듯 의원외교 활동의 영역이 무궁무진하고 세계화 시대를 맞아 그 중요성이 나날이 증가함에도 불구하고 의원외교에 대한 국회나 국가 차원의 관심은 매우 낮다. 그 첫 번째 이유는 의원외교에 대한 잘못된 인식이다. 아직도 상당수 의원들은 의원외교를 '위로 출장' 정도로 생각하고 있으며 국민이나 언론 또한 의원외교를 외유(外遊)라고 지칭하고 국고를 낭비하는 것으로 인식하고 있다. 이는 의원외교가 체계적으로 그리고 정부 차원의 외교활동과 연계를 이루어 추진되는 데 큰 장애물이 되고 있다.

이에 더해, 의원외교를 수행하는 의원들의 연속성이 유지되지 않고 있다. 이는 정치가 안정된 선진국에 비해 한국에서는 의원들의 교체비율이 높은 데에도 기인하나 새로운 정권이 집권할 때마다 미국, 일본 등 주요 국가와의 의원외교 채널을 정권과 가까운 의원들로 교체하려는 정권의 소승적 태도에도 그 원인이 있다고 할 수 있다. 의원외교도 국회의원이 수행해야 하는 중요한 임무라는 인식하에 보다 체계적이고 효율적인 활동이 이루어지도록 국회와 국가 차원의 노력이 필요하다고 생각한다.

4. 강한 대통령, 약한 국회

대통령의 국회 무력화 전략

한국에서 의회가 제 기능을 발휘하지 못하게 된 일차적인 책임은 역대 대통령들에게 있다고 할 수 있다. 대통령제에서 대통령이 '제왕적 대통령'이 되지 않게 하기 위해서는 의회가 강해야 한다. 그런데 한국의 역대 대통령들은 자신들의 막강한 권력을 견제할 수 있는 의회가 힘을 갖지 못하도록 노력하였고 그 결과는 지금과 같이 무기력한 국회인 것이다.

우리는 1948년 건국 이후 오랜 기간 동안 대통령이 국회를 장악해 온 역사를 갖고 있다. 국회의장단과 여당이 차지하는 국회 상임위원장 등 국회 요직을 대통령이 내정하였고 국회예산도 실질적으로 대통령이 통제하여 예산심의와 관련한 국회조직이나 기구의 확대를 허락하지 않았다. 예를 들어, 국회 예산결산위원회가 상임위원회가 아니라 매년 새로 구성되는 특별위원회 형태로 운영되고 예산안의 국회심의를 뒷받침해 주는 전문기구 하나 제대로 갖추어지지 못한 것은 국회의 행정부 견제 기능이 강화되는 것을 막으려는 대통령의 의중이 반영된 결과라고 할 수 있다. 국회 정책 활동의 활성화는 국회의 행정부에 대한 견제기능 강화를 의미하기 때문에 대통령이나 행정부로서는 당연히 불편하게 느낄 수밖에 없다. 이러한 상황은 지금까지도 계속되어 4·15 총선에서 국회 과반의석을 확보하여 여당이 된 열린우리당은 예산결산위원회의 상설화안에 적극 반대하여 결국 이를 좌절시켰다.

그래서 역대 대통령들은 국회의 무력화를 위해 다각도로 노력하였고 대부분의 경우 성공하여 '강한 대통령, 약한 국회'라는 바람직하지 못한 전통이 지속되게 된 것이다. 16대 국회 후반에 국회기능 강화를 위한 몇 가지 제도적 개선이 이루어진 것도 당시 야당이 국회 다수의석을 차지한 가운데 야당의원 출신의 박관용 국회의장이 행정부의 반대에도 불구하고 개혁안을 강하게 밀어붙였기 때문이었다.

이승만 대통령

1948년 제헌국회 의장을 맡은 이승만 박사는 당시 유진오 박사가 만든 내각제 헌법 초안을 무시하고 대통령제를 고집한 결과 대통령제를 기본 골격으로 하면서 국무총리 임명시 국회의 동의를 얻는 등의 내각제 요소를 가미하는 제헌헌법을 통과시켰다. 지금까지 그 전통이 유지되고 있는 대한민국 헌법의 기본 골격은 전문가들의 객관적인 연구의 결과로 이루어진 것이 아니라 스스로 대통령이 되려고 하는 집권자의 의지에 의해 대통령제가 만들어진 것이다.

초기에는 이승만 박사를 추대하는데 앞장 선 한민당 세력이 이승만 대통령의 통치과정에서 점차 소외되면서 대통령을 견제하는 방안으로 1950년 1월 내각제 개헌안을 제출하였으나 부결되었다. 오히려 2년 뒤에는 국회에서의 재신임 과정을 피하기 위한 이승만 대통령의 대통령 직선제 개헌안이 통과되었다. 계엄령이 선포되고 헌병대의 위압적인 분위기 속에서 개헌안이 통과됨으로써 대통령의 의사에 따라 국회가 유린되는 권위주의적 통치가 이 때부터 시작되었다고 할 수 있다.

이에 이어 1954년 당시 집권당인 자유당은 초대 대통령에 한하여 중임 제한을 철폐하는 개헌안을 통과시켰는데 그 과정에서 처음에는 부결을 선포했다가 '4사(捨) 5입(入)' 논리를 내세워 이를 다시 가결시키는 '희극적'인 상황까지 연출하면서 이승만 대통령의 장기집권을 제도화하였다. 국회가 또다시 유린된 것이다. 결국 이승만 정권 내내 최고통치자의 전횡 속에 그의 비호를 받는 행정부의 독주는 지속되었고 국회는 제 기능을 수행하지 못하였다.

장면 내각

1960년 4월 학생혁명으로 이승만 정권이 붕괴되고 그 동안 야당인 민주당이 주장해 왔던 내각제로의 개헌이 이루어져 그 해 8월 장면 내각이 출범하였다. 내각제하의 제2공화국에서는 국회가 대통령을 선출하고 대통령은 국회의 동의를 얻어 총리를 지명하며 국회와 내각이 각각 내각 불신임권과 국회 해산권을 가지고 상호 견제하도록 함으로써 이승만 정권에서와 같이 대통령이나 행정부가 국회를 무시하고 독주할 수는 없게 되었다.

그러나, 민주당내의 내분으로 국회가 선출한 윤보선 대통령이 자신과 같은 민주당 구파 출신의 김도연 총리 후보가 국회의 동의를 얻는데 실패하자 신파 출신의 장면 후보를 지명하였다. 또한, 국회의 동의를 받은 장면 총리 역시 종전의 약속을 무시하고 자파 출신 인사로 내각을 구성하려다 국회에서 다수의 지지를 얻지 못해 집권 9개월간 네 차례에 걸쳐 내각을 재구성하는 혼선을 빚기도 하였다. 이로 인해, 많은 국민들은 당시의 정국혼란을 내각제와 연관시킴으로써 지금까지 내각제에 대해 불신을 갖게 되는 원인이 되었다.

박정희 대통령

장면 정권의 실패는 1961년 5·16 군사쿠데타의 빌미를 주었고 쿠데타 주도세력은 내각제 헌법을 대통령제로 다시 고쳐 국민투표를 거쳐 확정 시켰다. 새 헌법은 1공화국의 권력구조와 비슷한 것이었으나 대통령은 중임까지만 허용하고 국회의원 선거제도에 전국구 비례대표제를 도입한 것이 새로운 특징이었다.

박정희 대통령은 영구집권을 도모한 이승만 대통령과 같은 길을 걷게 되었고 그 추진방법은 새로 신설된 중앙정보부를 동원하는 등 이승만 정권보다 오히려 더 조직적이고 치밀하였다고 할 수 있다. 국민의 지지도가 높은 구 정치인 200명에 대한 공민권 제한 등의 방법으로 야당의 정치활동을 제약하였고 집권당인 공화당에도 자신의 심복을 배치하여 사당화 하였다. 1969년에는 박 대통령 자신이 만든 대통령 4년 임기 중임제를 뜯어 고치는 3선 개헌안을 변칙적으로 통과시켜 장기집권의 길을 열었다.

1971년 대선에서 박정희 대통령은 신민당의 김대중 후보와 겨루어 94만 표 차이로 승리하였으나 이에 만족하지 않고 1972년 10월 전국에 비상계엄을 선포하고 국회해산, 정당 활동 중지 등을 주요내용으로 하는 '유신'(維新)선언을 하였다. 유신헌법에 의해 대통령은 6년 임기로 중임 제한 없이 종신집권이 가능하게 되었고 '통일주체국민회의'에서 간접선출 되도록 하였다. 국회의원 선거제도는 소선거구제를 1구에서 2인을 선출하는 중선거구제로 전환하고 전국구 비례대표제를 아예 대통령

추천제로 바꾸어 버렸다.

이에 더해, 대통령은 국회 해산권을 가지나 국회는 종래에 누렸던 국정감사권마저 박탈당하였다. 결국, 국회는 대통령의 절대적인 권한행사를 정당화 시켜주는 '들러리' 정도로 전락되었고 이러한 상황에서 국회가 정상적인 기능을 수행하는 것은 불가능 하였다.

전두환 대통령

박정희 대통령의 유신체제는 결국 국민들의 저항에 부딪히게 되었고 박 대통령은 1979년 10월 김재규 중앙정보부장에 의해 시해되었다. 박 대통령 사망 후 정국이 혼란한 가운데 그해 12월 군사적 행동에 의해 집권한 전두환 정권 역시 박정희 정권의 권력구조 체제를 그대로 답습하였다. 다소 차이가 있다고 한다면 유신시기에는 대통령이 종신이었으나 전두환 정권에서는 7년 단임으로 바뀌었고, 국회의원 선거제도는 1구 2인의 중선거구제는 유지하면서 대통령이 추천하던 유정회를 유신헌법 이전의 형태인 전국구 비례대표제를 환원시킨 것이다.

그러나, 비례대표제의 의석배분 방식은 제1당에 무조건 전국구 의석의 2/3를 배분함으로써 제1당의 국회 과반수 의석 확보를 용이하게 하였다. 대통령은 유신헌법에서와 같이 대통령선거인단에 의해 간선제로 선출하였다. 그 결과, 국회는 유신시기와 마찬가지로 대통령과 행정부가 주도하는 일을 보조해 주는 역할을 수행하는데 만족해야 했다. 전두환 정권 역시 전임자와 같이 국민적 저항에 부딪히는 상황을 맞게 되었으나 마지막 순간에 저항세력과 타협하여 1987년 6월 직선제 대통령제를 수용하는 6·29 민주화선언을 발표하게 된다.

노태우 대통령

헌정사상 처음으로 정당 간 협상에 의해 개헌안이 국회에서 통과되었고 그 내용은 대통령 선거는 5년 단임의 직선제로 바꾸고 국회의원 선거는 1구1인의 소선거구제로 하면서 비례대표제에서 제1당에 2/3를 우선 배분하던 조건을 완화하여 제1당이 지역선거에서 과반수에 미달하는 경우 전국구 의석의 반을 우선 차지하도록 하였다. 또한, 국회의 국정조사권을 부활하여 권위주의적 대통령에 의해 오랜 동안 유린되었던 국회의 권한을 강화하는 노력을 하였다. 1987년 대통령선거에서 야권후보 단일화 실패에 힘입어 유효투표의 36.6%를 얻어 노태우 후보가 대통령에 당선되었다.

그러나, 다음해 4월 실시된 총선에서는 민정당이 전체의석 299석 중 125석을 차지하여 제1당이 되었으나 과반수 의석확보에 실패함으로써 우리 나라 의정 사상 처음으로 분점정부가 탄생하였다. 어느 정당도 국회 과반수 의석을 확보하지 못한 상태에서 야 3당이 연합함으로써 국회에서 행정부와 대통령 소속당의 독주는 불가능하게 되었다. 야 3당 연합에 의한 정국주도는 이른바 '과거청산'을 위한 5공 비리와 광주사태 조사를 위한 국회청문회로 연결되었다. 이 기간 중 정기승 대법원장 임명동의안이 국회에서 부결되기도 하였고 정부의 추곡수매가 결정은 국회동의를 받도록 하는 법개정이 이루어지기도 하였다.

1988년 4월 총선 이후 1990년 1월 3당 합당이 이루어지기까지의 기간 중에는 국회에서 여·야 간 물리적 충돌이 없었고 거의 모든 주요 사항이 여·야 간 협의와 협상에 의해 결정되었다. 나의 12년간에 걸친 의정활동에서 국회가 파행을 겪지 않고 정상적으로 운영된 때가 바로 이 시기였으며 50년 헌정사 측면에서도 국회가 가장 모범적으로 운영된 시기였다고 평가될 수 있을 것이다. 과거 독재정권에서 관행화된 행정부가 입법부를 압도하는 전통이 무너지고 의회가 대통령과 행정부의 독주를 견제할 수 있는 상황이 노태우 정권 전반기 여소야대 정국에서 이루어지게 된 것이다.

그러나, 이러한 상황은 1990년 1월 민정당의 노태우 대통령, 민주당의 김영삼 총재, 공화당의 김종필 총재가 3당 합당을 선언하면서 급변하였다. 평민당의 김대중 총재를 비롯한 반대세력은 3당 합당이 국민주권을 유린하는 행위라고 비난하면서 정당간 타협의 정치는 사라지고 정치적 대립과 교착이 빈번하게 벌어지게 되었다. 여야는 13대 국회 후반 의장단 선출, 내각제 개헌 여부, 지자제 선거에서 정당후보 공천, 보안법 개정 등의 사안에서 첨예하게 대립하였다. 야당은 전원 의원직 사퇴서를 제출하고 장외투쟁을 하기도 했고 국회에서 농성과 몸싸움도 불사하게 되었다. 3당 합당으로 인한 수적 열세를 당시 야권은 극한투쟁의 방법으로 만회하려 했던 것이다.

1992년 3월 실시된 14대 총선에서 3당 통합으로 국회 2/3 이상의 의석을 차지하고 있었던 거대 여당 민자당은 과반수에서 한 석이 모자라는 149석을 얻은 반면, 민주당과 신생정당인 국민당은 각각 97석과 31석을 얻는 성과를 올리게 되었다. 선거 후 민자당은 무소속 의원을 영입하여 과반수 의석을 확보하였고 야당의 '실력저지' 관행은 지속되었다. 여·야는 곧 이어 있을 대선준비에 들어갔고 그 해 12월 실시된 대선에서 민자당의 김영삼 후보는 3당 합당에 따른 지역적 지지기반 확대로 41.8%의 득표율을 얻어 33.4%의 김대중 후보와 16.1%의 정주영 후보를 누르고 대통령에 당선되었다.

김영삼 대통령

30여년 만에 민간인 출신으로 대통령이 된 김영삼 대통령은 집권하자마자 공직자 재산등록, 금융실명제 도입, 군부 정화, 정부조직 개편 등 일련의 개혁조치를 취했는데 입안과정은 물론이고 시행과정에서도 국회는 매우 제한적인 역할만을 수행하였다. 개혁안은 김영삼 대통령의 지시에 의해 구성된 특별작업반에 의해 비밀리에 마련되었고 김 대통령은 이를 전격적으로 발표하여 국민지지를 직접 호소하였으며, 무소속 의원 영입으로 과반수 의석을 확보한 여당은 국회에서 대통령의 개혁안이 통과되도록 보조적인 역할을 수행하였다. 김영삼 대통령 집권 초기에는 대통령의 높은 국민지지도를 바탕으로 개혁안이 국회에서 큰 반대 없이 일사불란하게 처리되었으나 집권 말기에 접어들면서 대통령의 개혁안은 심한 반대에 부딪히는 경우가 많았다.

1996년 12월 말 노동 관련법 개정안을 국회에서 여당 단독으로 처리한 것이 그 대표적인 사례일 것이다. 당시 노동 관련법의 개정안은 전문가들로 구성된 노동법 개정위원회의 건의안을 받아들인 것으로 노동관련 규약을 선진화하는 내용의 것이었으나 이 중 정리해고제를 허용하는 조항이 노동계의 거센 반발을 일으키게 되었다. 노동계와 야당은 노동 관련법의 여당 단독처리를 구실로 장외투쟁에 나섰고 정부와 여당은 이에 굴복하여 다음해 2월 이를 다시 개정하여 정리해고제 실시를 2년간 유예하는 단서조항을 삽입하였다.

여기서 특기할 일은 노동 관련법 개정안을 만드는 과정은 물론이고 이를 야당과 노동계의 반대에도 불구하고 여당에 의한 단독처리를 결정하는 과정에서도 여당은 완전히 소외되었다는 사실이다. 여당은 청와대가 만들어 준 개정안을 그대로 수용하여 이를 청와대 지시에 의해 휴일 새벽에 국회에서 단독 처리하는 행동만을 취했던 것이다. 그러나, 여당의 단독처리가 사회문제가 되고 두 달 후에 이를 다시 뒤집게 되자 이에 대한 정치적 책임을 지고 당시 여당의 이홍구 대표가 사임하였다.

총리가 대독총리가 되어 아무런 권한도 없이 활동하다가 문제가 생기면 사임하는 것과 같이 집권당 대표 역시 자신이 능동적으로 결정하지도 않은 사항에 대해서도 정치적 책임을 지고 물러나야 하는 것이다. 노동법 파동은 한국의 대통령제에서 대통령은 무한의 권력을 행사하면서도 임기 중에는 아무런 책임을 지지 않으며 여당은 대통령의 하수인에 불과하다는 사실을 여실히 보여주는 사건이었다.

1996년 총선을 앞두고 민자당은 당명을 신한국당으로 바꾸고 이회창, 이홍구, 박찬종 의원 등을 영입하여 지지기반 확대를 시도하였다.

이어 신한국당은 1997년 대선을 앞두고 당내 경선에서 이회창 의원을 대통령 후보로 선출하였으나 이인제 후보가 경선 결과에 불복하여 탈당한 후 국민신당을 창당하여 대통령 후보에 나섰다.

한편, 김대중 후보는 1995년 1월 민자당을 탈당하여 자유민주연합을 결성한 김종필 총재와 이른바 'DJP' 연합을 이루어 1997년 대선에서 승리하였다. 결국, 집권세력의 분열과 반대세력의 단합이 우리 헌정사에 처음으로 여·야 간 정권교체를 가능하게 한 것이다.

김대중 대통령

1998년 2월 김대중 대통령 취임 당시 한나라당은 국회에서 과반수가 넘는 의석을 차지하고 있었다. 김 대통령은 초대 총리로 김종필 자민련 총재를 지명하였으나 한나라당의 반대로 국회에서 표결이 중도에 중단되었고 투표함을 개봉도 하지 못하는 사태가 발생하였다. 국회 다수의석을 차지하는 정당이 반대를 하면 지명을 철회하고 국회동의를 받을 수 있는 다른 인사로 동의를 요청하는 것이 의회주의의 기본 원칙이나 김대중 대통령은 김종필 총재를 총리서리 자격으로 총리직을 수행하게 함은 물론 국회의장도 여당이 맡아야 한다는 주장을 굽히지 않았다. 당연히 한나라당은 반대하였고 이에 대해 김대중 대통령은 회유와 협박 등의 방법을 총동원하여 30명의 한나라당 의원을 여당인 국민회의 또는 공동여당인 자민련으로 당적을 옮기게 하는데 성공하였다.

이 과정에서 이회창 후보 진영의 1997년 대선자금을 수사하는 이른

바 ‘세풍’(稅風)사건을 진행시켰고 김윤환, 이기택, 황낙주, 이부영, 김중
위, 오세응, 박관용 의원 등 한나라당 이회창 총재 측근의원들의 정치자금
에 대한 검찰수사를 진행시켜 한나라당 의원들을 압박하였다. 이러한
김대중 대통령의 반(反)의회적 행태는 야당인 한나라당의 극심한 저항을
유발하였고 한나라당은 소속의원들의 체포를 막기 위해 소위 ‘방탄
국회’를 소집하는가 하면 장외투쟁에 돌입하기도 하였다. 1998년 5월
말로 임기가 만료된 국회의장단과 상임위원장 선거를 국민회의와 자민
련이 과반수 의석을 확보한 8월이 되어서야 실시하게 되었고 자민련의
박준규 의원이 의장으로 선출되었다. 우리 나라 의정 사상 처음으로
제 1당이 아닌 제 3당에서 국회의장이 선출된 것이다.

이러한 상황에 책임을 지고 조순 한나라당 총재가 사임하고 8월
말 전당대회에서 이회창 총재가 선출되면서 정국은 1997년 대선 경쟁자
였던 김대중 대통령과 이회창 총재 간의 정치적 경쟁과 대립구도로
다시 형성되었다. 그 후 국회는 이 두 정치지도자들의 정치투쟁의 장이
되었다.

2000년 총선을 앞두고 김대중 대통령은 국민회의를 해산하고 새천
년민주당을 창당하여 지지세력 규합에 나섰으나 4월에 실시된 총선에서
전체의석 273석 중 한나라당 133석, 새천년민주당 115석, 자민련 17석으
로 여당은 과반수 의석은 물론이고 제 1당이 되는 데에도 실패하였다.
비록 한나라당이 과반수에 육박하는 의석을 차지했으나 국회의장은
종래처럼 대통령 소속당이 내정한 이만섭 의원이 선출되었다.

김대중 대통령은 총선 전 무너진 자민련과의 공조체제를 복원시키고

2석에 불과한 민국당과도 공조를 이루어 간신히 과반수 의석을 확보하였으나 2001년 9월 임동원 통일부장관 해임건의안 처리과정에서 자민련과의 의견 차이로 공조는 다시 깨져 국회 과반수를 확보하지 못한 '분점정부'를 운영하지 않을 수 없게 되었다.

김대중 정권은 세풍사건 외에도 총풍(銃風)사건, 안풍(安風)사건, 병풍(兵風)사건 등으로 한나라당과 이회창 총재를 압박하였고 이는 김대중 정권 내내 국회에서 여·야 간 긴장과 격돌 상태를 유지하게 된 원인이 되었다.

노무현 대통령

김대중 대통령의 아들들과 관련된 비리사건 등이 터지면서 민주당의 국민지지도는 하락하여 2002년 6월 지자제선거에서 16개 광역단체장 중 11개를 한나라당이 석권하게 되었으나 민주당의 대통령 후보로 선출된 노무현 후보가 정몽준 후보와의 후보단일화에 성공함으로써 대세는 급격히 역전되었다. 그 결과 그 해 12월 실시된 대선에서 노무현 후보가 이회창 후보를 이기는 이변이 발생하였다.

노무현 정권이 출범한 후 민주당 내 노무현 대통령 지지자들이 민주당을 탈당하여 열린우리당을 창당함으로써 여당은 원내 제3당이 되었고 국회운영의 주도권은 과반 의석을 차지하고 있는 한나라당으로 넘어갔다. 다시 분점정부 시대가 열리게 된 것이다. 집권 후 무소속은 물론 야당의원의 영입으로 국회 과반수 의석을 확보하려는 전임 대통령들과는 정반대로 노무현 대통령은 자신이 소속한 민주당을 버리고 더 작은 의석의 여당을 만든 것이다. 그 결과 국회의장 선거에서 한나라당의 박관용 의원이 당선되어 의정 사상 처음으로 야당출신의 의장이 탄생되었다.

박관용 국회의장은 의회의 기능을 강화시키는데 많은 기여를 하였다. 경제전문가들로 구성된 예산정책처가 새로 설치되었고 소위원회 속기록 작성을 의무화하는 등 그 동안 미루어져왔던 국회기능 활성화를 위한 제도적 개선책들이 조금씩 추진된 것이다. 그러나, 미국 등 선진국의 의회와 비교하면 한국의 의회는 아직도 입법 활동, 행정부의 견제, 이해 갈등의 조정 등 국회 본연의 기능수행에 있어 미흡한 점이 많은 것이 사실이다.

민주화 이후의 국회 상황을 종합적으로 정리해 보면 권위주의 시대와 비교하여 의회의 위상이 크게 제고되었고 입법 활동도 상대적으로 활성화되었으며 행정부 견제기능이 강화된 것이 사실이지만 아직도 ‘강한 대통령, 약한 국회’라는 오명을 벗기에는 역부족이라고 할 수 있다. 특히, 오랫동안 민주화투쟁을 한 김영삼 대통령과 김대중 대통령 시절에 대통령이 국회기능을 활성화시키려는 노력을 전혀 하지 않았다. 오히려 김영삼 대통령은 인위적인 3당 합당을 추진하였고 김대중 대통령은 검찰을 동원하여 야당을 탄압하려 하였다는 것은 매우 실망스러운 일이 아닐 수 없다.

노태우 대통령 전반기에 그런대로 합리적으로 의회운영이 이루어졌으나 이는 자발적인 행동이라기보다는 김영삼, 김대중, 김종필 총재라는 노련한 정치인들에 의해 야 3당이 연대를 이루었고 대선기간 중 약속한 중간평가에 대한 부담 때문에 노태우 대통령으로서는 다른 선택의 여지가 없었기 때문이었다고 할 수 있다. 노태우 대통령 스스로 여소야대 정국을 바꾸기 위해 3당 합당에 앞장섰다는 사실이 이를 잘 입증해 준다고 할 수 있다.

　노무현 대통령의 경우는 아직 평가하기에 이른 것이 사실이다. 적어도 김대중 대통령과 같이 야당의원들을 협박하여 여당으로 당적을 옮기게 하지 않는다는 것은 매우 다행스러운 일이다.

로마 황제와 검투사

　얼마 전 '검투사'(Gladiator)라는 미국 영화가 전 세계 영화 팬들에게 인기를 끈 적이 있었다. 나는 이 영화를 보면서 한국의 국회의원은 로마시대의 검투사와 유사한 점이 많다는 생각을 하였다. 우선, 한국 국회의원은 로마의 검투사와 같이 지속적으로 싸워야한다는 점이다. 정책을 토론하고 민생법안을 만드는 일보다는 주요 정파의 투쟁장소인 국회에서 끊임없이 싸워야 하고 이 싸움에서 패하면 검투사와 같이 비참한 최후를 맞게 된다. 승자는 권좌에 올라 무소불위(無所不爲)의 권력을 행사하게 되지만 패자는 검찰의 수사대상이 되어 감옥에 간다. 권투나 레슬링 같은 현대 투기에는 일정한 규칙이 있고 이를 관리하는 심판이 있으나 로마 검투사에게는 그러한 것들이 없었다. 수단과 방법을 가리지 않고 싸움에서 이기기만 하면 된다.

한국 국회에는 여러 가지 규칙이 있으나 이들은 잘 지켜지지 않고 있고 이에 대해 아무도 제재를 가하지 않는다. 심지어 민주주의 의회의 기본인 다수결 원칙도 잘 지켜지지 않는다. 소수파가 자신의 주장이 다수에 의해 받아들여지지 않으면 실력저지와 몸싸움도 불사한다. 다수파는 이러한 소수파의 행동에 대해 변칙처리 등의 편법을 동원하여 대응한다. 싸움은 국회라는 링 위에서만 하는 것이 아니라 필요에 따라 국회 밖으로 뛰쳐나가 '장외 투쟁'을 벌인다. 검투사의 싸움방식과 비슷한 것이다.

로마시대의 검투사는 황제가 강력한 독재정치를 하면서 국민의 관심사를 다른 곳으로 돌리기 위한 흥행거리로 등장하였다. 한국의 의회가 로마시대 검투사가 싸우는 원형경기장(colosseum) 같이 국회의원들의 격투장이 된 것은 과거 권위주의적 대통령들이 자신들의 권한을 확대하고 장기집권을 도모하기 위해 여당을 사당화 하고 국회의원을 거수기로 만들려 했기 때문이다. 로마시민들은 황제의 이러한 의도는 외면하고 검투사들의 처절한 싸움을 즐겼다.

한국의 언론은 국회에서 가끔 일어나는 정책토론은 크게 기사화하지 않지만 정쟁 과정에서의 몸싸움은 대서특필한다. 국민들은 국회의원이 저질(低質)이라고 비난하면서도 만나기만 하면 정치 이야기로 시간을 보낸다. 그리고 '정치만큼 실감나는 드라마가 없다'고 한다. 나름대로 정치판에서의 처절한 싸움을 마치 무협영화 보듯 국민들이 즐기고 있는 것이다.

한국 국민들을 대상으로 역대 대통령의 인기조사를 하면 박정희 대통령이 단연 1등이다. 정치인들의 인기조사에서도 박 대통령의 딸인 박근혜 의원이 정치인 중 1위를 기록하고 있다. 역대 대통령 중 '보통사람들의 위대한 시대'를 선언하고 가장 민주적이었던 노태우 대통령을 당시 국민들은 '물태우'라고 불렀다. '너무나 약하다'라는 것이 국민들이 노태우 대통령에 대한 불만이었다. 그래서 1992년 대선과정에서 김영삼 후보는 '강력한 대통령'이 되겠다고 국민에게 약속하였다. 대통령에 당선된 후 김 대통령은 측근 참모들이 비밀리에 만들어 준 과감한 개혁 프로그램을 밀어붙였고 그 과정에서 여당과 국회는 들러리 역할만 하였으나 대통령의 국민적 인기는 치솟았다.

이러한 사례들로 미루어 볼 때, 한국 국민들은 강력한 대통령을 좋아하는 것이 틀림없다. 이승만 대통령, 박정희 대통령 등 오랫동안 권위주의적 통치자에 익숙해졌기 때문에 대통령이 강력하지 않으면 무능하다고 생각하는 것이다. 그래서 민주화 시대가 되었어도 누구나 대통령이 되면 강력해지려고 한다. 수 십 년간 반독재 투쟁을 한 김영삼 대통령과 김대중 대통령 모두 강력한 대통령이 되기 위해 모든 방법을 동원하였다. 검찰 지휘권도 동원하였고 야당의원 빼가기도 서슴지 않았다. 그 과정에서 국회는 무력화되었고 국회의원은 거수기로 전락하였다. 노무현 대통령도 탄핵문제가 해결되면서 '강력한' 대통령이 되기 위해 애를 쓰는 모습을 보여주고 있다. 여당의 유력 정치인들을 내각으로 영입하여 여당에 대한 대통령의 장악력을 높이려 하고 있으며 예결위 상설화 시도도 무산시켜 국회의 행정부 견제기능 강화 노력에 찬물을 끼얹겼다.

그러나 이제는 달라져야 한다. 그러기 위해서는 무엇보다도 대통령에 대한 국민들의 인식이 바뀌어야 한다. 민주화 시대의 대통령은 밀실에서 소수의 전문가들과 국가발전 전략을 세워 이의 추진을 밀어붙이면서 국민들에게 무조건 나를 믿고 따라오라고 하는 지도자가 아니라, 각계각층의 폭 넓은 의견을 수렴하여 국가 발전전략을 세우고 이의 추진과정에 국민을 동참시키는 지도자이어야 한다. 무조건 자기 생각이 옳으니 쫓아오라고 하면서 다른 의견을 가진 사람들을 무시하거나 탄압하는 지도자가 아니라 자기와 생각이 다른 의견도 경청하고 이들과 토론을 통해 상대방을 설득하기도 하고 자기 의견도 수정할 줄 아는 지도자가 민주화 시대의 대통령이 갖추어야 할 자질인 것이다. 한 나라의 정치수준은 국민수준을 넘지 못한다고 한다. 국민의 의식수준이 달라져야 국회도 민주화 시대에 걸맞는 역할을 할 수 있을 것이다.

제3장

정책 경쟁이 없는 정당

"

한국의 정당들은

단지 조직상의 발전을 이루지 못한 데에 그치는 것이 아니다.

이들은 정치지도자의 단기적 계산에 따라서

이합집산을 거듭하는 극심한 조직적 불연속성을 보임으로써

정당정치 자체가 극도의 불안정성을 갖게 되었다.

따라서 민주화 이후에도 여전히 한국의 정당정치는

안정화나 제도화 혹은 정당체제의 출현과는 거리가 먼

단지 '맹아적 정당정치'에 머물고 있을 뿐이다 .

"

장훈, 「한국 민주화 10년의 정당정치」

1. 조선 붕당의 특징과 교훈

높은 기업가정신과 정치성향

흔히 한국정치가 낙후되었다고 하나 한국인만큼 정치에 관심이 많은 국민도 드물다고 생각된다. 두 세 사람만 모이면 가장 인기 있는 화제는 정치 이야기이고 매일 신문 주요면의 상당 부분이 정치 기사로 뒤덮여 있다. 외환위기가 한창 진행될 때 영국의 시사지 이코노미스트(The Economist)는 기업가정신 부문에서 한국을 세계 1위로 지목하였다. 당시 벤처 붐으로 인해 신생기업에 취업한 근로자의 비율이 세계에서 가장 높았기 때문이었다.

이러한 한국인의 뛰어난 기업가정신에도 불구하고 한국기업인의 경영능력은 문제가 많은 것으로 평가되고 있다. 기업가의 뛰어난 창업정신으로 많은 기업들이 창업되나 창업 후 경영능력이 부족하여 실패하는 경우가 많은 것이다. 창업 초기에 성공을 한 경우에도 기업의 규모가 중견 이상으로 성장하면 전문경영인에게 경영을 위임하고 창업자는 새로운 사업구상과 전문경영인의 실적평가 등에 전념하는 미국 등 선진국과는 달리 한국에서는 창업자가 기업경영 세부까지 직접 관장하기 때문에 경영자그룹이 성장할 수 없다.

이에 더해, 한국에서는 대기업의 경우에도 경영권을 반드시 직계 자손에게 세습하기 때문에 최고경영자 시장이 선진국과 같이 개방형 경쟁체제를 이루지 못하고 폐쇄형 독점체제를 이루게 되는 것이다. 결국,

한국인의 뛰어난 기업가정신이 세계적인 기업인으로의 성장과 경제 발전으로 연결되지 못하는 것이다.

정치에서도 똑같은 현상이 일어나고 있다는 생각을 하지 않을 수 없다. 한국인은 정치에 대한 관심이 높음은 물론 정치적 자질이 우수함에도 불구하고 정치를 하는 기본 규칙이 아직 제대로 확립되어 있지 않고 있으며 정치인이 자생적으로 육성되고 정치인들이 모여 활동하는 정당이 경쟁적으로 발전하는 토양이 조성되어 있지 않기 때문에 한국정치가 '고비용·저효율'의 대명사로 인식되고 있는 것이다.

오랜 정당의 역사

한국인의 정치성향이 뛰어나다는 것은 한국의 정당정치가 조선왕조 초기부터 시작되어 그 역사가 매우 오래되었다는 사실로도 잘 알 수 있다. 서양 정당의 기원은 17세기 후반 영국에서 생긴 국왕과 국교회를 지지하는 토리당(Tories)과 입헌군주제를 옹호하는 프로테스턴트(Protestant) 중심의 휘그당(Whig)이다. 프랑스에서는 18세기 말 프랑스혁명 당시 급진파 공화주의자들이 만든 브르타크 클럽이 자코뱅당이 되었고 온건파 공화주의자들은 지롱드당을 만들었다.

그러나, 한국에서는 태조가 1391년 조선왕조를 세운 후 세조 치세까지는 권력의 중심에 공신들로 구성된 훈구파(勳舊派)가 있었으나 1470년 성종이 즉위하면서 서서히 사림파(士林派) 시대가 열리기 시작하였다. 성종은 즉위 7년 후 친정체제에 들어가면서 당시 노쇠한 훈신세력과

거리를 두고 젊은 사림파를 기용하면서 우문정치(右文政治)를 표방하였다. 1519년 중종 14년에는 개혁세력이었던 사림파 대표인 조광조, 김정 등이 처형되는 불운(기묘사화·己卯士禍)을 겪으면서도, 1565년 명종 20년에는 당시 척신세력을 비호하던 문정왕후의 사망과 척신세력 대표 윤원형의 자살로 사림파가 정국의 주도세력으로 급부상하게 되었다. 사림파의 부상은 조선왕조에서 붕당정치의 시작을 의미한다.

당시는 물론 후대에도 사림파의 대표로 칭송되었던 이황(李滉)은 1560년 명종 15년에는 현대 정당의 지구당 역할을 한 도산서원을 세웠고 성리학을 바탕으로 집권이념을 확립하는 역할을 수행하였다. 당시 퇴계(退溪) 선생이 키운 제자는 309명에 이르며 이들은 요즈음 개념으로는 '사림파'정당의 간부요원이라고 할 수 있는 것이다.

주리론(主理論)으로 알려진 퇴계 선생의 이기호발설(理氣互發說)은 기본적으로 정치에서 '도덕 제일주의'를 주장하는 것으로 나라를 다스리는 것도 정치가의 수양(修養)과 수신(修身)을 통한 도덕성의 함양과 회복을 통해 이루어져야 한다는 생각이었다. 조선조 건국 이후 공신세력과 외척세력들이 권력을 전횡하면서 부정부패가 심각했던 당시 정치를 개혁하는 철학적 기초를 마련한 것이라고 할 수 있다.

1572년 이이(李珥)가 주기론(主氣論)이라고도 하는 '기발이승일도설'(氣發理乘一途說)을 제기하면서 성리학의 집권 철학은 더욱 발전하는 계기를 맞게 된다. 도덕을 강조하는 퇴계 선생과는 달리 율곡(栗谷) 선생의 주기론은 현실성을 더욱 강조하였으며 현실 문제를 다루어야 하는 정치철학으로는 진일보한 것이라고 할 수 있을 것이다.

학계에서의 논쟁은 순수 도덕주의를 강조한 퇴계의 우세로 결판이 났으나 현실 정치에서는 율곡을 연원으로 하는 서인(西人)·노론(老論)의 기호학파가 주도권을 쥐었다. 기호학파가 조선 붕당정치 300 여 년의 기간 중 대부분을 집권하였고 이들의 반대파인 동인(東人)·남인(南人)의 영남학파는 이 기간 중 주로 야당 역할을 하였지만 학계에서 퇴계의 무게는 지속되었다. 사림파가 1574년 선조 7년 김효원의 이조정랑 천거 문제로 심의경, 박순 등의 서인과 김효원, 허엽 등의 동인으로 분열되면서 조선에서 붕당정치가 본격화되었다.

본격화된 붕당정치

선조 17년 동인과 서인의 중재에 힘쓰던 이이가 사망하는 것을 계기로 동인이 집권하게 된다. 이이의 사망으로 서인 세력의 약화를 우려하여 동인으로 당적을 옮긴 정여립의 모반사건이 선조 21년 발생한 것이 원인이 되어 동인은 몰락하고 서인 정권이 들어선다. 선조 22년에는 일본에 통신사로 다녀 온 서인 황윤길은 일본 침입에 대비해야 한다고 주장한 반면 동인 김성일은 이이의 '십만양병설'(十萬養兵說)을 저지하려 는 목적으로 일본 침입은 없을 것이라는 상반된 보고를 한다.

선조 23년에는 서인 영수 정철이 광해군을 세자로 책봉할 것을 건의하다가 파직되어 진주로 유배되었으나 동인은 정철 치죄문제로 강경파 북인과 온건파 남인으로 분열된다. 선조 24년 임진왜란 중 백성들 이 임금의 어가를 가로막고 정철 석방을 요구하여 서인이 잠시 정권을 장악하였으나 의병장을 다수 배출한 북인이 다시 집권하였다. 1608년 광해군 즉위와 더불어 이에 공헌한 정인홍 중심의 대북정권이 집권하였으나 광해군 14년에는 인조반정에 의해 인조가 즉위하고 서인과 남인의 연합정권이 출범하게 된다.

다음해 이괄의 난이 일어나 서울이 함락되고 서인 정권은 수감된 정치범 49명을 전격 처형하고 도주하였다. 1636년 인조 14년 병자호란이 일어나고 소현세자는 중국 청나라에 볼모로 잡혀갔다가 인조 23년에 돌아왔으나 인조와 서인 정권에 의해 독살되고 1649년 효종이 즉위한다. 1659년 효종이 사망하고 현종이 즉위하자 제1차 예송논쟁(禮訟論爭)이 발생하면서 붕당 간의 경쟁과 견제는 심화되기 시작하였다.

서인 송시열이 자의대비(慈懿大妃)의 복제를 1년으로 해야 한다고 주장하자 남인 윤선도 등은 3년 설로 반발하였으나 서인이 승리하여 윤선도는 유배되었다. 현종 15년 제2차 예송논쟁이 발생하여 서인의 9개월 설과 남인의 1년 설이 대립하였으나 이번에는 남인이 승리하여 허적의 남인 정권이 정권을 장악(갑인환국 · 甲寅還國)하고, 남인은 송시열의 처벌문제로 강경파 청남과 온건파 탁남으로 분열되었다.

대량살육과 탕평책

이런 와중에 현종이 갑자기 사망하였고 13세의 숙종이 즉위하면서 붕당 간의 싸움은 더욱 본격화되었다. 숙종 6년 영상 허적의 기름천막 유용사건으로 남인 정권이 붕괴되고 서인이 집권(경신환국 · 庚申還國)하면서 허적, 윤휴 등의 남인 인사들이 대거 살육 당한다. 숙종 9년에는 무고자 김익훈의 처벌문제로 서인은 노론과 소론으로 분열된다. 숙종 15년에는 장희빈 아들 원자 책정문제로 숙종은 남인에게 정권을 주고 송시열 등 다수의 서인 인사들이 살육 당하게 된다.

숙종 20년에는 김인의 고변을 계기로 남인이 실각하고 서인이 다시 집권(갑술환국·甲戌還國)하면서 민암 등 다수의 남인 인사가 살육되었다. 1720년 숙종이 사망하자 경종이 즉위하면서 소론과 노론은 장희빈 문제로 부딪히게 된다. 결국 소론이 승리하여 경종 1년 장희빈 사사사건과 관련하여 노론 대신 네 명이 사형(임인옥사·壬寅獄死)에 처해진다.

1724년 경종이 사망하고 영조가 즉위하면서 정적의 살육으로 이어진 붕당정치의 폐해를 시정하는 '탕평책'이 추진된다. 영조는 붕당을 금하는 계서(戒書)를 반포하고 소론의 처벌을 주장하는 노론을 축출(정미환국·丁未還國)하였고 경종 때 사형된 노론 대신들을 신원(기유처분·己酉處分,경신처분·庚申處分)하기도 하였다. 영조 9년에는 화해를 거부하는 노론 영수 민진원과 소론 영수 이광좌를 모두 면직시켰으며 영조 41년에는 혼인에 당색을 띠지 말 것을 지시하기도 하였다.

1800년 영조가 사망하고 정조가 즉위하였으나 탕평책은 지속되었다. 역사학자 박현모의 「정치가 정조」에 의하면 정조의 탕평방식은 '이열치열'(以熱治熱)과 '대승기탕'(大乘氣湯)으로 요약된다고 한다. 이열치열 방식은 '한 당파에서 반역자가 나오면 반대당의 반역자와 대비시켜 처벌하고 한 당파에서 충신이 나오면 반대당의 충신과 대비시켜 표창'하는 방식이다. 대승기탕 방식은 '국왕을 중심으로 해서 지지파와 반대파를 함께 기용하고 두 세력을 조절해 균형을 찾는 제3의 세력도 함께 쓰는’ 인사방식이다. 한 마디로 ‘균형과 중재의 정치’를 의미한다고 할 수 있다.

정조는 역대 임금의 치세 중에 여러 붕당의 당쟁 희생자들을 사면·복권시키고 그 후손들을 국정에 대거 참여 시켰다. 영조가 시작한 탕평책을 정조가 한 단계 승화·발전시켰다고 하겠다. 정조 치세 중에는 대체로 노론 벽파가 득세하는 와중에서도 남인 채제공을 우의정으로 등용하여 균형 역할을 하게 하였고 남인 정약용이 서학을 신봉했음을 시인하였어도 중용하였다.

그러나 1800년 정조가 사망하고 10세의 어린 순조가 즉위하면서 탕평책으로 인한 붕당 간의 균형은 더 이상 유지되지 못하게 되었다. 순조가 즉위하면서 정순왕후 김씨가 수렴청정하게 되었고 6촌 오빠인 김관주를 이조 참판에 기용하는 등 벽파를 대거 등용하면서, 정조 때 탕평책을 추진했던 인물들을 숙청하기 시작하였다. 순조 1년 이가환, 이승훈 등 남인 인사들 200 여 명을 살육하고 정약용 등은 유배시켰다.

이런 와중에서, 노론 4대신인 김창집의 4대손 김조순이 실권을 장악하고 자신의 딸을 순조의 비로 들이는데 성공함으로써 안동 김씨에 의한 세도정치의 기반을 닦았다. 순조 뒤에 즉위한 헌종 역시 안동 김씨 김조근의 딸을 왕비로 맞아 들였고 헌종 사후에는 순원황후 김씨의 기민한 수완으로 강화도령 철종이 즉위함으로써 조선왕조의 국왕은 안동 김씨의 허수아비가 되는 세도정치가 본격화되었다. 결국, 권력은 더욱 부패되면서 국력은 쇠퇴하고 민심은 흉흉하여 민란이 빈발하게 되면서 조선왕조는 멸망의 길로 접어들게 된다.

군자당과 소인당

이와 같은 역사적 사실에서 한 가지 분명한 것은 한국이 매우 오랜 정당 역사를 갖고 있다는 것이다. 성종이 친정체제를 갖추면서 젊은 사림파를 본격적으로 기용한 것이 1480년경 이었고 선조 대에 이르러 사림파가 정국의 주도권을 완전히 잡은 후 다시 동인과 서인으로 나누어져 경쟁을 한 것이 1570년 경이었다. 서양에서 정당 역사가 가장 긴 영국보다 2세기나 앞선 시점에서 한국에서는 정당정치가 시작된 것이다.

중국에서는 11세기 중엽 남송 시절에 부국강병책을 둘러싸고 농민 중심의 개혁을 주장한 왕안석의 신법당(新法黨)과 이를 반대하고 지주 중심의 정치체제를 유지할 것을 주장하는 사마광 중심의 구법당(舊法黨)으로 나누어 당파가 대립된 적이 있었다. 이 시기에 구양수의 「붕당론」이 저술되었으며 이에 의하면 붕당은 공도(公道)를 실현하고자 하는 군자들의 모임인 '군자당'(君子黨)과 개인의 이익을 도모하고자 하는 소인들의 모임인 '소인당'(小人黨)으로 구분할 수 있다는 것이다. 구양수는 '군자당이 집권하도록 한다면 정치는 저절로 바르게 되는 것'이라고 하였고 주자는 이에 더해 '황제는 붕당이 있을 것을 염려할 것이 아니라 그 붕당이 군자당이라면 재상들뿐만 아니라 황제도 여기 가담해야한다'고 하였다.

조선시대에도 사림파가 훈구파의 부정부패를 질책하면서 국정쇄신을 요청하였던 시기에는 사림파가 군자당 이었다고 할 수 있으며 조광조의 개혁이 그 대표적 사례였다. 비록 조정에서 일한 기간이 4년 밖에 안 되어 '미완의 개혁'으로 끝났지만 천재지변이 있을 때 제사를 지내는 소격서(昭格署)를 폐지하고 풍기문란의 원인이 된 여악(女樂)을 없애며 문장력만 좋으면 합격하는 과거제도를 개선하고 전국적으로 향약(鄕約) 제도를 실시하여 성리학 이념을 생활화하려했던 것은 당시로서는 가히 혁명적 사회개혁 방안이었다고 할 수 있다.

사림파의 군자당 면모는 이황과 이이 시대까지는 그런대로 유지되었으나 조정의 인사권을 쥐고 있는 이조정랑 자리를 놓고 사림파 내부의 분쟁 발생으로 인해 선조 7년에 동인과 서인으로 나뉘어지면서 조선의 붕당은 점차 개인과 정파의 이익만을 도모하는 소인당의 모습을 보여주게 되었다. 두 차례의 예송논쟁을 통해 분명히 알 수 있듯이 정당 간의 쟁점으로 부각하여 논쟁에서의 승패에 따라 집권 여부가 결정되는 사안들이 모두 당시 국가발전과는 별 관계가 없는 것이었다. 정적(政敵)의 약점을 들추어내는 것은 물론 억울한 누명을 씌워 정적을 누르고 집권하기도 하였으며 자신들이 선호하는 왕족의 즉위를 도와 성공하여 집권하는 경우도 있었다.

이와 같이 붕당들이 정책으로 경쟁하지 않고 수단방법을 가리지 않는 정쟁 과정에서 집권여부가 결정된 것은 붕당 간 뚜렷한 정책노선의 차이가 없었기 때문이다. 훈구파와 사림파도 사실상 한 뿌리라고 할 수 있다. 고려 말 역성혁명에 가담한 정도전은 훈구파의 시조가 되었고 역성혁명을 거부한 정몽주는 사림파의 뿌리라 할 수 있으나 이 두 사람은 스승 이색의 문하에서 함께 공부한 친구 사이였다.

조선시대의 붕당 모두 성리학을 기본 철학으로 하는 사림출신으로 구성되었기 때문에 통치철학에 큰 차이가 없었으며 붕당의 기준 역시 개인들의 친소관계에 의해 결정되었다. 사림파가 기호학파와 영남학파로 나뉘어 진 것으로 미루어 당시에도 출신지역이 붕당을 나누는 중요한 기준이 되었다. 뚜렷한 정책노선의 차이 없이 지역주의를 무기로 경쟁하고 있는 현대 한국정당의 전통이 조선의 붕당시대에 유래되었다는 생각을 하지 않을 수 없다.

조선시대 붕당정치의 또 하나의 특징은 권력투쟁에서 승자가 된 정파가 패자로 전락한 정파에 대해 관용을 베푼 적이 거의 없고 언제나 재기 불가능할 정도로 철저하게 보복했다는 사실이다. 정권이 바뀔 때마다 적게는 수십 명에서 많게는 수백 명에 달하는 인사들이 살육되거나 유배당하였다. 이 역시 정권 교체시마다 정치보복이 이루어지고 많은 인사들이 검찰수사의 대상이 되어 감옥에 가는 요즈음 세태와 닮은 점이 너무 많다고 하겠다.

일본의 침략의사 타진과 같이 국가존망이 걸려져 있는 사안에서까지 철저히 당파적 시각에서 행동했다는 사실 또한 조선 붕당정치의 문제점이라 할 수 있다. 이는 국가적 이익보다는 당파적 이익을 우선하는 당시 정치인들의 한심한 자세를 보여주는 것으로 조선시대의 붕당정치가 우리에게 매우 부정적 이미지를 주게 한 원인이 되기도 한다.

붕당정치의 긍정적 효과

그러나, 붕당정치를 반드시 나쁘게만 볼 필요는 없다고 생각한다. 붕당의 존재는 정치가 한 세력에 의해 독점되지 않고 여러 세력들이 서로 경쟁관계에 있었음을 의미한다. 경제에서 경쟁의 존재가 경제효율을 증대시키는 효과가 있듯이 정치에서도 여러 정파의 존재는 경쟁을 통해 정치의 질이 개선될 수 있는 가능성을 의미하는 것이다. 조선조에서도 순조 이후 붕당정치가 무너지고 안동 김씨라는 외척에 의한 정치독점 체제가 확립되면서 정치는 하락의 길로 접어들었고 급기야 일본의 침략으로 나라가 망하는 결과를 초래하였다. 따라서 붕당정치의 대안을 세도정치라 한다면 조선의 붕당정치는 많은 부작용에도 불구하고 긍정적인 측면이 많았던 것이 사실이다.

조선시대의 붕당정치에 대한 부정적인 시각은 조선을 힘으로 정복한 일제치하에서 다분히 한국의 역사를 비하시키려는 악의적 의도에서 비롯된 측면이 강하다. 이덕일은 「당쟁으로 보는 조선역사」에서 "일본인들은 조선이 당쟁 때문에 망했다는 사실을 한국인들에게 주입시켜 망국의 책임을 침략자인 일본이 아니라 한국인 스스로에게 돌리게 하려는 통치정책의 일환으로 조선사를 이용한 것이다"라고 주장하고 있다. 그는 한 발 더 나아가 "주의나 이념이 아니라 칼이 모든 것을 지배하였던 일본과는 달리 조선에는 일찍부터 정당이 존재하였기 때문에 일본보다 정치가 그만큼 선진적 이었다"라고 말하고 있다.

조선시대의 붕당사를 살펴보면 임금의 태도와 능력에 따라 붕당의 장점과 단점은 전혀 다르게 나타난다는 사실을 알 수 있다. 붕당 간의 정권교체가 심했던 선조와 숙종은 왕권의 보호를 위해 붕당체제를 철저히 이용한 경우라 생각된다. 한 정파의 힘이 너무 세지면 반대 정파의 손을 들어 주어 정권교체를 이룸으로써 정파의 힘이 왕권을 능가하는 상황을 막으려 하였다. 그러나 정권교체 과정에서 많은 유능한 인재들이 희생되었기 때문에 국가발전에는 부정적인 결과를 초래하였다고 할 수 있다.

한편, 영조와 정조는 탕평책을 추진하여 여러 정파의 인재들이 국정에 고르게 참여하게 함으로써 정권교체시 발생하는 인력 손실도 줄이고 인재 활용의 효용성도 제고시켰다. 그 결과 영조와 정조는 정치를 안정시키고 나라살림도 윤택하게 하는 조선시대 최고의 태평성대를 이룬 명군(名君)으로 평가되고 있는 것이다. 최고통치자의 의지와 능력에 따라 똑같은 붕당정치체제가 완전히 다른 결과를 초래하였던 것이다.

이는 현대 한국정치에도 시사하는 바가 크다고 생각한다. 물론 현대의 대통령은 조선시대의 임금과는 다르다. 대통령은 특정 정파의 후보로 출마하여 당선되기 때문이다. 그러나 조선시대에도 임금이 즉위할 때마다 그 과정에서 공헌한 정파와 그렇지 못한 정파가 있었다. 대부분의 경우 임금들은 자신의 등극을 도운 정파로 하여금 집권하게 하여 이들에게 막강한 권력을 쥐어 주는 반면 반대정파는 이들에 의해 철저히 핍박당하는 것을 방치해 주었다.

그러나, 탕평책을 추진한 영조와 정조는 달랐다. 노론의 도움으로 집권한 영조는 소론 '원흉 오적'을 죽이라는 노론의 요청에도 불구하고 이들 중 일부 대신을 파직시키는데 그쳤고 소론 영수에 대해서는 아무런 조치도 취하지 않았다. 노론이 계속 강경 처벌을 요구하자 심지어는 정권을 소론으로 바꾸어 버리기도 하고 화해를 거부하는 노소론 영수 모두를 면직시키기도 하였다. 정조는 아버지인 사도세자를 죽음으로 몰고 가게 하고 자신의 정통성을 인정하지 않으려 했던 노론 세력을 완전히 제거하지 않고 당색에 물이 덜 든 인사들을 규장각을 통해 양성하려 하였다.

영조와 정조의 사례는 현재 한국정치에서 특정 정파의 대표로 당선된 대통령도 당선 후에는 일종의 '탕평책'을 구사하여 정치적 보복을 자제하고 정치적 배경과는 상관없이 능력에 따라 널리 인재를 등용할 수 있으며 실제로 그렇게 하는 것이 국가발전을 위해 필요하다는 것을 시사해 주고 있다. 그렇게 되면 지금과 같이 정당 간의 정쟁이 극한으로 치달아 국론이 분열되고 국가적 관심사항이 미래가 아닌 과거지향적으로 흐르는 상황은 피할 수 있을 것이다.

조선시대의 붕당구조는 사회적 변화를 수용하지 못했기 때문에 발전하지 못했다고 할 수 있다. 사림파는 당시 부패세력이었던 훈구파를 몰아내는데 성공하였으나 오래 집권하면서 자신들도 부패세력이 되어갔다. 사회적 배경이나 정치철학이 같은 자신들끼리의 분파 활동은 새로운 사회적 욕구를 수용하거나 정책결정을 통해 국정운영이 개선되는 효과를 거두지 못하였다. 조선 후기에 들어서면서 조선사회는 밑바닥에서부터 변화되고 있었다. 경영형 부농이 등장하였고 신흥 상인들이 생겨났다. 농업생산력이 증가하였고 이에 따라 상업과 수공업도 발달하였기 때문이다. 서양에서는 경제·사회발전이 정치구조의 변경을 요구하는 상황으로 진전되어 민주주의와 정당정치가 발달하게 되었으나 사대부로 구성된 조선의 경직된 붕당정치구조는 이들 신흥세력을 흡수하지 못한 것이다.

이는 오늘날의 한국정치에도 시사하는 바가 크다. 정당이 열려있어 경제·사회적 구조변화가 기존 정당구조에 반영되어야 정당정치가 국가발전에 기여할 수 있는 것이다. 그러나 현재 한국의 정당들은 디지털화되고 세계화된 한국사회의 변화를 제대로 수용하지 못하고 과거의 타성과 기득권에만 안주하고 있다. 그래서 기존 정당들은 국민들로부터 사랑받지 못하고 외면당하고 있는 것이다. 우리의 정당들이 조선시대의 붕당이 되지 않도록 스스로의 개방과 개혁노력에 박차를 가해야 할 것이다.

2. 이념 차이가 없는 정당

서구정당의 발전과정

유럽에서 현대정당의 발전과정을 살펴보면 이념에 입각한 정당만이 발전의 기반을 확립하는데 성공하였다는 사실을 잘 알 수 있다. 이념이 확고해야 정당의 존립 근거도 더욱 확고해지고 특정 개인으로부터 독립된 구성원들의 공통적 가치와 규범을 갖춘 집단이 될 수 있기 때문이다. 정당론(政黨論)의 시조라 일컬어지는 버크(Burke)는 구성원들의 이기적 목적 달성만을 위해 모인 집단을 도당(cabal) 또는 파벌(faction)이라고 부른 반면, 구성원 모두가 동의하는 특수한 원칙을 가지고 그들의 공동 노력으로 국가이익을 증진시키기 위해 결합한 집단을 정당(party)이라고 하였다. 여기에서 '특수한 원칙'은 정당의 이념에 해당하는 것이다.

또한, 버크의 파벌은 구양수 「붕당론」에서의 소인당에, 그리고 정당은 군자당에 해당한다고 할 수 있을 것이다. 정당을 '자유정부의 필요악'으로 규정했던 토크빌(Tocqueville)도 정당을 원칙을 중시하는 대정당과 권력 획득만을 목적으로 하는 소정당으로 구분하였고, 흄(Hume)도 정당을 특정원칙에 기초한 정당과 특정지도자를 지지하는 개인적 친근감에 기초한 정당으로 나누고, 전자가 후자보다 더 강하고 투쟁적이라고 하였다.

폰 바이메(Kraus von Beyme)는 유럽의 정당군을 발생순서에 따라 ① 자유당과 급진당, ② 보수당, ③ 사회당과 사회민주당, ④ 기독교민주당, ⑤ 공산당, ⑥ 농민당, ⑦ 지역당과 민족당, ⑧ 극우당, ⑨ 환경운동 등으로 분류하였다. 서양에서 최초에 결성된 정당은 부르주아지 집단인 자유당으로 이들은 당시 국가를 장악하고 있던 지주계급에 대항해 자신들의 이익을 지킬 수 있는 정치조직을 만들었다. 자유주의자들로 불리어지는 이들은 생산과 상품의 교역에 관한 규제 철폐를 주장하였고 초기에는 가난한 사람과 여자와 같이 재산이 없는 사람들에게까지 참정권이 확대되는 것을 반대하였다.

참정권 확대 문제와 관련하여 대중 참여에 큰 가치를 두는 급진당이 출현하게 되었고 이들은 당시 교회와의 관계에서 단호한 반교회주의적 입장을 취하였다. 자유주의자에 반대하여 자신의 정치·경제적 이익을 보호하기 위해 출현한 정당이 보수당이다. 그러나, 보수주의는 영국을 제외한 다른 나라에서는 크게 성공하지 못하였으며 점증하는 중산층 봉급생활자의 지지를 얻으려 노력함으로써 보수주의와 자유주의와의 구별이 어렵게 되었다.

사회당은 노동계급을 중점적으로 동원해왔으며 초기에는 정부 당국과 빈번한 갈등관계를 유지하였다. 2차대전 후 자유민주주의적 정치구조가 보다 확고히 유럽에서 정착됨에 따라 사회당은 사회민주당으로 발전하였고 공동소유에 관한 입장도 사적 경제력의 남용을 통제하는 방향으로 전환되었고 사회보장 시책을 통해 취약계층을 보호하는 입장을 취하게 되었다. 최근에는 지지기반을 중산계급에까지 확대하기 위해 관용적 사회정책에 대해 자유주의적 태도를 견지하기도 하는 실정이다.

독일, 스칸디나비아의 기독교민주당은 기독교적 가치를 바탕으로 경제문제에서는 중도적 입장을, 그리고 관용적 사회정책에 대해서는 매우 보수적인 입장을 취하는 성향이 있다. 러시아혁명으로 한 때 세계적으로 확산되었던 공산당은 소련 공산주의의 붕괴로 이제는 거의 과거 이야기가 되었다고 해도 과언이 아니며 잔존하는 정당들도 이름을 바꾸어 사실상 사회민주당과 같은 성격의 정당이 되고 있다.

농민당은 19세기 말과 20세기 초 산업화 과정에서 농촌지역의 불만 표출 차원에서 출현하였으나 20세기 들어 정치성향이 비슷한 정당에 흡수되거나 당의 명칭을 바꾸었다. 또한, 지금도 캐나다, 영국, 스페인 등에 지역당 또는 민족당이 존재하나 이들의 영향력은 한정된 특수지역에 국한되어 있다. 1920년대와 '30년대에 독일의 나치당이나 이탈리아의 파시스트당이 출현하였으나 2차대전 패배로 그 기반이 붕괴되었다. 또한, 서독과 벨기에 등지에서 1980년대에 환경당이 등장하여 어떤 특정이념에 구애되지 않고 자유롭게 환경운동을 전개하고 있다.

한국정당의 발전과정

이와 같이 서양의 정당들이 매우 다양한 이념을 바탕으로 태동되고 이의 실현을 위해 활동하는데 반해 한국의 정당들은 대체로 모두 보수성향을 띠고 있었기 때문에 정당이념 측면에서 큰 차이를 발견할 수가 없었다. 이는 해방 이후 남북이 분단되고 북한에 공산주의 정권이 들어섬에 따라 미국의 영향권에 있는 남한에서의 정치활동이 이념적 측면에서 제약될 수밖에 없었다는 사실에 기인한다.

한국에서 가장 오랜 역사를 가진 정당은 공산당이다. 일제 치하에서 아무도 정당을 만드는 것을 엄두도 내지 못할 때 공산주의자들은 노동계급의 해방을 목표로 1925년 4월 서울에서 조선공산당을 창립하고 활동에 들어갔다. 이들은 전국적으로 조직화 작업을 추진하면서 파업투쟁에도 돌입하였다. 그러나 일제는 그 해 11월 주모자들을 검거하기 시작하여 공산당 조직은 크게 와해되었으나 박헌영을 포함한 핵심인사들은 지하활동을 통해 꾸준히 공산당 재건 활동을 전개하였다. 이 과정에서 많은 공산주의자들이 투옥되고 목숨을 잃었다. 해방이 되자 제일 먼저 정당활동에 들어간 것도 박헌영을 중심으로 한 공산주의자들이었다. 이들이 활발히 활동하여 정국을 주도하는 양상을 보이자 보수진영도 정당 결성에 나섰고 미 군정도 공산당을 제약하는 조치를 취했다.

이 과정에서 공산주의자들은 박헌영 추종세력과 반대세력으로 분리되었고 박헌영 세력은 남조선노동당을 결성하였다. 그러나, 이들의 활동이 남한에서 자유로울 수 없게 되자 지도부는 북한으로 피신하게 되고 대한민국 정부 수립과 더불어 공산당은 불법화 되었다.

한국의 정당사에 최초로 보수주의를 표방한 정당은 한국민주당(한민당)이었다. 해방 후 좌익진영이 정국을 주도하는 상황에 대항하여 당시 지주와 자본가를 중심으로 한 인사들이 자신들의 정치·경제적 이익을 수호하기 위해 만들었던 한민당은 서구의 보수정당의 출현과 맥을 같이한다고 할 수 있다. 한민당은 미 군정의 정책에 적극 협조하고 미국의 대외정책도 지지하였다. 당시 한민당의 강령은 '민족의 자주독립 국가 완성', '민주주의의 정체 수립', '근로 대중의 복리증진', '국제헌장의 준수로 세계평화의 확립' 등으로 이는 후일 대부분의 한국정당이 표방하는 보수주의의 이념이 되었다.

한민당은 미 군정 시대에는 여당적 위치에 있었으나 정부 수립 후 권력에서 소외되었고 대한국민당과 합당하여 민주국민당으로 재출발한 후 이승만 대통령이 설립한 자유당이 4사5입 개헌안을 변칙처리하자 민주당으로 당세를 확대 개편하여 자유당의 독주를 견제하는 야당으로서의 자리를 확고히 하였다.

미국의 조지 워싱턴 초대 대통령이 연방주의자와 공화주의자 어느 편에도 속하기를 거부하였듯이 이승만 대통령 역시 집권 초기에는 특정 정파에 소속되지 않았으나 대통령 직선제를 앞두고 1951년 12월 자유당을 창당하였다. 이로써 정당에서 권력이 생성되지 않고 권력에 의해 정당이 생성되는 새로운 전통이 생기게 되었다. 이러한 전통은 박정희 대통령의 공화당, 전두환 대통령의 민정당, 노태우 대통령의 민자당, 김영삼 대통령의 신한국당, 김대중 대통령의 새천년민주당 그리고 노무현 대통령의 열린우리당으로 지금까지 정권이 바뀔 때마다 한 번도 예외 없이 유지되고 있다.

이에 더하여, 야당인 민주당이 보수주의 이념을 선점하였기 때문에 당시 집권당인 자유당은 정당이념 측면에서 야당과 차별화를 할 수 없었으며 이러한 여·야 간 정당이념 상의 차이 부재현상 역시 최근까지도 지속되었다. 따라서 권력과의 거리만이 국민이 느끼는 여·야 간의 차이가 되었다. 이러한 현상은 정당에 대한 국민의 관심과 애정을 갖기 어렵게 하였고 한국에서 정당정치의 발전을 저해하는 요인으로 작용하였다.

한국에서 최초로 사회민주주의를 표방한 정당은 해방 후 여운형이 이끈 조선인민당이었다. 인민당은 계획경제 도입과 봉건적 토지소유제 청산을 내세우면서도 공산주의식 계급독재는 선호하지 않았다. 그 후 인민당은 사회노동당 그리고 다시 근로인민당으로 개편되었으나 1947년 7월 여운형이 피살됨으로써 활동이 크게 위축되었다. 정부 수립 이후 근로인민당은 해체되었으나 그 세력의 일부는 후일 진보당으로 활동하였다. 진보당의 당수 조봉암은 2대에 이어 3대 대통령 선거에 출마하여 유효표의 20%를 얻는 성과도 이루어냈으나 그 후 '진보당

사건'으로 조봉암이 사형에 처해지고 진보당은 해체되었다.

한국정당사에서 사회민주당의 전통은 1987년 민주화 이후 결성된 민주노동당에 의해 유지되고 있다. 민주노동당의 권영길 후보는 1997년 대선에서는 유효표의 1.2% 득표에 그쳤으나 2002년 대선에서는 3.9%로 득표율이 올라갔다. 정당명부식 비례대표제가 처음으로 실시된 2002년 지방선거에서 민주노동당의 득표율이 8.1%에 이르렀고 2004년 4·15 총선에서는 정당지지도 13.1%를 획득하여 10개 의석의 원내 제3당이 되었다는 사실은 한국에서 사회주의 정당이 태동하였음을 의미한다고 할 수 있다.

정당 구성원의 이념적 차이

한국의 주요 정당들이 모두 보수주의 성격을 띠고 있었기 때문에 정당이념 면에서 큰 차이가 없었다는 것은 16대 국회에서 의석을 갖고 있는 한나라당, 민주당, 열린우리당과 자민련의 강령과 기본정책이 매우 비슷하다는 사실로도 잘 확인될 수 있다. 이들 정당 모두 자유민주주의와 시장경제를 기본이념으로 하면서 깨끗하고 생산적인 정치, 자유롭고 활기 찬 경제, 편안한 선진복지 사회, 평화통일 실현 등을 기본정책 목표로 제시하고 있다. 정강정책에서 한나라당이 대통령제를 그리고 자민련이 내각제를 언급하고 있고 열린우리당은 전자민주주의 활성화를 통한 참여민주주의의 실현을 강조하는 것이 다소간의 차이라고 할 수 있다.

비록 기존 정당들이 대외적으로 표방하는 이념은 대동소이 하더라도 국회의원 개개인의 이념과 정당별 국회의원들의 평균적 이념을 분석하면 상당한 차이가 있다는 것이 최근 정치인의 이념에 관한 조사결과다. 2002년 2월 중앙일보 여론조사에 의하면 민주당의 진보성과 한나라당의 상대적 보수성이 확인되었고 자민련이 가장 보수적이라는 것도 나타났다. 0을 가장 진보, 10을 가장 보수라는 잣대로 볼 때 민주당이 3.7로 가장 진보적이었고 한나라당은 5.3으로 중도보수이고 자민련은 5.9로 가장 보수적이었다. 유권자의 이념 분석 결과는 진보적인 유권자들은 민주당을 그리고 보수적 유권자들은 한나라당을 선택하는 경향이 있어 이는 이제 한국에서도 이념과 정책을 바탕으로 한 정당정치가 펼쳐질 수 있는 가능성을 보여주는 것이기도 하다.

노무현 정권 출범 이후 민주당에서도 진보성향이 강한 의원들이 탈당하여 열린우리당을 창당하여 열린우리당은 진보정당으로의 위치를 확실히 하였고 4·15 총선에서 과반의석을 확보하였다. 4·15 총선 이후 17대 의원들을 대상으로 실시한 중앙일보 여론조사 결과 역시 주요 정당 구성원 간의 이념 차이는 확실한 것으로 나타나고 있다. 한나라당과 자민련은 중도보수로, 열린우리당과 민주당은 중도 진보로 분류되었고 민주노동당은 진보로 나타났다. 당내 분포를 살펴보면 열린우리당 의원의 71.0%가 진보성향으로 조사됐고, 3.7%만이 보수성향인 것으로 나타났다. 반면 한나라당 의원은 49.5%가 중도성향이고 보수성향도 38.6%나 되었으며 진보성향은 11.9%에 불과했다. 민주노동당은 당선자 전원이 자신을 진보라고 평가했다. 이는 향후 한국정치 구도를 보수와 진보의 경쟁으로 만들어 가는 계기가 될 것이다.

중앙일보 여론조사 결과를 분야별로 나누어보면 대미정책, 보안법 개정, 대북지원 등의 정치·외교·안보 부문에서의 정당 간 이념차이가 가장 큰 반면 재벌개혁, 소액주주와 집단소송제, 복지정책 등의 경제부문에서의 정당 간 이념 차이가 가장 적은 것으로 나타났다. 정치부문에서 일반국민이 2.55로 한나라당 2.25와 민주당 3.02의 중간에 있었으나, 경제부문에서는 일반국민이 2.81로 한나라당 2.41은 물론 민주당 2.74보다 더 진보적인 것으로 나타났다. 환경정책, 고교평준화 정책, 호주제 폐지, 사형제 폐지 등을 내용으로 하는 사회분야에서는 일반국민이 2.62로 민주당의 2.91보다 한나라당의 2.53에 더 가까운 것으로 나타났다.

서구정치에서 정당 간 이념의 차이가 주로 경제문제를 중심으로 나타나는데 반해 한국에서는 정당 간 이념차이가 대북정책과 대미정책 등 대외정책 부문에서 가장 두드러진다는 것이 특이한 사실이다. 또한, 경제부문에서 일반국민의 이념이 주요 정당보다 더 진보적이라는 사실도 주목할 일이며 이는 한국국민의 높은 평등의식을 반영하는 결과라고 해석된다. 이는 언제든 정치인들이 국민적 인기에 영합하기 위해 경제효율보다는 형평을 중시하는 경제정책을 추진할 수 있음을 의미하기도 한다.

일반국민들의 이념성향을 계층별로 나누어 살펴보면 소득과 학력이 낮아질수록 정치와 사회부문에서 더 보수적임이 확인되고 있다. 연령별 분석은 나이가 많을수록 정치·경제·사회 모든 분야에서 더 보수적임을 보여주고 있고 직업별 분석에서는 화이트칼라 집단이 가장 진보적이고 농림어업 종사 집단이 가장 보수적인 것으로 나타났다.

3. 무정책 정당

책임정당과 실용정당

정당은 선거에서 후보자와 정책을 내놓아 유권자에게 지지를 호소하게 된다. 이 때 정책은 시장에서 판매자와 소비자를 연결시켜주는 상품이라고 할 수 있다. 또한, 선거에서 이기면 정당은 정부에 정책을 집행할 인력을 공급하는 역할을 담당하기 때문에 정책은 정당과 정부를 연결시켜주는 고리이기도 하다. 그래서 정책은 정당에게 매우 중요한 것이다.

정당과 정책의 관계와 관련하여 정당을 책임정당과 실용정당으로 나누고 있다. 전자는 정당이 선거에 의해 권력을 부여 받았을 때 추구할 일련의 정책을 선거과정에서 제시하고 집권 후 그 정책을 수행하며 그 결과를 다음 선거에서 심판 받는 경우이고, 후자는 유권자들의 정책선호를 만족시킬 정도의 개략적 정책만을 제시하고 집권 후 좀 더 구체적인 정책을 만들어 추진하여 그 결과를 다음 선거에서 심판 받는 경우다. 영국과 같이 정당의 이념적 차이가 분명한 내각제의 경우는 책임정당에 해당하고 미국과 같이 정당 간 이념적 차이가 크지 않은 대통령제의 경우는 실용정당에 해당한다고 할 수 있다.

이런 관점에서 한국은 당연히 책임정당보다는 실용정당에 해당한다고 하겠다. 그러나 우리 나라는 미국보다도 정당의 정책노선이 덜 분명하고 유권자도 선거에서 후보와 정당을 선택하는데 있어 정책적 요건을 별로 참작하지 않기 때문에 어찌보면 아직 실용정당 단계에 진입하지도 못했다고 할 수 있는 것이다. 그래서 한국정당은 전문가들로부터 '무정책정당'이라는 비난을 받기도 한다.

나의 정책 만들기 경험

나는 1988년 정치권에 입문한 이후 계속 당에서 정책전문가로 활동하였다. 평상시에는 주요 현안에 관해 당의 입장을 정리하여 이를 당정협의 과정에서 정부정책에 반영시키고 입법과 관련한 사항은 당 소속 국회의원들의 국회활동에 반영되도록 하는 것이 나의 임무였다. 선거철이 되면 분야별 당의 공약을 개발하여 발표하고 대중매체를 통해 이를 홍보함은 물론 각종 토론회에 참석하여 당 공약의 우월성에 관해 국민을 설득시키는 것 또한 내가 수행해야 하는 역할이었다.

새로운 정책을 개발하고 주요 현안에 관한 당의 입장을 정리하는데 있어 가장 큰 애로사항은 이에 필요한 전문인력의 부족이었다. 집권당 시절에는 부처별로 고참 국장급 공무원이 한 명씩 차출되어 당 정책위원회에서 전문위원으로 근무하였기 때문에 그나마 다행이었으나 야당시절에는 전문인력 부족으로 큰 어려움을 겪었다. 여당시절에는 정부파견 전문위원들을 통해 정부의 각종 정책관련 자료를 입수할 수 있었고 필요하면 언제든지 관계 공무원을 불러 보고를 받을 수 있었다. 이는 정책개발에 매우 큰 도움이 되었던 것이 사실이었으나 이들 전문위원은 2년 정도의 당 파견근무를 마치면 소속 정부부처로 돌아가기 때문에 이들은 대체로 정부의 입장을 옹호하지 않을 수 없었다. 따라서 정부정책의 문제점을 파악하고 새로운 대안을 마련하는 작업은 별도의 노력을 필요로 하였다.

나는 정계에 입문하기 전 약 10년간 정부의 경제정책 싱크 탱크(Think Tank)인 한국개발연구원(KDI)에 근무하였기 때문에 KDI 박사들과 그 외에 연구소, 대학 등에서 근무하는 전문가들의 자문을 통해 전문위원들로부터 도움을 받을 수 없는 부분을 보완하는 노력을 하였다. 내가 정치에 입문하기 전에 경제정책 전문가로 오래 활동한 경험이 있었기 때문에 이러한 것이 가능하였을 것이다.

또한, 내가 당의 정책조정실장을 맡고 있던 기간 중에는 전국구 의원으로 지역구 관리의 부담이 없었기 때문에 당의 정책을 개발하고 주요 현안에 대한 당의 입장을 정리하는데 많은 시간을 소비할 수 있었다. 내가 '세풍사건'에 대한 정치적인 책임을 지고 국회의원직을 사퇴하면서 당시 대우경제연구소 소장직을 맡고 있었던 이한구 박사를 이회창 총재에게 소개하여 16대 전국구 의원이 되게 함으로써 한나라당에서 경제전문가가 경제정책조정 업무를 담당하는 전통은 유지되었다. 이와 같이 전국구 의원을 정책전문가로 충원하여 당의 정책개발 업무를 맡기는 전통은 앞으로도 지속되어져야 할 것이다.

정부와 집권여당 간에 이루어지는 당정협의는 정부정책의 일관성 있는 추진을 위해서는 매우 효율적인 방법이나 국회의 정책기능 활성화

차원에서는 문제가 있는 것이 사실이다. 정부는 정부제출 법안과 예산안을 국회에 제출하기 전에 여당과 당정협의를 갖는다. 당정협의에는 정부에서는 해당 부처의 장관과 실무자 그리고 당에서는 정책위의장 또는 정책조정실장과 해당 국회 상임위원회 소속 국회의원들이 참석하여 정부안에 대한 당의 의견을 개진하고 당·정 간 합의점을 도출한다.

국회의원들이 현안사항에 대해 전문적인 지식이나 경험이 없는 경우가 많기 때문에 내가 전문위원이나 외부 전문가들과 협의하여 정리한 의견이 당의 견해로 채택되는 경우가 보통이며 나는 당정협의 과정을 통해 이를 정부안에 반영시키려는 노력을 하였다. 이 과정에서 정부파견 전문위원들은 정부 실무자와의 대화에서 중간역할을 하였고 장관의 결심을 필요로 하는 중요사안은 내가 직접 해당 장관과의 대화를 통해 해결하였다. 정부와 당의 의견이 팽팽하게 맞서는 경우에는 청와대 비서실장이나 정무수석에게 부탁하여 합동회의를 가졌고 이 과정에서 청와대의 지원을 받아 당의 의견을 관철시킨 경우도 여러번 있었다.

당정협의는 경제전문가인 내 개인으로서는 '실력'을 발휘하고 의원생활에서의 보람을 느낄 수 있었던 기회가 되었던 것이 사실이나 국회기능의 활성화에는 부정적인 결과를 초래하였다. 국회에 제출되는 모든 법안과 예산안이 당정회의를 거친 후 국회에 제출되기 때문에 국회에서 여당의원의 역할은 정부안이 원안대로 통과되도록 하는 것이다. 이는 여당의원들을 국회에서 거수기로 전락시키게 되고 야당과의 토론이 형식적인 것에 그치게 함은 물론 여·야 간 타협이 되지 않는 경우 변칙처리와 몸싸움이라는 불미스러운 상황까지 치닫게 한다.

결국, 당정협의는 대통령의 권한 행사에 보조적인 역할을 하는 여당을 통해 국회의 대통령 견제기능을 무력화시키려는 의도에서 제도화된 관행인 것이다. 따라서, 국회의 기능강화로 제왕적 대통령을 견제하기 위해서는 정부와 여당 간의 당정협의 제도가 폐지되고 정부와 정치권간의 정책관련 대화와 토론은 모두 국회에서 이루어져야 할 것이다.

대통령선거는 물론이고 국회의원 선거와 지자제 선거에서도 각 정당은 유권자의 관심과 지지를 얻기 위해 정치, 외교, 안보 부문은 물론 경제, 사회, 문화 등 거의 모든 분야를 망라하는 선거공약을 만들어 유권자에게 제시한다. 여당인 경우 정부파견 전문위원들을 통해 분야별 선거공약에 관한 아이디어를 수집한다. 그런데 문제는 공무원들이 제시한 정책 아이디어들이 기존 정부정책의 틀을 벗어나지 못한다는 것이다. 이는 여당이 제시하는 선거공약이 기존 정부정책과 일관성을 유지하고 실현가능성이 높다는 장점이 있기는 하나 변화가 필요한 경우에도 변신하지 못하고 특히, 유권자들에게 새로운 감동을 주지 못해 득표활동에 별 도움이 되지 않는다는 단점 또한 있는 것이 사실이다.

따라서 나는 선거공약의 개발과정에서 외부전문가들을 활용하려는 노력을 많이 하였다. 그런데 문제는 유권자들의 '환심'을 살 수 있는 인기성 공약을 만들어 내는 것이었다. 예를 들어, 1992년 총선에서 당시 정주영 회장이 만든 국민당이 '아파트 반값' 공약을 제시하여 서민층으로부터 선풍적 인기를 얻었던 적이 있다. '아파트 반값' 공약이 인기를 얻자 국민당은 금리를 반으로 내리겠다는 공약도 제시하여 기업인들의 큰 관심을 끌기도 하였다. 당시 선거대책회의에 선거공약 개발책임자

자격으로 참석한 나는 다른 참석자들로부터 '왜 우리는 국민당과 같은 화끈한 공약을 만들어내지 못 하는가'라는 공격을 받았다.

나는 국민당의 '아파트 반값' 공약이 실현 불가능하다는 것을 당 지도부에 설명하고 관련자료를 만들어 언론에 발표하였다. 그러나, 유권자들은 내가 만든 반박자료보다는 국민당의 공약을 믿으려 했고 나 같은 경제전문가보다는 실제로 아파트를 많이 지어 본 정주영 회장의 말이 더 신빙성이 있을 것이라고 생각하였다. 한국 정치사에서 경제관련 선거공약으로는 유일하게 유권자들이 관심을 보였던 '아파트 반값' 공약이 무책임한 선심성이었다는 사실에 대해 정치권에서 경제전문가로 활동한 나로서는 매우 실망스럽게 생각하지 않을 수 없었다. 이러한 상황은 지금도 지속되고 있으며 2002년 대선과정에서 노무현 후보의 행정수도 이전 공약이 바로 이런 경우라고 할 수 있다.

내가 정치권에 들어와서 가장 충격적이었던 일은 정치권에서 정책에 대한 입장이 매우 단기적인 시각에서 즉흥적으로 결정된다는 사실이었다. 나는 정책조정실장 자격으로 거의 매일 오전 당에서 열리는 당직자회의에 참석하였다. 당직자 회의의 진행은 당에서 기획업무를 맡고 있는 당직자가 당일의 현안문제를 보고하고 이에 대한 토론을 거쳐 당의 입장을 정리하는 것을 주 내용으로 하고 있었다. 현안보고는 주로 그 날 조간에 보도되는 뉴스가 중심이 되며 현안에 대한 당의 입장도 검토할 충분한 시간을 갖는 것이 아니라 회의석상에서 즉흥적으로 결정되고 회의가 끝나자마자 대변인이 발표를 하였다.

이러한 당직자회의의 운영방식에 나는 두 가지 문제점을 발견하였다. 하나는 당이 여론을 형성해 나가는 능동적인 역할을 하지 못하고 언론이 만든 여론에 당은 수동적으로 반응만을 하는 것이다. 또 하나는 국가 백년대계를 좌우하는 정책문제들이 지극히 단기적인 시각에서 접근되고 당의 입장이 정리되어 발표된다는 것이었다.

나는 적어도 후자의 문제에 대해서는 정책전문가로 정치에 들어온 내가 적극적인 행동을 취해야 한다고 생각했다. 그래서 나는 이 문제를 평소 가까이 지내는 의원들과 상의를 하였는데 여러 의원들이 나와 생각을 같이 했다. 나는 1989년 신년 연휴 기간 중 강남의 한 호텔에서 강성모, 이승윤, 박정수, 이웅선, 조남욱, 조경목 의원 등과 만나 대책을 논의하였고 그 결과 중장기적 시각에서 정책문제를 연구하는 모임을 만들기로 하였다. 모임을 좀 더 체계화하기 위해 우리들은 '21세기정책연구원'이라는 사단법인을 설립하였고 강성모 의원이 이사장 그리고 내가 원장직을 맡기로 하였다.

우리들은 여의도에 사무실을 차리고 박사급 보조직원도 채용함은 물론 매주 조찬모임을 개최하여 정책 현안에 관한 전문 강사를 초빙하여 토론을 가졌다. 그 결과를 유인물로 작성하여 당 지도부는 물론 청와대와 관계부처 장관에게도 배포하였다. 경제, 교육 등의 분야에서 심포지엄도 개최하여 그 결과를 책으로 발간하기도 하였다. 당에 '2000년 국가발전 특별위원회' 설치를 건의하여 운영하였으며 청와대에 대통령 자문기구로 '21세기위원회'의 설치를 건의하여 관철시켰다. '21세기위원회'는 그 후 명칭이 '대통령자문정책기획위원회'로 바뀌어 지금도 중장기 정책 분야에서 대통령 자문기능을 수행하고 있다.

‘21세기정책연구원’은 정치인들이 처음으로 만든 연구모임으로 이의 발족과 운영에 나름대로 큰 역할을 한 것에 대해 나는 많은 자부심을 갖고 있다. 한 가지 아쉬운 것은 나중에 김윤환 의원이 21세기정책연구원에 가입하면서 대외적으로 이 모임이 ‘허주(虛舟)계’ 정치서클로 인식된 것이다. 당시 박철언 의원이 주도하는 ‘월계수회’가 정치적 물의를 일으킨 적이 있는데 언론은 우리 모임도 그런 시각에서 보아 정치적 의미를 부여하였다. 내가 ‘허주계’로 몰려 1996년 총선 공천과정에서 곤욕을 치르고 그 후 당직인선에서도 소외 당한 것도 21세기정책연구원 원장직을 맡고 있었기 때문이었다는 사실을 나중에야 알게 되었다. 순수한 동기로 만든 모임이 정치적으로 왜곡되어 인식됨으로써 제 기능을 발휘하지 못한 것 같아 매우 아쉽게 생각하지 않을 수 없다.

21세기정책연구원이 당내 의원들만의 연구모임이었던 반면 내가 박준병, 이해찬, 도영심 의원 등과 같이 설립한 국회아동·인구·환경의원연맹(CPE)은 여·야 의원들이 구성한 국회내 첫 번째 연구모임이었다. 이 모임은 1989년에 창립되어 국내적으로는 정기모임과 세미나 개최 등을 통해 아동 및 환경 분야에서의 입법 활동을 지원하였으며, 국제적으로는 아시아·태평양환경의원연맹(APPCED)의 설립을 주도하였고 UNICEF, UNEP, UNFPA 등 아동, 환경 및 인구분야 유엔기구와의 교류확대 등에 적극적인 역할을 하였다.

안타까운 일은 의원들의 정책문제와 관련한 활동들이 언론으로부터 별 관심을 받지 못하였다는 것이다. 정치적 목적의 의원들 모임은 뉴스 헤드라인이 되지만 위에서 언급한 정책관련 의원모임에 대해서는 어느 언론도 관심을 갖지 않았다. 오히려 21세기정책연구원의 경우 순수한 목적으로 만들어진 모임을 정치적으로 해석하여 보도함으로써 관련 의원들의 활동을 위축시키는 결과만을 초래하였다. 정치권의 정책 활동이 활성화되지 못하는 데에는 언론의 책임도 크다는 것을 지적하지 않을 수 없다.

4. 보스 중심의 정당

하향식 공천의 전통

한국정치에서 이른바 '3김(金)시대'가 종식되면서 최근에는 상황이 많이 달라지고 있지만 적어도 내가 정치권에 있을 때 한국의 정당들은 '제왕적' 총재들이 지배하는 보스 중심의 집단이었다. 이는 정당이 행사하는 가장 중요한 결정이라 할 수 있는 각종 선거에서의 후보 결정권이 정당 보스에 의해 하향식으로 이루어진다는 사실로도 잘 알 수 있다.

한국 정당사상 공직선거에서 처음으로 공천권을 행사한 것은 1954년 3대 총선에서 자유당이 정당공천제를 도입한데서 비롯되었다. 자유당은 3선 개헌안을 추진하기 위해서는 개헌에 찬성하는 인사들을 당선시키고 이에 반대하는 현역의원의 재선을 막으려는 의도에서 정당공천제를 채택하였다. 당시 도입된 정당공천제는 형식적으로는 상향식이었지만 실제로는 당 수뇌부가 결정하는 하향식 제도였다. 이러한 정당공천제는 박정희, 전두환 등의 권위주의적 정권을 거치면서 더욱 강화되었다. 민주화 이후에도 지역주의로 인해 특정지역을 장악한 정치지도자들에 의해 공직선거 후보 공천과정에서 정당 보스가 주도권을 행사하는 전통은 그대로 유지되어 왔다.

나의 전국구 공천 경험

나를 13대 민정당 전국구 국회의원 후보로 지명한 것도 당시 민정당 총재였던 노태우 대통령이었다. 나는 1983년 KDI에 근무하고 있을 때 사공일 경제수석으로부터 '88 서울올림픽의 경제적 효과를 분석해 달라는 요청을 받고 전문가들로 작업반을 구성하여 연구에 착수한 적이 있었다. 연구팀은 1964년 동경올림픽의 성공사례를 인용하면서 서울 올림픽의 경제적 파급효과가 매우 클 것이라는 보고서를 작성하였다. 서울 올림픽이 당시 어려운 경제에 악영향을 줄 것이라는 의견이 지배적인 상황에서 청와대는 내 연구결과에 크게 고무되었고 나는 연구내용을 당시 노태우 올림픽 조직위원장에게 보고를 하고 같이 TV대담 프로그램에도 나가는 등 노태우 대통령과 개인적인 인연을 맺게 되었다.

13대 민정당 전국구 후보 선정은 청와대 정무수석 팀에 의해 이루어졌고 당시 최병렬 정무수석은 사공일 재무장관에게 경제전문가를 추천해 줄 것을 의뢰하였는데 사공일 장관이 나를 추천한 것이었다. '88 서울올림픽 연구사업으로 이미 나와 안면이 있는 노태우 대통령은 정무수석의 건의를 받아들여 나는 13대 전국구 국회의원이 되었다. 이 과정에서 민정당은 아무런 역할을 하지 않았으며 청와대가 전적으로 인선작업을 주도하였다. 여당의 국회의원 후보선정이 대통령에 의해 이루어지기 때문에 현역 국회의원은 물론 국회의원 지망생들은 공천권을 쥐고 있는 대통령의 환심을 사기 위해 최선을 다해야 하는 것이 당시 한국 여당의 실상이었다고 할 수 있다.

강남갑 지구당위원장 임명

이러한 상황은 내가 1993년 강남갑 지구당위원장에 임명되고 1996년 총선에서 당 공천을 받는 과정에서도 그대로 반복되었다. 나는 13대에 이어 14대 국회에서도 전국구 의원으로 활동하였기 때문에 국회의원 생활을 더 하려면 15대 총선에서는 지역구에 출마해야 하는 상황에 처하게 되었다. 마침 아내가 분당에 신청한 아파트가 당첨되어 분당에서 출마를 고려하고 있었다. 당시 성남시 국회의원인 오세응 의원과도 상의하였는데 오 의원은 분당이 성남에서 분구를 하면 자신은 옛날 지역구를 지켜야 할 것 같으니 나보고 준비를 잘 해 보라고 충고까지 해 주었다.

그런데 예상치 않은 변화가 생겼다. 김영삼 정부가 출범하면서 강남갑 지구당위원장을 맡고 있던 황병태 전 의원이 중국대사로 임명된 것이다. 주변 사람들이 현직 대사는 지구당 위원장 자리를 내놓아야 하기 때문에 강남갑 지구당을 맡아 보라고 권유하였다. 강남에서 분당으로 이사를 가 아직 분구도 되지 않은 지역구를 기다리는 것보다는 10여 년간 살고 있던 강남이 좋을 것 같아 당시 황명수 사무총장, 김종필

당 대표와 상의하였다. 황 총장은 물론 김 대표도 좋은 생각이라고 하면서 오히려 '고생스러운 지역구를 맡겠다고 해서 고맙다'라는 격려의 말까지 해 주었다.

그런데 또 새로운 상황이 발생하였다. 황병태 대사가 대사직을 그만두고 귀국하면 지구당을 다시 맡을 생각으로 어느 기업인을 자신의 대리인으로 김영삼 대통령에게 천거하여 승낙을 받았다는 소문이 나돈 것이었다. 황명수 총장과 다시 상의를 하였더니 자신도 그런 소문을 들었는데 김 대통령의 의중을 확인할 때까지 지구당 위원장 신청을 공식적으로 하지 말고 이 문제를 자신에게 맡겨달라고 하였다.

나는 잠시 고민을 하다가 그래도 신청서는 내야 한다고 판단하고 신청 마감일에 신청서를 들고 황 총장실로 갔다. 마침 그곳에는 기자들이 여러 명 있었다. 나는 기자들이 보는 앞에서 황 총장에게 신청서를 주면서 '총장께서 알아서 처리해주십시오'라고 말하였다. 결국, 나는 황 총장이 자신에게 맡겨달라는 요청에도 응하면서 다음날 조간신문에 강남갑 지구당 신청자로 보도되는 부수적인 효과도 얻을 수 있게 되었다.

며칠 후 나는 한·미의원연맹 방미단의 일원으로 미국 방문길에 올랐다. 당시 미국 역시 클린턴 행정부가 새로 출발하였고 클린턴 정부의 성향과 대한(對韓)정책의 방향에 대해 김영삼 정부는 매우 궁금해 하고 있었다. 1주일 정도의 방미기간 중 상원과 하원의원들은 물론 클린턴 행정부의 고위관리들을 만나고 귀국하자 청와대로부터 방미 결과를 대통령에게 보고해 달라는 전갈이 왔다.

방미단의 단장인 나웅배 의원과 간사인 나는 청와대에 가 보고를 했다. 보고를 마친 후 나웅배 의원이 김영삼 대통령에게 '서 의원이 강남갑 지구당을 맡게 됩니까?'라고 물었다. 이에 대해 김 대통령은 '강남갑은 참 좋은 지역구지. 서 의원 잘 해 보시요'라고 말했다. '감사합니다. 열심히 하겠습니다'라는 말을 남기고 나는 지역구 의원으로 새로운 정치인 생활을 해 보겠다는 꿈을 안고 대통령 집무실을 나왔다.

그러나, 막상 지구당 위원장에 내정되고 보니 또 새로운 문제가 생겼다. 강남갑 지구당 당직자를 포함한 당원 3천 여명이 나의 지구당 위원장 취임을 반대하는 연판장에 서명을 한 것이다. 정치 세계의 냉혹함을 처음으로 느낀 순간이었다.

결국, 나는 삼고초려의 심정으로 주요 당직자들을 개별적으로 집이나 사무실로 찾아가 당직을 계속 맡아 줄 것을 부탁하였다. 당시 기존 당직자 중 70% 정도의 승낙을 받은 나는 개인적으로 아는 강남지역 지인들을 모아 지구당 개편대회를 개최하여 지구당 위원장에 선출되었다. 지구당 위원장은 3~4백 명 정도의 당원들이 참석하는 지구당 개편대회에서 선출하게 되어 있으나 실제로는 중앙당이 내정한 후보가 개편대회에서 형식적인 동의를 받아 확정되게 된다. 나도 이런 과정을 거쳐 강남갑 지구당 위원장이 되었다.

어렵사리 공조직을 인수한 나는 사조직 인수는 아예 포기하고 나 자신의 사조직을 만들기 시작하였다. '민주산악회' 대신에 '강남여성산악회'를 만들어 매달 산행을 하면서 친목을 다졌다. 노래교실이 인기라는 사실에 착안하여 '이웃사랑 배움터'라는 사회교육원을 설립하여 노래교실을 개설하고, '영어회화', '수지침', '문학 강좌', '종이접기' 등 각종 취미교실을 만들어 갔다. 동 별로 볼링모임도 만들어 정기 리그전도 개최하였고 매주 한 번 정도는 10~20명 정도의 주민들을 우리 집에 초대하여 점심식사를 하면서 격의 없는 대화도 나누었다. 매월 개최되는 반상회에는 지역별로 다니면서 주민들의 민원도 청취하였다.

그 결과는 매우 긍정적인 것이었다. 1995년 6월 실시된 지자제 선거에서 당시 신한국당이 서울 전역에서 참패하는 와중에서도 강남에서는 내가 영입한 권문용 구청장은 물론 시의원 전원을 당선시켰다. 중앙당으로부터 지구당 관리를 잘한다는 칭찬도 받았다.

국회의원 공천 경쟁

그런데 1996년 총선이 임박하면서 새로운 문제가 발생하였다. 내가 당 공천을 못 받고 최병렬 의원이 공천을 받을 것이라는 소문이 돈 것이다. 나는 이 소문의 진위를 확인하기 위해 이원종 정무수석에게 전화를 하였다. '내가 공천 걱정을 해야 하나요'라는 질문에 이 수석은 여론조사 결과가 안 좋기 때문에 공천에 문제가 있다고 대답하였다. 나는 방금 내가 의뢰한 여론조사 결과는 매우 좋았다는 이야기를 하면서 그 결과를 이 수석에게 보내 주었다.

그러나, 공천이 불안하다는 소문은 지속되었고 나는 이 문제를 김윤환 당 대표와 상의하였다. 김 대표는 여론조사 결과가 문제가 된다고 하니 당에서도 직접 조사를 해 보겠다고 하였다. 당에서 실시한 여론조사 결과는 나와 최병렬 의원이 대체로 비슷하여 누가 출마를 해도 충분히 승리할 수 있는 것으로 나타났다.

아무래도 불안한 나는 김광일 대통령 비서실장을 찾아갔다. 정황을 설명하고 김 실장의 도움을 청했다. 김 실장은 공천과정이 문제가 있으며 그 이유는 이원종 정무수석과 김현철 씨가 자신들이 원하는 인사들을 공천하기 위해 여론조사 결과를 왜곡해서 대통령에게 보고하는 것 같다는 것이었다.

나중에 안 사실이지만 나는 소위 '허주계'로 분류되어 정무수석 팀에 의해 경계인물로 지목되었다고 한다. 그러나 김 실장이 공천과정에 개입하는 것을 대통령이 원치 않기 때문에 자신이 나를 돕기는 어렵다고 솔직히 이야기 해 주었다. 나는 김 실장에게 대통령 설득은 내가 직접 할 테니 대통령과 면담할 기회만 만들어 달라고 부탁하고 비서실장실을 나왔다.

며칠 후 토요일 오후에 청와대로 들어오라는 전갈이 왔다. 대통령 집무실에 들어 선 나는 총선에 대비하여 주로 보건복지부 장관 시절의 경험을 다룬 「말만 하면 어쩝니까, 일을 해야지요」라는 저서를 김 대통령에게 주면서 '이 책은 각하께서 전화로 저에게 장관직을 제의한 내용부터 시작 합니다'라고 하였다. 김 대통령과 나와의 인연에 대한 기억을 상기시켜 주려한 것이었다. '그런데 말이지'하면서 김 대통령은 책상 위에 있는 서류를 가지고 오려고 일어났다. 나는 그것이 얼마 전 당에서 실시한 여론조사 결과라는 것을 짐작하였다.

나는 김 대통령이 가져온 자료를 보면서 '보시는 대로 저나 최병렬 의원 모두 확실히 이기는 것으로 나왔습니다'라고 하였다. 그러자 김

대통령은 나는 지역구를 2년이나 관리하였는데 최 의원과 결과가 같으면 선거전에 들어가면 위험할 수도 있다는 말을 하였다. 나는 정색을 하면서 사실은 그 반대라고 대답하고 그 이유를 김 대통령에게 설명해 나갔다. '제가 당의 후보로 아무런 하자가 없는데 최 의원으로 후보를 교체하면 최 의원은 여론조사에서 나온 표를 얻을 수 없을 것입니다. 우선 강남갑에 거주하고 있는 1만 여명의 경기고 동문 모두가 경기고 출신으로 출마 예정인 홍성우 후보에게 갈 것입니다. 그리고 제가 소속된 소망교회 수만 표의 상당수도 후보 교체에 반발하여 최 의원을 찍지 않을 것입니다. 그러나 각하께서 저에게 공천을 주시면 서울지역에서 최고의 표차로 당선되어 돌아오겠습니다.'

이러한 나의 설명이 상당히 설득력이 있었다는 것을 김 대통령의 표정에서 읽을 수 있었다. 김 대통령으로부터 '나에게 시간 좀 주지'라는 말을 듣고 대통령 집무실을 나왔다. 문 앞에 대기 중이던 김기수 수행실장이 지금 김 대통령이 정무수석과 전화를 하고 있다는 말을 내게 귀띔해 주었다. 내 차가 효자동 로터리를 돌고 있을 때 차로 이원종 정무수석으로부터 전화가 왔다. '대통령을 잘 설득했나 봅니다. 선거준비나 잘 하고 있으라고 하십니다.' 매우 못마땅하다는 어조로 나에게 전한 이 수석의 말이었다.

나는 의기양양한 모습으로 지구당 사무실로 돌아왔다. 거기에는 권문용 청장과 세 명의 우리 당 소속 시의원들이 대기하고 있었다. 만일 내가 김 대통령을 설득하는데 실패하면 모두 같이 탈당하고 나는 무소속으로 출마하려고 했었는데 이제는 그럴 필요가 없어진 것이다.

우리는 저녁을 같이 하면서 축배를 들었다.

김 대통령은 최병렬 의원을 이웃 선거구인 서초갑에 공천하였다. 나는 1996년 총선에 출마하여 노재봉 전 국무총리, 홍성우 인권변호사 등과 같은 강력한 후보들과 싸워 김 대통령에게 약속한대로 서울에서 최고 표차로 당선되었다. 선거 후 청와대 당선자 축하 만찬장에서 김광일 비서실장을 만났다. '대통령이 누구를 불러 설득하려 했다가 오히려 설득을 당한 경우는 처음 있었던 일입니다'라고 하면서 기쁜 표정을 지었다.

나는 이러한 과정을 겪으면서 공천권을 당 총재인 대통령이 독점하는 상황에서 발생하는 부작용이 얼마나 심각한지 실감할 수 있었다. 대통령 혼자 공천 업무를 감당할 수 없기 때문에 공천작업은 결국 대통령이 지명하는 소수의 작업팀에 의해 비밀리에 진행되었다. 이 과정에서 여론조사 결과 왜곡 등의 편법이 동원되어 지역주민이나 당원들의 의사와는 관계없이 대통령과 측근들의 '정치적 고려'에 의해 억울한 희생자가 생기고 이런 와중에 어부지리 하는 사람이 있을 수 있다는 것이다. 역시 민주적 방법에 의한 공직선거 후보자 선정만이 이러한 부작용을 방지할 수 있다는 것을 확인할 수 있었다.

나는 1999년 말 '세풍사건'에 대한 정치적 책임을 지고 국회의원직을 사임하면서 강남갑 지구당 위원장 자리도 내놓았다. 최병렬 의원이 새 위원장으로 취임하였다. 나는 내가 지구당을 처음 인수하였을 때 당 조직 인수인계를 받지 못해 많은 고생을 하였기 때문에 같은 일이 반복되어서는 안 된다고 생각했다. 그래서 당의 공(公)조직은 물론 여성산악회, 노래교실, 볼링모임 등 사(私)조직과 사무국장을 비롯하여 조직부장, 여성부장 등 주요 지구당 직원을 최병렬 의원에게 인계하고 모교인 미국 스탠퍼드 대학으로 연구활동을 위해 떠났다.

5. 당내 민주화

선진국의 후보선출 방식

서양의 정당사를 살펴보면 처음에는 대통령 또는 수상 후보의 선출이 당내 중진들의 모임에서 결정되었으나 점차 당내 민주화가 이루어져 이제는 거의 모든 나라에서 당원 심지어는 일반 유권자 다수가 참여하는 선거에서 결정되고 있음을 알 수 있다.

미국에서도 1820년까지는 당의 중진들이 모여 결정하는 코커스(caucus) 방식으로 대통령 후보가 결정되었다. 그러나 1824년 선거에서 민주공화당의 크로포드(Crawford)가 코커스를 통해 후보로 결정된 데 대해 다른 후보들이 '임금의 코커스'(King's caucus)의 후보자에 불과하다고 비난했고 그가 실제 본선에서 패하자 변화가 생기기 시작하였다. 주(州) 정당의 권한이 강화되었고 주 정당이 선출한 대의원들이 대통령 후보를 선출하게 되었다.

이 과정에서 주 별로 독점적인 정당조직이 발달하였고 이러한 정당 머신(party machine)의 보스들은 막강한 권력과 이권을 누리게 되었다.

19세기 말 공화당의 진보파들은 정당 보스들의 부패를 없애기 위한 개혁운동을 추진하였다. 이로 인해 일반 당원과 유권자의 참여 확대를 제도화하는 예비선거(primary)방식이 도입되었다. 그러나 1968년까지는 예비선거가 대통령후보 선출에 결정적인 역할은 하지 않았다.

1968년 민주당 전당대회에서 단 한 곳의 예비선거에도 참여하지 않았던 부통령 험프리(Humphrey)가 대통령 후보로 지명된 후 본선에서 패배함으로써 예비선거 제도를 확대 실시하는 방향으로 개혁이 추진되었다. 지금은 약 35개 주에서 예비선거를 실시함으로써 예비선거제는 미국에서 가장 일반적이 후보선출 방식이 되었다. 예비선거제는 대통령 후보는 물론 국회의원 선거에서도 그대로 적용되고 있다. 미국 정당의 공식후보 선출절차는 정당규정이 아니라 주법(州法)에 규정되어 있기 때문에 주 별로 다소 다른 방식으로 후보를 선출한다.

미국의 예비선거는 크게 세 가지로 구분되는 데 첫째는 공개형 예비선거(open primary)로 정당소속과 관계없이 유권자들이 특정 정당후보의 투표용지를 선택해 후보를 선택하는 것이다. 이 경우 정당의 당원이 아니더라도 정당의 공직후보 결정과정에 참여할 수 있으며 투표장에 들어 갈 때 한 정당의 투표지를 선택한다. 둘째는 현재 대다수의 주에서 사용하는 폐쇄형 예비선거(closed primary)로 당원만이 특정 정당의 후보선출 과정에 참여하는 것이고 셋째는 현재 알래스카 주와 워싱턴 주에서 사용히고 있는 포괄형 예비선거(blanket primary)로 유권자가 모든 정당의 후보선출 과정에 자유롭게 참여할 수 있는 방식이다.

그러나, 예비선거제의 확대는 공직후보 선출과정의 민주화는 이루었으나 정당인이 아닌 유권자도 참여케 함으로써 정당을 약화시키는 결과를 초래하였다는 비판도 있는 것이 사실이다. 예비선거제의 도입으로 인해 선거운동 방식 또한 정당 중심에서 후보자 중심으로 변해가고 있다는 것이 전문가들의 분석 결과다.

가장 오랜 정당 역사를 갖고 있는 영국에서도 당수 선출방식이 민주화된 것은 그리 오래되지 않는다. 보수당은 1965년까지는 당수 선출을 위한 공식적인 절차가 없었다. 이른바 매직서클(magic circle)로 불리어진 비공식 방식은 전임 당수가 당내 지도자와 당내 여론 등을 청취해 후임자를 정하고 당이 이를 인준하는 형식이었다. 1965년부터 당 소속 하원의원들이 당수를 선출하는 방식으로 바뀌었고 1998년에 이르러서야 당 소속 의원들이 두 후보를 투표로 선정한 후 일반 당원들이 두 후보 중 당수를 가리는 방법으로 개선되었다.

노동당은 1906년부터 당 소속 의원들이 당수를 선출했는데 1981년에는 의원 30%, 지구당 30%, 노조 40%의 비율로 선거인단을 구성해 당수를 선출하다가 1992년부터 의회의원, 지구당, 노조가 각각 1/3씩 나누어 선거인단을 구성하는 것으로 개편되어 현재까지 유지되고 있다. 영국에서는 당수 선출방식이나 당내 민주화를 규정하는 어떠한 법률적 규정이 없이 정당 스스로 결정한다는 것이 특징이라 할 수 있다.

이에 반해, 독일에서는 정당 민주화에 대한 법적 규정이 분명하게 있다는 점이 특징이다. 이는 독일이 바이마르 공화국의 실패와 나치 통치의 뼈아픈 경험을 갖고 있기 때문이다. 당의 공직후보 선출은 해당 선거구 별 당 조직에서 결정되고 연방선거에서의 비례대표 정당명부는 주 별 당 대회에서 만들어지며 당수 선출은 전당대회에서 결정된다. 녹색당과 같은 소정당의 경우는 전 당원이 선출과정에 참여하나 대정당에서는 지구당 별 25명 정도의 대표자들이 참여하여 후보를 선출한다.

1997년 신한국당 대선후보 경선과정

민주화 이후 한국정치의 중심에 있었던 김영삼 대통령과 김대중 대통령이 임기를 마치고 정계를 은퇴하게 되면서 한국 정당에서의 당내 민주화는 급속도로 진전되었다. 김영삼 대통령의 뒤를 이어 1997년 대선에 나설 신한국당 후보를 선출하는 과정은 정당 민주화에 있어 매우 의미 있었던 행사였다. 당시 신한국당은 전당대회 대의원을 종전의 두 배에 이르는 12,430명으로 확대하고 당내 선거관리위원회를 구성함은 물론 권역별 후보연설회도 개최하는 등 집권당 사상 최초의 경선체제를 갖추었다. 나는 일찍이 이회창 후보 진영에 참가하여 경선 준비과정부터 전당대회까지 전 과정을 가까이에서 지켜 볼 기회를 갖게 되었다.

내가 이회창 총재를 처음 만난 것은 1993년 12월 말 김영삼 대통령으로부터 보건사회부장관으로 임명되어 총리로 취임한 이회창 내각의 일원이 되면서였다. 불과 5개월의 짧은 기간이었으나 나는 이회창 총리에 대해 좋은 인상을 갖게 되었다. 그 이유는 그가 매우 합리적인 판단능력과 두둑한 배짱을 갖고 있다고 생각했기 때문이었다. 국무회의를 주재하면서 본인의 전공과는 거리가 먼 경제정책 문제에 대해서도 상당히 합리적인 판단을 하는 것이 인상적이었다. 경제문제를 포함한 여러 종류의 사건에 대한 판결을 해야 하는 오랜 판사 생활의 경험이 이 총리로 하여금 내각에서 제기되는 각종 사안에 대해 현명한 판단을 하는 능력을 키워 주었다고 생각했다.

내가 이회창 총재를 다시 만난 것은 1996년 8월 하순이었다. 그 해 4월 총선에서 압도적인 승리를 하여 3선 의원이 된 나는 국회와 당에서 많은 일을 해보겠다는 꿈으로 부풀어 있었다. 당시 나는 당 내외에서 '정책통'으로 알려졌기 때문에 당직 개편시 정책위원회 의장 또는 국회 경제관련 상임위원장 정도의 직책을 맡을 것으로 예상하고 있었다. 그러나 의외로 나는 당직 인선은 물론 국회직 인선에서 완전히 소외되었다. '허주계'로 분류되어 총선에서 공천도 못 받을 뻔했는데 바로 똑같은 이유로 총선 승리 후에도 나는 당 수뇌부로부터 괄시를 받게 된 것이었다.

바로 이때 이회창 총재가 나에게 점심식사를 같이 하자는 연락을 해왔다. 이 자리에서 이 총재는 자신의 어려운 정치적 입지를 나에게 자세히 설명해 주었다. 그 해 4월 총선에서 선거대책위원장을 맡은 배경에는 선거 후에 당 대표를 시켜주겠다는 김영삼 대통령의 언질이 있었는데 선거가 끝나자 이홍구 총리가 당 대표가 되었다는 것이었다. 그러나 이 총재는 나름대로 큰 뜻이 있어 정치권에 들어왔으니 그 뜻을 이룰 수 있도록 자신을 도와 달라고 하였다. 나 역시 당시 당 내에서 정치적으로 소외된 형편이었고 총리 시절 좋은 인상을 받았기 때문에 이 총재의 이러한 요청을 흔쾌히 승낙하였다. 이러한 결정이 훗날 나의 정치적 운명을 바꾸어 놓을 줄은 몰랐다.

당시 이회창 총재는 이른바 '강연정치'를 하고 있었다. 당직이 없으니 당 내에서는 활동할 공간이 없었기 때문에 이곳저곳에서 강연을 하면서 자신의 정치적 소견을 국민에게 알리는 것이었다. 이러한 형편을 잘 아는 나는 연설문 작성을 도와주는 사람은 있느냐고 물었다. 이 총재는 친분이 있는 교수들이 분야별로 도와준다고 하였다. 나는 그 정도로는 불충분하고 내부에서 이 일을 전담하는 보좌관을 두어야 한다고 하면서 내 국회보좌관을 역임하였고 당시 21세기정책연구원 연구위원으로 있던 허경회 박사를 천거하였다.

당시에는 김윤환 의원이 21세기정책연구원 이사장을 맡고 있었기 때문에 허 박사 문제를 김 의원과 상의하게 되었다. 김 의원과 대화를 나누면서 우리는 자연히 차기 대선에서 누구를 당의 후보로 하는 것이 좋겠는가에 대해 이야기 하였다. 노태우·김영삼 대통령 만들기에 앞장선 경력 때문에 '킹 메이커'(king maker)로 잘 알려진 김윤환 의원이 누구를 지지하느냐는 당시에는 매우 큰 정치적 의미를 갖고 있었다. 김 의원 자신은 후보경선에 나설 생각이 없다고 하면서 차기 후보는 정치권 인사보다는 참신한 외부인사가 좋겠다고 하였다.

이어 그는 박찬종 의원은 신뢰감이 떨어지기 때문에 결국 이홍구 대표와 이회창 의원 중에서 선택을 해야 할 것 같다고 했다. 나 역시 같은 생각이라고 하면서 내가 왜 이회창 의원을 지지하기로 했는가에 대해 설명하기 시작했다. '사실 개인적으로는 이회창 의원 보다는 이홍구 대표와 가깝습니다. 제가 두 분 모두 장관 재직시 총리로 모셔 보았는데 정치인으로 배짱이 두둑하다는 면에서 이회창 의원이 나은 것 같습니다.

그리고 현 시점에서 국민적 지지 역시 이회창 의원이 이홍구 대표보다 앞선 것 같고요'

김윤환 의원도 대체로 내 의견에 동의하였다. 김 의원은 허 박사가 자리를 옮기는 문제에도 동의해 주었고 이회창 의원을 직접 만나 보라는 나의 제의도 받아 들였다. 나는 허 박사를 이 총재에게 소개해 주면서 김윤환 의원을 만나 경선에서의 협조를 부탁해 보라고 건의하였다. 당내 기반이 별로 없는 이회창 의원이 당의 대통령 후보가 되기 위해서는 당시 민정계의 대부라고 할 수 있는 김윤환 의원의 도움이 필수적이라는 점을 강조하였다. 1997년 신한국당 대통령 후보 경선에서 이회창 후보와 김윤환 의원간의 연대는 이렇게 이루어진 것이다.

나는 가끔 그때 나와 김윤환 의원이 이회창 후보 대신 이홍구 대표를 밀기로 결정하였으면 이홍구 총리가 대통령에 당선되었을 것인가에 대해 생각해 보곤 한다. 그 경우 김영삼 대통령의 지지는 확실하였을 것이기 때문에 경선에서의 승리는 어렵지 않았을 것이다. 또한, 이인제 의원의 탈당도 일어나지 않았을 것이므로 본선에서의 승리도 충분히 가능하였을 것으로 짐작된다. 나와 김윤환 의원의 개인적인 운명은 물론 나라의 운명이 달라졌을 것이다. 그러나 미래는 아무도 예측할 수 없는 것이기에 과거에 대한 가정도 의미 없는 것이라고 생각된다.

1997년 1월 이른바 '노동법 파동'으로 이홍구 대표가 대표직을 사임해야 하는 상황이 전개되었다. 나는 이회창 의원이 후임 당 대표가 되어야 대통령 후보가 되는데 유리할 것이라 판단하고 이를 위해 노력해 보자고 제의하였다. 나의 이런 의견에 대해 당시 이 의원을 돕던 황우여,

백남치 의원 등은 그것이 가능하겠느냐고 머리를 갸우뚱했다. 그래서 나는 이회창 의원이 언제든 김영삼 대통령과 독대할 수 있는 '특권'을 최대한 활용해 보자고 하였다. 당시 김 대통령은 아들의 구속으로 '심기'가 불편하니 만나면 딱딱한 이야기보다는 따뜻한 위로의 말을 하라는 건의도 잊지 않았다. 평소보다 머리를 많이 숙여 김 대통령에 대한 경의를 충분히 표하라는 이야기도 덧붙였다. 이회창 의원은 그대로 하였고 그 결과 다소 소원했던 김영삼 대통령과의 관계도 많이 개선되었다.

후임 대표를 결정해야 하는 시점에서 최형우 의원이 갑자기 뇌일혈로 쓰러지는 불행한 일이 발생하였다. 이회창 내각에서 내무부 장관을 역임한 최형우 의원은 이회창 총리에 대해 상당한 적개심을 갖고 있었기 때문에 최형우 의원이 건재하였다면 이회창 의원의 당 대표 지명은 어려웠을지도 모른다. 여하튼 당시 모든 사람들의 예상을 뒤엎고 김영삼 대통령은 이홍구 대표 후임으로 이회창 의원을 선택하였다. 이회창 대표는 이로 인해 다가오는 대통령 후보 경선에서 선두주자가 되었다.

김윤환 의원은 자신과 가까운 양정규, 하순봉, 신경식, 김기배, 변정일 의원 등을 이회창 대표에게 소개하였고 이들은 대통령후보 경선 과정에서 핵심적인 역할을 수행하였다. 나는 민정당 시절 당 여론조사를 주도한 정선호 전 의원의 도움을 받아 자동전화응답기(ARS)에 의한 여론조사팀을 구성하여 경선과정에서 대의원들의 후보 별 지지현황을 면밀히 분석하였다. 여러 차례의 ARS 여론조사 자료를 분석하여 전국 대의원들의 개별적 후보지지 성향을 집계하여 해당 지구당 위원장과 핵심 운동원들에게 참고자료로 건네주기도 하였다. 당시 당내 다수파였던 민정계 의원과 지구당 위원장 대다수가 '김윤환 사단'의 맹렬한 선거 운동 결과 이회창 후보 지지로 돌아섰다. 민주계에서 일찌감치 이회창 진영에 가담한 백남치 의원 외에도 국회의장을 역임한 황낙주 의원이 경선과정에서 맹활약을 하였다.

경선과정은 매우 험하고 어려웠다. 이홍구, 이수성, 박찬종, 이인제, 김덕룡, 이한동, 최병렬 등 경력이나 능력 면에서 매우 출중한 인물들이 후보로 나왔기 때문이다. 이런 인물들이 경선에 모두 참여하였다는 것은 한국 정치사에 획기적인 일이 아닐 수 없다. 또한, 어려운 경쟁과정을 거쳐 당 후보로 당선된 인물이 본선에서 구 정치인의 상징이라 할 수 있는 김대중 후보에게 패한다는 것을 아무도 상상하지 못하였다.

경선을 어렵게 한 또 하나의 이유는 청와대 '김심(金心)'의 향방을 알 수 없었다는 것이었다. 처음에는 김심이 이수성 후보에 있는 것 같았다. 그러나 후보자간 TV 토론이 시작되자 상황은 의외의 방향으로 전개되었다. 당시 민주계 중진들의 지원을 받았던 이수성 후보가 TV 토론에서 별 인기를 얻지 못한 대신 이인제 후보의 인기가 급상승한 것이다. 그 결과, 당내 민주계의 의견이 이수성 후보와 이인제 후보로 양분되어 버렸다. 이회창 후보 진영으로서는 정말 행운이 아닐 수 없었다. 또 경선 과정에서 이홍구 후보가 중도 포기 선언을 하였다.

얼마 후 박찬종 후보도 중도 포기를 하면서 이회창 후보 진영의 선거자금 문제를 제기하였다. 박찬종 후보가 아무런 물적 증거를 제시하지 못했기 때문에 이 문제는 유야무야로 되었으나 한 때 이회창 후보 진영을 긴장하게 하였다. 결국, 8월 전당대회에서 이회창 후보가 신한국당 대통령 후보로 당선되었다. 여당 사상 처음으로 이루어진 실질적인 경선에서 현직 대통령의 지지를 받지 못한 후보가 차기 대선후보로 당선된 것이다. 이로써 한국 정당사에서 당내 민주화가 한 단계 도약하는 발판이 마련된 것이다.

이를 계기로 대통령 후보의 당내 경선을 이제 거의 모든 당이 당연한 것으로 받아드리게 되었고 한국 정당의 민주화는 급속도로 진행되었다. 2002년 대선에서 새천년민주당은 '국민참여 경선제'를 도입하여 대선후보 경선방법을 또 한 단계 발전시키는데 성공하였다. 민주당의 국민참여 경선에서는 총 7만 명의 선거인단이 구성되었는데 20%는 당내 대의원 가운데 배정되었고, 30%는 일반 당원 그리고 나머지 50%는 일반 국민 가운데 공모를 통해 참여하도록 하였다. 경선과정은 많은 국민들의 관심을 끌었고 이는 경선 승자인 노무현 후보가 본선에서 대통령으로 당선되는데 크게 기여하였다.

이제 각 당은 대통령 후보뿐만 아니라 당 대표도 경선을 통해 선출하고 있다. 한나라당이 2003년 6월 실시한 당 대표 경선에는 모두 23만 명의 당원을 대상으로 실시되었는데 이 중 11만 9천 명이 참가하여 최병렬 후보를 대표로 선출하였다. 민주당과 열린우리당도 비슷한 방법으로 각각 조순형 대표와 정동영 대표를 선출하였다.

제4장

지역주의에 의한 선거

"

정치적 목적에 의해 조성된 지역주의는

1971년 대선 당시 박정희와 김대중 간의 경쟁에서 시작되었다고 분석되며,

지역간 경쟁이 심화되기 시작한 것은

1987년의 제13대 대통령선거 때부터라고 할 수 있다.

이 때부터 본격적으로 나타나기 시작한 지역 정당과 지역 연고지 별 투표현상은

최근에 이르기까지 약화되기는커녕 오히려 심화되고 있다.

"

서경주, 「한국의 지역주의」

1. 선거에 나타난 지역주의

　　민주화 이후 실시된 모든 선거에서 지역주의는 선거결과를 좌우하는 가장 큰 변수인 것으로 판명되었다. 권위주의 정권이 통치하던 시기에는 선거가 주로 민주 대 반민주의 대결구도 양상을 띠었으나 민주화가 이루어진 후에는 주요 정당의 지역연고에 따라 유권자의 선택이 결정되는 상황이 된 것이다.

1987년 대선과 1988년 총선

　　1987년 대선은 한국 선거사에서 지역주의 시대의 시발을 알려주는 신호탄이었다고 할 수 있다. 1987년 대선의 첫 번째 특징은 대선에서의 주요 후보 모두가 자신의 연고지역에서 타지역보다 월등히 높은 지지를 받았다는 사실이다. 전국적으로 유효투표의 36.6%를 얻어 대통령 당선자가 된 노태우 후보는 자신의 출신지역인 대구에서 70.7%, 경북에서 66.4%의 지지를 얻었다. 2위를 한 김영삼 후보는 부산과 경남에서 각각 56.0%, 51.3%를 얻어 전국 평균 28.0%의 두 배 수준이었고, 김종필 후보 역시 충남에서 45.0%를 득표하여 전국 평균 8.2% 보다 훨씬 높았다. 무엇보다도 놀라운 것은 김대중 후보가 광주, 전남, 전북에서 각각 94.4%, 90.3%, 83.5%의 지지율을 보여 호남지역을 실제적으로 싹쓸이하였다는 사실이다. 그 결과 호남지역에는 김대중 후보를 중심으로 구성된 평민당의 1당 체제가 확립되게 되었다.

이러한 현상은 1988년 총선에서도 그대로 재현되었다. 민정당은 대구와 경북의 31석 중 25석을 얻어 의석의 81%를 점하였으나 호남지역에서는 단 한 석도 얻지 못하였다. 전라도를 100% 독점한 평민당은 서울에서도 42석 중 17석을 얻어 제 1 야당으로 부상하였고 대선에서 2위를 한 민주당은 부산에서는 15석 중 14석을 얻었으나 경남에서 22석 중 9석을 얻는데 그침으로써 제 2 야당이 되었다. 공화당은 충남에서는 18석 중 13석을 차지했으나 충북에서는 9석 중 2석 밖에 얻지 못해 제3야당이 되었다.

1988년 총선의 특징은 대체로 1987년 대선 결과와 비슷하면서도 호남지역 출신 유권자의 강한 정치적 결집이 소선거구제에서 민주당에 비해 유리하게 작용하여 대선에서 3등을 한 평민당이 총선에서는 2등을 하여 상대적 지위를 향상시켰다는 것이었다. 이러한 결과는 민주당의 김영삼 총재로 하여금 민정당·민주당·공화당의 3당 합당에 합의하게 하는 결정적 원인이 되었다.

1992년 총선과 1992년 대선

1992년 총선과 1992년 대선은 1990년 1월에 이루어진 3당 합당에 대한 국민적 반응이 그대로 반영된 선거였다. 218석의 거대 여당 민자당은 1992년 총선에서 과반수에 1석이 모자라는 149석을 얻어 참패를 한 반면 민주당은 97석을 차지해 13대보다 19석이 늘어났다. 한편, 신생 정당인 국민당은 원내 교섭단체 구성에 필요한 20석을 훨씬 능가하는

31석을 얻는 개가를 올렸다. 선거 결과를 지역별로 나누어 보면 1987년 대선과 1988년 총선에서 나타난 지역주의는 크게 완화되었다는 사실을 알 수 있다.

무엇보다도 민주당의 지지율이 광주 76.4%, 전남 61.6%, 전북 55.0%로 종전의 90%대를 넘는 수준보다는 크게 낮아진 반면 호남을 제외한 지역에서는 지지율이 크게 상승하였다. 우선, 서울과 경기지역에서의 민주당 지지율이 각각 37.8%, 32.0%로 1988년 총선의 27.0%, 15.9%보다 높아졌고 부산, 경남, 경북에서도 각각 12.5%, 9.2%, 9.6%로 1988년 총선에서의 1% 수준을 크게 상회하였다.

특히, 충남과 충북에서는 민주당 지지율이 28.6%, 26.0%에 달하였다. 이는 3당 합당으로 탄생한 민자당이 특별지역 연고를 주장하기가 어렵게 되었다는 것과 함께 3당 합당을 거부한 민주당 세력과 재야 세력의 일부가 평민당에 합류함으로써 야당으로의 외연이 확대되었다는 사실에 기인한다. 다시 말해, 3당 합당으로 인해 민자당과 민주당 모두 지역정당이라는 범주를 벗어나 거대 여당과 이를 견제하는 야당으로의 자리를 찾아가고 있었던 것이다.

이러한 결과는 1992년 대선에서 더욱 확대된 형태로 나타났다. 김대중 후보는 14대 대선에서 서울과 경기 지역에서 44.9%, 39.3%의 지지율을 얻어 1987년 대선의 37.8%, 32.0%보다 신장된 추세를 보였다. 특히, 충청권에서는 지지도 상승이 더욱 두드러져 충남에서는 28.6%에서 48.3%로, 충북에서는 26.0%에서 37.4%로 지지율이 급상승하였다. 경상도에서도 1987년 대선에서 5% 미만의 득표에 그쳤던 것이 1992년 대선에서는 9%대까지 상승하는 결과를 가져왔다. 14대 대선에서 실패한 김대중 총재는 정계 은퇴를 선언하였고 그 결과 한국에서의 지역주의는 새로운 길로 접어들 수 있는 상황이 되었다.

1995년 지자제 선거와 1996년 총선

그러나 이러한 희망은 1995년 지자제 선거에서 완전히 좌절되었다. 1995년 1월 민자당 개편과정에서 김종필 총재가 이탈해 자민련을 결성함으로써 1995년 6월에 실시된 지자제 선거에서 지역주의는 오히려 강화되었기 때문이다. 1995년 지자제 선거는 충청도의 지역적 결집이 강화된 것이 특징이다. 자민련은 충남에서 67.9%를 얻음은 물론 그 동안 큰 영향력을 미치지 못했던 충북에서도 36.9%를 획득하여 충남과 충북에서 단체장을 확보하였다.

1992년 총선에서 55~76%의 민주당 지지율을 보였던 전라도 역시 1995년 광역단체장 선거에서는 67~90%의 높은 지지율을 나타냈다. 또한, 자민련은 강원도 지사를 그리고 민주당은 서울 시장을 차지함으로써 집권여당인 민자당은 크게 위축되는 모습을 나타냈다. 특히, 대구와 경북에서 민자당의 지지율이 24.5%와 34.9%로 크게 낮아짐으로써 3당 합당의 효과가 거의 없어지는 결과를 초래하였다.

1995년 지자제 선거결과로 위기감을 느낀 민자당은 1996년 총선을 앞두고 당명을 신한국당으로 바꾸고 이회창, 이홍구, 박찬종 등을 영입하여 지지기반 확대를 시도하였다. 그 결과 1996년 총선에서 신한국당은 상대적으로 선전하였으나 선거에서 지역주의 경향은 지속되었다. 우선, 충청도 유권자들의 정치적 결집은 계속되어 자민련은 충남과 충북에서 각각 51.2%, 39.3%의 득표율을 보였다. 민주당도 광주에서 86.2%, 전남에서 71.0% 그리고 전북에서 63.7%의 득표율을 보여 호남유권자들의 정치적 결집력 역시 건재함을 나타내었다.

1997년 대선과 2000년 총선

1997년 대선은 지역주의를 활용한 후보 간의 연대가 대통령선거 결과에 결정적인 요인이 될 수 있음을 보여주는 사례였다고 할 수 있다. 3당 합당 이후 호남지역을 바탕으로 한 소수 정치세력의 한계에서 벗어나지 못하고 있었던 국민회의의 김대중 총재는 자민련의 김종필 총재와 손잡고 야권후보 단일화에 성공한 반면, 신한국당은 정당사에 처음 있었던 당내 경선을 통해 이회창 대표를 후보로 선출하였으나 이인제 후보가 탈당하여 국민신당을 창당하고 대통령 후보로 나섰다. 그 후 이회창 후보는 조순의 민주당과 합당하여 이회창·조순 연대를 이루었으나 확고한 지역기반에 근거한 김대중·김종필 연대를 이기기에는 역부족이었다.

1997년 대선에서 호남 유권자들은 전례 없는 강력한 결집력을 보여 김대중 후보에 대한 지지도가 광주에서 97.3%, 전남에서 94.7% 그리고 전북에서 92.3%였다. 반면, 영남 유권자들은 한나라당 후보의 분열로 대구와 경북에서는 이회창 후보가 각각 72.7%, 61.9%의 높은 득표율을 얻었으나 부산과 경남에서는 각각 53.3%, 55.1%로 상대적으로 낮은 득표율을 얻어 결정적인 패인으로 작용하였다. 충청권에서는 DJP 연대의 효과로 대전과 충남에서 김대중 후보가 각각 45.0%, 48.3%를 얻어 오히려 이 지역에 연고가 있는 이회창 후보의 29.2%, 23.5%를 앞섰다.

충북에서도 김대중 후보가 이회창 후보를 6.6% 포인트나 앞섬으로써 김대중 후보의 김종필 총재와의 지역연대 전략은 김 후보에게 대선에서의 승리라는 결과를 안겨주었다. 이회창·조순 연대의 상대적 참신성이 김대중·김종필 연대의 지역주의에 패배한 것이다. 1997년 대선의 또 하나 특징은 강원도와 영남지역에서 한나라당이 승리하고 수도권과 충청 및 호남지역에서는 패배하여 이른바 '여·야 간 동서 분점' 형태가 나타났다는 것이다. 이러한 현상은 '98년 지자제 선거와 그 후 몇 차례의 보궐선거에서도 그대로 지속되었다.

2000년 총선을 앞두고 김대중 정권이 내각제 개헌을 포기하고 새천년민주당을 창당하였고 자민련은 공동정부에서 이탈하였다. 한나라당은 심각한 공천 파동을 겪으면서 공천에서 탈락한 인사들이 민국당을 창당하였다. 총선 결과는 한나라당이 과반수에서 3석 모자라는 133석을 확보한 반면 민주당은 많은 공을 들인 영남에서 단 한 석도 얻지 못한 채 한나라당보다 18석이 적은 115석을 확보하는데 그쳤다. 자민련은 17석 밖에 확보하지 못해 원내 교섭단체도 구성하지 못하였다.

김대중 정권 출범 이후 무리하게 추진된 한나라당 '의원 빼내기'가 모두 물거품이 되어 버린 것이었다. 이는 3당 합당 이후 실시된 1992년 총선에서 신한국당이 합당으로 모아 놓은 의석을 거의 다 잃어버린 것과 같은 결과로서 인위적 정계개편에 대한 유권자들의 거부감이 높았음을 나타낸 것이라 하겠다. 2000년 총선의 또 하나의 특징은 호남정권에 대한 영남유권자의 반발심이 총선에서의 높은 정치적 결집으로 나타난 것이다. 이러한 추세는 2002년 지자제 선거에서도 그대로 반영되었다. 이에 더해, 김대중 정권에 대한 국민신뢰도 저하로 인해 한나라당은 호남권을 제외한 거의 전지역에서 압승하였다.

광역단체장 선거에서 한나라당은 서울과 경기를 포함한 11개 지역에서 승리하였고 민주당은 겨우 4개 지역에서만 당선되는 참패를 했으며 자민련은 1개 지역에서 승리하여 정당기반이 무너질 수 있는 위기를 맞기도 하였다. 선거 사상 처음으로 실시되었던 광역의회 비례대표 지역별 정당명부 투표에서 한나라당은 경상도에서 72~76% 수준의 높은 득표율을 기록한 반면, 민주당은 전라도에서도 종전의 선거에서보다 다소 낮은 65~67% 수준의 득표율을 나타냈다.

이 선거에서 민주노동당이 의외로 8.1%의 지지를 얻는 선전을 하였는데 근로자들이 집결되어 있는 울산에서는 28.7%를 얻었고 호남지역에서도 한나라당의 7.4~9.7%보다 높은 12.8~14.9%의 득표율을 기록하였다. 이처럼 중앙정부는 민주당이, 지방정부와 입법부는 한나라당이 장악하게 됨으로써 정치적으로 호남 대 반(反)호남 구도는 더욱 극명하게 구분되는 상황이 전개되었다.

2002년 대선과 2004년 총선

2002년 대선은 민주화 이후 처음으로 '3김' 없이 치러진 선거였기 때문에 그 동안 한국선거를 지배해 온 지역주의의 완화를 기대하였으나 선거 결과 지역주의적 투표성향은 여전했던 것으로 나타났다. 우선, 지역연고가 전혀 없는 민주당의 노무현 후보는 광주에서 95.2%, 전남에서 93.4% 그리고 전북에서 91.6%를 얻어 1997년 대선에서 김대중 후보의 지지도와 거의 같은 득표결과가 나타났다. 이회창 후보 역시 영남권에서 1997년 대선보다 오히려 높은 67.5~77.8%의 지지를 받았다. 1997년 대선에서와 같이 영남권 지지 후보군이 분열되지 않았기 때문에 2002년 대선에서의 이회창 후보지지율이 5.1~13.4% 포인트 상승된 것으로 분석된다.

2002년 대선에서 특이한 사항은 자민련의 김종필 총재가 1997년 대선과는 달리 중립적인 입장을 견지하였음에도 불구하고 충청권에서 이회창 후보가 노무현 후보에게 1997년 대선과 거의 비슷한 수준의 차이로 패배하였다는 것이다. 이는 노무현 후보가 행정수도 이전 공약으로 충청권 유권자들의 지지를 얻는데 성공한 반면 이회창 후보는 자신의 지역 연고를 충분히 활용하지 못했다는 것을 의미한다. 충남에서 이 후보의 득표율은 1997년의 23.5%에서 41.2%로 상승한 것은 사실이나 노무현 후보의 52.2%에는 미치지 못하였다.

이회창 후보는 1997년 대선에서 '3김 청산'의 기치를 높이 들었다. 그래서 이 후보는 자신이 속한 정당의 총재였던 김영삼 대통령과 선거기간 내내 갈등과 긴장관계를 유지하였고 김영삼 대통령의 도움을 전혀 받지 못하였다. 이회창 후보의 이러한 전략은 오히려 이인제 의원의 탈당과 독자 출마를 유발하여 영남권의 지지가 나뉘어지는 결과를 초래하였다. 반면, 김대중 후보는 'DJP' 연합을 구축하여 호남권의 절대적인 지지 위에 충청권의 지지를 추가하여 대선에서 승리하였다.

이회창 후보가 1997년 대선에서 김영삼 대통령과 갈등관계에 있었던 것과는 달리, 2002년 대선에서 노무현 후보는 김대중 대통령과 원만한 관계를 유지하여 자신의 출신지역도 아닌 호남권에서 절대적인 지지를 받았고 행정수도 이전이라는 기발한 선거공약의 제시로 자민련과 연대를 하지도 않은 상황에서 충청권 유권자들의 지지를 얻는데 성공하였다. 반면, 이회창 후보는 2002년 선거기간 내내 자민련의 김종필 총재와의 불편한 관계를 개선하지 못하였다. 이러한 사실들은 지역주의를 활용하지 않고서는 한국에서 대통령에 당선될 수 없음을 보여준 것이라 할 수 있다.

2004년 총선은 진보성향인 열린우리당의 창당과 정당투표제의 도입으로 역대 선거에서는 부각되지 않았던 보수와 진보 간의 세력 대결이 상당히 치열한 선거였다. 특히, 총선을 한 달 앞두고 발생한 탄핵파동은 4·15 총선을 더욱 보수와 진보 간의 이념 대결로 몰아갔다. 그러나, 선거결과를 보면 한국선거에서의 지역주의는 여전하다는 결론을 내리지 않을 수 없다.

우선 한나라당은 호남권에서 1석도 얻지 못했고 정당지지도도 2~3% 수준에 그쳤다. 반면, 열린우리당은 경남에서 2석을 얻는데 그쳤고 대구와 경북에서는 1석도 얻지 못하였다. 열린우리당의 정당지지도는 대구와 경북에서 22% 수준을 그리고 경남에서는 32% 수준을 보였다. 이는 호남권의 지역주의가 영남권보다 여전히 강하다는 사실을 반영한 결과다. 대전과 충북에서는 열린우리당이 모든 의석을 독차지하였다. 충남에서는 열린우리당이 전체 의석의 반인 5석을 차지하였고 다음은 자민련 4석, 한나라당 1석의 순이었다. 16대 총선에 비해 충청권에서 자민련과 한나라당의 세가 꺾이고 그 공백을 열린우리당이 차지하였다. 이는 행정수도 이전이라는 지역적 실리주의가 충청권 유권자들의 표심을 열린우리당으로 쏠리게 한 것이다.

　지역주의와 관련하여 4·15 총선의 의미는 한국선거에서 지역주의는 여전히 매우 중요한 존재라는 것이다. 지역주의가 가장 강한 지역은 역시 호남권으로 나타났으며 열린우리당이 종래의 민주당 역할을 대신하고 있다. 영남권도 과거와 비슷한 형태의 지역주의 행태를 보이고 있고 지지정당은 한나라당이다. 충청권은 자민련에 대한 지지를 철회하고 열린우리당을 지지정당으로 선택하였다. 강원권에서는 한나라당이, 수도권에서는 열린우리당이 강세를 보여 한나라당과 열린우리당이 전국을 동서로 나누어 상대적 영향력을 미치고 있음을 알 수 있다.

2. 왜 지역주의인가?

지역주의의 폐해

지역주의의 가장 큰 문제점은 지역경계가 유권자 선택의 지배적인 고려사항이 되기 때문에 이념이나 정책 등 다른 영역의 중요한 쟁점들이 정치권의 논쟁에서 밀려난다는 것이다. 이는 민주화 이후 한국에서의 정당체계가 선진국과 같이 정치이념과 이에 따른 정책노선에 의해 이루어지고 정당들이 정책으로 경쟁하는 전통이 확립되지 않고 있는 가장 근본적인 원인이 되고 있다. 민주화 이후 여야 간 평화적인 정권교체가 이루어지는 등 민주화 측면에서 많은 진전이 있었음에도 불구하고 국민들의 눈에는 정치권이 비생산적인 정쟁에만 몰두하고 한국정치가 전혀 발전하지 못하였다고 인식하게 되는 이유도 정치권에서의 쟁점사항들이 국민들의 관심사인 민생현안과는 관계가 없기 때문이다.

또한, 지역주의는 한국정당의 당내 민주화에 암적인 존재로 작용하여 왔다. 자신의 출신지역으로부터 절대적인 지지를 받고 있는 '3김'이 보스로 있는 정당에서 그 지역에 지역구를 갖고 있는 정치인들은 소속 정당을 떠나서는 정치적 생존이 가능하지 않다는 것이 민주화 이후 한국정당에서의 현실이었다. 김대중 총재와 정치적 입장을 같이 하지 않고서는 호남지역에서 당선이 불가능하다는 것이 기정사실이었으며 3당 합당 당시 이에 반대하여 김영삼 총재를 떠난 정치인 모두 영남권은 물론이고 수도권에서도 낙선하였다.

‘3김’ 중 지역적 결속력이 상대적으로 약한 김종필 총재의 경우에도 자민련을 떠난 충남지역 정치인들이 많은 정치적 어려움을 겪어 온 것이 사실이다. 김대중 대통령의 경우 대통령직에서 물러나 정계를 은퇴하였어도 호남지역에서의 영향력은 여전히 막강하여 2004년 총선에서 열린우리당과 민주당이 서로 ‘김심’(金心)얻기 경쟁을 하기도 하였다. 지역적 기반이 별로 없는 이회창 총재가 정계 은퇴 선언 후 한나라당에서 정치인들이 ‘탈(脫) 이회창’을 경쟁적으로 외치는 것과는 매우 대조적인 현상이 아닐 수 없다.

지역주의의 또 하나의 문제는 선거철만 되면 지역집단 간 경쟁이 치열해지고 이런 과정에서 서로 경쟁적으로 지역감정을 조장하는 언행을 일삼기 때문에 한국에서의 지역주의는 더 심화되고 있다는 점이다. 이러한 현상은 선거철에만 국한되는 것이 아니고 선거에서 승리하여 집권을 한 정치집단은 집권 후 인사정책에서 자기 지역의 인사들을 집중적으로 요직에 임명하기 때문에 지역감정 문제는 더욱 악화되고 심지어는 국민통합에 지장을 줄 상황에까지 이르게 되었다.

김영삼 정권의 출범은 부산·경남으로 상징되는 ‘PK’ 세력의 득세를 초래하였고 김대중 정권 출범 역시 호남인사 독점 현상을 초래하였다. 김대중 대통령은 이를 과거의 잘못된 인사 관행을 바로 잡는 것이라고 정당화 하였으나 대다수 국민들은 또 다른 형태의 지역주의로 받아들였고 결국 한국에서의 지역주의는 더욱 심화되어만 갔다. 지역주의가 ‘망국병’(亡國病)이라고 까지 불리어지는 것도 바로 이런 이유에 있는 것이다.

역사적 원인

한국 지역주의의 원인(遠因)을 삼국시대로 거슬러 올라가는 것은 어쩌면 매우 당연한 일인지도 모른다. 이에 대해 학계 일부에서는 고구려, 신라, 백제 3국의 관계는 독립된 국가 간의 대립이었기 때문에 지역주의 현상으로 볼 수 없다는 주장이 있는 것이 사실이다. 그러나 신라에 의해 삼국이 통일되었고 통일 후에도 고구려와 백제인들은 쉽게 동화되지 않고 후삼국의 형태로 다시 대립되었다는 사실로 미루어 지역 간의 주체성 차이는 그때부터 뚜렷이 존재하였다고 할 수 있다.

특히, 오늘날 문제가 되고 있는 영·호남간의 지역갈등은 삼국통일 당시에도 심각하였다. 예를 들어, 김춘추의 딸과 사위인 품석이 백제 장군 윤충에 의해 몰살당한 것이 김춘추 부자와 김유신으로 하여금 백제를 멸망시키려 한 직접적인 동기가 되었고 백제 진압 과정에서는 지나친 학살행위도 이루어졌다. 그 후 고려 왕건의 통일 과정에서도 후백제와의 갈등이 가장 격했다는 것 역시 영·호남 간의 지역갈등이 오랜 역사를 갖고 있다는 주장에 무게를 주는 것이 사실이다.

고려 태조 왕건이 자손들에게 유훈으로 남긴 '훈요십조'(訓要十條)는 차령산맥 이남 사람들에 대한 관리 기용을 금지함으로써 한국역사에서 지역주의의 효시가 되었다. 서정주는 「한국의 지역주의」에서 왕건이 이러한 내용을 훈요십조에 담은 것은 고려 건국 과정에서 신라는 무혈 합방하였으나 후백제와는 오랜 투쟁을 해야 하였으며 견훤을 중심으로 한 3부자 간의 갈등과 골육상쟁을 목격하고 백제인들의 지배계층 진입을 경계하려는 묵시적 교훈을 남긴 것이라고 주장하고 있다. 그러나 실제로 고려시대에서는 계층 간의 대립이나 왕실과 지방 간의 갈등관계는 존재하였지만 지역 간 횡적갈등은 존재하지 않았다는 것이 역사학자들의 지배적인 의견이다.

조선 태조 이성계는 자신의 출신지역인 함경도에서 개국공신이 많이 나왔음에도 불구하고 이 지역 출신들의 기질이 드세다는 이유로 등용을 억제하였다. 예를 들어, 문과·생원 초시의 지역별 배정인원을 보면 함경도는 전체 정원 880명 중 불과 40명을 배정 받는데 그쳤다. 조선시대의 세력 분포는 중앙세력 대 지방세력 그리고 중앙세력은 다시 기호세력 대 영남세력으로 나누어 볼 수 있다. 당쟁 과정에서 대부분의 기간을 기호세력이 집권했기 때문에 여당이었다고 할 수 있으며 영남세력은 이 기간 중 야당의 입장에 있었다.

그럼에도 불구하고, 전라도 지방의 경우 특히 선조 때의 정여립의 난 이후 반역향이라는 풍수지리설과 연계되어 인재 등용 측면에서 제한을 받은 것이 사실이다. 조선시대 문과에서 서울 출신의 합격자가 57.6%에 달하는데 비해 지방출신은 경기도 9.9%, 경상도 8.4%, 평안도 8.0%, 충청도 6.5%, 전라도 3.7%, 함경도 2.6% 순으로 나타나고 있다. 이는 서울출신 양반들이 등용문을 거의 독점했으며 지방출신들은 상대적으로 입신양명의 기회가 박탈되었고 그 중에서도 전라도와 함경도의 경우가 더욱 심하였음을 보여 주고 있다.

정여립의 난 이외에도 조선말 동학란의 발생과 그 진행 과정에서 충청지역의 북접보다 호남지역의 남접이 강경노선을 취했다는 사실 역시 호남에 대한 반역향이라는 부정적 의식이 심어지는데 기여했다고 생각된다. 그러나 조선시대의 반역·반란 42건 중 경상도가 12건이고 서울이 10건인 데 반해 전라도는 불과 5건이었다는 객관적 사실로 미루어 전라도가 반역향이라는 것은 사실상 근거가 없다고 할 수 있다.

일제시대에는 특정지역을 정치적으로 차별한 흔적이 없다. 그러나 경제발전 측면에서 보면 한국을 공업화하고 중국과 일본을 연결하는 수송통로로 활용하기 위해 부산항을 집중적으로 개발하고 부산·서울·신의주를 경제개발의 기본 축으로 삼음으로써 영남지역은 근대 한국경제 발전의 중심지로 부상하게 되었다. 이는 1960년대 이후 박정희 정권에서 본격적인 산업화를 추진하는 과정에서도 영남지역이 산업화의 선도적인 역할을 하게 된 원인이 되기도 하였다.

해방 이후의 지역주의

해방이 되면서 김성수 등 호남지역의 지주와 자본가들이 중심이 되어 보수성향의 한민당을 결성하여 미 군정 시대에는 상대적으로 많은 호남출신 인사들이 관료로 등용되었다. 그러나, 이승만 대통령이 자유당을 창당하면서 한민당은 야당으로 자리를 잡게 됨으로써 호남인의 집권세력 진입이 어렵게 되었다. 1948년 10월 여수·순천 반란사건이 발생하였으나 이러한 좌익 활동이 호남권에만 국한된 것은 아니었다. 실제로 일제시대 인민위원회 활동이 가장 활발했던 곳은 경상도였으며 1947년 10월 '대구 폭동'은 그 대표적인 표출사례였다.

이승만 정권시절에만 해도 별로 심하지 않았던 영·호남 간의 지역 갈등 문제는 박정희 정권이 출범하면서 영남출신 인사들이 정치 지배층으로 장기간 집권하게 되고 경제발전도 이미 일제시대에 상대적으로 기반이 잘 갖추어진 경부축을 중심으로 이루어짐으로써 더욱 본격적으로 표면화되었다고 할 수 있다. 사실 1960년대까지만 해도 각 지역별 공업생산에 약간의 차이는 있었으나 기본적으로 농업이 가장 중요한 산업이었기 때문에 호남지역은 곡창으로서 농업부문에서의 우위로 공업부문에서의 열세를 상당 부분 만회할 수 있었다. 그러나 1960년대와 1970년대 마산, 울산, 포항, 창원, 구미 등 영남지역의 대규모 공업단지를 중심으로 한 급격한 산업화는 영·호남 간의 경제발전 격차를 크게 확대시키는 결과를 초래하였다.

이에 더해, 인사정책에 있어서도 영남출신은 우대를 받은 반면 호남 출신은 상대적으로 소외되었다. 3, 4 공화국에서 고위관료의 지역별 분포를 살펴보면 경상도가 30.3%인 반면 전라도는 13.2%에 그쳤다. 이러한 추세는 5공화국에서 더욱 심화되어 경상도 비율이 43.2%로 증가하였고 전라도 비율은 9.7%로 하락하였다. 또한, 3, 4 공화국에서 전국구·유정회 국회의원의 출신지역 별 분포 역시 경상도가 26.6%, 전라도가 14.1%로 편중현상을 보였고, 이는 5 공화국에서 더욱 악화되어 경상도는 40.0%로 증가한 반면 전라도는 15.2%로 거의 같은 수준을 유지하는 데 그쳤다.

영·호남 간의 지역주의가 정치적인 의미를 갖게 된 시발점은 '71년 대통령 선거였다. 권위주의 정권의 박정희 대통령 후보에 맞서는 야당

대표로 김대중 후보가 선출됨으로써 김대중 후보는 단순한 야당의 대표 선수 차원을 넘어 호남인에게 희망을 주는 '카리스마적 구세주'로 부각되게 되었다. 1960년대에 있었던 두 차례의 대선 중 1963년 선거에서 박정희 후보는 윤보선 후보를 전북에서는 54:46 전남에서는 62:38로 이겼으며, 1967년 재대결에서도 전북에서 46:54 전남에서는 49:51로 약간의 열세를 보였을 뿐이었다.

그러나, 1971년에는 박정희 후보가 전북에서는 37:63 그리고 전남에서는 35:65로 김대중 후보에게 크게 패한 반면 경북에서는 76:24로 김대중 후보를 압도하였다. 영·호남 간 지역주의적 선거결과가 처음으로 나타난 것이다. 그래도 '71년 대선에서 박정희 후보가 호남에서 35% 수준의 득표를 하였다는 것은 당시만 해도 호남 유권자의 정치적 결집은 계층적 신분적 이해관계를 크게 넘어서는 것은 아니었다는 사실을 보여준다고 할 수 있다.

그러나, 1980년 광주 민주화운동은 호남 유권자들의 정치적 결집이 계층적·신분적 이해관계를 뛰어넘는 계기가 되었다. 영남 출신 군인들이 지휘하는 진압군에 의해 친지나 동료들이 죽어가는 모습을 보면서 호남인들은 스스로 뭉치지 않으면 죽을 수밖에 없다는 절박감을 갖게 되었을 것이다. 이는 1987년 민주화 이후 실시된 대통령 선거에서 호남 유권자의 정치적 응집도가 90%를 넘는 수준에서 유지되고 있다는 사실을 통해 잘 알 수 있다.

지역집단의 사회적 거리감

나간채는 「지역민간의 사회적 거리감」에서 전라도 사람에 대해서는 모든 타지역 출신 응답자들이 높은 거부감을 보이는데 비해, 경상도 사람에 대해서는 전라도 사람만이 높은 거부감을 갖고 있다는 결론을 도출하고 있다. 다른 학자들의 연구조사에서도 호남에 대한 거부감이나 차별의식이 존재하는 것으로 나타나고 있다. 가족의 배우자로서 싫어하는 도민의 빈도 조사에서 전남과 전북 출신이 상대적으로 높게 나타나며 호남출신의 67%가 자신이 호남출신이라는 이유로 차별을 받고 있다고 조사되고 있다.

이러한 조사들이 대체로 1990년대 초에 이루어진 것이나 지금도 이러한 경향은 그대로 존재하리라고 생각된다. 사회적 거리감으로 표현되는 지역적 편견이 단기간에 형성되는 것이 아니고 상당 기간에 걸쳐 이루어졌을 가능성이 높기 때문에 한국에서의 지역주의 특히 호남에 대한 거부심리는 그 역사적 뿌리가 상당히 깊다고 할 수밖에 없을 것이다. 오랜 기간 우리 국민의식에 내재되어 있던 지역주의가 장기간의 영남정권 그리고 광주 민주화운동 등의 불행한 과정을 거치면서 더욱 응집되어진 상태로 있다가 민주화 이후 정치적으로 표출되어 한국정치를 지배하는 패러다임으로 자리를 잡게 된 것이다.

3. 나의 선거경험

선거는 도박판

내가 경험한 선거는 도박판과 닮은 점이 너무 많다는 생각을 하지 않을 수 없다. 우선, 선거와 도박 모두 제로섬 게임(zero-sum game)이라는 것이다. 선거에서는 하나의 자리를 놓고 여러 후보들이 경쟁하고 승자가 그 자리를 취하고 패자들은 아무것도 갖지 못한다. 도박에서 판돈을 승자가 다 가져가는 것과 같은 것이다. 도박에서 판돈이 클수록 승자와 패자 간의 명암이 극명하게 엇갈리는 것 같이 선거에서도 후보들이 경쟁을 하는 자리가 클수록 승패의 의미는 커진다. 선거에서는 당연히 대통령선거가 으뜸을 차지한다. 대선에서의 승자는 모든 권력기관을 장악하고 고위직의 인사권을 독점하는 '황제'와 같은 권한을 얻게 되지만, 패자는 정계를 은퇴해야 하고 검찰수사의 대상이 되어 감옥에 갈 수도 있다.

나는 1992년 대선에서 공약개발 실무 총책임을 맡아 활동하였다. 당의 대선공약을 개발하고 TV, 신문 등의 대중매체가 제공하는 토론에 참석하였다. 내가 지지한 김영삼 후보는 당선되었고 나는 1993년 말에 있었던 개각에서 47세의 나이로 보건복지부 장관에 임명되어 당시 내각의 최연소 국무위원이 되었다. 1997년 대선에서는 기획부부장의 직책을 맡아 선거전략을 세우는 임무를 수행하였다.

그러나 내가 지지한 이회창 후보는 불과 30만 표 차이로 선거에서

졌으며 나는 대선자금과 관련하여 1년간 검찰의 수사와 여권의 정치적 공세의 대상이 되었고 결국 국회의원직을 사퇴하였다. 2002년 대선에서는 비공식 작업팀을 만들어 운영하면서 선거추세를 분석하고 대응책을 마련하여 이회창 후보와 당 지도부에 전달하였다. 이번에도 이회창 후보는 패배하였고 나는 1997년 대선자금 사건으로 2003년 8월 법정 구속되어 지금도 감옥생활을 하고 있다. 선거는 후보 본인은 물론 후보를 지원하는 많은 사람들이 명예와 지위 그리고 재산을 걸고 벌이는 도박판이라는 생각을 하지 않을 수 없다.

도박판에 오래 있으면 결국 '패가망신'한다고 한다. 민주주의가 정착된 선진국에서는 그렇잖을지 모르겠으나 한국 정치판에서는 이러한 표현이 매우 적절하다는 생각이 든다. 돈을 땄을 때 도박판을 떠나는 사람은 극소수이고 대부분이 돈을 다 잃어 더 이상 할 수 없게 되어야 도박을 포기한다.

정치도 비슷하다고 생각된다. 정치적으로 성공해서 황금기에 있을 때 정치를 떠나는 정치인은 드물다. 대다수의 정치인이 선거에서 낙선하거나 또는 소속 당으로부터 공천을 받지 못해 떠난다. 나 같이 예기치 않은 사건에 휘말려 정치를 떠나는 경우도 많다. 심지어는 정치인으로 최고의 지위에 오른 대통령도 임기 중 암살 당하거나 외국으로 망명가기도 하였고 퇴임 후 후임자에 의해 절이나 감옥으로 보내어졌으며 자신이 감옥에 가지 않더라도 아들과 측근들이 모두 감옥에 간 것이 이제까지 한국정치의 현주소였다. 이른바 '패가망신'을 당하지 않고 정치를 마무리한 정치인이 드문 것이 지금까지 한국정치의 현실인 것이다. 요즈음은 구속되는 정치인들이 하도 많아 '정치인이 가는 길은 서울구치소'라는 말이 유행한다고 한다.

일반 국민들은 정치인들이 으레 재산이 많을 것이라고 생각한다. 언론에 크게 부각되는 권력형 비리사건에 거론되는 돈의 규모가 엄청나기 때문이다. 그러나 이는 권력의 핵심에 있었던 대통령이나 소수의 측근 '실세' 인사들에 국한되는 것이고 대다수의 정치인들은 정치를 하는 과정에서 상당한 재산상 손실을 입게 된다. 선거를 치르고 지역구를 관리하는데 많은 비용이 들기 때문이다. 그래서 소수의 '실세' 정치인들 외에는 이에 필요한 정치자금을 모으기가 어렵기 때문에 대다수 정치인들은 돈 걱정에서 헤어나지 못한다.

또한, 이들 중 다수가 정치적으로 상승세에 있을 때 정계 은퇴를 하지 못하고 정치적 하락세 또는 위기상황에서 정계를 떠나기 때문에 이들의 재정상태는 안 좋은 경우가 태반이다. 그래서 전직 국회의원 중에는 노년에 생활비가 없어 고생을 하는 인사들이 많다. 이는 국민들이 정치인에 대해 갖고 있는 일반적인 인식과는 크게 다른 것으로 대부분 도박사의 말년과 비슷하다고 할 수 있을 것이다.

강남갑 국회의원 선거

나는 1993년 여름에 강남 갑 지구당 위원장직을 맡은 후 두 차례의 지자제 선거, 한 차례의 국회 의원 선거와 대통령 선거를 치렀다. 지금은 강남갑 지역이 한나라당의 입장에서는 수도권의 대표적인 텃밭으로 인식되고 있으나 내가 지구당 위원장을 맡을 당시에는 선거에서 한나라당의 승리를 장담할 수 없었던 상황이었다. 역대 국회의원선거에서 집권여당이 강남에서 세 번이나 연속 패배했기 때문이었다. 12대 총선에서는 민정당의 이태섭 후보가 신민당 김형래, 민한당 이중재 후보에게 패배하였고, 13대 총선에서는 민정당의 정희경 후보가 민주당 황병태 후보에게 졌으며, 14대 총선에서는 민자당의 황병태 후보가 국민당의 김동길 후보에게 고배를 마셨다.

'신정치 1번지'라고 불리어지는 강남갑 지역 유권자들은 학력과 소득수준이 전국에서 가장 높은 특성을 갖고 있으며 정치적으로는 체제 안정을 원하면서도 항상 낡은 것보다는 새로운 것을 추구하는 성향이 뚜렷하다. 그래서 강남 유권자들은 군부 독재세력을 싫어하였고 그렇고 해서 사회 뿌리를 흔들려고 하는 진보세력도 거부하는 독특한 특성을 갖고 있다고 할 수 있다.

내가 지구당을 맡을 당시에는 김동길 의원이 강남갑 현역의원이었기 때문에 나는 1996년 총선에서 김동길 의원을 어떻게 하면 이길 수 있을 것인가에 대해 연구하기 시작하였다. 홍보회사에 용역을 주어 강남 유권자들의 정치성향 조사를 하였다. 이 조사에서 김동길 의원의 인지도는 90%를 상회할 정도로 높았으나 지지도는 상대적으로 낮아 다음 선거에서 충분히 승산이 있다는 생각을 하게 되었다.

나는 지구당을 맡았을 당시 재선 전국구 의원으로 정책문제와 관련하여 TV 등 대중매체에 나설 기회가 많았었음에도 불구하고 나의 인지도는 30%에 불과한 것으로 조사되었다. 다행히 나를 인지하는 유권자들이 나에 대한 호감도는 매우 좋았다. 이는 내가 여러 형태의 활동을 통해 유권자들의 인지도만 높이면 다가오는 총선에서의 승리가 충분히 가능하다는 의미이기도 하였다. 나는 다양한 공조직과 사조직 활동을 통해 지역 여론주도 인사들과의 '스킨십'(skinship)을 많이 갖는데 주력하였다. 그리고 보건복지부 장관 시절의 경험을 「말만 하면 어쩝니까, 일을 해야지요」라는 책으로 출간하여 '말보다는 일로 실천하는 정치인상'을 강남 유권자들에게 심어주려고 노력하였다.

내가 지구당 위원장직을 맡고 직접 진두지휘한 첫 번째 선거는 1995년 지자제 선거였다. 민주화 이후 처음 실시되는 지방자치단체장 선거였기 때문에 국민들의 관심도 높았다. 나의 임무는 강남구청장 선거에서 이기는 것이었다. 나는 좋은 자질을 갖춘 후보를 물색하는 것이 중요하다고 생각하여 사방으로 수소문하였다. 과거 강남에서 임명직 구청장을 지낸 인사들이 출마를 희망하였으나 나는 중앙정부 엘리트 관리 중에서 서울시 행정경험이 있는 인사가 더 좋을 것이라고 생각하였다. 당시 임창렬 재무부 차관보로부터 경제기획원과 서울시에서 행정경험이 있는 고속전철기획단의 권문용 부단장을 추천 받아 직접 만나 출마를 설득하였다. 나의 구청장 출마 제의에 권 부단장은 처음에는 가족이 반대한다는 이유로 망설였으나 결국 수락하였고 우리는 같이 선거준비에 들어갔다.

당시에는 권문용 후보를 아는 강남주민이 별로 없었기 때문에 권 후보를 알리기 위한 대대적인 행사가 필요하다고 생각했다. 나는 코엑스 회의장에서 3천 명 정도의 강남지역 당원들이 참석하는 정당연설회를 기획하고 이 자리에 정원식 서울시장 후보도 참석하도록 하였다. 연설회 시작 직전 권 후보에게 연설준비는 많이 했느냐고 물었더니 연설문 작성이 힘들어 이야기할 요점만 몇 가지 메모해 왔다고 하였다. 나는 속으로 난생 처음 하는 대중연설이 쉽지 않을 텐데 권 후보가 과연 잘 할 수 있을지 걱정하였다. 나의 소개에 이어 권 후보의 연설이 시작되었는데 연설 도중 말문이 막힌 권 후보는 당황하여 '이런 연설이 처음이라서 죄송합니다'라고 하면서 청중을 향해 꾸벅 머리를 숙였다. 청중석에서 웃음이 쏟아져 나왔다.

단상에 앉아 있었던 나는 사색이 되어 연설이 끝나고 아내에게 당원들의 반응을 물어 보았다. 아내로부터 나는 '여성당원들이 순진하고 귀엽다고 한다'는 답을 듣고 안심했다. 연설회가 끝나고 퇴장하면서 많은 여성당원들이 권 후보에게 친근한 표정으로 악수를 하였다. 연설에서의 실수가 오히려 청중들에게 '때 묻지 않고 신선한 인사'라는 좋은 인상을 심어 준 것이다.

반면, 정원식 시장 후보는 원고도 없이 거의 완벽한 수준의 연설을 하였으나 청중들이 크게 감명 받은 것 같지는 않았다. 얼마 후에 있었던 지자제 선거에서 권문용 후보는 압도적인 표차로 승리한 반면 정원식 후보는 연설 솜씨 면에서 자신보다 훨씬 못한 조순 후보에게 패배하였다. 대중연설 기술이 선거에서 큰 변수가 되지 않음을 확인할 수 있었다.

1995년 지자제 선거에서 신한국당은 서울시장은 물론 강남과 서초를 제외한 서울 전 지역에서 구청장을 배출하지 못하는 참패를 했다. 이런 와중에서도 강남에서는 구청장뿐만 아니라 당 공천 시의원 전원을 당선시켰다. 선거에서 이기는 쾌감이 얼마나 큰 것인지를 내가 처음으로 느낄 수 있었다. 또한, 1995년 지자제 선거는 강남에서 집권당이 항상 패배하던 관례를 뒤집는 큰 사건이 되었으며 나로 하여금 지구당 위원장으로서 자부심과 자신감을 갖게 하였다.

최병렬 의원과 어려운 공천 경합 끝에 1996년 총선 1차 관문을 통과한 나는 본선 준비에 들어갔다. 그 동안 내가 경쟁상대로 생각했던 김동길 의원은 국민당이 해산된 후 자민련에 입당하였으나 총선출마 포기를 선언하였다. 1996년 총선에서 국민회의는 안기부 근무 경력이 있는 강동연 후보를 그리고 자민련은 서울시 부시장 출신으로 강남개발의 책임을 맡았던 김명년 후보를 공천하였다. 이때 새로운 정치적 변수가 발생하였다. 3당 합당을 거부한 정치세력이 민주당을 창당하면서 강남 갑에 인권변호사 출신의 홍성우 후보를 내세웠고 국무총리를 역임한 노재봉 후보가 무소속 출마를 선언하였다.

나는 그동안 열심히 관리하던 공조직과 사조직을 모두 가동하였다. 당시 서울대학교에 재학 중 군에 입대한 아들 병호 친구들과 선후배들로 청년봉사단도 조직하였다. 국민회의의 강동연 후보는 지역내 호남유권자들의 지지를 받는데 그칠 것으로 예상되었고 자민련의 김명년 후보는 자민련의 당 지지도가 낮아 큰 변수가 되지 않았기 때문에 나의 선거 전략은 민주당 홍성우 후보와 무소속 노재봉 후보를 상대하여 내 지지표 분산을 최소화하는 것이었다. 두 후부 모두 경력 면에서는 나를 능가한다고 할 수 있기 때문에 나의 상대적 젊음과 지역 연고를 부각시키기로 하였다. 1995년 지자제 선거 승리에 따른 자신감과 강남 유권자들의 호감도 역시 나에게는 큰 도움이 되었다.

선거기간 중 할 수 있는 선거운동은 합동연설회에서의 연설과 거리 구석구석을 다니면서 소형 스피커로 연설을 하고 사람들과 악수를 하면서 지지를 호소하는 것 등이었다. 나는 매일 새벽 5시에 일어나 6시부터 출근 길목에 나가 주민들과 인사를 나누었다. 출근 피크 시간대에는 압구정동 현대백화점 4거리 등 대로변에 유세차량을 세워놓고 그 위에 올라가 차로 출근하는 시민들에게 마치 로봇과 같이 꾸벅꾸벅 계속해서 절을 하였다.

처음에 나는 한국에서 수준이 가장 높다는 강남지역 유권자들에게 이런 식의 선거운동이 과연 효과가 있을지에 대해 회의적이었으나 다른 후보들이 그렇게 하니 따라할 수밖에 없었다. 그런데 유권자들로부터 돌아오는 반응은 의외였다. 트럭 위에서 자신들에게 직접 절을 하는 내 모습이 보기 좋았다는 것이었다. 아무리 학식이 높은 유권자들도 자신에게 굽실거리는 후보를 좋아하는 것이 유권자의 심리라는 것을 깨달았다. 그래서 정치인에게 가장 안 좋은 자질은 유권자들에게 거만하게 보이는 것이라고 한다. 표를 얻으려면 무엇보다도 겸손해져야 하는 것을 나는 선거를 직접 치르면서 알게 되었다.

선거 결과는 예상외의 압승이었다. 수도권 상당수 지역에서 불과 1~2천 표 차이로 승부가 결정 난데 반해 강남갑에서는 2위를 한 홍성우 후보보다 내가 2만 표나 더 얻고 당선하였다. 공천과정에서 김영삼 후보에게 서울지역에서 제일 큰 표 차이로 승리해서 돌아오겠다던 나의 약속을 지키게 되었다. 서울지역에서 2위는 차점자와 1만 8천 표 차로 당선된 서초갑의 최병렬 후보가 차지하였다. 선거기간 중 지속적으로 여론조사를 실시해 왔기 때문에 승리를 예상하고는 있었으나 선거결과를 확인하였을 때의 기쁨은 도박판에서 거금을 땄을 때의 흥분을 능가하는 것이었다. 이런 기분을 맛보려고 많은 사람들이 정치를 한다는 생각이 들 정도였다. 정치인들이 '천국구'라 불리는 전국구보다 '지옥구'라 불리는 지역구를 선호하는 이유를 알 수 있었다.

1997년 대선에서 한나라당이 패한 후 1998년 6월 지자제 선거를 치르게 되었다. 1997년 대선에서도 강남갑에서는 이회창 후보가 65% 정도의 득표를 했기 때문에 지자제 선거에서 당 공천을 받아 출마하는 구청장과 시의원 선거는 그 결과를 낙관할 수 있었다. 그래서 나는 당 공천이 배제된 구의원 선거에 진력하였다. 구의원 선거에서는 후보자의 기호가 추첨에 의해 '가', '나', '다' 등의 순으로 결정된다. 문제는 상당수의 유권자들이 구의원 선거에 별 관심이 없음은 물론 구의원이 당 공천을 받지 않는다는 사실도 모르기 때문에 추첨에서 '가'를 뽑아 투표용지에 첫 번째로 이름이 올라 있는 후보가 한나라당 후보라고 생각한다는 데에 있었다. 구의원의 선거결과가 본인에 대한 주민들의 지지 정도가 아닌 추첨에서 무슨 기호를 뽑느냐에 의해 결정된다는 것은 정말로 모순이 아닐 수 없다.

그래서 나는 추첨에서 '가'를 뽑은 후보는 일단 당선 가능성이 높다고 보고 크게 신경을 쓰지 않은 대신, 추첨에서 '니' 또는 '나', '라'를 뽑은 한나라당 소속 구의원 후보들의 선거를 집중적으로 도왔다. 우리와 경쟁 후보 중에는 대선에서 패하여 야당이 되자 겁을 먹고 여당인 국민회의로 당적을 옮긴 인사들도 여럿 있었다. 이러한 사실을 대다수 유권자들이 모르기 때문에 나는 그런 경우 해당 후보가 한나라당을 탈당했다는 사실을 유권자들에게 알리는 데에 초점을 맞추어 선거운동을 하였다. 내가 지지하는 당 소속 후보들과 같이 지역을 다니면서 이들이 나와 같은 한나라당 소속이라는 사실을 주민들에게 알렸다.

지자제 선거 결과는 매우 고무적인 것이었다. 무엇보다도 당적을 옮긴 후보가 있는 지역에서 한나라당 소속 후보들을 모두 당선시키는 데 성공하였다. 어떤 동에서는 불과 10여 표 차이로 당선된 경우도 있었다. 개표 당시의 긴장감과 내가 지지한 후보가 근소한 표 차이로 당선되었다는 소식을 들었을 때의 흥분을 지금도 잊을 수가 없다.

1997년 대선 과정

여당 사상 처음으로 실시된 대통령 후보 경선에서 이회창 후보가 당선되자 이 후보의 국민지지도는 40%를 훌쩍 넘는 수준까지 치솟았다. 여론조사 결과, 당시 본선에서 경쟁 예상자였던 김대중 총재와 김종필 총재와의 3자 구도는 물론 김종필 총재가 김대중 총재를 밀어주는 2자 구도에서도 이회창 후보가 넉넉하게 승리하는 것으로 나타났다. 이회창 후보는 당내 탕평책을 구사하기로 결심하고 나를 포함한 당내 경선과정에서 이 후보의 당선을 위해 주도적인 역할을 한 국회의원들을 소집하였다. 이 후보는 앞으로 있을 당직 인사에서는 경선과정에서 중립 또는 반대편에 서있던 인사들을 중심적으로 기용할 것이니 우리들은 뒤에서

도와 달라는 것이었다.

당시 나는 내심 경선에서 승리하면 정책위의장직을 맡아 대선 과정에서 선거공약 개발 등 정책수립 과정을 총괄할 생각이었으나 '탕평책'을 쓰겠다는 이 후보의 의견을 존중하여 내 개인의 희망사항을 피력하지 않았다. 그러나 당 대표에는 김윤환 의원을 임명할 것을 건의하였으나 이 역시 받아들여지지 않았다. 결국, 이회창 후보는 당 대표에 이한동 의원, 사무총장에 강삼재 의원 그리고 정책위의장에 이해구 의원을 임명하였다. 얼마 후 나는 선거대책본부의 기획본부장으로 임명되었다.

정상적인 방법으로 이회창 후보를 이기는 것이 어렵다는 사실이 여론조사에 의해 분명해지자 김대중 후보 진영에서는 네거티브 캠페인 전략을 구사하기로 작정하고 이 후보의 두 아들들이 군 복무를 필하지 않은 문제를 거론하기 시작하였다. 사실 이 문제는 당내 경선과정에서 간간이 흘러나온 것으로 본선과정에서 당연히 제기될 것으로 예상한 것이었다. 그러나 두 아들의 병역면제 과정에서 아무런 법적 하자가 없었기 때문에 이것이 그렇게 큰 정치적 문제로 부각될 것이라고는 미처 예상하지 못하였다.

더욱이 후보인 이회창 총재가 법무관으로 군 복무를 필한 반면, 김대중 후보는 군 복무 경력이 없기 때문에 아들의 병역문제가 후보의 당락을 결정지을 정도로 큰 쟁점이 되리라고는 이 후보 진영에서는 아무도 생각하지 못한 것이다. 김대중 후보 진영은 이 문제를 집요히게 물고 늘어졌고 병역면제 과정에 법적 문제가 없었다는 이회창 후보의 설명은 국민들에게 별 호소력이 없어 보였다. 아들 병역문제가 2주일 이상 신문 1면 기사를 장식하자 이 후보의 지지도는 추락하기 시작하였고 얼마 후에는 18% 수준까지 내려갔다.

이런 정도의 네거티브 캠페인으로 이회창 후보의 지지도가 급락한 것은 김대중 후보에 비해 지역기반이 약한 이 후보의 지지도가 상대적으로 견고하지 못한 데 기인한 것이었다. 또한, 김대중 후보와 같이 오랜 정치생활을 하면서 '색깔 논쟁'을 포함한 수없는 정치공세를 받아 온 정치인에게는 아들 병역문제 같은 인신공격이 큰 추가적 타격이 될 수 없겠으나 '대쪽' 이미지로 급부상한 '정치신인' 이회창 후보에게 아들 병역문제는 후보의 참신한 이미지에 먹칠을 하는 것이기 때문에 그 만큼 타격이 컸던 것이다.

이회창 후보의 국민지지도가 추락하자 새로운 문제가 생기게 되었다. 당내 경선에 참여한 이인제 의원이 경선 결과에 불복하고 탈당하여 독자 출마를 하겠다는 것이었다. 서석재 의원을 포함한 상당수 민주계 인사들이 이인제 의원과 같이 탈당하여 국민신당을 창당하였다. 이에 더해, 당내에서는 서청원, 이재오 의원 등이 중심이 되어 이회창 후보 교체론을 들고 나왔다. 이 후보로는 대선승리가 어려우니 후보를 교체하여 대선에 임하자는 것이었다. 대선을 얼마 앞 둔 시점에서 새로운 대통령 후보를 선출하자는 주장이 당내 모임에서 공공연히 제기될 정도였으니 당시 신한국당 당내 사정이 얼마나 한심했나를 잘 알 수 있을 것이다.

민주주의 절차에 익숙하지 않은 한국에서 당내 경선을 잘못하면 당이 깨질 것이라는 예측이 현실로 나타난 것이다. 후보로 당선된 이후 이회창 총재가 채택한 탕평책이 별 효과를 발휘하지 못한 것이다. 아들 병역문제라는 외부공격을 받은 시점에서 당 내분까지 발생하게 되자 이회창 후보의 국민지지도가 회복되는 것은 매우 어려운 상황이 되었다.

당시 주요 당직은 모두 이른바 '비주류' 인사들로 채워졌기 때문에 당 내분 수습에 소극적이었다. 그래서 이회창 후보 추대에 핵심적인 역할을 한 의원들은 별도의 비공식 모임을 만들어 선거관련 대책에 대해 논의하고 이 후보에게 의견을 건의하게 되었다. 이것이 당시 이른바 '7인방 모임'이었으며 이 모임은 나를 포함하여 하순봉, 김영일, 백남치, 황우여, 박성범, 변정일 의원으로 구성되었다. 당시 불리한 상황을 반전시키려는 여러 가지 방안 중 하나가 전두환·노태우 두 전직대통령에 대한 사면 건의였다.

이는 경북지역과 보수층의 지지를 굳히는 차원에서 이루어졌는데 김영삼 대통령은 이회창 후보의 건의를 거절하였다. 나중에 알고 보니 자신과는 상의도 없이 사면 건의가 언론에 미리 보도된 것에 대해 김영삼 대통령이 매우 불쾌하게 생각하였다는 것이었다. 결국, 이 후보가 공개적으로 망신 당하는 결과만 초래하였다. 그 해 12월 말 김대중 대통령 당선자는 전두환·노태우 대통령 사면을 김영삼 대통령에게 건의하였고 김 대통령은 이를 받아 들였다. 이 에피소드는 선거과정에서 이회창 후보와 김영삼 대통령 간의 갈등이 얼마나 심각했는가를 잘 알 수 있는 대목이 아닐 수 없다.

전·노 사면카드도 사용할 수 없게 되자 이회창 후보 진영은 새로운 선거전략 카드를 모색하였고 그 결과가 김대중 후보의 정치비자금 문제였다. 김 후보 진영의 네거티브 선거전략을 우리도 같은 방법으로 대응하자는 것이었다. 사실 1992년 대선과정에서 정주영 후보가 회사자금을 선거에 사용한다는 주장에 대한 검찰수사가 당시 상승세에 있었던 정주영 후보의 지지도를 제자리에 머물게 한 효과를 낸 적이 있었다. 이회창 후보와 강삼재 총장은 김대중 후보의 정치비자금 관련 증거자료를 공개하면서 검찰수사를 촉구하였다. 이 역시 청와대와의 사전 조율 없이 이루어진 것으로 김영삼 대통령을 불쾌하게 하였고 김태정 검찰총장은 대선 기간 중에는 이 사건을 수사하지 않겠다는 공식발표를 하였다. 전·노사면 건의에 이어 이 후보의 건의가 김 대통령에 의해 또 다시 무시된 것이다.

역대 대통령 선거에서는 집권당 후보의 대선전략이 언제나 청와대와 긴밀한 협의 과정에서 결정되든지 비록 후보 진영에서 독자적으로 추진하였더라도 현직 대통령이 협조를 해 준 것이 관례였는데 이러한 것이 1997년 대선에서 깨진 것이다. 검찰총장의 발표에 격분한 이회창 후보는 김영삼 대통령의 탈당을 공개적으로 요구하였고 김 대통령은 이를 받아들임으로써 이 후보는 여당 후보의 위치를 상실하게 되었다. 이는 이 후보가 대선에서 패배하는 가장 큰 원인으로 작용하였다.

당시 '7인방'의 핵심 멤버임은 물론 선거대책본부에서 기획본부장 직책을 맡고 있었던 나는 선거를 반전시킬 수 있는 새로운 카드를 찾는데 동분서주하였다. 이 때 마침 김종필 자민련 총재측으로부터 예상치 않았던 제안이 왔다. 내각제 약속만 들어주면 이른바 'DJP' 연대를 깨고 이회창 후보와 연대할 수도 있다는 것이었다. 그 간 여러 번의 반전카드 마련에 실패한 나는 자민련의 제의를 받아들일 수밖에 없다고 생각하였다.

그러나 이회창 후보의 생각은 달랐다. 이 후보 자신이 내각제는 우리 나라 현실에 맞지 않는다고 생각하는데 어떻게 내각제를 근거로 김종필 총재와 연대를 할 수 있느냐는 것이었다. 내각제를 추진할 의사가 전혀 없었음에도 불구하고 내각제를 전제로 DJP 연합을 이루어 낸 김대중 후보와는 정말로 대조되는 행동이 아닐 수 없었다. 이 후보의 아마추어 정치인으로서의 순수성과 법조인으로서의 '대쪽' 성격이 그대로 나타나는 대목이라 할 수 있다.

다른 대안을 열심히 찾고 있던 중 마침 미국 클린턴 대통령 선거 과정에서 많은 공헌을 한 것으로 알려진 미국 홍보회사에 의뢰하여 실시한 유권자 여론조사 결과가 나왔다. 이에 의하면, 당시 유권자들의 가장 큰 관심사는 경제 문제이기 때문에 이를 대선에서의 주된 의제로 삼으라는 것이었다. 이회창 후보를 경제전문가로 부각시키는 데에는 한계가 있다고 판단한 기획팀은 민주당 조순 총재와의 연대를 건의하였고 이 후보도 흔쾌히 이를 받아 들였다.

그 결과, 신한국당과 민주당은 합당을 하여 한나라당을 창당하였고 이회창 후보는 조순 총재와 연대를 이루어 '깨끗한 정치 · 튼튼한 경제'를 새로운 선거 슬로건으로 내세웠다. 드디어 선거전에서 기선을 잡을 수 있는 반전카드가 마련된 것이었다. 이회창 · 조순 연대는 국민들에게 참신한 인상을 주었고 이회창 후보의 지지도는 급상승하였다. 11월

8일까지만 해도 26.1%에 있었던 이회창 후보의 지지도가 11월 22일에는 36.6%까지 상승하여 김대중 후보의 36.8%와 거의 같은 수준까지 회복되었다.

이러한 추세가 지속되면 12월 18일 선거에서 이회창 후보의 승리가 충분히 예측되기도 하였다. 이 후보의 지지도가 상승하자 그 때까지 큰 반응을 보이지 않던 기업인들도 한나라당에 후원금을 내겠다고 나서기 시작하였고 이런 분위기에서 한나라당은 잠실 역도경기장에서 공식 후원회를 개최하여 많은 기업과 기업인으로부터 후원금 지원 약속을 받기도 하였다.

바로 이 때 예상치 못한 외환위기 사태가 발생하였다. 그 해 8월 태국에서 외환위기가 일어났을 때 당정회의에 참석한 강경식 부총리에게 우리는 문제가 없는지 질문한 적이 있는데 그 때 강 부총리의 답변은 한국경제는 근본이 태국과는 달리 튼튼하기 때문에 괜찮을 것이라고 대답하면서 이는 얼마 전 한국을 방문한 IMF 경제조사단의 의견이기도 하다고 덧붙였다. 그 후 나는 고전에 고전을 거듭하는 대통령 선거전에서 동분서주하느라 경제상황을 잘 챙기지 못하였다. 더욱이 김영삼 대통령이 탈당한 후부터는 당정협의도 할 수 있는 여건이 안 되었다.

선거를 불과 한 달 앞두고 터진 외환위기는 이회창 후보 지지도 상승세에 찬물을 끼얹었다. 조순 총재와 연대를 이룬 이후 급상승하였던 이 후보의 지지도는 12월 내내 답보상태였고 선거전은 한 치 앞을 내다볼 수 없는 혼란상태가 되었다. 선거 하루 전 실시한 여론조사는 판별분석이 어려울 정도로 김대중 후보와 이회창 후보가 막상막하의 접전인 것으로 나왔다. 그러나 최종 개표 결과 김대중 후보가 30만 표 차이로 승리하였다. 아무리 현직 대통령이 한나라당을 탈당하였다 해도 대다수 국민들은 한나라당을 집권당으로 생각하였고 집권당은 당연히 외환위기와 같은 국가 위기적 상황에 대해 정치적 책임을 져야한다고 인식한 것이다.

이회창 후보의 패인(敗因)

1997년 대선 결과는 한국 정치사에서 처음으로 여·야 간 정권교체가 이루어졌다는 의미도 있으나 해방 이후 한국정치를 실질적으로 장악해 온 보수세력에서 진보세력으로 정치의 중심이 옮겨진 중대한 역사적 사건이었다. 집권당 사상 처음으로 이루어진 대선후보 경선에서 국민적 지지를 받고 당선된 이회창 후보가 한국 기성정치를 대표하는 김대중 후보에게 패배했다는 것 역시 정치적 분석의 대상이 되지 않을 수 없다.

이회창 후보의 패인으로 가장 중요한 것은 이 후보 진영에서 민주화 이후 오늘까지 한국정치 흐름을 좌우해 온 지역주의를 선거전략으로 적절히 활용하지 못하였다는 것이다. 우선, 이회창 후보는 자신의 출신지역인 충청권 유권자의 지지를 얻는 데에도 실패하였다. 이는 이 후보가 충청권 유권자에게 충청인이라는 인식을 심어주지 못하였기 때문이었다. 이 후보는 선거기간 중 자신은 원래 고향은 충남 예산이나 출생지는 황해도이고 전라도에서도 학교를 다녔다는 등 전국 여러 지역과 연고가 있기 때문에 출신지역을 볼모로 삼아 정치를 하는 '3김'과는 다르다는 점을 강조하였다.

내가 대선 후 우연히 만난 택시기사는 자신의 고향이 충청도지만 이 총재의 애매모호한 지역연고 발언이 기분 나빠 선거에서 이 후보를 찍지 않았다고 이야기 하였다. 이는 1997년 대선 당시 충청도 유권자들의 심리상태를 엿볼 수 있는 일례라고 생각한다. 이에 더해, 이회창 후보는 지역주의의 맹주인 '3김' 중 어느 누구와도 정치적 제휴를 맺지 않았다. 이 후보 자신이 속한 당의 총재였던 김영삼 대통령과도 결별하였고 김종필 총재로부터의 연대 제의도 거절하였다. 조순 총재와 연대를 이루었으나 조순 총재 역시 이 후보와 같이 끈끈한 지역 연고를 갖고 있지 못했다. 1997년 대선은 이회창·조순의 이상주의적 연대가 김대중·김종필의 지역연대와 싸워 패한 사건으로 한국 정치사에 기록될 것이다.

이회창 후보의 두 번째 패인은 선거과정에서 흔히 발생할 수 있는 악재 관리에 실패하였다는 것이다. 아들 병역문제는 선거전이 시작되기 전 충분히 예상되었던 것이었는데 이 문제의 중요성을 미리 감지하여 적절한 대응책을 마련하지 못하였다. 이 문제가 발생했던 초기단계에서 이 후보가 법적 하자가 없다는 논리로 대응하지 않고 뒤늦게 한 것처럼 무조건 사과하고 병역의무를 필하지 않은 아들들이 자진하여 소록도 병원 등 사회봉사 활동을 하도록 했다면 사태악화를 조기에 수습할 수 있었을지도 모른다.

세 번째 패인으로는 이인제 의원의 탈당과 독자출마로 상징되는 당내 분란을 지적할 수 있다. 이는 기본적으로 당내 경선의 후유증이라고 할 수 있을 것이며 2002년 대선에서도 비슷한 현상이 민주당에서 일어났다. 이 모든 것을 두 번이나 경선에 불복한 이인제 의원의 개인적 책임으로만 돌리기보다는 아직 한국정치의 민주주의 수준이 성숙된 단계에 와 있지 못하다고 설명하는 것이 타당하다고 생각한다. 이회창 후보가 직접 나서 이인제 의원의 탈당을 막았어야 했는데 그렇지 못한 것은 이 후보의 정치력 부족 탓이라고 이 후보를 비판하는 시각도 있으나 이 역시 정답은 아닌 것 같다. '정치 9단'이라고 하던 김영삼 후보도 1992년 당내 경선에서 탈락한 이종찬 의원의 탈당을 막지 못했고 박태준 의원과도 정치적으로 결별했기 때문이다.

이회창 후보의 네 번째 패인은 선거홍보전에서의 실패였다. 1992년 대선까지는 홍보전보다는 당 조직을 통한 이른바 '지상전'이 선거활동의 주된 내용이었다. 대규모 정당연설회가 곳곳에서 열렸고 연설회에 참가하는 군중의 규모는 선거대세를 가늠하는 잣대로 인식되었다. 여당은 이러한 지상전에서 막강한 자금력과 조직력을 마음껏 발휘하였고 그 결과는 언제나 여당후보의 승리였다. 선거에서 홍보전이 위세를 발휘하기 시작한 것은 1995년 서울시장 선거에서였다. 당시 조순 국민회의 후보는 현대적 감각의 홍보전을 통해 후보의 이미지를 서민적이면서 참신한 것으로 유권자들에게 부각시키는데 성공한 반면, 민자당의 정원식 후보는 기존의 홍보기법에서 벗어나지 못하여 유권자들에게 비쳐진 이미지는 매우 딱딱하고 권위주의적인 것이었다. 선거 결과는 정원식 후보의 참패였다.

1997년 대선에서 국민회의는 서울시장 선거에서 활약한 홍보팀을 그대로 활용하면서 홍보기법을 한 단계 높이는데 주력하였다. 그 결과,

고령의 기성정치인 김대중 후보의 이미지를 자상하면서도 준비된 대통령 후보로 국민들에게 심어주는데 성공하였다. 평생 '색깔 논쟁'으로 시달린 김대중 후보를 보수 색깔의 김종필 총재는 물론 포항제철 신화를 이룬 박태준 회장과의 연대를 부각시켜 중도성향의 정치인이라는 이미지를 유권자들에게 심어주었고 경제 문제에도 전문가라는 인상도 함께 주었다. 반면, 이회창 후보의 홍보팀은 과거 여당에서 사용하던 홍보기법의 범주를 벗어나지 못함으로써 이회창 후보의 참신한 이미지도 부각시키지 못하였고 김대중 후보의 당선과 국민회의의 집권이 국정혼란을 가져 올 것이라는 메시지를 유권자들에게 효과적으로 전달하지도 못하였다.

1997년 대선은 선거운동 방식에 있어 지상전보다는 홍보전의 중요성이 부각된 선거였다. 대선 사상 처음으로 주요 후보 간의 여러 차례에 걸친 TV 토론이 진행되었고 후보 본인은 물론 지지자들의 TV 연설이 허용되었다. 그러나 앞에서 지적한대로 이회창 후보 진영은 TV 등 홍보전에서 김대중 후보 진영에게 밀렸다. 한나라당은 여당의 강점인 당 조직을 가동하려 하였으나 선거자금의 부족으로 이 조차도 여의치 못하였다. 과거에는 여당 총재인 대통령이 대선자금 모금을 도와주었으나 1997년 대선에서 이회창 후보 진영은 대선자금과 관련하여 청와대로부터 아무런 도움도 받지 못하였다.

이에 더해, 이 후보 자신도 자금모금에 관여하려 들지 않았기 때문에 당의 지역조직 가동에 필요한 자금을 마련할 수가 없었던 것이다. 따라서 부족한 대선자금 역시 이회창 후보의 패인 중의 하나로 지적될 수 있을 것이다. 그러나, 김대중 후보 진영 역시 당시 야당으로 선거자금 모금에는 한계가 있었을 것이기 때문에 대선자금이 결정적인 패인이 되었다고는 생각하지 않는다. 이보다는 홍보전에서의 부진이 더 중요한 패인이었다.

끝으로, 선거 직전에 발생한 외환위기는 국민들에게 집권당으로 인식되고 있었던 한나라당 후보에게는 선거에서 결정적으로 불리한 요인으로 작용하였다. 외환위기가 발생한 태국에서도 비슷한 시기에 정권교체가 이루어진 것과 같이 외환위기와 같은 국가적 위기상황에서 집권당이 정권을 그대로 유지한다는 것은 사실상 어려운 일이라는 것을 1997년 대선은 물론 외국의 경험을 통해서도 잘 알 수 있다. 앞에서 이미 지적했듯이 11월 초 이회창·조순 연대로 급상승세에 있었던 이회창 후보의 지지도는 외환위기 발발과 더불어 정체되었고 이는 김대중 후보가 선거 막판에 승리를 굳히는 계기가 되었다.

2002년 대선 과정

2002년 대선 기간 중 나는 정치권을 떠나 있었기 때문에 1997년 대선에서와 같이 선거운동 과정에서 핵심적인 역할을 하지 않았다. 그래도 이회창 후보와 한나라당을 도와야 한다는 생각에서 1997년 대선 당시 나를 개인적으로 도와주었던 교수, 변호사, 언론인 등으로 구성된 자문그룹을 재가동시키고 정기적으로 여론조사를 실시하여 대선 추이를 분석하고 대책을 마련하여 이회창 후보와 한나라당 지도부에 전달하였다. 나는 정치현장에 있지 않은 나의 입장을 활용하여 가급적 제 3자

입장에서 상황을 객관적으로 분석하려 하였고 1997년의 실수를 되풀이하면 안 된다는 생각에서 이 후보와 당 지도부에게 '듣기 싫은 소리'를 전하려고 노력하였다.

1997년 대선의 첫 번째 교훈은 대선에서의 후보자 구도를 유리하게 가지고 가는 것이었다. 이를 2002년 상황에 대입시켜 보면 이회창 후보가 상대할 타 후보군이 한 사람으로 통합되지 않는 것이었다. 그러기 위해서는 정몽준 의원이 출마를 하여 끝까지 완주를 해야 했다. 그래서 나는 정 의원과 가까운 인사들을 만나 정치철학이 다른 노무현 후보와 단일화를 하려는 것은 정치상식에 맞지 않는 일일뿐만 아니라 정 의원의 정치적 장래에 아무런 도움이 되지 않을 것이라고 설득했다. 또한, 나는 한나라당 지도부에 한나라당이 정 의원에 대한 정치적 공세를 자제하여 정 의원으로 하여금 한나라당에 대해 적개심을 갖지 않도록 하는 것이 좋을 것이라는 건의도 하였다. 나의 이러한 노력은 한동안 효과를 발휘하는 듯싶었으나 정 의원과 노 후보의 전격적인 후보 단일화 선언으로 좌절되고 말았다.

정몽준 의원이 주변에서의 건의를 뿌리치고 여론조사를 통한 후보 단일화 제의를 받아들인 것은 여론조사를 실시하면 본인이 후보가 될 것이라는 확신이 있었던 것 같다. 그런데 내가 실시한 여론조사에 의하면 후보 단일화가 결정되는 시점에서 정 의원이 노 후보보다 지지도가 다소 앞서기는 하였으나 당시 정 의원 지지도는 이익치 회장의 정 의원에 대한 공세로 인해 하락세에 있었고 노 후보는 한동안 지속된 하락세가 저점을 통과한 후 다시 상승세로 접어들고 있었다.

이에 더해, 상당수 이회창 후보 지지자들이 정몽준 의원보다는 노무현 후보가 본선에서 상대자로 수월할 것으로 생각하였기 때문에 이들이 의도적으로 노무현 후보 지지자로 둔갑하는 가능성까지 감안한다면 정몽준 의원의 낙관론은 매우 위험하다고 나는 생각하였다. 결국, 내 예측이 들어맞아 후보단일화를 위한 여론조사에서 노무현 후보가 근소한 차이로 승리한 것이다. 정몽준 후보 진영의 상황판단 착오가 역사를 바꾸어 놓았다고 할 수 있다.

2002년 중 실시된 보궐선거와 지자제 선거에서 한나라당이 압승을 거두자 한나라당에는 12월 대선에서도 낙승하리라는 분위기가 대세를 이루고 있었다. 그러나, 나는 1997년 대선 당시 경선에서 승리한 후 치솟던 이회창 후보의 지지도가 아들 병역문제로 곤두박질 친 경험을 되살리면서 2002년 대선 과정에서 절대 방심하면 안 된다는 점을 강조하고 다녔다. 1997년 대선에서는 야당이라는 불리한 여건에서도 대선승리를 이루어 낸 '정치 9단' 김대중 대통령의 정치능력을 절대로 과소평가해서는 안 된다는 점을 나는 주장하였다.

결국, 김대중 대통령은 '국민 경선'이라는 이벤트를 만들어 민주당 대선후보 경선과정에 국민적 관심을 집중시키는 데 성공하였고 이 과정에서 이회창 후보와는 여러 면에서 대칭이 되는 노무현 후보 카드를 만들어냈다. 민주당 경선이 시작되기 오래 전부터 노무현 카드에 주목해야 한다고 하던 어느 중진 언론인의 말이 기억난다. 이회창 후보와 크게 다르지 않고 경선 불복 경력이 있는 이인제 카드로는 이회창 후보를 이길 수 없기 때문에 이 후보와 전혀 다른 노무현 카드로 대선에서 승부를 겨룰 것이라는 그의 예측은 그대로 적중되었다. 김대중 대통령은 한편으로는 국민 경선을 치르면서 다른 한편으로는 정몽준 의원을 우호세력으로 유지함으로써 비상시에는 민주당이 정몽준 카드를 선택할 수 있을 것 같은 고단수 정치게임도 전개하였다.

반면, 한나라당은 지자제 선거와 보궐선거 결과에 도취되어 2002년 대선 결과를 너무 낙관하였다. 한나라당의 힘만으로 대선 승리를 자신하였기 때문에 정몽준 의원을 우호세력으로 하려는 노력을 게을리 하였고 김종필 총재와의 관계 개선을 통한 충청권 지지확보 노력도 전혀 하지 않았다. 나는 정몽준 의원과 노무현 후보 모두 출마한다면 김종필 총재와의 연대가 불필요하나 만일 후보 단일화가 이루어지면 김종필 총재와의 연대는 반드시 필요하다고 생각하였다. 그래서 후보 단일화 성사 후 김종필 총재와의 관계 개선을 적극 건의하였으나 자민련을 탈당하여 한나라당에 온 인사들의 반대로 무산되었다.

이 시점에서 노무현 후보의 행정수도 이전 공약이 나왔다. 한나라당 지도부는 이에 대해 행정수도 이전은 서울 집값을 떨어뜨린다는 논리로 TV토론 등을 통해 적극 반대하는 입장을 정리하였다. 나는 이에 대해 행정수도 공약은 노 후보의 전형적인 무책임성 공약이라고 한 마디로 무시해 버려야지 이를 놓고 심각한 토론을 벌이면 충청권 표는 다 잃어버린다는 의견을 당 지도부에 전달하였다. 다행히 TV토론 계획은 무산되었으나 노 후보의 행정수도 이전 공약은 한나라당의 충청권 공략에 큰 장애물이 된 것이 사실이다.

후보 단일화가 이루어지고 공식적인 선거운동이 시작된 후 노무현 후보의 지지도는 이회창 후보에 비해 계속해서 5~8% 포인트의 우위를 유지하고 있었다. 선거 기간 중 각 후보 진영에서 내놓은 신문광고, TV 광고 등의 홍보전을 지켜보면서 나는 경악을 금할 길이 없었다. 이 후보의 홍보물이 세련미 면에서도 노 후보의 홍보물보다 한 수 뒤지고 내용에 있어서도 메시지가 분명하지 않았기 때문이었다. 1997년 대선에 서도 홍보전에서의 열세가 중요한 선거 패인이 되었는데 똑같은 일이 반복되고 있는 것이었다. 나는 박원홍 홍보위원장에게 연락하여 어떻게 이런 실수가 되풀이 될 수 있는가하고 항의하였다. 박 의원의 대답은 홍보물은 실무자들이 후보의 결재를 직접 받아 확정하기 때문에 자신은 아무런 권한이 없다는 것이었다. 나는 흥분하여 김영일 사무총장과 신경 식 기획위원장을 찾아갔으나 홍보물 내용을 근본적으로 바꾸기에는 이미 너무 늦은 시점이었다.

1997년과 2002년 대선에서 이회창 후보가 홍보전에서 상대 후보보 다 뒤졌다는 사실은 강원택의 「한국의 선거정치」에서도 확인되고 있다. TV 선거운동의 영향과 후보 지지 분석에서 강원택은 "1997년에 TV 선거운동은 유권자들에게 큰 영향을 미쳤으며, 그 가운데 김대중, 이인제 후보의 지지자들이 이회창 후보 지지자들에 비해 상대적으로 다소 큰 영향을 받은 것으로 요약할 수 있을 것이다"라고 지적하고 있다. 또한, 그는 "그러나 2002년에는 TV의 효과가 1997년에 비해 다소 낮아졌지만, 이회창과 노무현 지지자 간의 TV 영향의 정도 차이는 약 10% 가까이 벌어졌다"라고 정리하고 있다. 이는 본격적인 TV를 통한 선거운동이 처음으로 허용된 1997년 대선에서 TV 선거운동의 영향이 매우 컸다는 사실과 이회창 후보가 1997년 대선에 이어 2002년 대선에서도 TV 선거운동에서 상대 후보에게 밀렸다는 사실을 확인시켜 주는 연구결과라고 하겠다.

평소에 잘 알고 지내는 민주당 고위 인사가 어느 날 나를 보자고 하였다. 그는 나에게 한나라당의 홍보전략을 이해할 수 없다고 하였다. 한나라당의 무기는 유권자들에게 한나라당이 집권해야 나라가 안정되고 민주당이 집권하면 나라가 불안해진다는 것이어야 할 텐데 한나라당이 민주당 흉내나 내려고 하니 국민에게 무슨 메시지가 전달되겠는가 하는 이야기였다. 예를 들어, 한나라당이 후보 TV 찬조연사로 이부영, 김문수, 이재오 의원 등 과거 운동권 인사들만 내세우고 있으니 누가 한나라당이 보수라고 생각할 것이며 한나라당이 사회 안정을 이룰 것으로 여기겠느냐는 것이었다.

이에 더해, 한나라당은 선거 초반 국정원의 도청 사실 폭로에 당력을 집중시켰으나 이는 도청 문제로부터 자유로운 노무현 후보에게는 아무런 타격을 주지 못한 반면, 국민들에게 한나라당은 폭로전에 몰두하는 정당이라는 부정적인 이미지만 심어 주었다. 결국, 한나라당은 일관된 전략을 가지고 효과적인 선거 캠페인을 전개하는데 실패한 것이다.

노무현 후보의 승인(勝因)

2002년 대선 불과 2~3개월 전까지도 노무현 후보의 승리를 예측한 사람은 별로 없었다. 노무현 후보가 소속한 민주당은 김대중 정권의 실정으로 지지율이 바닥을 기고 있었고 노무현 후보가 당 후보로 확정된 후에도 이인제 의원이 탈당하여 자민련으로 옮기는 등 민주당 내 많은 중진 인사들은 노 후보를 지지하지 않았다. 이들 중 일부는 민주당을 떠나 한나라당에 입당하거나 정몽준 의원 캠프로 합류하였다.

반면, 한나라당은 일찌감치 이회창 총재를 중심으로 당이 단합되어 있었고 이 총재가 대선후보가 될 것이라는 것도 기정사실화 되었다. 1997년 대선 당시와는 정반대 현상이 일어난 것이다. 1997년 대선에서 국민회의는 김대중 총재를 중심으로 굳게 뭉쳐 있었는데 반해, 한나라당은 이인제 의원의 탈당 등으로 당 내분이 심각한 상태에 이르렀던 것이다. 2002년 민주당 상황은 어찌 보면 1997년 한나라당보다도 못했다고 할 수 있는데도 불구하고 노무현 후보는 대통령 선거에서 승리하였다.

2002년 대선에서 노무현 후보의 승인(勝因)을 노 후보 진영의 선거전략 차원에서 살펴보면, 첫째로 과감한 후보 단일화를 추진했다는 사실을 지적할 수 있을 것이다. 정몽준 의원과 노무현 후보 모두 출마했을 때 이회창 후보의 당선이 확실시 되었다는 사실이 노무현 후보와 정몽준 의원으로 하여금 상식적으로는 무모하다고 할 정도의 방법으로 후보 단일화 원칙에 합의하게 하였던 것이다. 당시 두 후보의 지지율이 거의 비슷한 상황이었기 때문에 양측 모두 충분히 승산이 있다고 판단했다는 것 역시 후보 단일화를 가능하게 하였다고 할 수 있다.

또한, 노무현 후보로 단일화가 이루어진 후 1995년 서울시장 선거에서 조순 후보의 홍보전을 성공적으로 지휘한 이해찬 의원이 노 후보의 선거기획 업무를 맡아 선거과정에서 홍보전을 유리하게 전개시킨 것도 노 후보의 승리에 큰 도움이 되었다고 생각한다. 그리고 '노사모'로 불리우는 사조직의 적극적인 선거운동과 인터넷의 효율적 활용 등도 선거전을 유리하게 끌고 간 요인으로 지적될 수 있을 것이다.

1997년 대선의 특징이 TV를 통한 홍보전이었다고 한다면, 2002년 대선은 인터넷을 활용한 선거운동이었다. 인터넷은 정치적 의사소통 및 여론형성 과정에서 매우 효과적인 도구로 사용되었으며 정치적 집단의 형성에도 큰 기여를 한 것으로 나타났다. 강원택의 연구조사에 의하면 2002년 대선 기간 중 정치적 관심이 있는 계층의 80% 이상이 대통령 후보자의 홈페이지를 방문한 것으로 집계되고 있다. 그리고 홈페이지를 방문한 사람의 79%가 지지후보 결정에 도움이 되었다고 응답하고 있으며 55%는 지지후보 결정에 영향을 주었다고 하였다.

또한, 홈페이지 방문자의 53%가 노무현 후보 홈페이지를, 24%가 이회창 후보 홈페이지를 방문한 것으로 나타나고 있어 노무현 후보 지지자들의 인터넷 이용빈도가 상대적으로 높았음을 알 수 있다. 이에 더해, 여중생 장갑차 사건으로 인한 추모시위 인원 동원이 주로 인터넷을 통해 이루어졌다는 사실을 감안할 때 인터넷은 2002년 대선에서 노무현 후보에게 매우 유리한 방향으로 작용하였다고 생각된다.

그러나 이런 요인만으로 노무현 후보가 거의 불가능에 가까웠던 상황을 뒤집고 대선에서 승리할 수 있었다고 볼 수는 없다. 이보다는 좀 더 큰 차원의 사회적 변화가 2002년에 발생하였으며 이는 노무현 후보의 승리에 결정적인 기여를 하였다. '붉은 악마'의 열광적 응원으로 대표되는 2002년 월드컵 열기와 여중생 장갑차 사건이 바로 그것이다. 월드컵 4강 진출은 한국국민들에게 민족적 자부심을 갖게 하는 동기가 되었고 이 과정에서 젊은 세대들은 '붉은 악마' 응원단을 효율적으로 이끌어가는 등 영향력 있는 사회세력으로서 자신들의 힘을 실감하게 되었다.

이에 더해, 월드컵과 거의 같은 시기에 발생한 여중생 장갑차 사건은 월드컵으로 확인된 민족적 자존심을 분출시키는 통로로 작용하였으며 이는 이회창 후보에 비해 상대적으로 반미(反美) 그리고 친북(親北) 성향을 갖고 있는 노무현 후보에게 매우 유리한 정치·사회적 환경을 조성하게 된 것이다. 월드컵 4강 진출은 정몽준 의원의 정치적 위상을 높여주었고 후보 단일화의 성공으로 월드컵의 열기와 세대교체에 대한 염원은 자연히 이회창 후보보다 젊고 진보적인 노무현 후보에게 순풍의 돛을 단 상황을 만들어 준 것이었다.

1997년과 2002년 대선 모두 지역주의가 선거결과를 지배했다는 측면에서는 큰 차이가 없으나 세대별 후보 지지 측면에서는 상당한 차이가 있었다는 것이 여론조사 분석 결과다. 예를 들어, 1997년 대선의 경우 승자인 김대중 후보와 패자인 이회창 후보 간 세대별 지지분포는 별 차이를 보이지 않고 있다. 20대 유권자의 22%가 이회창 후보를 그리고 26%가 김대중 후보를 지지하였고, 50대 이상 유권자의 후보별 지지율은 이회창 33%, 김대중 31%로 큰 차이를 보이지 않고 있다. 그러나, 2002년 대선에서는 이회창 후보는 20대 유권자의 31% 그리고 50대 이상 유권자 58%의 지지를 받은 반면, 노무현 후보는 20대의 62% 그리고 50대 이상 40%의 지지를 받았다. 두 후보 간의 세대간 지지분포가 현격한 차이를 보이고 있는 것이다.

정치적 이념 측면에서도 세대간 차이는 극명하게 나타나고 있다. 한국사회과학데이터센터의 조사결과에 의하면 '1'을 매우 진보적 그리고 '5'를 매우 보수적이라고 볼 때 평균 정치이념은 20대가 2.62, 30대 2.55, 40대 2.93, 50대 3.09 그리고 60대 이상이 3.17로 나타나 연령이 높아질수록 보수적이 되어 감을 알 수 있다. 이런 자료들을 종합해 볼 때, 2002년 대선을 얼마 앞두고 전 국민의 관심을 집중시킨 월드컵 열기와 여중생 장갑차 사건은 이회창 후보보다 상대적으로 젊고 진보적인 노무현 후보에게 매우 유리한 정치적 상황을 조성해 주었다고 하겠다. 이는 상대적으로 진보적인 젊은 세대로 하여금 노무현 후보를 열성적으로 지지하게 하는 동기가 되었으며 노 후보는 이를 적극 활용하여 대선에서 승자가 된 것이다.

2004년 총선

나는 4·15 총선을 옥중에서 난생 처음 부재자 투표를 하면서 지켜보았다. 노무현 대통령의 탄핵문제가 최대 쟁점이 되었던 4·15 총선은 후보보다는 정당 간의 대결구도로 치러졌다. 이번 총선은 한국 정치사에 상당한 의미를 주는 '중대(重大) 선거'로 분류될 수 있을 것이며 그 특징은 다음과 같다. 우선, 민주화 이후 처음으로 여당이 국회 과반수 의석 확보에 성공하였다. 열린우리당은 16대 국회에서는 49석에 불과한 소수 정당이었는데 4·15 총선에서 152석을 얻어 과반수를 넘은 것이다. 이는 노무현 대통령의 국정수행에 대한 긍정적 평가가 유권자의 30%도

되지 않는 상황을 감안할 때 매우 놀라운 결과라 하지 않을 수 없다. 민주화 이후 역대 국회의원 선거에서 현직 대통령에 대한 신인도가 높은 상황에서도 여당에 대한 견제 심리가 발동하여 여당은 과반 의석을 한 번도 확보하지 못한 것이 사실이다.

여당의 승리는 검찰의 대선자금 수사와 탄핵 파동에 의한 결과라고 할 수 있다. 검찰수사는 16대 국회에서 다수의석을 갖고 있었던 한나라당에 치명적인 타격을 주었고 그 결과 열린우리당은 당 지지도 면에서 한나라당을 앞지르게 되었다. 이에 더해, 총선을 불과 한 달 앞 둔 시점에서 야 3당에 의한 대통령 탄핵안 가결은 부동층으로 하여금 탄핵안 주도세력에 대한 부정적 인식과 열린우리당에 대한 보호의식을 심어주게 된 것이다.

2004년 총선이 2002년 대선자금에 대한 검찰수사가 진행되고 선거 한 달 전 사상 최초의 대통령 탄핵안이 국회에서 통과된 정치상황에서 나타난 '특수 효과'의 결과라는 것은 그 후 불과 50일 후 실시된 6 · 5 재 · 보선에서 열린우리당이 참패했다는 사실로도 확인될 수 있다. 열린우리당은 4개 시 · 도지사 선거에서 모두 패하고 19개 기초단체장 선거에서도 충청권 세 곳을 제외하고 완패했다.

4 · 15 총선으로 인해 이제 진보세력은 명실 공히 한국정치의 주도권을 확보하게 되었다. 2002년 대선 승리로 행정부를 장악하였고 4 · 15 총선 승리로 입법부도 지배하게 되었다. 더욱이 이번 총선에서 급진적 진보세력인 민주노동당이 10석이나 확보하여 원내정당 진입에 성공하였다. 김대중 정권 출범 이후 4 · 15 총선까지는 보수정당인 한나라당이

국회 다수 의석을 갖고 있었기 때문에 노무현 정권의 진보성향 정책들이 국회심의 과정에서 좌절되거나 수정되었는데 이제는 진보세력이 행정부와 입법부를 동시에 장악하게 되었기 때문에 거의 모든 분야에서 정책노선의 변화가 예상되고 있다. 17대 국회가 개원되면서 열린우리당은 국가보안법과 사형제도의 폐지, 친일파조사사위의 활동영역 확대, 민주화운동 관련자의 국가유공자 예우 등 진보성향의 입법 활동에 박차를 가하고 있다. 이는 한국 정치사에 매우 큰 지각변동이라 할 수 있으며 이러한 정치환경의 변화가 미치는 영향은 심대할 것이다.

앞서 지적한대로, 그 동안 역대 선거에서 고질적으로 나타난 지역주의는 여전히 위력을 발휘하고 있음이 4·15 총선 과정에서 확인되었다. 2002년 대선에서와 같이 열린우리당은 호남과 충청권을 압도하였고 한나라당은 영남권을 석권하였다. 선거의 승패를 가르는 수도권에서 검찰 대선자금 수사와 탄핵 파동에 힘입어 열린우리당이 2002년 대선에서와 같이 한나라당을 누름으로써 승자가 되었다. 호남, 영남, 충청지역 유권자들의 특정정당으로의 '표 쏠림' 현상이 지속된 것이다.

그러나, 4·15 총선 과정에서 호남 유권자들은 민주당을 버리고 열린우리당을 그리고 충청 유권자들은 자민련을 버리고 역시 열린우리당을 선택하였다. 이는 이 지역 유권자들이 민주당과 자민련을 이제 수명이 다한 정당으로 간주하여 이들 정당에 대한 지지를 철회하는 매우 '실용주의적인 선택'을 한 것으로 평가될 수 있을 것이다. 노무현 대통령의 지역기반이 부산인데 부산·경남 유권자들은 한나라당을 선택하고 호남과 충청 유권자들은 열린우리당을 선택하였다. 충청지역의 선택은 행정수도 이전이라는 실리적 계산의 결과라 할 수 있으며 영남지역과 호남지역의 선택은 정당에 대한 유권자의 선입견이 하루아침에 바뀌어지지 않음을 입증한 것이라고 하겠다.

한국에서의 지역주의 정치행태는 대통령 선거에서 '3김'이라는 주요 후보의 지역기반 차이에서 비롯되었으나, 여러 번의 정권 교체 과정을 거치면서 특정정당에 지역 표를 몰아주는 것이 지역의 이해득실에 큰 도움이 된다는 인식이 자리를 잡게 된 것이라고 생각한다. 우선, 호남인들은 김대중 후보를 헌신적으로 지원한 결과 호남정권을 탄생시켰고 정부 고위직 인사는 물론 지역발전 측면에서 큰 소득이 있었다. 영남인들은 30여 년간 장기집권하면서 한국사회에서 기득권 세력이 되었기 때문에 지역주의의 혜택을 가장 많이 보았다고 할 수 있다. 이런 현실을 지켜본 충청인들도 자민련을 중심으로 지역주의를 시도하였으나 큰 성공을 하지 못했기 때문에 김종필 총재와 자민련에 실망을 하게 되었다.

이런 상황에서 열린우리당이 행정수도 이전 문제를 제기하였고 이는 충청권 유권자들의 기대를 열린우리당으로 쏠리게 한 결과를 초래한 것이다. 이제까지 유력정치인들이 지역을 볼모로 삼았다고 한다면 지금은 지역 유권자들이 주요 정당을 자신들의 이해를 대변하는 볼모로 삼고 있는 상황이 되었다고 할 수 있다. 결국, 한국에서의 지역주의는 다소 형태를 달리할 뿐 여전히 지속되고 있는 것이다.

제5장

실패한 대통령제

> "
>
> 행정부와 입법부 간의 교착상태, 일시적 경직성,
>
> 승자가 모든 것을 취한다는
>
> 대통령제의 세 가지 단점들은
>
> 매우 심각하고 결코 경시할 수 없으며 치유될 수 없는
>
> 치명적인 결점들이라고 나는 확신한다.
>
> 대통령제의 단점을 하나 더 첨가시키면
>
> 대통령선거는 당이나 정책의 차이점보다는
>
> 대통령 개인의 성품에 치중하는 경향이 있다.
>
> 그 결과 대통령선거는 민주주의의 수행을 위해서 필요로 하는
>
> 강하고 책임감 있고 결속력 있는 정당 제도를 훼손시키는 경향이 있다.
>
> "

Arend Lijphart, 「Parliamentary versus Presidential Government」

1. 대통령이 만든 대통령제

제헌헌법과 1, 2차 개헌

제헌국회에서의 헌법제정과 그 후 지금까지 있었던 아홉 차례의 개헌과정과 내용을 살펴보면 건국 후 지난 50여 년간 파란만장했던 한국의 현대정치사를 한 눈에 볼 수 있다. 제헌국회에서 헌법제정은 물론 그 후의 개헌과정에서 핵심 쟁점사항은 언제나 권력구조에 관한 것이었고 이는 대통령에게 얼마만큼의 권한을 주느냐의 문제로 귀결되었다. 당연히 대통령과 집권세력은 대통령에게 더 많은 권한을 주려고 하였고 야당과 견제세력은 대통령의 과다한 권한 집중을 막으려고 노력하여 왔다.

제헌헌법 제정 과정에서 실무책임자 역할을 하였던 유진오 박사는 「헌법기초 회고록」에서 헌법 초안의 특징을 ① 내각책임제 ② 양원제 ③ 주요 기업의 국가공영 등으로 규정하고 있다. 헌법기초 작업에 참여했던 전문가와 위원들 거의 모두가 의원내각제를 선호하는 이상적이고 민주적인 입장을 갖고 있었다고 이야기하고 있다. 당초 내각제로 되어 있던 헌법 초안이 대통령제로 수정된 것은 대통령제를 채택하고 있는 미국에서 오랫동안 지냈고 본인 자신이 대통령이 될 것을 당연하게 생각했던 이승만 초대 제헌 국회의장의 고집 때문이었다고 김철수 교수는 「한국 헌법사」에서 언급하고 있다. 헌법 초안의 양원제를 단원제로 바꾼 것도 이승만 의장의 의견이 관철된 것으로 국회 운영의 효율성을 높인다는 논리가 적용되었을 것이나 사실은 대통령의 업무수행을 더욱 수월하게 하려는 목적이었을 것으로 짐작된다.

그러나, 제헌헌법은 대통령제로 분류되곤 하지만 그 내용을 살펴보면 대통령제 가운데서는 대통령에게 가장 미약한 권한과 지위를 부여하는 것으로 헌법학자들은 이를 '잡종적(hybrid) 대통령제', '원칙적 대통령제와 의원내각제 요소를 혼합한 절충형 중에서도 대통령 중심의 절충형' 등으로 부르고 있다. 제헌헌법에서 대통령과 부통령은 국회가 선출하며 임기는 4년으로 1차에 한해 중임할 수 있도록 되어 있었다. 원래 초안에서는 의회의 내각 불신임 결의권과 국회 해산권을 포함시켜 의원내각제 성격을 띠었으나 이들 조항은 최종안에서는 채택되지 않았다.

대통령은 국회의 승인을 얻어 국무총리를 임명하도록 되어 있었으며 국회는 국정감사 권한과 대통령과 국무위원에 대한 탄핵소추권을 갖는 등 국회의 권한은 크게 신장되어 있었다. 대통령은 국회에서 선출되고 탄핵의 대상이 될 수 있는 반면 국회 해산권이 없었기 때문에 상대적으로 권한이 적었다고 할 수 있다. 대통령제에서는 대통령이 직접선거에 의해 선출되는 것이 일반적인 관행인데 제헌헌법에서 국회가 대통령을 선출하도록 한 것은 제헌헌법 초안이 대통령제가 아니고 내각제이었음을 알게 하는 대목이라고 생각한다.

이승만 대통령은 자신의 첫 임기 4년이 끝날 무렵 국회에서 반대세력이 많아지자 6·25 전쟁 중 당시 수도 부산지역에 계엄령이 선포된 가운데 1차 개헌을 단행하게 된다. 이에 앞서, 초대 내각 구성에서 소외된 한민당이 중심이 되어 1950년 1월 내각제 개헌안을 국회에 제출하였으나

부결되었다. 1952년 7월에 국회를 통과한 개헌안의 주요 내용은 ①
국회를 단원제에서 양원제로 전환하고 민의원은 임기 4년, 참의원은
임기 6년으로 하였으며, ② 국회에 의한 대통령·부통령 선출을 국민의
직접선거에 의해 이루어지도록 하는 것이었다.

1952년의 1차 개헌은 대통령의 집권상 편의와 장기집권을 위해
개헌이 추진되는 바람직하지 못한 첫번째 사례가 되었다. 이승만 정권은
1952년 대통령 직선제 개헌을 추진하기에 앞서 유권자 지지기반의 확대
를 위해 그 해 4월과 5월 지자제 선거를 실시하여 기초 및 광역의회
의원을 선출하였다. 이들 지방의회 의원들은 대통령 직선제 개헌안이
통과되도록 국회에 압력을 가하기도 하였다.

이승만 대통령과 그가 창당한 자유당은 1954년 이승만 대통령의
영구집권을 제도화하기 위한 2차 개헌을 추진하였다. 그 주요 내용은
① 국가안위에 관한 주요 사항에 대해 국민투표를 실시할 수 있고,
② 국무총리제와 국무위원 연대 책임제를 폐지하고 국무위원 개개인에
대한 민의원의 불신임권을 부여하며, ③ 초대 대통령에 한해 연임 금지조
항을 배제한다는 것이었다. 개헌안의 국회 처리 과정에서 처음에는 개헌
안 통과에 필요한 2/3선인 136표에 1표가 부족하여 부결을 선포하였다가
2/3는 135.33이므로 4사5입하면 135라고 해석하여 다시 개헌안을 통과
시키는 웃지 못할 에피소드가 발생하기도 하였다. 2차 개헌은 집권자의
의지에 따라 헌법과 국회가 철저히 유린당한 대표적인 사례가 되고
있다.

1960년 내각제 개헌

이승만 정권에서 야당이었던 민주당은 집권세력의 견제를 위해 내각제 개헌을 정강정책으로 채택하였으나 이를 추진할 정치적 힘은 없었다. 4·19 학생 민주화운동으로 이승만 정권이 붕괴되자 정치의 주도권은 민주당으로 넘어 갔고 민주당 세력은 내각제를 골자로 한 개헌을 추진하였다.

'개헌기초위원회'가 만들어 1960년 6월 국회를 통과한 3차 개헌안의 주요 내용은 ① 대통령은 양원 합동회의에서 선출되어 국가원수로서 국군통수권, 국무총리 제청권, 법률 공포권 등 형식적인 권한을 갖고, ② 국무총리는 내각의 수반으로 국무위원의 임면권을 갖고 국무위원은 국무총리와 연대책임을 지며, ③ 국회는 내각 불신임권을, 내각은 국회 해산권을 가지고 상호 견제하도록 하는 것이었다. 예산안이 법정기일 내에 의결되지 않거나 조약비준에 대한 동의가 부결되는 경우에는 내각 불신임으로 간주한다는 조항이 포함된 것도 1960년 개헌안의 특징이라고 할 수 있다.

또한, 선거관리의 공정을 기하기 위해 중앙선거관리위원회가 설치되었고 헌법재판소도 운영되도록 하였다. 장면 정권은 1960년 11월 ① 3·15 부정선거 관련자 처벌, ② 반민주적 행위자에 대한 공민권 제한, ③ 부정축재자 처벌을 위한 법 제정을 위해 헌법의 부칙을 개정하였다.

5 · 16 군사 쿠데타와 대통령제 개헌

1961년 군사 쿠데타로 집권한 군부세력은 강력한 대통령제를 근간으로 하는 개헌작업을 추진하였다. 1962년 7월 국가재건최고회의는 '헌법심의위원회'를 발족하여 4개월간 심의작업을 벌였으나 개정 초안은 당시 중앙정보부에 의해 기초된 것으로 알려지고 있다. 헌법 개정안 마련 과정에 루퍼트 에머슨(Rupert Emerson) 등 외국인 전문가와 유진오 박사 등 국내 전문가들도 참여한 것이 사실이나 대통령제의 채택은 이미 핵심 군부세력에 의해 결정되었다고 할 수 있다. 이들은 국회의 통제를 벗어날 수 없는 영국식 의원내각제보다는 미국식 대통령제를 채택해야 새로운 권력기반 창출이 용이하다는 판단을 했을 것이다.

1962년 12월 국회가 해산된 가운데 국민투표를 통해 확정된 개헌안의 주요 내용은 ① 대통령은 국민이 직접 선거하고, 임기는 4년이며 1차에 한하여 중임할 수 있고, ② 국회는 '능률적인' 국회운영을 위해 단원제로 환원되었고 임기는 4년으로 당적 이탈, 변경, 소속 정당의 해산시 의원직을 상실하며, ③ 대통령 직속으로 경제과학심의회의와 국가안전보장회의를 두도록 했으며, ④ 개헌을 하는 경우 국민투표를 거치도록 하는 것이었다.

1962년의 개헌은 한국에서 대통령제의 모델이 되었다고 할 수 있는 바 권력분립적 미국식 대통령제에 비해 한국에서는 대통령에게 긴급명령권, 계엄선포권, 입법거부권 등의 막강한 권한을 부여함으로써 행정부 우위원칙이 헌법에 보장되어 있다는 특징이 있다. 또한, 1962년 개헌은 국회가 해산된 상태에서 이루어졌기 때문에 기존 헌법의 전면적 개정이라기보다는 기존 헌법의 폐지와 새로운 헌법의 제정이라고 해석하여야 할 것이다.

이승만 정권에서 헌법 개정이 정권 연장의 수단으로 악용되었던 선례의 재발을 방지하기 위해 개헌을 위해서는 국민투표라는 절차를 밟도록 하였으나 박정희 정권에서도 대통령 임기가 끝날 때마다 집권연장을 위해 개헌을 추진하는 관행은 계속되었고 그 과정에서 국민투표는 아무런 장애물이 되지 않았다.

1962년 개헌에서 부통령제를 폐지한 것은 이승만 정권에서 대통령과 다른 당 소속의 부통령이 존재할 여지를 없애려 한 의도였다고 생각된다. 그 대신 '62년 개헌에서는 국무총리제를 도입함으로써 고전적인 대통령제에 의원내각제적 요소를 첨부하게 되었다. 대통령은 국무총리를 임명하고 국무총리는 국무위원 임명 제청과 해임건의를 대통령에게 할 수 있도록 하였다. 제1공화국 헌법과는 달리 국무총리 임명시 국회동의를 받지 않으며 국무회의를 의결기구가 아닌 심의기구로 한 것은 대통령의 권한집중을 제도적으로 보장해 준 것이라고 할 수 있다. 국가안전보장회의와 경제과학심의회의를 대통령 직속기관으로 설치한 것도 대통령 권한 강화의 수단으로 작용하였고 무엇보다도 경제와 국방을 중시한 박정희 대통령의 개인적 성향이 반영된 결과로 해석되어야 할 것이다.

박정희 정권은 국회에서 안정의석 확보를 위해 전국구 비례대표제를 도입하여 지역구 의원 정수의 1/3을 전국구에 배정하였다. 새로 개정된 헌법에 의해 두 차례의 대통령 선거를 성공적으로 치른 박정희 정권은 장기집권을 위해 이른바 '3선 개헌'을 추진하였다. '대통령은 1차에 한하여 중임할 수 있다'라는 헌법 제69조 3항을 '대통령의 계속 재임은 3기에 한한다'로 개정하는 것을 골자로 한 헌법 개정안이 1969년 9월14일 일요일 새벽 2시 국회에서 여당의원들에 의해 변칙처리 됨으로써 박정희 대통령에게 집권 연장의 길을 열어 주었다. 야당은 개헌안의 변칙처리에 항의하여 국회등원 거부 등의 강경투쟁을 전개하였으나 상황을 바꾸지는 못하였다.

유신헌법과 5공화국 헌법

3선 개헌 후 치러진 1971년 대선에서 박정희 대통령은 야당의 김대중 후보를 이겨 집권 연장에 성공하였으나 이에 만족하지 않고 영구집권을 위한 제도적 장치 마련에 착수하였다. 이의 전주곡으로 1971년 국가비상사태가 선포되었고 국가보위에 관한 특별조치법을 공포하여 시민권에 대한 제한과 노동자들의 단체교섭권과 단체행동권을 제한하였다. 그리고 1972년 10월 전국에 비상계엄을 선포하고 국회 해산, 정당 활동 중지, 비상 국무회의에 의한 국회권한 대행 등을 내용으로 하는 이른바 '10월 유신'을 선언하였다. 그 해 11월 국민투표를 통해 확정된 유신헌법은 한 마디로 대통령에게 모두 권력을 집중시키고 영구집권을 가능히게 하는 것이었다.

그 주요 내용은 ① 대통령은 직접선거가 아닌 국민이 선출한 통일주체국민회의에서 간접 선출되고, ② 대통령의 임기는 종전의 4년에서 6년으로 연장되고 중임 제한이 철폐되어 종신집권이 가능해졌으며, ③ 대통령은 국회의원의 1/3을 추천할 수 있는 권한과 법관의 임명권을 갖게 됨으로써 입법부와 사법부도 실질적으로 장악할 수 있게 하였으며, ④ 대통령은 국민의 기본권과 재산권을 제약할 수 있는 긴급조치권과 국회해산권을 가지나 국회는 종래의 국정감사권을 박탈 당하는 것이었다. 유신헌법의 채택으로 박정희 대통령의 1인 독재체제가 제도적으로 확립된 것이다.

박정희 대통령이 시해된 후 군사 쿠데타로 권력을 장악한 전두환 세력은 1980년 5월 '국보위'를 조직·운영하면서 자신들의 집권을 정당화하기 위한 수단으로 새로운 헌법을 만들어 그 해 10월 국민투표를 거쳐 확정하였다. 그 내용은 기본적으로 유신헌법과 맥을 같이 하는 것이었으나 외양적으로는 일부 민주적 요소를 가미하였다. 그 주요 내용을 보면 ① 유신헌법에서는 대통령이 종신이었으나 전두환 정권에서는 7년 단임으로 하였고, ② 대통령을 선출하는 기구의 명칭을 통일주체국민회의에서 대통령선거인단으로 변경하였으며, ③ 대통령이 직접 임명하는 '유정회' 전국구를 유신 이전 시기와 같이 '비례대표제' 전국구로 하였다.

민주화와 대통령 직선제 개헌

전두환 정권의 가장 큰 정치적 업적은 정권의 태동과 운영과정에서는 권위주의적이었으나 이승만 정권이나 박정희 정권과는 달리 집권 연장을 위한 개헌을 추진하지 않았다는 것이다. 전두환 대통령의 임기 만료가 가까워지자 야당과 민주화 세력들은 민주화를 위한 개헌을 요구 하였다. 당시 집권세력은 종전의 개헌불가 입장을 철회하고 내각제 개헌 안을 제시하였으나 이는 반대세력에 의해 받아들여지지 않았다. 그 이유 는 내각제 개헌이 다른 형태의 집권연장 음모라는 인식이 팽배한 가운데 당시 민주화 세력의 대표격인 김영삼 총재와 김대중 총재가 대통령제를 선호하였기 때문이다.

결국, 민정당의 노태우 대표가 1987년 6월 29일 대통령 직선제 개헌 요구 등을 수용하는 8개항의 선언을 발표함에 따라 한국정치의 민주화는 새로운 전기를 맞게 되었다. 이어 구속자 석방과 사면·복권 조치가 이루어진 후 1987년 10월 국회 의결과 국민투표를 거쳐 새로운 헌법이 확정되었다. 새 헌법의 주요 내용은 ① 대통령은 간접선거가 아니라 직접선거에 의해 선출되고, ② 대통령의 임기는 종래의 7년 단임에서 5년 단임으로 단축되었으며, ③ 국회의 국정조사권을 부활하는 것으로 되어 있었다. 1987년 대통령 직선제로 개정된 현행 헌법은 정권이 노태우 대통령에서 김영삼 대통령, 김대중 대통령 그리고 노무현 대통령 으로 교체된 17년이 지나는 과정에서도 지금까지 그대로 유지되고 있다.

1997년 대선과정에서 김대중 후보는 내각제 개헌을 고리로 자민련 이 김종필 총재의 연대를 하여 승리하였으나 내각제 개헌 약속은 지켜지 지 않았다. 자민련은 지금도 내각제 개헌을 정강정책으로 채택하고 있으 나 개헌을 할 수 있는 국회의석을 확보하지 못하였다. 16대 국회 말 한나라당과 민주당의 일부 세력들이 내각제 개헌 문제를 다시 제기하기도 하였으나 탄핵파동 이후 4·15 총선에서 열린우리당이 승리하면서 내각제 개헌보다는 대통령 중임제 개헌이 여·야 정치권에서 거론되고 있는 상황이다.

헌법 제정과 개정 과정에서의 특징

한국은 건국 이후 56년 동안 제2 공화국에서 불과 9개월의 짧은 기간을 제외하고는 대통령제의 권력구조를 택했기 때문에 내각제보다는 대통령제가 우리에게 훨씬 익숙한 권력구조 형태라고 할 수 있다. 그러나, 우리가 채택한 대통령제는 미국식의 순수 대통령제라기보다는 국회의 동의를 받아 대통령이 임명하는 국무총리의 존재를 통해 알 수 있듯이 의원내각제적 요소가 많이 가미된 것이라고 할 수 있다.

헌법 제정과 개정과정에서의 가장 두드러진 특징은 대통령제를 채택하는 과정에서 대통령이 되려고 하는 정치인들이 핵심적인 역할을 하였다는 것이다. 제헌헌법 제정 과정에서 유진오 박사로 대표되는 전문가 그룹은 내각제안을 만들었으나 당시 제헌국회 의장이며 정계의 주도권을 쥐고 있었던 이승만 박사의 개인적인 주장으로 대통령제로 수정되었다. 5·16 군사 쿠데타 이후 추진된 헌법 개정 과정에서도 강력한 통치를 선호한 박정희 최고회의 의장과 집권세력은 국회에 의해 주도되는 의원내각제보다는 대통령제가 자신들의 통치기반 구축에 유리하다고 판단하였기 때문에 대통령제로의 개헌이 추진되었다.

6 · 29 민주화선언 이후 추진된 개헌 과정에서도 당시 정국의 주도권을 쥐고 있었던 김대중, 김영삼 총재가 자신들의 정치적 포부를 실현하기 위해 대통령 직선제를 고집하였다. 김대중 총재는 1971년 대선에서의 실패를 만회하고 싶은 욕망이 컸을 것으로 짐작되며 김영삼 대통령은 젊은 시절부터 대통령이 되려는 꿈을 키워 온 것으로 잘 알려져 있다. 이 두 정치인들의 대통령에 대한 꿈이 얼마나 간절한 것인지는 민주화 이후 실시된 1987년 대선에서 야권 후보 단일화를 이루지 못하고 동시에 출마하여 노태우 후보가 승리하는데 결정적인 원인이 되었던 사실로도 잘 알 수 있다.

대통령제가 집권자 또는 집권을 강력하게 추진하는 정치인들의 개인적인 욕망 충족 차원에서 채택되었다는 사실은 이들이 대통령에 당선된 후 집권 연장을 위해 개헌도 불사했다는 사실을 통해서도 확인되고 있다. 이승만 대통령과 박정희 대통령 모두 두 차례의 개헌을 무리하게 추진하여 자신들의 집권을 연장하였다. 민주화 이후 대통령제를 선호한 김영삼 대통령과 김대중 대통령은 집권 연장을 위한 개헌은 시도하지 않았지만 집권기간 중 통치스타일은 권위주의 시대의 대통령과 크게 다를 바 없었다. 인위적인 방법으로 정계를 개편하여 국회를 장악하려 하였고 당 운영도 민주화와는 거리가 먼 총재 중심의 사당화를 서슴지 않았다.

대통령제는 우리가 오래 기간 경험하였기 때문에 이에 대한 평가가 가능한 반면 내각제는 불과 9개월 밖에 안 되는 짧은 기간에만 시행되었기 때문에 이에 대한 객관적인 평가를 내리기가 어렵다고 할 수 있다.

따라서, 내각제를 정치 불안과 연결시키려는 일반적인 인식은 다소 조급한 결론이라고 할 수 있다. 오히려 내각제라는 권력구조보다는 4·19 민주화운동과 이승만 정권의 붕괴에 따른 사회불안과 장면 총리의 정치적 리더십 결여 등이 당시의 정치적 혼란을 설명해 줄 수 있는 요인이라고 생각한다.

특히, 6·29 민주화선언으로 대통령 직선제가 추진되고 민주화가 이루어진지 무려 17년이나 지난 지금까지도 한국정치가 안정을 찾지 못하고 있다는 사실을 감안할 때 장면 정권에서 혼란의 원인을 내각제와 결부시키는 것은 무리라는 생각을 하지 않을 수 없다. 또한, 내각제에 대한 부정적인 시각은 대통령제를 추진해 온 집권세력이 국민들을 대상으로 조성한 의도적인 홍보전략의 결과라는 사실 역시 지적되어야 할 것이다.

2. 대통령제의 문제점

내각제와 대통령제의 비교 연구

미국 이외의 나라에서 대통령제가 성공한 경우가 별로 없다는 것은 잘 알려진 사실이다. 대통령제가 성공하기 어려운 정치제도라는 것은 학자들의 실증적 연구를 통해서도 잘 나타나고 있다. 스테판(Stepan)과 스카시(Skach)는 「내각제와 대통령제의 비교 연구」(Constitutional

Framework and Democratic Consolidation : Parliamentalism and Presidentalism)에서 1945년부터 1979년 사이에 독립한 93개 국가 중에서 독립 당시 내각제를 채택한 41개국 중 15개국에서 그 이후 민주정치가 계속된 데 반해 대통령제를 채택한 한국을 비롯한 36개국 중에서 민주정치가 계속된 국가는 하나도 없었다고 분석하고 있다.

또한, 1973년부터 1989년 기간 중 내각제를 실시한 28개국 중에서 10년간 민주정치가 지속된 국가는 17개국이나 되는 반면, 대통령제를 채택한 25개국 중 5개국에서만이 10년간 민주정치가 계속되었다고 기술하고 있다. 이러한 자료를 근거로 스테판과 스카시는 내각제가 대통령제에 비해 민주정치를 공고화할 가능성이 훨씬 높은 제도라는 결론을 도출하고 있다.

대통령제보다 내각제에서 민주주의가 더욱 성공적으로 유지되었다는 사실은 다른 학자들의 연구에서도 확인되고 있다. 프레드 리그스(Fred Riggs)는 「대통령제 : 문제성 있는 정부형태」에서 76개의 제 3세계 국가 중에 대통령제를 채택한 33개국에서 대통령제를 중단하지 않고 또 심각한 문제에 부딪히지 않은 국가가 하나도 없었던 반면, 내각제를 채택한 43개 국가들 중 2/3는 내각제를 그럭저럭 잘 유지하고 있는 것으로 나타났다. 레디비나 카리노(Ledivina Carino) 역시 1945년부터 1963년까지 민주주의 제도를 채택하고 있는 51개의 제 3세계 국가 중 내각제를 채택하고 있는 국가가 대통령제를 택하고 있는 국가보다도 민주주의 발전에 더 성공적이었다고 지적하고 있다.

후앙 린쓰(Juan Linz)는 「대통령제의 실패」(The Failure of Presidential

Democracy)에서 대통령제의 문제점을 자세히 기술하고 있다. 여기서는 린쓰가 지적한 대통령제의 문제점을 한국의 경험을 토대로 살펴보면서 그 타당성을 검토해 보고자 한다.

이원적 민주 정통성의 문제

대통령제에서는 국민들에 의해 직접 선출되어 행정부를 장악하는 대통령과 역시 국민들에 의해 선출된 입법부가 각각 민주적 정통성을 향유하고 있기 때문에 이 두 세력 간에 잠재적 대결이 상존할 수밖에 없으며 때로는 극단적으로 분출할 수도 있다는 것이다. 물론 미국에서와 같이 민주적 정통성을 보유한 대통령과 입법부가 서로 균형을 이루어 안정적 정치체제를 유지할 수도 있으나 이는 결코 쉬운 일이 아니다. 그래서 대통령제를 채택한 대다수의 국가에서는 이 두 세력 간의 갈등이 해소되지 않고 있으며 때로는 군부가 중재자로 개입하여 독재자로 군림하는 경우도 발생한다는 것이다.

한국의 경험을 살펴보면 대통령과 의회와의 경쟁관계에서 대부분의 경우 대통령이 의회를 무력화시켰다고 할 수 있을 것이다. 제헌 국회 시기에는 나름대로 의회와 대통령 간 권한이 상호 균형을 이룬 시기였다고 할 수 있으나 이러한 상황을 불편하게 여긴 이승만 대통령은 두 차례의 개헌을 통해 의회를 무력화 시키고 대통령의 권한을 확대하는데 성공하였다. 4·19 민주화 학생운동으로 이승만 정권이 붕괴되고 내각제 개헌이 이루어졌으나 1년 여 만에 5·16 군사 쿠데타가 발생하여 단기간의 내각제 시험은 끝나고 말았다.

1962년 12월 대통령제로의 개헌과정을 거쳐 대통령으로 당선된 박정희 대통령도 의회를 지배하려고 한 것은 마찬가지였다. 그나마 이승만 대통령은 집권 초기 대통령과 의회가 서로 균형을 유지한 시기를 거쳤으나 군사 쿠데타로 집권한 박정희 대통령은 처음부터 의회의 손과 발을 묶으려 하였고 급기야는 유신체제의 확립으로 의회를 완전히 '꼭두각시'로 만들어 무력화시켜 버렸다.

이러한 상황은 전두환 대통령 시기에도 그대로 유지되다가 6·29 민주화선언으로 새로운 상황이 전개되었다. 대통령 직선제 개헌으로 실시된 1987년 대선에서 당선된 노태우 대통령은 취임하자마자 여소야대 정국을 맞아 제헌국회 시기와 같이 대통령과 국회가 상호 견제하면서 균형을 유지하는 이른바 '황금분할'의 상황을 맞이하였다. 그러나, 대통령이 의회를 지배하는 전통적인 의식에서 벗어나지 못한 집권층은 3당 합당을 추진하여 어렵게 만들어진 균형을 다시 깨버렸다. 그래서 형식적으로는 민주화가 진전되었음에도 불구하고 대통령이 국회를 지배하는 비민주적 관행은 노태우 정권 후반기와 김영삼 정권 내내 지속되었다.

김대중 대통령이 취임하면서 국회는 여소야대가 되어 한국정치는 대통령과 의회가 상호 균형을 이룰 수 있는 기회를 다시 갖게 되었다. 당시 다수 의석을 갖고 있었던 한나라당이 김종필 총리 지명을 당론으로 반대하는 상황이 벌어지자 김대중 대통령은 매우 비민주적이고 비의회적인 방법으로 대응하였다. 총리 인준에 관한 투표를 중도에 중단시키고 투표함을 개봉하지 않은 것이다. 이는 '50년대 있었던 4사5입 개헌

파동과 맞먹는 수준의 폭거라 하지 않을 수 없다. 김대중 대통령은 김종필 총리서리로 하여금 총리직을 수행하도록 하고 온갖 회유와 협박 등의 방법을 총동원하여 한나라당 의원 30여명의 당적을 옮기게 하는데 성공하였다.

이런 비민주적 방법으로 국회 과반수 의석을 확보한 김대중 대통령은 국회에서 김종필 총리 임명동의안에 대한 표결을 다시 시행하여 인준을 얻는데 성공하였다. 민주화 운동에 평생을 바쳤다고 하는 김대중 대통령마저도 대통령이 의회를 지배해야 한다는 의식에서 벗어나지 못했음을 여실히 보여준 것이다.

노무현 대통령이 취임하면서 여소야대 상황은 더욱 심화되었다. 국회 소수파였던 민주당을 다시 나누어 노무현 대통령 지지의원들로 구성된 열린우리당을 창당하였기 때문이다. 최근 발생한 노무현 대통령에 대한 국회탄핵안 의결은 국민의 직접선거에 의해 창출된 대통령의 통치권과 의회의 행정부 견제권이 정면으로 충돌한 경우다. 이는 대통령제의 이원적 민주정통성 문제가 표출된 대표적인 사례라고 할 수 있을 것이다. 이 과정에서 보수와 진보세력 간의 사회적 갈등이 불거졌고 2개월간 대통령 권한대행 체제로 행정부가 운영되기도 하였다.

이러한 상황에 대한 노무현 대통령의 인식 역시 역대 대통령의 수준을 크게 벗어나지 않는 것이라고 생각된다. 의회 지도자들과 대화와 토론을 통해 문제를 해결하기 보다는 '노사모'나 시민단체 등을 동원하고 친정부적인 언론매체를 활용하여 자신에게 유리한 여론을 조성하여 의회의 반대의견을 꺾으려는 의도가 표출되었기 때문이다. 노사모 대회에 참석한 노 대통령의 '시민혁명' 발언이 그 대표적인 사례라고 할 수 있으며 이는 포퓰리즘을 이용하여 대의민주주의를 무력화 시키려는 의도라고 해석될 수 있기 때문에 마땅히 경계의 대상이 되어야 할 것이다.

4·15 총선에서 여당이 과반의석을 확보하여 민주화 이후 지속되었던 이원적 정통성 문제는 해소되었다고 할 수 있다. 그러나 만일 총선이 없었다고 한다면 의회와 대통령 간의 마찰과 이에 따른 혼란은 상당기간 지속되었을 것이다. 결국, 이번의 탄핵파문은 내각제에서 일어나는 내각 불신임에 대한 의회 의결과 내각에 의한 의회 해산의 형태로 수습된 것이다.

이상의 사례들로 미루어 볼 때, 우리는 건국 이후 56년이 지난 오늘에 이르기까지 대통령제에서 필연적으로 야기되는 이원적 정통성 문제를 해결하지 못하고 있다고 할 수 있다. 대통령과 의회가 서로 견제하면서 균형적 관계를 유지하지 못한 근본적인 원인은 언제나 대통령에 있었다는 사실 또한 잘 알 수 있다. 민주화 이전에는 물리적인 힘을 동원하고 헌법을 개정하여 대통령이 의회를 지배하려는 목적을 달성하였다. 민주화 이후에는 정당 간 합당 또는 연대라는 합법적인 수단이 활용되었다. 김대중 대통령은 검찰권을 야당의원 빼내기에 활용하였고 노무현 정권에서도 검찰의 대선자금 수사는 4·15 총선에서 여당 승리의 밑거름이 되었다.

그래서 1987년 이후 형식적으로는 민주화가 이루어졌음에도 불구하고 여·야 정치권은 언제나 치열한 투쟁을 지속하고 있는 것이다. 대통령은 자신에게 부여된 모든 권력을 동원하여 야당과 국회를 무력화 시키려

하고 야당은 자신의 생존을 위해 싸우고 있는 것이다. 이것이 지금까지 한국정치의 중요한 단면이었다고 할 수 있고 그 원인은 대통령제의 이원적 정통성 문제를 원만하게 해결하지 못한데 있다고 생각한다.

대통령제의 경직성

디지털 시대에는 상황 변화가 심하기 때문에 시스템의 유연성이 무엇보다도 강조되고 있다. 정치체제가 권위주의로부터 민주주의로 이행되고 민주주의가 공고화되는 시기에는 불확실성이 증대하기 때문에 정치시스템의 유연성 또한 강조되고 있다. 그런데 총리 교체나 의회 해산이 가능한 내각제에 비해 대통령과 국회의원의 임기가 고정된 대통령제는 필연적으로 정치과정이 경직성을 띨 수밖에 없다. 내각제에서는 총리가 여당을 통제하는데 실패하거나 스캔들에 휘말리게 되어 심각한 정치적 위기를 맞게 되면 총리를 사임시킬 수 있다. 그러나 고정된 임기로 선출된 대통령을 사임시키는 것은 매우 어렵다. 헌법에 탄핵제도가 명시되어 있지만 내각제에서의 불신임 투표에 비하면 그 적용은 훨씬 어렵다. 이는 최근의 탄핵파동 과정에서도 확인되었다.

물론 정권이 자주 바뀌는 것이 바람직한 일은 아니다. 그러나 대통령의 통치가 어려운 상태가 발생하였는데 이를 즉각 해결하지 않고 장기화시키는 것은 국익에 도움이 되지 않는다. 예를 들어, 미국 클린턴 대통령의 성 추문 사건은 내각제에서는 총리사임에 해당되는 사안으로 즉각 해결되었을 터인데 대통령제인 미국에서는 이 사건의 해결이 장기화되면서 많은 정치·사회적 혼란을 초래했던 것을 우리는 목격하였다. 최근 한국에서는 노무현 대통령이 취임한 지 1년도 안되어 '대통령하기 힘들어 죽겠다'라는 발언을 하는가 하면 국민투표로 중간평가를 받겠다는 비헌법적인 '폭탄선언'을 하기도 하였다. 이런 와중에서 대통령 탄핵 파동이 발생하였으며 그 과정에서 보수와 진보세력 간의 갈등은 심각한 수준에 이르렀다. 이 역시 대통령제의 제도적 경직성에 기인하는 것이라 할 수 있을 것이다.

대통령 무책임제

요즈음 '대통령 무책임제'라는 말이 자주 사용되고 있다. 이는 현행 대통령제에서 대통령의 책임을 묻기가 어렵다는 것이다. 특히, 한국과 같이 현직 대통령의 재선이 제도적으로 금지되어 있는 경우 현 대통령에게 그가 수행한 정책의 책임을 묻기는 거의 불가능하다. 차기 대통령 선거에서 현직 대통령이 소속한 정당의 후보에게 그 책임을 물을 수 있다고 반론을 펼 수도 있겠으나 실제로 그러기는 쉽지 않다. 비록 같은 정당에 소속되었다고 하더라도 차기 대통령 후보는 현직 대통령의 실책을 부정하고 자기 나름대로의 새로운 정책을 제시할 가능성이 높기 때문이다. 1987년 대선에서 노태우 대통령은 전두환 정권의 권위주의적 통치를 부정하였고 당선 후에는 전 대통령의 친인척을 부정부패 혐의로 구속시켰으며 전 대통령을 백담사로 보냈다.

노태우 대통령과의 합당으로 대통령에 출마한 김영삼 후보 역시 선거과정에서 노 대통령의 군사문화 유산을 원천적으로 부정하였고 당선 후에는 12·12 사태 관련자들을 사법처리하고 노 대통령을 구속하였다. 김대중 대통령의 국민지지도가 바닥에 있을 때 대통령 후보가 된 노무현 후보 역시 선거유세 과정에서 김대중 대통령의 유산을 철저히 부인하여 당선하는데 성공하였고 당선 후에도 대북송금 사건에 대한 특검을 수용하는 등 전임자와의 관계를 단절하려고 노력하였다. 그래서 결국 현재와 같은 대통령 단임제 정치체제에서는 현직 대통령은 자신의 정책과 업적에 대해 아무런 책임을 지지 않고 임기를 마무리하게 된다. 그러니 현행 제도를 '대통령 무책임제'라고 부르게 되는 것이다.

예측의 어려움

대통령제에서 유권자는 자신이 찍은 후보가 당선되면 그가 집권할 것을 알면서 투표하기 때문에 유권자가 합리적인 선택을 하고 있다고 생각할 수 있다. 그러나 실제는 그렇지 못한 경우가 허다하다. 선거과정에서 유권자는 대통령 후보의 정책과 인품에 관한 많은 정보에 접하는 것이 사실이나 이러한 것들이 후보 본인의 것일 수도 있지만 참모진들이 전략적으로 만들어 낸 것일 경우가 많다. 특히, 요즈음 같이 '비디오 정치'의 중요성이 증대하는 상황에서 후자의 가능성은 더욱 높아지고 있다.

'보통 사람'을 표방하면서 중간평가를 약속하였던 노태우 후보는 대통령이 된 후 그 약속을 취소하였고 3당 합당을 추진하여 강력한 대통령이 되려고 노력하였다. 3당 합당으로 집권당의 전통을 계승할 것 같았던 김영삼 후보도 당선 후 '역사 바로 세우기'를 밀어붙여 과거와의 단절을 선언하였다. 김종필 총재와 연대로 내각제와 중도보수를 내세웠던 김대중 후보도 당선 후 내각제 약속을 깨뜨려 버렸고 거액의 현금을 주고 남북 정상회담을 성사시키면서 '햇볕정책'을 추진하였다. '기업하기 좋은 나라'와 '동북아 중심국가'를 약속한 노무현 후보 역시 취임하자마자 두산중공업 파업에 개입하여 노조의 손을 들어 재계를 불안하게 하였다. 선거과정에서 유권자의 표를 얻기 위해 대통령 후보가 약속한 공약들이 당선된 후 휴지조각이 된 사례가 너무 많은 것이다.

그나마 대통령 후보에 대해서는 많은 정보를 갖고 유권자들이 선거에 임하나 그 후보가 당선되면 어떤 인물로 내각을 구성하여 행정부를 이끌 것인지에 대해서는 전혀 알지 못한다. 야당인 경우에도 예비내각(shadow cabinet)을 구성해 운영하는 내각제와는 달리 대통령은 전혀 의외의 인물을 내각에 중용할 수 있기 때문에 대통령제에 있어서 집권자의 미래행동에 대한 불확실성은 더 크다고 할 수 있을 것이다.

승자 독식의 문제

우리 나라의 현행 대통령제에서는 최다 득표 후보가 유효표의 과반을 넘지 못해도 대통령이 되어 행정부를 장악하게 된다. 반면, 선거에서 패배한 후보는 아무런 공직도 배분 받지 못하고 정계를 떠나는 경우가 많다. 그래서 대통령제를 승자 독식(winner takes all) 제도라고 부른다.

따라서 대통령제는 전형적인 제로섬(zero-sum) 게임이 되며 승자가 되기 위한 경합은 매우 치열해 질 수밖에 없는 것이다. 과반수가 안 되면 다른 정당과 연정을 해야 집권할 수 있고 집권을 못하더라도 의회에서 야당지도자로 활동할 수 있는 내각제와는 실로 큰 차이가 아닐 수 없다.

이러한 대통령제의 승자 독식 현상은 정파 간의 경쟁을 더욱 치열하게 하고 대통령 선거 과정에서의 과열을 촉진시키는 결과를 초래하고 있다. 과거 대통령 선거에서 집권당은 집권자의 프리미엄을 최대한 활용하여 이른바 '금권·관권' 선거를 서슴지 않았고 민주화의 진전으로 이러한 관행이 크게 해소된 1997년 대선에서는 상대후보에 대한 인신공격을 주 내용으로 하는 네거티브 캠페인이 새로운 선거전략으로 부상하였다.

이회창 후보에 대한 아들 병역 시비가 대표적인 사례로 이는 1997년 대선의 승패를 좌우하는 위력을 발휘하였다. 이러한 성과에 고무된 민주당은 2002년 대선에서도 김대업의 허위고발 사건, 이 후보의 빌라 사건, 10억 달러 수수설 등의 인신공격전을 전개하였고 이러한 네거티브 캠페인 전략은 김대중 정권의 국민지지도가 극히 저조한 상황에서도 이회창 후보의 지지도 상승을 억제하는 요인으로 작용하였다.

선거 기간 중 제기된 인신공격 사례들의 상당수가 선거 후 재판 과정에서 사실 무근인 것으로 판명되었으나 이러한 판결이 선거결과를 바꿀 수는 없는 것이었다. 그렇기 때문에 향후 대선 과정에서도 상대방 후보에 대한 인신공격은 매우 중요한 선거 전술로 활용될 가능성이 높다. 현재 정부와 여당이 추진하는 과거사 규명 노력도 유력 대통령 후보인 야당의 박근혜 대표 '흠집내기' 성격이 강하다.

대통령제가 가장 성공적으로 행해지고 있는 미국에서도 후보 간의 인신공격은 성행하고 있다. 얼마 전에 있었던 부시 대통령과 민주당 케리 후보 간 병역문제 시비와 여비서와의 염문 시비가 대표적인 사례가 될 것이다. 결국, 대선 기간 중 인신공격이 난무하는 것은 앞서 지적한대로 대통령제의 승자 독식 시스템에 기인하기 때문에 대통령제에서 이를 막기는 매우 어려운 것이다.

대통령직의 양면성 문제

대통령은 국군 통수권과 외교권을 갖는 국가수반인 동시에 그에게 표를 던진 일부 유권자가 지지하는 특정 정파의 대표자이기도 하다. 이러한 대통령 직책의 양면성은 문제를 일으킬 가능성이 크다. 최근 있었던 탄핵파동의 빌미가 되었던 노무현 대통령의 열린우리당 지지발언이 이의 좋은 사례가 될 수 있을 것이다. 노 대통령의 발언은 특정 정파의 수장으로서는 충분히 있을 수 있는 행동이나 국가수반으로서는 적절치 못한 처신이었던 것이다.

대통령은 내각제에서의 수상과는 다른 대접을 받는다. 내각제 수상은 의회에서 야당지도자들과 동등한 위치에서 토론하고 언사를 주고받는다. 그러나 내통령세의 내통령은 전체 의원들 앞에서 일방석으로 연설한다. 또한, 대통령은 국군통수권 등 내각제 총리보다는 훨씬 큰 권력을 갖고 있고 이를 억제하기도 어렵기 때문에 대통령의 언행은 내각제

수상보다 훨씬 큰 비중을 갖게 된다.

그래서 대통령이 자신의 지지자들의 모임에 참석하여 시민혁명을 계속하라고 연설할 때 야당과 국민들은 긴장할 수밖에 없는 것이다. 대통령이 국가수반이라는 사실을 망각하고 특정 정파의 대표라는 생각에서 자신의 지지세력을 선동할 때 반대세력에게는 공포감을 불러일으킬 수도 있는 것이다. 대통령제에서 대통령이 국가전체를 대표하는 국가수반 역할과 특정 정파의 대표 역할을 동시에 수행하는 것은 쉬운 일이 아니며 이로 인한 오해와 여·야 간의 갈등은 지속될 가능성이 높다.

정당체계의 약화

흔히 민주주의 역사는 정당과 그들이 갖고 있는 정통성의 발달과 더불어 진전되어 왔다고 한다. 대통령은 특정 정당의 지지를 받아 선거에서 당선이 되지만 대통령에 취임하면 소속 정당의 굴레로부터 벗어나기를 원한다. 이는 대통령이 앞에서 지적한대로 특정 정파의 대표일 뿐만 아니라 국가수반의 역할을 동시에 수행하여야 하기 때문이다. 그래서 일단 당선되면 대통령은 자신의 통제가 가능한 한 약한 정당을 선호하게 된다. 대통령은 모든 국민이 참여한 직접선거에 의해 선출되기 때문에 자신이 특정 정당의 굴레로부터 벗어나는 것이 국민에 대한 책무라고 생각할 수도 있다.

우리 나라의 경험을 살펴보아도 주요 선거가 있을 때마다 야당은 대통령의 정치적 중립은 물론 심지어는 소속 정당을 탈당할 것을 요구하기도 하였다. 1997년 대선에서는 대통령이 소속한 정당의 후보가 현직 대통령의 탈당을 공개적으로 요구하고 실제로 탈당을 하기도 하였다. 그래서 대체로 대통령제가 실시되고 있는 나라에서는 정당의 발달이 상대적으로 지연되어 왔다. 한국에서 정당정치가 아직도 성숙한 단계로 진입하지 못하고 혼란상태를 보여주는 것도 건국 이후 대부분의 기간 중 대통령제를 채택하고 있었다는 사실에 기인하는바 크다고 할 것이다.

대통령선거는 인물 위주적인 특징이 있기 때문에 강력한 정당제가 정착되어 있지 않은 상황에서는 '국외자'(outsider)가 대통령 후보가 되고 당선될 가능성이 높다. 1997년 대선의 경우 이회창 한나라당 후보가 이에 해당한다고 할 수 있으며 2002년 대선에서의 노무현 후보 역시 기존 정당 체제에서는 국외자였다고 할 수 있다. 또한, 대통령선거 과정에서 미디어의 역할이 중요해지고 있기 때문에 정당의 영향력은 점차 줄어지는 반면 후보 자신의 이미지가 유권자의 선택에 더 큰 영향을 미치고 있다. 따라서 유권자의 정당 귀속감은 점차 약화되고 정당의 역할은 축소될 가능성이 높은 것이다.

그래서 대통령제는 '정당 없는 선거'를 부추기고 이에 따라 정당의 기능이 위축될 수밖에 없는 것이다. 실제로 1997년 대선에서 이회창 후보는 신문광고 등에서 당명 사용을 회피하였으며 이러한 현상은 2002년 대선에서도 그대로 재연되어 집권당의 노무현 후보 역시 신문, TV 광고 등에서 당명을 전혀 사용하지 않았다.

대통령선거가 정당보다는 후보 중심으로 이루어지기 때문에 선거에서 승리한 대통령이 소속 정당에 대해 충성심이나 애정을 갖지 않게 되는 것은 당연하다. 그래서 한국에서 대통령후보는 대통령에 취임하게 되면 자신을 대통령으로 만들어 준 정당을 버리고 자신의 추종자들로만 구성된 새로운 정당을 만들게 된다. 민주화 이전에는 자유당과 공화당이 각각 이승만 대통령과 박정희 대통령의 장기집권을 뒷받침 해주기 위해 만들어졌고 민주화 이후에는 노태우 대통령이 민자당을, 김영삼 대통령은 신한국당을, 김대중 대통령은 새천년민주당을 그리고 노무현 대통령은 열린우리당을 창당하였다.

결국, 민주화 이후의 대통령들은 기존 정당을 자신이 대통령이 되는 과정에는 이를 잠시 이용하였다가 대통령이 되고 나면 이를 허물고 자신의 집권을 뒷바라지 해 주는 새로운 정당을 만들어 낸 것이다. 결국, 한국의 정당정치는 새로운 대통령이 탄생할 때마다 새로 시작을 하게 되었고 정당정치의 역사는 대통령의 임기를 넘기지 못하고 아직도 걸음마 수준에서 답보하고 있는 것이다.

종합적 평가

후앙 린쓰가 지적한 대통령제의 문제점들은 한국정치에서 그대로 노정되었으며 이는 한국에서 민주화로의 이행이 오랜 동안 험난한 과정을 거치게 되었음은 물론 민주주의가 정착하는데 많은 어려움이 있었던 근본적인 원인이 되고 있다. 결국, 한국에서 민주주의 체제가 도입된 지 56년이 지났음에도 불구하고 민주주의의 기본인 정당정치와 의회 민주주의가 뿌리를 내리지 못하고 정치 불안이 지속되는 것은 내각제

대신에 대통령제가 도입되었기 때문이라는 생각을 하지 않을 수 없다. 건국 초기에 유진오 박사 등 전문가들이 기초한 내각제가 이승만 대통령의 개인적 편견과 정치적 야심 때문에 대통령제로 둔갑한 것이 한국에서 정치발전이 늦어지고 정치가 경제발전의 발목을 잡게 되는 상황으로까지 발전하게 된 것이다.

제2공화국에서 시도된 내각제가 5·16 군사 쿠데타로 무산되고 1987년 민주화 과정에서 제기되었던 내각제 개헌 논의가 김영삼, 김대중 등 야당지도자들에 의해 거부된 결과에 대한 값비싼 대가를 국민 모두가 지금까지도 치르고 있는 것이다. 권위주의 정권 이후 한국정치를 지배해 온 '3김'이라는 주역들이 실질적으로 정계를 떠난 현 시점에서 많은 제도적 모순점을 안고 있는 대통령제를 근본적으로 바꾸어 보려는 노력이 절실히 필요하다고 하겠다.

3. 대선자금과 정치보복

한국 정치자금의 특징

현대 민주주의는 '돈의 정치'(Money is the mother's milk of politics)라 할 정도로 민주주의가 발전하여도 정치자금은 현대정치에서 매우 중요한 역할을 하고 있다. 얼마 전 검찰이 2002년 대선자금에 대한 수사를 본격적으로 진행하면서 대선자금을 중심으로 한 불법 정치자금 문제가 언론의 머리기사를 장식하게 되었다. 그 결과 국민들은 정치자금과 정치인에 대해 매우 부정적인 시각을 갖게 된 것이 사실이다. 한국에서 왜 불법 정치자금 문제가 일어나는지에 대한 근본적인 원인 분석과 대책 마련보다는 불법 정치자금 모금과 관련된 정치인에 대한 무차별적인 비판과 함께 사법처리와 정계은퇴의 요구만 높아지고 있는 것이 작금의 현실이다.

그 결과 2002년 대선과정에서 불법 정치자금 규모가 상대적으로 많았던 한나라당의 정치적 위상은 추락하였고 총선에서 기성 정치인의 주가는 폭락하였다. 이는 4·15 총선에서 열린우리당의 승리로 직결되었다.

임성학은 「정당과 정치자금」 논문에서 한국 정치자금의 특징을 다음과 같이 정리하고 있다. 첫째는 한국 정치자금의 불법성과 비현실성이다. 이 두 문제는 서로 연관된 것으로 정치자금 제도가 비현실적일수록 불법적 정치자금의 규모와 발생횟수는 높아진다는 것이다. 예를 들어, 16대 총선에 출마하였던 후보자들을 상대로 실시한 인터뷰 연구조사 결과, 평균 선거비용은 5억 원 정도로 나타났으며 이는 법정선거 한도액 1억 2천만 원의 네 배가 넘는 수준이었다. 16대 총선에 출마한 후보자 대다수가 법정 상한선을 넘기는 사실상 선거무효에 해당되는 법 위반을 했다는 이야기가 된다.

나도 15대 총선에서 강남갑 선거구에 출마하여 당선 되었는데 당시 선거비용은 3~4억 수준이었던 것으로 기억되며 내가 선거관리위원회에 신고한 선거비용은 1억 원 수준이었다. 이것이 바로 한국 정치자금의 비현실성과 불법성의 실상이다. 법으로 정해진 정치자금 관련 규정들이 실상과는 너무 차이가 크기 때문에 실제로 거의 모든 정치인들이 범법자가 되는 것이다. 이런 상황에서 검찰에 의한 정치자금 수사는 수사 대상 정치인들로 하여금 법 집행의 형평성 문제를 제기하는 결과를 초래하는 것이다. 해당 정치인의 입장에서는 운이 없다거나 또는 정치적 목적에 의한 표적수사를 당하고 있다는 생각을 할 수밖에 없기 때문이다.

앞에서 언급한 인터뷰 연구조사의 또 하나의 특징은 정치자금이 선거에 미치는 영향이 예상보다 적은 것으로 나타난 것이다. 16대 총선에서 낙선자는 평균 5억 7천만 원을 지출한 데 반해 당선자는 이보다 적은 평균 4억 3천만 원을 선거비용으로 사용하였다. 또한, 낙선자는 정치자금이 당선에 중요한 요소라고 한 데 반해 당선자는 정치자금보다는 후보의 인지도, 소속 정당 등이 당선에 더 중요하다고 응답하였다.

실제로 선거를 치러 본 내 경험으로는 선거에서 최소한도의 자금이 필요한 것은 사실이나 돈을 많이 쓴다고 당선이 보장되는 것은 아니었다. 또한, 선거기간 중에는 선거관리위원회와 경찰은 물론 상대 후보 진영과 시민단체들에 의한 불법 선거운동에 대한 감시가 심하기 때문에 과거와 같은 금권선거는 매우 어려워진 것이 사실이다.

그러나, 현역 국회의원의 경우에는 공식 선거운동 기간 이전에 의정보고서 배포, 의정보고회 개최 등 합법적인 형태의 사전 선거운동이 가능하기 때문에 선거자금의 상당부분을 선거운동 기간 이전에 이러한 활동을 위해 사용하게 된다. 예를 들어, 강남갑 선거구의 경우 지역 내 전 가구에 의정보고서를 만들어 배포하는 비용은 적어도 5천만 원은 소요되기 때문에 총선에서 3~4억 원을 합법적으로 지출하는 것은 어렵지 않은 일이었다.

도시보다 농촌지역에서 더 많은 선거비용이 지출되고 있는 것으로 나타났다. 도시지역 후보자는 4억 8천만 원을 사용하였는데 농촌지역 후보자는 5억 6천만 원을 사용한 것으로 조사되고 있다. 도시지역에서도 강남 같은 소득수준이 높은 지역보다 소득수준이 낮은 지역에서 선거비용이 더 든다. 이는 소득수준이나 학력이 높을수록 유권자들이 후보자와의 개별적인 접촉여부보다는 학력, 경력 등 후보자의 자질을 선거에서 선택의 기준으로 삼기 때문이다. 평상시 지구당 관리비용도 농촌이 도시보다 더 많이 드는 것도 같은 맥락일 것이다.

정치자금의 조달 규모를 보면 여부야빈(與富野貧) 현상을 보이고 있다. 같은 조사에서 여당 후보의 후원회 수입은 1억 6천만 원이었고 야당 후보는 1억 1천만 원이었다. 이는 정치후원금의 대종을 이루는 기업후원금이 여당 후보에 집중되는 경향이 많기 때문이다. 선진국에서는 기업후원금은 여·야에 관계없이 친(親)기업적 정당과 기업인에게 상대적으로 많이 모이는 것이 관례이나 한국에서 기업후원금은 야당보다는 여당 그리고 여당 중에서는 권력핵심과 좀 더 가까운 정치인에게 집중되고 있다.

한국에서 기업인들은 야당이나 야당 정치인에게 정치후원금을 주면 정권으로부터 세무조사 등의 형태로 보복을 받을 수 있다고 생각하고 있다. 또한, 여권 '실세' 정치인에게 정치후원금을 주면 기업이 어렵거나 필요할 때 정부로부터 도움을 받을 수 있는 '보험금'이 될 수 있다고 믿는다. 이는 아직도 한국에서 민주주의가 제대로 이루어지고 있지 못하다는 증거일 것이다.

정치자금 출처에서 나타나는 특징은 국고보조금과 후원금이 정당의 주요 수입원이며 총선 후보자의 경우는 개인자금의 비중이 반 이상을 차지하고 후원금의 비중은 25% 수준인 것으로 나타났다. 정당의 경우 여당은 반 이상이 후원금이지만 야당은 반 이상이 국고보조금이다. 이는 앞에서 지적한대로 기업후원금이 여당으로 집중되는 현상에 기인한다. 1997년 대선에서 여·야 정권교체가 이루어졌을 때 여당이 된 민주당은 정치자금 풍년을 이룬 반면 야당이 된 한나라당은 정치자금 흉년을 맞았다는 사실은 한국에서 기업의 정치후원금 납부 행태상의 후진성을 여실히 보여 준 사례였다고 생각한다. 반면, 미국의 공화당과 영국의 보수당은 집권여부와 관계없이 정치자금 조달에서 상대 당에 비해 우위를 점하고 있는데 이는 이들 정당들이 상대적으로 친(親)기업적 정책을 지지하기 때문이다.

1980년부터 시작된 정당에 대한 국고보조금은 그 동안 지속적으로 상승하여 현재는 유권자 총수에 800원을 곱한 금액과 전국적 선거가 있을 때마다 같은 금액이 추가로 지급된다. 정당별 배분은 전체의 50%는 국회에서 교섭단체를 구성한 정당에 균등하게 배분하고 나머지는 의석 비율로 나눈다. 정당에 대한 국고보조금 지급은 최소한의 정치자금 조달을 보장하여 정당 활동을 활성화시키고 불법자금 조달의 필요성을 줄이는 긍정적인 면이 있으나 기존 정당의 기득권을 보호해 주고 정당과 정치인들의 도덕적 해이 현상을 유발할 수 있다는 부정적인 면도 지적될 수 있을 것이다.

검찰 정치시대

2003년의 대미를 장식한 대선자금 문제가 갑신년 새해에도 언론의 헤드라인을 장식하였고 이에 더해 노무현 대통령 '측근 비리' 사건들까지 겹쳐져 정치권과 국민들의 관심은 온통 정치자금 문제에 집중되었다. 서울구치소에 구속된 전·현직 국회의원의 수가 한 때 원내 교섭단체 구성 요건인 20명에 육박하게 되자 서울구치소가 '제 2의 국회의사당'이 되었다는 이야기가 있을 정도였다. 지난 대선 당시 여·야 지도부를 맡았던 인사들은 물론 김대중 정권의 핵심 실세 인사들과 노무현 대통령 당선 과정에서 큰 공로를 세운 인사들 모두가 서울구치소에 수감되는 사상 초유의 상황이 벌어졌던 것이다.

검찰의 수사범위는 계속 확대되어 대선자금의 모금과정뿐만 아니라 자금 지출과정까지 포함하게 되었고 1997년 대선과정에서 한나라당에 입당한 의원 전원을 수사하겠다고 하는가 하면 중앙당으로부터 1억원 이상 지원 받은 지구당을 모두 조사하겠다고 하였다. 그러면 결국 상대적으로 지구당별 자금지원이 많았던 한나라당은 거의 전 지구당이 검찰수사의 대상이 되는 것이다. 이에 더해, 여·야 각 당은 여론을 의식하여 검찰의 수사대상이 된 정치인들을 4·15 총선 공천에서 배제하였으니 17대 총선 후보의 예비심사는 사실상 검찰이 한 셈이다.

민주화 이후 각 정당의 공천은 실질적으로 '3김'으로 대표되는 당

보스들에 의해 결정되었다. 이제 '3김 정치시대'가 막을 내리려고 하니 정치자금 문제가 폭발하여 검찰이 정치인의 정치생명을 결정하는 '검찰 정치시대'가 새로 개막되고 있다는 생각이 들지 않을 수 없다. 권위주의 정치시대에는 정보기관이 정치 적격자를 심사하여 결정하였고, 민주화 시대에는 3김으로 대표되는 정당 보스들이 공천권을 독점하여 정치를 할 수 있는 사람들을 지명한 데 이어 최근의 검찰 정치시대에는 검찰에 의해 '정치 부적격자'들이 추려지는 상황이 벌어지고 있는 것이다.

1997년 대선자금과 관련한 이른바 '세풍'(稅風)사건에 연루되어 1998년 9월부터 1년간에 걸친 검찰수사와 그 후 지난 4년간의 재판 결과 2003년 8월 1심 선고 공판에서 법정 구속되어 지금까지 옥중 생활을 하고 있는 나는 2002년 대선자금이 다시 검찰의 수사대상이 되고 정치권의 정치공방으로 연결되는 최근의 상황을 지켜보면서 '역사 는 반복된다'라는 생각을 갖지 않을 수 없다.

이미 앞에서도 지적한대로 건국 이후 실시된 여러 차례의 대통령선 거에서 집권당은 금권(金權), 관권(官權) 등 여권이 할 수 있는 모든 수단을 동원하였고 이러한 행위는 나름대로 성공을 하여 현직 대통령과 집권당 의 많은 실정에도 불구하고 대선에서 여당 후보가 언제나 승리하는 '신화'를 만들어 내는데 성공하였다.

1950년대 당시 집권당이었던 자유당은 금권과 관권은 물론 투·개 표 조작 등의 방법까지 동원하여 선거에서는 승리하였으나 부정선거에 대한 국민적 저항 때문에 정권이 붕괴되는 비운을 겪었다. 군사 쿠데타에 의해 집권한 박정희 대통령은 금권·관권 등의 여당 프리미엄을 최대한 활용하여 1960년대에 있었던 두 차례의 대선과 3선 개헌 후 실시된 1971년 대선에서 승리하여 자신의 장기집권 기반을 구축하였다.

그 후 유신체제와 전두환 정권의 정치암흑기를 지나 1987년 6·29 민주화선언을 계기로 대통령 직선제가 다시 부활되었다. 1987년과 1992년 대선에서 당시 여당은 독재정권 시대에서와 같은 관권선거는 치를 수 없었으나 행정부를 장악한 이점을 최대한 활용하여 야당에 비해 훨씬 큰 규모의 선거자금을 조달하여 이를 선거운동에 활용하였고 이는 여당 후보가 지속적으로 당선되는 '전통'을 유지하는데 크게 기여하였다.

권위주의 정권시대에는 집권세력이 정치자금을 독점하였다. 당시에는 정부가 관치금융으로 기업의 자금줄을 통제하고 있었기 때문에 야당에게 큰 규모의 정치자금이 흘러들어 가는 것이 사실상 불가능하였으며 정부의 지원으로 급성장한 재벌기업들이 여권에 대규모 정치자금을 제공하는 것은 관행화되어 있었다. 청와대의 강력한 통제하에 있었던 당시 검찰은 당연히 정치자금에 대한 수사는 '성역'으로 인식하였기 때문에 정치자금이 사회적으로 문제가 된 적은 별로 없었다. 이 시대에는 집권세력이 기업으로부터 정치자금을 거두어 이의 일부를 야당에게 건네주어 야당의 '협조'를 부탁하기도 했다고 알려지고 있다.

그러나 김영삼 대통령의 '문민정부'가 출범하면서부터 이러한 관행이 깨지기 시작했다. 김영삼 대통령은 취임하자마자 자신은 재임 중 기업으로부터 정치자금을 한 푼도 받지 않겠다고 선언하면서 금융실명제를 실시하였다. 또한, 전두환 대통령과 노태우 대통령 비자금 사건을 검찰로 하여금 수사토록 하였고 이 두 전직 대통령이 정치자금 사건으로 사법처리 되었음은 물론 이들에 대한 추징금 문제는 아직도 사회적 물의를 일으키고 있다.

이로써 정치권의 정치자금이 검찰수사의 대상이 되는 새로운 관행이 생기게 되었다. 김영삼 대통령과 측근 인사 역시 이로 인한 피해자가 되었다. 한보철강 사건으로 김 대통령의 아들과 측근 인사들이 김 대통령의 재임기간 중 구속되었고 지금도 1996년 총선자금과 관련한 이른바 '안풍'(安風)사건으로 김영삼 대통령 자신도 검찰의 수사대상으로 거론되기도 하였다.

김영삼 대통령이 검찰의 전직 대통령 비자금 수사로 군사독재로 얼룩진 과거와의 단절을 시도하였던 반면 김대중 대통령은 검찰에 의한 정치자금 수사를 당면 정치현안을 해결하는 데 활용하였다. 김대중 대통령은 취임 초 김종필 총리 임명이 당시 국회 다수의석을 갖고 있었던 한나라당의 반대로 좌초될 위기에 처하게 되자 한나라당 의원들을 갖은 회유와 협박으로 빼내어 여소야대 정국을 여대야소로 바꾸어 보려고 하였다. 그 대표적인 사례가 세풍사건에 대한 검찰수사였다.

1997년 대선은 선거과정에서 금권·관권의 시비가 전혀 없었던 한국 정치사의 첫번째 대통령선거였다고 할 수 있다. 그 이유는 크게 두 가지로 요약될 수 있을 것이다. 후선, 이회창 후보와 김영삼 대통령간의 갈등과 이로 인한 김 대통령의 한나라당 탈당 선언으로 이회창 후보는 실질적으로 '여당 후보'의 사격을 상실하였다고 할 수 있다. 또한, 이회창 후보는 여당에게 절대적으로 유리한 지정기탁금제도를 스스로 포기하는 등 과거 대선에서와 같은 여당에 의한 금권선거를 하지 않겠다는 강한 의지를 갖고 있었다. 이에 더해, 선거 초반에 야당에 의해 제기된 아들 병역문제로 이회창 후보의 지지도는 김대중 후보에 비해 뒤져있었기 때문에 기업후원금도 이 후보 진영보다는 김 후보 진영에 더 집중되었다.

그 결과, 야당보다 여당이 수십 배의 자금을 살포하였던 역대 대통령 선거와는 달리 1997년 대선에서는 '명목상' 여당의 이회창 후보는 야당의 김대중 후보보다 선거자금 지출규모가 적었을 것이며 이는 한국 정치사상 처음으로 대선에서 여권 후보가 패배하여 여·야 간 정권교체가 이루어지는 결과를 초래하였다. 그럼에도 불구하고, 한나라당 이회창 후보의 1997년 대선자금이 사상 처음으로 검찰의 수사대상이 되어 사법처리되었다.

대선자금 수사에서 중요한 고려사항은 검찰수사의 정치적 중립성이 보장되어야 한다는 것인데 이 원칙은 세풍사건에서 완전히 무시되었다. 1997년 대선 승자인 김대중 후보는 물론 패자이면서 대선 후 여당으로 당적을 옮긴 이인제 후보의 대선자금은 검찰이 수사도 하지 않은 반면, 대선 패자이며 제1 야당의 총재이자 당시 차기 대선에서 대통령 후보가 유력시되는 이회창 후보의 대선자금만 수사의 대상이 되었다는 사실 자체가 이 사건의 정치적 중립성에 문제가 있었음을 설명해 주고 있다.

당시 검찰 총수였던 김태정 검찰총장은 1997년 대선과정에서 문제로 제기되었던 김대중 후보의 정치비자금 사건은 선거기간 중 수사를 유보하는 결정을 하였고, 선거에서 김대중 후보가 승리하자 이 사건을 충분한 수사도 하지 않은 상태에서 무혐의처리 하였다. 그 후 사상 처음으로 여·야 간 정권교체가 이루어진 상황에서도 김태정 총장은 김대중 대통령에 의해 유임되었다.

1998년 8월 한나라당 전당대회에서 이회창 의원이 총재로 선출되던 날, 나에 대한 출국금지 조치로 대외적으로 알려진 검찰수사는 한나라당에 대선자금 지원 가능성이 있는 모든 기업에게 확대되었고 수사기간도 1년 이상 지속되었다. 수사과정에서의 피의사실이 조직적으로 언론에 사전 유출되었으며 이는 당시 청와대와 여당에 의해 한나라당에 대한 정치공세 자료로 활용되었다. 이 사건이 해당 기업의 세금 납부와는 직접적으로 관련이 없었음에도 불구하고 나를 세도(稅盜)라고 매도하였다. 김대중 대통령은 검찰이 수사 중인 사건에 대해 철저한 수사를 공개적으로 검찰 수뇌부에 지시하기도 하였으며 여당은 '세도 규탄대회'를 전국 모든 지구당에서 개최하기도 하였다.

검찰수사가 1년 이상 지속되는 과정에서 수많은 재계 인사들이 검찰의 소환대상이 되었고 그 결과 야당인 한나라당의 자금줄은 완전히 봉쇄된 반면 여당의 자금줄은 활짝 열리게 되었다. 그 후 실시된 광명 및 구로 보궐선거에서 당시 여당 후보들은 많은 선거자금을 살포하였고 이에 대한 고소·고발 사건이 줄을 이었으나 당시 검찰은 이 중 어느 것도 사건화 시키지 않았다. 2000년 총선에서도 여당은 상대적으로 많은 정치자금을 모금하여 사용하였는데 이 역시 세풍사건에 대한 검찰의 편파적 수사로 얻은 여당의 반사이익이었다고 할 수 있다.

세풍사건에 추가하여 배남치, 황낙주, 김윤환, 박관용, 오세응, 이부영, 김중위, 이기택 등 한나라당 중진의원들의 정치자금에 대한 검찰수사가 진행되면서 정치권에는 공포 분위기가 조성되었다. 이런 과정을 통해

30여 명의 한나라당 의원들이 당적을 옮기게 되었으며 그 결과 여소야대 국회는 여대야소가 되었다. 이러한 한국의 정치적 상황을 당시 외신은 'DJ의 JJ정책'이라고 비난하기도 하였다. 'JJ는 영어로 'Join us or go to jail' (우리에게 오든지 그렇지 않으면 감옥에 가라)의 약자를 의미한다. 또한, 국내 언론은 당시 상황을 '유권무죄·무권유죄'(有權無罪·無權有罪)로 표현하기도 하였다.

이와 같이 세풍사건과 관련한 정치적 부작용은 많았던 반면, 이 사건의 사법처리로 인한 '불법 대선자금 재발 방지'라는 긍정적인 효과는 없었던 것으로 판단된다. 최근 진행된 2002년 대선자금 수사결과에서도 잘 나타나듯이 세풍사건으로 정치적 이득을 본 민주당과 이 사건의 피해자인 한나라당 모두 지난 번 대선과정에서 불법 대선자금을 모금하여 사용한 것으로 나타나고 있기 때문이다. 특히, 이 사건으로 인해 갖은 수모와 어려움을 당한 한나라당이 1997년 대선 당시보다 훨씬 큰 규모의 불법자금을 기업으로부터 모금했다는 것은 충격적인 일이 아닐 수 없다.

세풍사건이 대선 승자의 자금은 건드리지도 않고 대선 패자의 자금만 집중적으로 수사하여 사법 처리의 대상으로 삼아 야당의 이미지를 훼손시키고 여당에게 야당 공격자료를 제공하는 형태로 진행됨으로써 이 사건이 정치권에 준 교훈은 '불법자금을 모금해서는 안 된다'가 아니라, '어떻게 해서든지 대선에서는 이겨야한다'라는 것이 되었기 때문이다. 이는 대선자금을 수사하는데 있어 가장 중요한 것은 수사과정에서 정치적 중립이 지켜지고 법 집행의 공정성이 유지되는 것이라는 사실을 우리에게 일깨워주는 것이라고 할 수 있다. 세풍사건은 결과적으로 검찰의 정치적 중립성을 훼손시키는 계기가 되었다. '정치 검찰'이라는 비판의 목소리는 높아지면서 검찰 내부에서도 반발이 일어나는 '검찰 파동'과 검찰총수의 사퇴로 비화되었기 때문이다.

나는 재판과정에서 지속적으로 세풍사건은 검찰의 기소권이 남용된 대표적인 사례라고 주장하였다. 그러나, 법원은 검찰의 기소권 남용 부분에 대해서는 판단을 유보한 채 나와 관련 인사들의 정치자금법 위반 부분에 대해서만 사법적 판단을 하였다. 이는 누구든 선거를 통해 정권쟁취에 성공하면 검찰을 동원하여 정치적 반대세력의 정치자금을 조사하여 조금이라도 위법사항을 발견하면 상대방에 대해 철퇴를 가할 수 있다는 것을 사법부가 공인해 준 것이라 할 수 있다. 대통령의 권력이 사법부 위에 군림한다는 사실을 새삼 실감케 하지 않을 수 없다.

국민 직선에 의해 선출된 대통령의 권력이 사법부 위에 있다는 사실은 최근의 탄핵파동 과정에서도 확인되었다. 헌법재판소는 노무현 대통령이 법을 위반한 것은 사실이나 위반 정도가 대통령 탄핵을 필요로 하는 수준은 아니라는 '주관적이고 정치적인 판단'으로 대통령 탄핵안을 기각하였다. 그러나, 헌법 제65조는 대통령이 '그 직무수행에 있어서 헌법이나 법률을 위배한 때에는 국회는 탄핵의 소추를 의결할 수 있다'고 규정하고 있다. 대통령의 법 위반사항이 탄핵을 필요로 할 정도의 중대한지에 대한 정치적 판단은 당연히 국민의 대표기관인 국회의 몫이라고 생각한다. 헌법재판소의 판단은 실제로 헌법이나 법을 위반했는지에 관한 법률적인 것에 국한되어야 한다는 것이 나의 생각이다.

그러나 헌법재판소는 국회가 이미 내린 정치적 판단을 다시 수정하였다. 이는 국회의 탄핵안 처리 이후 노무현 대통령지지 세력들에 의한 촛불시위와 4·15 총선에서의 열린우리당 승리 등을 감안한 '정치적 고려'라는 생각을 아니할 수 없다.

2002년 대선자금에 대한 검찰의 수사는 세풍사건과는 달리 승자와 패자 모두를 대상으로 진행되었다. 그래서 이번의 검찰수사는 나름대로 국민들의 지지를 받았던 것이 사실이다. 그러나 이번에도 검찰수사 내용을 자세히 들여다보면 정치적 중립성이 완전히 지켜졌다고 보기는 어려울 것 같다.

대선 패자인 이회창 후보 진영에 대한 수사는 그 내용을 철저히 파헤쳐 한나라당을 붕괴 직전의 위기까지 몰아넣은 반면 대선 승자인 노무현 후보 진영에 대한 수사는 주변 인물들의 개인비리 차원으로 격하되어 노무현 대통령이나 여당에는 큰 정치적 타격을 주지 않았기 때문이다.

2002년 대선자금의 수사는 결국 한나라당의 지지도를 추락시켰으며 여당인 열린우리당은 그 반사이익을 얻어 민주당으로부터 분당 당시의 정치적 어려움을 말끔히 씻고 국민지지도 1위의 정당으로 부상하여 4·15 총선에서 과반의석을 확보하였다.

검찰수사가 주요 정당의 정치적 위상을 완전히 뒤바꾸어 놓은 것이다. 총선을 불과 몇 달 앞두고 진행된 검찰의 정치자금 수사가 많은 정치인들의 정치생명에 종지부를 찍는 계기가 되었고 주요 정당의 위상을 전환시켰으니 이제 가히 '검찰 정치시대'가 도래하였다고 해도 과언이 아닌 것이다.

'정치 검찰'답게 검찰의 '정치 기술'도 1997년 세풍사건 수사 때보다 한층 정교해지고 있다. 검찰은 정치적 중립이라는 모양새를 갖추기 위해 2002년 대선에서의 승자와 패자 모두를 수사했으나 패자는 출구조사까지 해서 한나라당 전체의 정치적 위상을 추락시킨 반면, 승자는 모양새를 갖추는 차원에서 수사를 마무리하여 열린우리당이 총선에서 승리하는 결정적 계기를 만들어 주었다.

한화갑 의원에 대한 구속영장은 호남지역 표를 의식하여 집행하지 않은 반면, 이인제 의원에 대한 구속영장은 총선 후 강제 집행하였다. 이회창 총재에 대한 수사 가능성을 계속 열어두어 총선에서 한나라당에게 부정적 영향을 미치게 한 후 총선 후에는 수사종결을 선언하여 헌법재판소의 노 대통령 탄핵심의에 부정적 영향을 미칠 가능성을 사전에 차단시켰다.

검찰의 대선자금 수사는 열린우리당의 총선에서의 승리는 물론 재벌기업에 대한 대통령의 장악력을 제고하는 데에도 크게 기여하였다. 검찰수사 기간 중에는 장기 해외출장 중이었던 재벌총수들이 검찰수사가 종결되자 노무현 대통령과의 면담을 위해 속속 귀국길에 올랐고 노 대통령과 면담 후에는 미래전망이 불투명한 상황에서도 '과감한' 투자계획을 앞 다투어 발표하는 촌극이 벌어지기도 하였다. 민주화 이후 역대 대통령들이 자신의 정치구상을 실현시키고 재계에 대한 통제력을 행사하는 수단으로 검찰을 십분 활용해왔는데 이러한 전통이 지금도 계속되고 있다는 사실을 새삼 실감케 한다.

4. 포퓰리즘과 참여민주주의

포퓰리즘의 발생 원인과 문제점

민주화 이후 한국정치의 패러다임으로 자리를 잡았던 지역주의가 3김의 실질적인 퇴장으로 점차 강도가 떨어지고 있는 반면, 대통령제의 실패사례로 지적되는 남미제국에서 성행하였던 포퓰리즘(populism)이 한국정치의 새로운 패러다임으로 부상되고 있다는 우려의 목소리가 높아지고 있다.

포퓰리즘이라는 말은 러시아에서 처음 생겨났다고 한다. 1870년부터 급진적 지식인들을 중심으로 농촌사회의 개혁을 시도한 'narodniki' 운동을 영어로 옮긴 것이다. 1890년대 미국에서 농민들을 중심으로 한 국민당(US People's Party)이 양당 체제의 벽을 넘어 급진적 정치운동을 시도한 적이 있는데 이 역시 포퓰리즘의 분출로 이해되고 있다. 이와 같이 19세기 후반에 러시아와 미국을 중심으로 일어난 고전적 포퓰리즘이 농촌을 중심으로 전개되었던 반면, 근대적 포퓰리즘은 1920년대부터 1960년대까지 남미국가에서 도시대중을 기본적 동력으로 시도되었다는 차이점이 있다.

포퓰리즘은 한국에서는 '대중주의', '대중영합주의' 또는 '인기영합주의' 등으로 표현되기도 하는데 여기서는 그냥 포퓰리즘으로 사용하기로 한다. 포퓰리즘의 첫번째 특징은 사회 · 정치적으로 위기감이 고조되었을 때 나타난다는 것이다. 남미의 경우 20세기 초 자본주의적 산업화가 본격적으로 추진되면서 농촌을 떠나 도시로 사람들이 몰려들었으나 경제정책의 실패로 빈부격차가 심해지고 도시빈민이 증가하는 위기 상황에서 포퓰리즘이 나타나기 시작하였다. 이를 주도하는 세력은 대개 기존 지배계층의 주류에서 밀려난 사람들로 구성되었으며 이들은 대중을 선동하여 자신들의 정치·사회적 위상을 높이려 하였다. 포퓰리스트(populist)들은 도시 근로자와 빈민들을 파고들어 위로하였고 이들에게 물질적 혜택을 약속하였다. 이에 감동한 대중들은 포퓰리스트들에게 대규모 시위참여 등을 통해 정치적인 힘을 실어 주었다.

남미 포퓰리스트 대다수는 사회주의적 이데올로기를 표방하였다. 콜롬비아의 ANAPO(Alianza Nacional Popular)는 '콜롬비아식 사회주의'를 약속하였고, 페루의 APRA(Alianza Popular Revolucionaria Americana)는 '남미식 마르크시즘'을 선전하였으며, 아르헨티나의 페론(Peron)은 공산주의와 자본주의를 대신할 '제 3의 길'을 추구한다고 주장하였다. 그러나, 이들이 주창한 이데올로기는 특정 지도자를 중심으로 세력이 형성된 후 정치적 필요에 의해 만들어진 것이었기 때문에 뚜렷한 사상이나 정책목표가 있었다고 하기보다는 대중의 감성에 호소하는 측면이 강했다. 그래서 대중이 이해하기 어려운 이데올로기보다는 민족주의가 '전가(傳家)의 보도(寶刀)'와 같이 활용되었다. 이 과정에서 미국 등 제국주의에 대한 투쟁이 대중들의 민족주의 감정을 자극시키는 효과적인 수단으로 이용되어 왔다.

포퓰리즘의 공통된 특징은 대의제 정치에 대해 적대적이라는 점이다. 포퓰리스트들은 대의제 정치의 복잡성을 회피하고 대중을 상대로 직접적인 대화를 선호한다. 이들은 전문 정치가들을 믿지 않고 이들의 개입 없이 대중과 함께하는 정부를 만들려고 한다. 그래서 포퓰리즘은 의원내각제를 실시하는 국가에서보다는 남미나 한국과 같이 대통령제 하에서 성행하게 된다. 포퓰리즘은 대통령이 민중의 힘을 빌려 의회를 무력화시킬 수 있는 매우 효과적인 수단이 될 수 있기 때문이다.

그러나 문제는 대중을 하나의 통합된 실체로 볼 수 없다는 사실이다. 대중의 의견이 단일한 경우는 거의 없기 때문이다. 또한 대중의 의견이 반드시 옳은 것이라는 보장도 없다. 복잡한 문제에 대한 대중의 판단이 경솔하고 무분별할 수도 있으며 때로는 잘 못될 때도 있다. 그렇기 때문에 포퓰리즘은 다수의 횡포를 초래하기도 하고 극렬한 소수의 무책임한 전횡을 야기할 수도 있다. 많은 경우에 포퓰리즘은 권력자의 집권 및 통치도구로 전락되기도 한다. 또한, 포퓰리즘이 성행하면 대의민주주의가 발전할 수 없기 때문에 민주주의 자체의 큰 위협이 되는 것이다.

남미국가에서 포퓰리즘은 국내 산업을 보호하고 사회복지를 확대하는 경제정책을 추진하였다. 그러나, 민족주의에 바탕을 둔 대내지향적 경제정책은 경제의 활력을 저하시켰고 국내기업의 비능률적 경영을 조장하였다. 그리고 사회복지의 확대는 필연적으로 재정의 팽창과 인플레이션의 유발을 초래하여 경제는 저성장과 고물가상승의 악순환을 거듭하게 되었다. 이런 와중에서 경제위기는 주기적으로 발생하였고 국민 대중의 실질적 복지는 증진은커녕 퇴보의 길을 걸었다. 1차 세계대전까지만 해도 세계 선진국 대열에 있었던 아르헨티나가 페론 집권 기간 중 노동자 계층을 조직화하고 임금인상과 각종 선심성 복지정책을 구사하면서 반미(反美)를 구호로 강력한 민족주의를 추구한 결과 경제 파탄이 초래되어 후진국으로 전락해 버린 것은 포퓰리즘이 경제에 미치는 악영향을 보여주는 대표적인 사례로 지적되고 있다.

참여민주주의의 허와 실

노무현 대통령은 취임 후 자신이 이끄는 정부를 '참여정부'로 특징지었고, 열린우리당은 '전자 민주주의의 활성화 등을 통한 참여민주주의의 실현'을 기본정책으로 제시하고 있다. 참여민주주의(participatory democracy)가 정치권의 새로운 관심사로 등장한 것이다.

참여민주주의는 '전체 공동체의 중요한 의제 설정이나 정책 결정에 대다수의 시민들이 보다 직접적인 형태로 참여하는 민주주의의 형태'로 규정되고 있다. 이한구는 「디지털시대의 다양한 민주주의와 그 정당성」에서 '참여민주주의는 1960년대 후반 신좌파 운동의 모토로서 제창된 것으로 생활정치에 대한 욕구가 증대함에 따라 관심의 대상이 된 후 디지털 시대가 되면서 다양한 모습으로 나타나고 있다'고 기술하고 있다.

페이트맨(Pateman) 등 참여민주주의 주창자들은 '대의민주주의가 민주주의를 정치 엘리트를 선출하는 절차를 축소시키고 있다고 비판하면서 '시민의 지배'라는 본령으로 돌아갈 수 있도록 참여를 조직화하고 확대해야한다'고 주장한다. 참여민주주의자들은 민주주의의 이상을 고대 그리스의 직접민주주의에서 찾으며 '시민들이 정치에 직접 참여함으로써 공동선을 배우고 법에 복종하며 공동체의 발전에 노력하게 된다'는 루소(Rousseau)의 고전적 전통을 이어받으려 하고 있다.

시민들의 정치참여는 매우 바람직한 일이나 문제는 참여의 범위와 한계라고 할 수 있다. 참여가 대의민주주의를 보완하는 선에서 멈추어야 하는지, 아니면 대의민주주의를 대체할 수준까지 확대되어야 하는지가 논쟁의 초점이 되고 있다. 시민의 정치참여는 시민권의 발휘이고 시민 자율성의 확대라는 장점이 있는 것이 사실이지만 과도한 참여는 새로운 문제를 만들어 낼 수 있기 때문이다. 특히, 시민들이 공동의 선을 추구할 수 있을 정도로 성숙되어 있지 않은 상태에서 일부 과격세력의 극성스런 참여는 사회적 분열을 초래할 수도 있다. 또한, 참여민주주의가 지나치게 강조되는 경우 대의민주주의가 위축되고 포퓰리즘이 득세할 위험도 높아질 수 있다. 이러한 성향은 의원내각제보다는 대통령제를 채택한 국가에서 발생할 가능성이 더욱 높다고 하겠다.

1990년대 들어와 인터넷의 사용이 보편화되면서 인터넷 등 전자 기술의 적극적인 활용을 통하여 시민의 정치참여가 일상화되는 '전자 민주주의'(digital democracy)가 현실화 되면서 참여민주주의는 새로운 도약의 계기를 맞게 되었다. 전자민주주의라는 용어는 1970년대부터 테드 베커(Ted Becker) 등의 정치학자들이 사용하여 왔으나 일반의 관심 대상이 된 것은 1992년 미국 대통령선거에서 로스 페로(Ross Perot) 후보가 전자타운 홀 회의(Electronic Town Hall Meeting)를 제안하면서 비롯되었다. 한국에서도 2002년 대선은 전자민주주의의 실질적인 출발 점이 되었다고 할 수 있다.

디지털 기술이 민주주의 발전에 기여할 것이라는 근거는 다음과 같다. 첫째, 인터넷의 발달은 정보의 거래비용을 축소시켜 주고 정치, 정부, 정책에 관한 정보의 입수를 용이하게 해 줌으로써 시민들은 국정 전반에 걸쳐 적극적인 정치적 역할을 하게 되고, 시민들의 권한은 더욱 강화된다는 것이다. 둘째, 디지털 매체를 통한 시민과 공직자들 간의 효과적인 대화를 통해 국가정책에 관한 활발한 토론과 폭 넓은 여론수렴이 가능해 짐은 물론 공공정책 결정에 있어서 일반 시민들의 역할과 영향력이 강화된다는 것이다. 셋째, 인터넷은 시민들 사이의 토론과 토의를 활성화시키고 사회적 공론을 형성하는데 기여한다는 것이다. 그래서 그로스만(Grossman)은 「전자공화국」(The Electronic Republic)에서 디지털 기술의 발전으로 고대 그리스의 직접민주주의, 근대의 대의민주주의에 이어 전자민주주의라는 시민의 정치참여가 활성화되는 제3의 민주주의 시대가 열릴 것을 예측하고 있다.

이러한 낙관적인 예측에도 불구하고 이동수는 「디지털 시대의 토의 민주주의」에서 '정치에 있어서 인터넷으로 인한 혁명적인 변화는 아직 그렇게 두드러져 보이지 않는다'라고 기술하고 있다. 그 이유 역시 다음과 같이 요약될 수 있을 것이다.

첫째, 인터넷 등 전자기술의 발달로 시민사회가 권력을 감시하는 기능이 제고된 것은 사실이나 기존 권력이 사회를 감시할 수 있는 능력은 이보다 더 증대되었다고 한다. 또한 인터넷이란 매체두 일반시민들보다 정부나 정치인들이 더 잘 활용할 가능성이 많다는 것이다. 둘째, 인터넷은 이미 정치적으로 적극적인 계층의 목소리는 더욱 크게 해 주는 반면 정치적으로 무관심하고 소극적인 계층의 정치 참여를 유도하지는 않는다는 것이 실증적 연구의 결과다. 셋째, 정보의 무분별한 범람은 대중의 판단력을 흐리게 하고 익명성을 이용한 사이버 공간에서의 저질적 상호 비방과 정치공세는 새로운 문제점으로 대두되고 있다. 이러한 현상은 지난 2002년 대선 과정에서도 확인되었다.

민주화 이후 시민운동의 활성화는 한국에서 참여민주주의의 폭이 넓어지고 민주주의의 사회적 기반을 확대하는데 기여하여 왔다. 김호기는 「민주화, 시민사회, 시민운동」에서 '국가의 과잉 발전과 시민사회의 저(低)발전'을 한국사회 근대화 과정의 특징으로 지적하고 있다. 역사적으로 볼 때, 강력한 유교 전통은 가부장적 원리를 토대로 국민들의 일상생활 영역을 일차적으로 가족에, 나아가서 가족의 외연인 국가에 귀속시켰기 때문에 시민사회는 서구에서처럼 아래로부터의 자발적인 형성과정을 거치지 못하고 위로부터 창출된 특성을 지니고 있다고 할 수 있다.

한국에서 시민사회 세력들은 해방과 더불어 급격하게 부상하였으나 권위주의적 정권들이 오랜 기간 집권하면서 시민사회의 실질적인 활동 공간은 매우 협소해졌고 그 자율성도 크게 위축되었던 것이 사실이다. 그러나, 시민세력들은 4·19 학생 민주화운동, 광주항쟁 그리고 6·29 민주화선언 등 독재 권력에 대한 국민적 저항운동 과정에서 주도적인 역할을 수행하였다. 권위주의 정치체제 아래에서는 이념과 활동분야가 다른 여러 시민세력들이 이른바 '재야'로 결집되어 군부 독재에 대항하는 민주화 운동을 주도하였으며 1987년 6월 항쟁을 계기로 민주화를 이룩하였다.

민주화 이후 시민운동은 활발하게 전개되었다. 그 과정에서 민중운동과 시민운동 간의 노선분화도 진행되었으며 저항적 사회운동을 주도한 민주세력은 1980년대 후반 소련과 동구 사회주의 몰락 이후 활동이 부진해진 반면 시민운동의 활동은 상대적으로 부각되었다.

1989년 '경제정의실천시민연합'(경실련), 1993년 '환경운동연합', 1994년 '참여민주사회시민연대'(참여연대) 등이 1990년대 초 결성되면서 시민운동은 우리사회에 뿌리를 내리게 되었다. 우선 시민단체는 사회 주요 현안에 대한 여론을 형성하고 이를 보급·확산 시키는 역할을 하고 있다. 경실련은 특정 계층의 이해관계를 초월하여 사회적 공공성을 추구하는 시민운동으로 발전하였고, 환경운동연합은 세계적인 관심사로 부각된 환경문제를 전국적으로 이슈화하는데 성공적이었으며, 참여연대는 소액주주활동 등을 통해 외환위기 이후 기업의 지배구조를 개선하는데 큰 공을 세우기도 하였다.

시민단체들은 주요 정책 현안에 대해 의견을 제시할 뿐만 아니라 정치권, 정부 그리고 기업을 감시하고 잘못을 고발하는 기능도 수행하고 있다. 이들의 활동범위도 환경, 소비자 보호 등의 전통적 분야에서 국회의원의 의정활동, 기업지배구조 등의 새로운 분야로 확대되었다. 민주화 이후 어느 선진국 못지않은 수준으로 활동이 활성화된 노동조합과 같이 시민운동 역시 활동 영여이나 활동의 강도 측면에서 이제 선진국 수준에 도달하였다고 생각된다.

사회가 선진화될수록 시민단체와 주요 정당은 서로 독립적으로 활동하는 것이 일반적인 특징이다. 정당은 일반 대중의 지지를 확보하기 위해 힘쓰며 시민단체는 활동목표와 관련하여 실용적 이해관계에서 정당과 관계를 유지하는 것이다. 그러나 한국에서는 대다수의 시민단체가 권위주의 정치시대에 당시 야당 정치세력과 같이 민주화 운동에 동참하였기 때문에 특정 정치세력과 긴밀한 유대관계가 형성되었다. 특히, 김대중 정권에서 시민단체에 대한 정부지원을 합법화하면서 시민단체들을 여권의 정치적 우호세력으로 만들려는 노력을 하였다.

이러한 움직임은 노무현 정권에서 더욱 심화되고 있으며 이런 과정에서 일부 시민단체들은 여권의 정치적 이해를 대변하는 역할을 자임하고 있다. 4·15 총선에서 특정후보의 낙선운동을 한 시민단체들이 이의 대표적인 사례로 지적될 수 있다. 지난 탄핵파동 과정에서도 진보성향의 시민단체들은 연일 촛불시위를 벌여 그 위력을 발휘하였고 이들의 적극적이고 과격한 행동은 4·15 총선 결과와 뒤이은 헌법재판소의 탄핵안 기각 결정에 직·간접적으로 영향을 미쳤다.

이와 같이, 일부 시민단체들이 여권의 '홍위병' 역할을 하고 여권이 이들 세력을 국회에서 여소야대 정국을 '우회'하는 수단으로 활용하거나 선거에서 특정 정당의 사조직 역할을 한다면 시민단체의 활동이 한국에서 민주주의를 다지는데 촉매 역할이 아니라 새로운 형태의 포퓰리즘을 불러일으켜 민주주의의 질을 저하시키는 결과를 초래할 것이다.

종합적 평가

　한국에서는 아직까지 남미국가에서와 같은 포퓰리즘은 나타나지 않은 것으로 생각된다. 그러나 역대 대통령들은 국회와 반대세력을 무력화시키고 자신의 권력 강화와 장기집권을 위해 간혹 대중심리를 이용하는 성격의 조치를 취하기도 하였다.

　이승만 정권은 6·25 전쟁으로 자연스럽게 조성된 국민들의 반공(反共)의식을 정치적으로 활용하였고 자국산업을 보호하는 정책을 구사하였으나 남미국가들과 같이 임금을 인상하고 과다한 사회복지 정책을 추진하지는 않았다. 야당도 보수적 성향이 강했기 때문에 노동자나 도시빈민을 선동하는 행동은 하지 않았다.

　군사 쿠데타로 집권한 박정희 정권과 전두환 정권도 반공의식 함양과 농어촌개발을 위한 각종 관변 사회단체를 전국적으로 조직하여 여권의 정치적 기반을 공고히 하는 수단으로 활용하기는 하였지만 경제정책은 인기영합적인 내용보다는 경제원리에 충실한 방향으로 추진하여 세계적으로도 부러움을 받을 정도의 경제발전을 이룩해 냈다.

　민주화 이후에는 상황이 다소 달라져 경제정책 측면에서는 대중적 인기를 의식하는 정책들이 구사되기도 하였다. 노태우 정권이 그 대표적인 사례로 민주화 과정에서 폭발적으로 분출된 노사분규에 미온적으로 대응하였고 큰 폭이 임금인상도 허용하였다. 대규모 사회간접자본 확충사업과 각종 지역개발 사업의 추진을 위해 재정정책 기조도 긴축에서 확대로 방향을 전환하였다. 이는 남미의 포퓰리스트 정부보다는 훨씬 나은 수준이지만 한국경제의 국제경쟁력을 약화시키는 결과를 초래하였다.

김영삼 정권은 금융실명제, 역사 바로 세우기 등의 과감한 개혁조치를 취하였고 이러한 조치들이 국민대중으로부터 긍정적인 평가를 받은 것은 사실이지만 대중인기 영합적인 조치들을 추진하지는 않았다. '선진복지 원년(元年)'을 선언하면서 '생산적' 복지전략을 수립하기도 하였으나 이는 어디까지나 복지제도의 경제성이 강조된 것으로 남미국가에서와 같은 '선진국 복지병'이 발생하는 정도는 아니었다.

김대중 정권은 '국민의 정부'라는 기치를 내세우기는 하였으나 정권 초기의 경제사정이 외환위기로 매우 어려웠고 경제정책의 주도권이 IMF로 넘어간 상황이었기 때문에 김대중 대통령의 '대중 경제론'에 입각한 형평 위주의 경제정책을 구사하지는 못하였다. 의료보험 분야에서 의약분업 실시와 재정통합 등을 추진하여 국민 의료비 부담이 급상승하였으나 이 역시 포퓰리즘을 구사한 남미국가들의 수준은 아니었다.

참여민주주의와 관련하여 김대중 정권의 특징은 시민단체의 활동을 정부예산으로 지원하여 활성화시켰고 정치적으로 필요한 시점에서 이들의 지원을 많이 받았다는 사실이다. 시민단체들의 활동이 활성화된다는 것은 기본적으로 민주주의 발전과 공고화에 큰 도움이 되는 것이 틀림없으나 시민단체의 활성화 과정에 정부가 적극적으로 개입하고 이들의 상당수가 정치 집권세력을 비호하는 역할을 한다고 하면 이는 시민단체가 아니라 권위주의 시대의 관변단체나 다름이 없을 것이다.

선거과정에서 '노사모' 등 자원봉사단체의 적극적인 활동과 인터넷을 이용한 젊은 계층의 지지에 힘입어 출범한 노무현 정권은 '참여정부'의 기치를 높이 들고 전자민주주의의 활성화 등을 통한 참여민주주의의 실현을 정치 분야에서의 최우선 과제로 설정하였다. 노 대통령이 각계각층과의 직접대화를 강조하는가 하면 국무위원 등 정부 고위직의 인사에 앞서 인터넷을 통한 시민들의 추천을 제도화하기도 하였다. 평검사들과의 TV 생중계 토론에 대통령이 직접 참여하여 국민들을 놀라게 하였고 국무위원으로 내정된 인사가 네티즌들의 강력한 반발로 교체되는 상황이 발생하기도 하였다.

노사모 야간집회에 대통령이 직접 참석하여 2002년 대선승리는 시민혁명이었으며 이러한 시민혁명은 지속되어야 한다는 내용의 연설을 하고 행정수도 이전이 지배계층의 교체를 의미한다는 발언을 하여 국민들을 어리둥절하게도 하였다. 총선을 불과 얼마 앞 둔 시점에서 많은 정치인들을 소환하여 사법처리하는 검찰간부를 지지하는 촛불시위가 벌어지기도 하고 강도질을 한 여자가 '얼짱'으로 분류되어 인터넷 '팬카페'가 생기기도 하였다. 법원이 총선에서 시민단체의 낙선운동이 불법이라는 판결을 내린 바 있음에도 불구하고 진보성향의 시민단체들은 2004년 총선에서 자신들과 정치적 이념을 달리하는 정치인들을 퇴출대상으로 지목하여 낙선운동을 전개하기도 하였다.

이러한 일련의 상황을 지켜보면서 많은 사람들이 한국에서 참여민주주의가 획신되는 차원을 넘어 새로운 형태의 포퓰리즘이 생성되고 있는 것 아니냐는 의구심을 갖고 있는 것이 사실이다. 특히, 노무현 정권이 이를 기존의 보수세력과 보수 야당을 무력화시키고 진보 신당을 띄우는 전략의 일환으로 진행시키고 있다는 주장도 설득력을 얻고 있는 상황이다. 아직 이러한 주장의 사실 여부에 대해 뚜렷한 결론을 내리는 것은 시기상조인지 모르겠으나 이러한 논란이 벌어지고 있다는 사실 자체가 그리 바람직한 일은 아니라고 생각한다.

제 2 부

정책으로 경쟁하는 정치

어떻게 이루어가야 하나 ?

"

세계화의 충격이 가해질 때,

경쟁의 정신은 모든 분야를 지배한다.

경쟁과 개방은 경제 분야에만 한정하지 않는다.

경쟁의 정신이 정치영역에 적용될 때,

독점적, 독과점적 권력구조는 와해되고

더 넓은 정치영역이 경쟁의 대상이 될 뿐만 아니라,

오랫동안 유지되어 오던

정치인과 기업, 금융기관 간의 단합구조를

붕괴시킬 것으로 예상된다.

"

임혁백, 「세계화와 민주주의」

제6장

대통령무책임제에서 내각책임제로

"

내각제에서는

정당과 정치지도자들이

통치에 대한 책임감을 더 많이 느끼게 되고,

책임 소재가 더 분명해지며,

동시에 그들이 서로 협조하고 타협해야 한다는 필요를 더 느끼도록 된다는 것이다.

내각제는 또한

체제위기를 유발하지 않으면서 지도자의 교체를 단행할 수 있도록 해주고,

대통령제에서 나타나는 장기집권에 대한 우려를 야기 시키지 않으면서

집권지도자의 계속 재임이 가능하도록 해준다.

"

Juan Linz, 「The Failure of Presidential Democracy : Comparative Perspectives」

1. 대통령제를 버려야 하는 이유

성공한 대통령이 없다

제5장에서 대통령제의 문제점으로 ① 이원적 민주정통성에 따른 갈등, ② 제도의 경직성, 무책임성 그리고 불확실성, ③ 승자 독식의 문제, ④ 정당체계의 약화, ⑤ 대통령직의 양면성 문제 등이 거론되었다.

정치학자들이 지적한 대통령제의 이러한 문제점들이 한국에서도 그대로 나타났다는 사실 역시 확인되었다. 대통령제의 승자 독식 현상으로 인한 문제는 1997년 대선 이후 반복적으로 제기되고 있는 대선자금과 관련한 불법 정치자금 조달, 정치보복 등의 사례를 통해서 입증되었다. 또한, 대통령제에서 대통령은 당선 과정에서 유권자의 지지를 얻기 위해 그리고 집권 과정에서는 의회에서의 반대세력을 무력화시키기 위해 대중영합주의적 방법의 사용도 불사할 가능성이 높다는 사실 역시 지적되었다.

이러한 사실들은 이제까지 한국정치를 지배해 온 대통령제에 대한 근본적인 재검토 작업에 착수해야 한다는 생각을 하지 않을 수 없게 한다. 한국정치의 많은 문제점들이 대통령제라는 제도 자체의 취약점에 기인한 것이라면 21세기를 향한 새로운 정치설계를 위해서는 지금까지 우리 정치를 속박해 온 대통령제라는 껍질을 과감히 부수어 버리는 결정을 해야 한다고 생각한다. 이것이 바로 현재 한국 정치개혁의 첫 번째 과제인 것이다.

　대통령제를 버려야 하는 가장 중요한 이유는 건국 이후 50여 년간 여러 명의 대통령이 있었으나 그 중 아무도 성공하지 못했다는 경험적 사실에서 찾아야 할 것이다. 대통령제를 자신의 집권 수단 또는 권력 집중 및 정권 연장의 수단으로 활용한 이승만, 박정희 그리고 전두환 대통령은 한국에서 민주주의의 발전을 지연시킨 책임을 져야 할 것이다. 비록 이승만 대통령이 건국 초기에 야기될 수 있는 혼란을 막았고, 박정희 대통령과 전두환 대통령이 경제발전으로 국민의 생활수준 향상과 한국의 국제적 지위 향상에 기여했다고 하더라도 이러한 업적들이 정치 분야에서의 과오를 상쇄시켜 줄 수는 없다고 생각한다.

　민주화 이후의 대통령 역시 성공하지 못한 것은 마찬가지였다. 민주주의의 공고화 측면에서 노태우, 김영삼 대통령은 인위적인 3당 합당을 추진하여 국회를 무력화시키려 하였고, 김대중 대통령은 회유와 협박으로 '야당의원 빼오기'를 추진하여 여대야소 국회를 만들었다. 그리고 김대중, 노무현 대통령 모두 친여 시민단체를 활용하는 등 포퓰리즘 수단을 동원하여 국회 반대세력을 제압하려 하였고 대선자금의 검찰수사로 야당의 발목을 잡으려 하였다.

　경제운용 측면에서 민주화 이후 대통령들의 성적표는 대체로 저조하였다. 노태우, 김영삼 그리고 노무현 대통령은 낙제점에 가깝다고 할 수 있다. 그 중 상대적으로 가장 나은 김대중 대통령의 경우도 외환위기 상황에서 IMF가 강요한 경제정책을 제외하면 다른 대통령보다 별로 나은 것이 없다고 해도 과언이 아니다.

　한국에서 대통령제의 문제점은 최근 국회의 노무현 대통령 탄핵안 처리 과정에서 여실히 드러나고 있다. 우선, 대통령제의 '이원적 민주정통성' 특징 때문에 대통령이 의회의 다수당과 타협을 거부하는 경우 대통령 탄핵 외에는 이를 해결할 방도가 없다는 사실이 확인되었다. 내각제에서는 내각 불신임과 국회 해산으로 이 문제가 조기에 해결될 수 있으나 대통령제에서는 국회의 탄핵 의결, 헌법재판소의 탄핵 심의 그리고 대통령 재선거 실시 등의 과정을 거쳐야 하기 때문에 국정이 장기간 표류될 수 있으며 이 과정에서 국론 분열 현상은 더욱 가속화되는 것이다.

또한, 최근의 탄핵사건을 지켜보면서 직접선거에 의해 선출된 대통령은 자신만이 국민의 신임을 받은 정통성이 있다고 착각할 수 있음을 확인할 수 있었다. 대선과정에서 정몽준 의원과의 후보 단일화 합의에 힘입어 당선된 노무현 대통령은 국민 대다수가 자신을 지지하지 않은 상태에서 당선되었다는 사실을 망각한 채 자신을 후보로 밀어 준 민주당을 떠나 열린우리당을 창당하여 여당을 개헌과 탄핵소추 저지선도 확보하지 못한 소수정당으로 만들었다.

이런 상태에서도 거대 야당에 대해 타협과 양보를 통한 협조 요청을 거부하고 2002년 대선자금에 대한 검찰 수사권 발동과 친여 시민단체의 동원을 통해 국회의 반대세력을 제압하려 하였다. 4·15 총선을 통해 정치적 대반전을 시도하였던 노 대통령은 총선과정에서 열린우리당의 지지를 호소하는 언행을 함으로써 중앙선거관리위원회의 경고를 받게 되었고 이것이 발단이 되어 헌정 사상 초유의 대통령 탄핵소추안이 국회를 통과하기에 이른 것이다.

탄핵소추 사건의 시발이 되었던 선거에서 현직 대통령의 역할 문제 역시 제 5장에서 지적된 국가수반 역할과 특정 정파 대표라는 대통령직의 양면성에 따른 문제가 그대로 드러난 사례였다고 할 수 있다. 노무현 대통령은 자신은 행정부의 수장이자 동시에 정치인이기 때문에 당연히 선거에서 자기가 지지하는 정당의 승리를 위해 활동할 수 있다고 주장하였고 선거관리위원회는 행정부의 수장이며 국가수반인 대통령이 선거과정에서 특정 정당에 유리한 언행을 하면 선거에서 정부의 엄정 중립이 무너질 수 있기 때문에 안된다는 것이었다.

역대 정권에서 여당에 의한 관권선거 관행에 지친 국민정서 역시 막강한 권력을 쥐고 있는 대통령이 공개적으로 특정 정당을 지지하는 언행을 하면 선거의 공정성이 유지될 수 없다는 것이다. 내각제에서 수상은 총선에서 자신도 후보자의 한 사람으로 출마를 하기 때문에 선거기간 중 정치활동을 하는 것이 당연하나 대통령제에서 대통령의 이러한 행동은 문제로 지적될 수 있는 것이다.

탄핵소추 과정에서 대통령제의 승자 독식 현상에 따른 지지 세력간의 과열 경쟁과 갈등 문제 역시 여실히 드러나고 있다. 노무현 대통령의 탄핵은 그를 지지하는 진보세력은 모든 것을 다 잃는 것으로 간주하여 맹렬히 저항하게 되었고 노 대통령의 퇴진을 바라는 보수세력은 이를 모든 것을 잃었던 상황을 반전시킬 수 있는 호기로 생각하였던 것이다. 이러한 사실들을 종합해 볼 때, 최근의 대통령 탄핵소추 사건은 노무현 대통령의 부적절한 처신의 결과라기보다는 대통령제가 갖고 있는 제도적 문제점에 기인하는 바가 크다는 결론을 내리지 않을 수 없다.

건국 이후 성공한 대통령이 없다는 사실이 대통령 자신들의 자질 그리고 우리 국민들의 낮은 민주화 의식에 기인한다고도 할 수 있겠으나 이보다는 대통령제 자체의 문제에 기인하는 바가 크다고 할 수 있다. 특히, 정치 분야에서 민주주의의 발전이라는 측면에서 보면 이를 잘 확인할 수 있을 것이다. 만일 제헌국회에서 유진오 박사 등 전문가들의 당초 내각제안이 받아 들여졌다고 가정한다면 대통령 한 사람에 의한 권력집중 현상이 일어나기 어려웠을 것이며 정권 연장을 위해 헌법을 개정하고 심지어는 유신체제 등으로 헌정이 완전히 중단되는 사태는 발생하지 않았을 것이다. 나치 독재와 군국주의 독재를 경험한 독일과 일본에서 전후 내각제 헌법의 채택으로 헌정의 중단사태 없이 모범적으로 민주주의 체제가 발전되어 왔다는 사실 역시 우리에게 시사하는 바가 크다고 생각된다.

외국 사례의 교훈

한국에서 이제까지 성공한 대통령이 없음은 물론이고 앞 장에서 언급한 스테판과 스카시의 세계 각국의 실증적 연구 등에도 잘 나타나 있듯이 미국 이외의 나라에서 대통령제가 성공한 예가 별로 없다. 미국을 모방하여 대통령제를 채택한 대다수 남미국가의 경우 대통령이 소속한 정당이 의회 과반 의석을 장악하였을 때는 대통령에게 권력이 집중되는 '권력의 남용'(abuse of power) 문제가 야기되었다가, 반대세력이 의회를 장악했을 때는 대통령과 의회의 충돌로 국정혼란을 야기하는 '권력의 결핍'(power deficiency) 현상을 초래하였다. 이런 과정에서 수시로 군부가 개입하여 '군부 독재' 시대를 열기도 하였다.

이에 더해, 남미의 대통령들은 대중인기에 영합하는 정책들을 남발하여 정부재정이 파탄에 빠지고 주기적으로 경제위기를 겪는 악순환을 되풀이하기도 하였다. 현대판 포퓰리즘은 남미국가의 대통령제가 만들어 낸 산물이라고 해도 과언이 아니다.

이러한 현상은 아시아에서 대통령제를 채택한 필리핀과 인도네시아에서도 그대로 발생하였다. 이들 국가에서 대부분의 경우는 대통령이 의회를 지배하고 권력을 집중시키는 '권력의 남용'에 해당하였고, 이는 이들 국가에서 정경유착에 의한 부정부패가 최고조에 달하고 국민적 저항을 일으키는 원인으로 작용하였다. 인도네시아에서는 한국에서와 같이 군부세력이 오랜 기간 통치하기도 하였다. 필리핀과 인도네시아 모두 민주주의의 공고화에도 큰 진전을 이루지 못하면서 경제발전도 실패한 대표적인 사례가 되고 있다.

결국, 대통령제가 성공적으로 운영되는 나라는 미국 하나라고 할 수 있다. 그러나, 미국의 경우도 그 내용을 자세히 살펴보면 대통령제가 성공했다기보다는 대통령제를 운영한 미국인들이 성공했다고 보아야 옳을 것이다. 건국 초기부터 지금까지 미국 정계를 주도한 집단은 서양에서 가장 오랜 기간 헌법도 없이 모범적으로 의원내각제를 운영해 온 전통을 지닌 영국인의 후예들이다. 정해진 규범을 철저히 준수하고 현안 문제에 실용적으로 접근하며 문제 해결에 극단적인 처방보다는 합리적으로 대응하는 영국인의 전통이 미국에서 민주주의를 발전시킨 기본적인 토양이 되었던 것이다. 이는 스페인 또는 포르투갈인 후예들이 세운 남미국가에서는 미국을 모방하여 도입한 대통령제가 대부분 실패하였다는 사실로도 입증될 수 있다.

미국에서 대통령제가 대통령의 독주로 발전하지 않은 것은 이를 견제하는 의회가 있었기 때문이다. 제헌의회에서 헌법을 제정하던 당시에는 외국으로부터 침략을 막기 위해서는 강력한 단일 대통령이 필요하다고 생각을 하면서도 대통령이 '선출된 군주'(elective monarchy)가 되는 것을 걱정하여 대통령을 직접선거가 아닌 주(州) 대의원들이 선출하는 간접선거 방식을 채택하였고 의회에게 대통령을 견제할 수 있는 막강한 권한을 부여하였다.

지금도 미국 의회는 정부예산 편성은 물론 집행과정에 직접 개입하여 큰 영향력을 발휘하고 있고 행정부의 주요 인사 임명에 대한 동의권도 갖고 있다. 또한, 행정부를 감시하는 감사기구도 의회에 소속되어 있다. 미국 의회 의원들은 소속 정당의 지배를 상대적으로 적게 받고 있기 때문에 주요 정책현안에 대해 상당히 독자적인 판단을 한다. 그래서 대통령 소속 정당이 의회 다수 의석을 점하는 경우에 '권력의 남용' 현상이 발생하지 않고, 그 반대의 경우에도 '권력의 결핍' 으로 인한 국정혼란이 초래되지 않는다.

한국에서는 이승만 초대 대통령부터 개헌을 하여 장기집권을 획책했던 것과는 달리 미국의 초대 대통령 조지 워싱턴은 초기헌법에 연임제한 규정이 없었음에도 불구하고 두 번 임기를 채우고 스스로 물러났다. 대통령이 법적으로 가능한 권력의 행사를 스스로 자제하는 좋은 선례를 남긴 것이다. 미국의 대통령들이 잠재적으로는 막강한 권한을 소유하고 있지만 실제로는 상당히 제한된 권한을 행사해 온 것이 사실이다.

그럼에도 불구하고, 미국에서도 대통령이 권한을 남용한 사례가 있었으며 이른바 '제왕적 대통령'이라는 용어도 미국에서 처음으로 사용되었다. 건국 초기에는 존 아담스, 제퍼슨, 잭슨 대통령이 권한을 남용했다는 비판을 받았으며 남북전쟁 당시 링컨 대통령은 권력을 확대 해석하였다는 비난을 받았다.

20세기에 들어와서는 루스벨트, 케네디, 존슨, 닉슨, 레이건, 부시 대통령 등이 권력을 남용했다는 비난을 받았으며 월남전, 워터게이트(Watergate)사건, 이란-콘트라(Iran-Contra)사건, 그리고 최근의 이라크 전쟁 등이 대통령에 의한 권력의 남용사례들로 지적되고 있다.

미국에서 대통령의 권한을 억제하는 또 하나의 장치는 연방제도다. 미국이 독립할 당시 각 주는 사실상 국가나 마찬가지의 존재로 거의 150년 이상 있었기 때문에 제헌국회에서도 연방주의자(Federalist)와 비(非)연방주의자들 간의 논쟁은 매우 치열하였다.

연방제도는 사실상 권력의 지역적 분리를 의미하기 때문에 연방의 수장인 대통령의 권한도 상당히 제약 받을 수밖에 없다. 연방정부는 전쟁 선포 및 수행, 외국과의 무역 규제 및 조약 체결, 화폐의 발행 등 헌법에 의해 부여된 권한만 수행하는데 반해, 주 정부는 나머지 진어 권리에 대한 포괄적 권한을 갖고 있다. 주 정부는 교육권, 경찰권을 갖고 있고 대통령 후보 선출방법도 주마다 다르며 헌법을 개정하려면 개별 주의 동의를 받아야 한다. 이러한 연방주의에 의한 강력한 지방자치제의 실시는 미국의 대통령이 '제왕적 대통령'이 되지 않게 하는데 있어 중요한 역할을 하고 있는 것이다.

대통령제를 처음으로 도입하였고 세계에서 유일하게 대통령제가 성공했다고 하는 미국에서도 대통령제에 대한 비판이 있는 것이 사실이다. 우선 대통령과 의회와의 제도화된 경쟁 때문에 미국이 외교안보정책의 일관성을 유지하지 못하고 있다고 1982년에 설립된 '헌법제도연구회'는 지적하고 있다. 2차 대전 이후 1982년까지 비준을 위해 상원에 제출된 40개 이상의 조약이 거부되거나 표결에 부쳐지지도 못하였다. 반면, 대통령과 그의 참모들은 외교나 군사 분야에서 의회와 상의 없이 중요한 사안들을 행동으로 옮기기 때문에 외교안보정책의 일관성이 유지되기 어렵다는 것이다.

이 보고서는 미국 대통령제의 문제점으로 ① 의회와 대통령 간의 권력 분립은 한편으로는 대결을 부추기고 다른 한편으로는 결과에 대한 산만한 책임감을 조장하며, ② 의회의원 선거는 물론 대통령선거에서 당보다는 후보자 개인이 중요한 변수가 되기 때문에 정당에 의한 책임정치가 실종되는 경향이 있고, ③ 대통령이 실패했거나 대통령과 의회 간의 갈등이 교착상태에 빠졌을 경우 이의 해결책이 없다는 점 등을 지적하고 있다. 제5장에서 제시된 대통령제의 문제점들이 미국에서도 그대로 존재하고 있다는 사실을 확인할 수 있다.

다만, 미국에서는 남미국가들이나 한국과는 달리 이러한 문제점들이 크게 확대되지 않고 나름대로 제도 내에서 소화되고 있는데 이는 이미 지적한대로 영국의 오랜 민주주의 전통을 이어 받은 미국인들의 자질에 기인한다고 할 수 있다. 28대 대통령을 역임한 바 있는 우드로우 윌슨(Woodrow Wilson)은 이러한 문제들의 시정을 위해 1879년 「위원회냐, 내각제 정부냐」에서 '내각제 정부는 모든 면에서 추천을 해야만 한다. 특히, 내각제는 미국인들에게 추천할 필요가 있다. 내각제는 무엇보다도 가장 단순하고 가장 정직한 정당주의 정부형태다'라고 주장하고 있다.

민주주의의 발전을 어렵게 한다

내각제에 비해 대통령제를 채택한 나라에서 민주주의가 발전할 확률이 크게 낮다는 실증적 연구결과는 결코 우연의 결과가 아니라고 생각한다. 이는 대통령제 자체가 민주주의 발전을 어렵게 하는 요소를 내포하고 있기 때문이다.

우선, 민주주의 발전의 핵심 요소가 되는 정당의 발전이 대통령제에서는 내각제에 비해 상대적으로 많은 어려움에 처하게 된다. 대통령 후보는 정당에서 배출되나 일단 후보가 되어 선거전에 돌입하면 당보다는 후보 개인의 자질과 이미지가 유권자들에게 보다 많은 영향을 주기 때문에 선거자체가 후보 중심으로 치러지게 된다. 또한, 대통령에 당선되고 나면 내각 구성에 있어 반드시 당의 인사를 기용할 의무가 없으며 심시어는 선거 당시 제시힌 공약을 반드시 지킬 필요도 없다. 따라서 대통령은 취임하면 자신의 선출에 기여한 정당과는 상당히 독립적인 입장에서 행정부를 운영하게 된다. 또한 선거과정에서 필요에 의해 맺어

진 정당 간의 약속이나 연대도 당선된 후 지키지 않아도 상대 정당이 어찌할 수가 없다.

따라서, 민주주의 역사가 일천한 국가가 대통령제를 채택할 경우 정당정치가 발전하기는 매우 어렵게 된다. 한국이 바로 그런 경우다. 한국의 대통령들은 자신이 대통령이 되는 과정에서 도와준 정당을 취임 후에는 버리고 자신이 직접 통제할 수 있는 새로운 정당을 만들어 왔다. 이런 과정에서 정당의 권위는 완전히 무너지고 자율성은 상실되는 것이다. 대통령이 바뀔 때마다 새로운 집권당이 만들어지고 이에 대응하는 야당이 재구성되기 때문에 정당정치의 역사는 대통령의 임기를 넘을 수가 없었으며 정당이 국민들 속에 뿌리를 내리는 것 또한 불가능한 것이었다. 미국에서는 대통령들이 새로운 정당을 만드는 등 정당정치를 해치는 행동을 자제해 왔기 때문에 정당정치가 그런대로 발전되어 왔으나 그래도 내각제를 채택하고 있는 유럽국가들에 비하면 미국 정당의 결속력은 크게 떨어지는 것이 사실이다.

정당이 제 구실을 하지 못하게 되면 자연히 의회의 위상과 기능 역시 저하될 수밖에 없다. 이러한 현상은 의회에 대통령을 견제할 수 있는 제도적 장치를 주지 않았기 때문에 일어나기도 하지만 비록 제도적 장치가 마련되어 있다하더라도 이를 행사할 국회가 대통령이 사실상 지배하는 정당에 의해 장악되어 있다면 아무 소용이 없기 때문이다. 한국에서 대통령 소속 정당이 국회 다수의석을 차지하고 있을 때 이런 상황이 벌어졌으며 이 경우 국회는 '정치의 장'이 아니라 대통령의 거수기 역할을 하는 여당과 대통령의 독주를 저지하려는 야당 간의 '투쟁의

장'으로 전락해 온 것이 사실이다.

이를 지켜 본 국민들은 정치에 대한 혐오감을 갖게 되고 무기력한 국회의원과 국회를 질타하면서 현재 헌법에 보장된 국회의 권한도 축소시켜야 한다고 주장하게 된다. 이러한 상황은 국회를 무기력하게 만든 대통령에게는 매우 유리한 것이다. 이런 악순환이 반복되면서 대통령의 독주는 더욱 심해지고 국회는 더욱 무기력해지는 것이 이제까지 대통령제를 채택하고 있는 한국정치의 현주소였다고 할 수 있을 것이다.

앞 장에서 지적한대로 대통령제의 승자 독식 현상은 정당과 정파 간의 싸움을 더욱 격렬하게 만든다. 대통령제에서 정치인들 간의 모든 경쟁은 대통령으로 가는 길과 직접 연결되어 있다. 당내 경쟁도 대통령 후보 경쟁이 가장 중요하고 선거에서도 대통령선거가 모든 선거를 우선한다. 대권 경쟁의 승자는 모든 것을 얻지만 패자는 모든 것을 잃기 때문에 이 경쟁은 매우 치열하고 수단과 방법을 가리지 않고 진행된다. 정상적인 방법 이외에도 상대 후보에 대한 인신공격도 마다하지 않으며 정치자금도 최대한 동원하여 경쟁에서 우위를 점하려고 후보들이 최선을 다한다.

최근 사회적인 물의를 빚고 있는 불법 정치자금 문제도 주로 대통령 후보 당내 경선과 대선 과정에서 발생한 것들이며 상대방에 대한 저질성 인신공격도 대선 과정에서 가장 치열하였다. 검찰에 의한 정치자금 수사도 대선자금의 경우는 정치적 중립성을 지키는 것이 사실상 불가능하다. 결국, 대통령제는 한국정치의 질을 떨어뜨리고 정치인으로 하여금 각종 불법 행위를 하게하는 근본적인 원인으로 작용하고 있는 것이다.

미래변화에 잘 대응하지 못 한다

세계는 지금 급격한 속도로 변화하고 있다. 디지털 기술의 발달은 새로운 제품과 산업의 창출로 산업지도를 바꾸고 있고, 인터넷의 보급은 기업의 생산 및 거래 방식은 물론 개인의 일상생활에도 큰 변화를 주고 있다. 세계화로 세계는 하나의 공동체를 이루어 지구촌 시대가 현실화되고 있으며 시장원리는 세계경제를 지배하는 패러다임으로 자리를 확고히 굳히고 있다. 소련과 동구 사회주의 국가의 붕괴로 공산주의 이념은 역사 속으로 묻혀버렸고 사회주의 신봉자들도 급격히 줄어가고 있다. 자유사상을 바탕으로 한 민주주의와 시장경제가 21세기 세계를 지배하는 새로운 패러다임이 되고 있는 것이다. 이런 과정에서 미국의 위상은 더욱 높아져 팍스 아메리카나(Pax Americana) 현상은 더욱 고조되어 가고 있다.

이러한 세계적 여건 속에서 한반도와 주변의 정세도 급속도로 변화되고 있다. 중국이 경제개방 정책을 본격적으로 추진하면서 중국 경제는 세계에서 가장 활력과 성장속도가 높은 것으로 평가되고 있고 중국의 국제정치적 위상도 크게 제고되고 있다. 중국의 개방은 미국을 포함한 서구 자본주의 국가 기업들이 가장 투자하기를 선호하는 국가로 중국을 지목하는 상황이 되었으며 종전의 적대적인 미·중 관계도 동반자적 협조관계로 바뀌어 가고 있다.

이러한 상황에서 북한의 김정일 정권은 정권의 안전보장을 위해 경제개방은 최소화하면서 핵무기 개발 등의 방법으로 종전의 '벼랑 끝 외교' 전술을 지속하고 있고 이로 인한 미·북 간의 갈등과 긴장은 고조되고 있으며 한반도는 세계의 새로운 '화약고'로 부상되고 있다. 일본은 북한의 핵무기 개발을 계기로 전후 일본을 지배해 온 평화제일주의 노선에서 탈피하여 국방력 증강을 강조하는 우파 정치세력의 영향력이 급속히 커지고 있다.

한편, 한국에서는 김대중 정권의 출범과 함께 강력한 '햇볕정책'의 추진을 계기로 종전의 보수우위의 정치세력 판도가 바뀌어 진보세력이 정치권과 사회 전면에 부상하였고 이는 기존 보수세력과의 극심한 이념대결 양상을 보이고 있다. 세계적으로 소련의 몰락으로 이념논쟁이 막을 내렸는데 한국에서는 뒤늦게 좌·우파 간의 이념논쟁이 뜨겁게 시작되고 있는 것이다. 이러한 상황은 노무현 정권의 출범, 5억 달러 북한송금 사건, 송두율 교수 사건 등을 거치면서 더욱 치열해졌으며 노무현 대통령 탄핵소추 과정 그리고 4·15 총선 과정에서 그 절정을 이루었다고 할 수 있다.

이러한 대내외 여건 변화에서 절대적으로 필요한 것은 다양한 변화를 수용하고 서로 다른 이념과 철학을 갖고 있는 정치세력들이 상호 대화와 타협을 통해 공존할 수 있는 정치제도적 틀을 갖추는 일이라 할 수 있다.

그러나, 대통령제는 변화에 적응하고 서로 다른 정치세력들이 공존하는 정치제도로는 많은 결함을 갖고 있다. 그것은 대통령제 자체의 제도적 경직성에 기인하는 것으로 우선 대통령과 국회의원의 임기가 고정되어 있다는 사실을 지적할 수 있다. 임기가 정해져 있다는 것은 어찌 보면 정치적 안정이 보장된 것으로 생각할 수 있으나 대통령이나 국회에 대한 국민들의 불만이 심각한 경우에는 이러한 상황이 조속히 시정되지 못하고 장기간 표류하는데 따른 국정 혼란과 국론 분열이 야기될 수 있다.

현직 대통령이 취임한 지 1년도 안되어 중간평가를 요청하고 사상 처음으로 국회에서 대통령 탄핵안이 발의되며 현직 국회의원 다수가 불법 정치자금 사건에 연루되어 구속되는 최근의 상황이 바로 이런 경우라 할 수 있다. 내각제에서는 이런 상황은 국회 해산과 새로운 내각 구성으로 사태의 조기 진압이 가능하나 대통령제에서는 국정혼란 상태가 장기간 계속될 수밖에 없는 것이다.

승자 독식의 특징을 지니는 대통령제는 새로운 정치세력의 등장을 어렵게 하고 대통령선거에서 승리한 정치세력은 대통령의 권위와 힘을 배경으로 정치·사회적으로 과다한 영향력을 행사하려 하기 때문에 반대세력의 반발은 더욱 거세지고 사회내 여러 세력 간의 갈등 또한 고조되게 된다.

과거 한국에서 보수세력이 대통령을 배출하여 정계의 주도권을 잡았을 때에는 진보세력이 기성 정치권에 진입하는 것이 매우 어려웠다. 그래서 이들은 이른바 '재야 세력'이 되어 '99년 말 노동법 파동 등 정치·사회적 문제가 제기되었을 때 시위활동을 통해 자신들의 의견을 표출하였다. 대부분의 경우 이들 의견은 정치권과 정부에 의해 받아들여지지 않았고 이들의 좌절감은 심화되어 더욱 거친 행동으로 발전되었다. 대통령제의 경직성이 진보세력의 행동을 과격하게 만들었고 이로 인한 사회적 갈등은 심화되었던 것이다.

진보적 정치철학을 갖고 있는 김대중 대통령이 집권하면서 상황은 급변하게 되었다. 건국 이후 권위주의 정권에서 억압을 당하였고 민주화 이후에는 정치·사회 분야에서 주변세력으로 머물렀던 진보세력이 승자 독식의 대통령선거에서 승리함으로써 정치 주도권을 쥐게 되었기 때문이다. 외환위기로 경제정책의 주도권이 미국이 주도하는 국제기구인 IMF로 넘어간 상태에서 집권한 김대중 정권은 경제정책은 진보세력의 철학과는 다른 신자유주의적 경제구조조정 정책을 추진할 수밖에 없었다.

그러나, 대북정책과 사회정책 분야에서 김대중 대통령은 자신의 진보적 정치성향을 유감없이 발휘하였다. '햇볕정책'으로 요약되는 대북한 유화정책의 추진과 더불어 금강산 관광사업으로 대표되는 '퍼붓기식' 경제지원 정책을 밀어붙였다. 이는 그 동안 한국의 정치·사회를 지배해 왔던 보수세력의 반발을 불러 일으켰으며 좌·우파 간의 이념 논쟁을 야기하였고 한·미동맹 관계마저도 훼손시키는 원인으로 작용하여 왔다.

5억 달러 북한송금 사건에서와 같이 국회의 동의도 없이 이루어진 대규모 현금지원은 막강한 권력집중이 가능한 대통령제에서나 발생할 수 있는 것으로 승자 독식의 대통령제에서 야기될 수 있는 부작용의 대표적인 사례라 하지 않을 수 없다. 김대중 대통령은 전교조의 합법화, 의약분업 실시 등 교육 및 사회보장 분야에서도 진보성향의 정책들을 추진하였으며 이 역시 보수와 진보세력 간의 새로운 갈등의 원인이 되었다.

정권이 진보성향이 더욱 뚜렷한 노무현 대통령으로 넘어가면서 진보세력의 '사회주도권 잡기' 노력은 대통령의 비호를 받으면서 더욱 거세지고 있다. 진입장벽이 높은 제도정치권을 장악하기위해 진보세력들은 '시민단체'의 이름으로 각종 정치적 활동을 적극적으로 전개하고 있다. 총선에서도 '낙선운동' 등을 통해 반대세력의 정치적 진입을 억제하고 자파 세력의 정치권 진입을 도와주는 역할을 하여 실제로 성공하였다.

이에 더해, 2002년 대선자금과 각종 불법 정치자금에 대한 검찰수사는 그 동안 한국정치·사회를 지배해 온 보수세력을 '부패 집단'으로 낙인 찍히게 하였고, 이는 진보세력이 새로운 대안으로 부상하는데 결정적인 기여를 하였다. 그 결과 국회 다수의석을 차지하였던 한나라당의 지지도는 추락하였고 국회소수당에 불과하였던 열린우리당의 지지도는 급상승하여 4·15 총선에서 승리하였다.

대통령제의 승자 독식 특성이 한국사회를 불과 5~6년의 짧은 기간에 보수에서 진보로 바꾸어 놓은 것이다. 그 결과 한국사회에서 보수세력들은 과거 진보세력이 그러했듯이 정치·사회에서 주변세력으로 몰리고 있으며 이런 과정에서 사회적 혼란은 심화되고 있는 것이다. 내각제 같으면 우리사회의 진보화 추세가 시간을 갖고 점진적으로 진행되고 그 과정에서 갈등과 혼란도 심하지 않았을 터인데 대통령제의 승자 독식과 권력집중 현상 때문에 이 문제가 심화되어 정치·사회적 위기감을 조성하고 있는 것이다.

북한의 상황을 예측하기는 매우 어려운 일이나 북한의 경제적 어려움, 핵무기 개발로 인한 국제사회에서의 고립 그리고 심각한 인권침해 행위 등을 감안할 때 가까운 장래에 김정일 정권이 붕괴되는 경우에 대한 대비가 절대적으로 필요하다고 생각된다. 앞에서 지적한대로 대통령제가 한국내에서 현재 진행되고 있는 보수와 진보세력 간의 대립과 갈등 문제도 제대로 해결하지 못하고 있다는 사실을 감안할 때 통일 이후 한국에서의 정치체제가 대통령제가 되는 것은 곤란하다는 생각을 하지 않을 수 없다.

통일 이후 독일의 내각제 정치체제에서 동독인들의 정치적 욕구가 큰 부작용 없이 수렴되고 있는 것을 지켜보면서 대통령제에 비해 내각제의 유연성을 새삼 높게 평가하게 된다. 통일 이후의 상황에 대비하기 위해서도 내각제로의 전환이 필요한 것이다.

제1장에서 민주화 이후 한국에서 정치가 경제발전에 걸림돌이 되어 왔다는 사실을 지적한 바 있다. 우리경제는 오랜 동안 정부주도형의 '박정희 식' 경제운용 방식에서 탈피하여 시장원리에 의해 작동되는 새로운 방식을 모색하고 정착시켜 나가야 하는 시대적 상황에 처해 있다. 1997년 말 우리에게 불어 닥친 외환위기는 정부주도 경제운용의 한계를 여실히 보여주었으며, 그 후 우리는 IMF의 도움으로 시장원리에 충실한 방향으로 과감한 경제구조조정 정책을 추진하고 있다.

정부가 수출산업과 중화학공업 분야를 직접 지원하고 공권력을 동원하여 노사평화를 유지시키는 정부주도 경제운용을 위해 내각제보다는 대통령제가 훨씬 효율적이었던 것이 사실이다. 이런 의미에서 '한강의 기적'은 대통령제에서 집중된 권력이 경제발전에 국가운영의 최우선 순위를 부여한 상황에서 이루어진 것으로 대통령제의 역할이 매우 컸다고 할 수 있다.

그러나, 경제운용에서 정부의 개입을 최소화하고 철저한 시장원리로 경제문제를 풀어가야 하는 현 상황에서는 대통령제보다는 내각제가 더 자연스러운 정치제도라고 할 수 있다. 대통령제에서 집중된 권력은 어디든지 분출구를 찾으려 할 것이고 이는 경제운용에 있어서도 정부의 불필요한 개입의 형태로 나타날 가능성이 높기 때문이다. 노태우 정권에서의 토지공개념 관련 입법, 김대중 정권에서의 빅 딜 정책, 노무현 정권에서의 부동산 대책 등이 그 대표적인 사례라 할 수 있으며, 이들 조치 모두 시장원리를 무시한 정부의 무리한 개입이 많은 부작용을 일으킨 경우라 할 수 있다.

이러한 논리에 대해 김영삼 정권의 금융실명제, 김대중 정권의 정리해고제 도입 등과 같은 과감한 개혁조치들이 내각제에서는 추진되기 어렵지 않겠느냐는 반론이 제기될 수 있다. 그러나, 이는 이미 금융실명제가 시행되고 있고 노동관계법이 선진화되었으며 외환위기 수습과정에서 금융 및 기업지배구조 분야에서 어려운 구조조정 조치들이 취해졌기 때문에 한국경제의 선진화를 위한 제도적 개혁조치는 상당부분 마무리되었다고 판단된다.

그렇기 때문에 대통령의 집중된 힘이 있어야만 가능한 경제개혁조치들은 앞으로 상당기간 필요하지 않을 것으로 예상된다. 설령 그런 상황이 발생하더라도 국민적 공감대만 형성되면 내각제에서도 얼마든지 과감한 경제개혁 조치들이 취해질 수 있다는 것이 내각제를 도입한 유럽 여러 나라들의 경험이다.

결론적으로, 시장원리에 의한 경제운용이 이루어지는 상황에서 대통령제의 포기는 전혀 문제가 될 것이 없으며 오히려 정부의 무리한 개입을 원천적으로 어렵게 하는 장점이 있을 수 있다는 점을 지적할 수 있다.

2. 대안의 검토

권력구조 개편에 대한 국민 여론

노무현 대통령 취임 후 노 대통령의 리더십과 국정수행 능력에 회의를 품은 국민들이 증가하면서 권력구조와 관련한 개헌 논의가 다시 시작되었다. 2004년 1월 한겨레신문의 여론조사 결과에 의하면 4월 총선 뒤 분권형 대통령제로의 개헌에 대한 질문에 찬성이 58.3%로 반대 25.0%보다 두 배 이상 높게 나타났다. 불과 3개월 전 2003년 10월 조사에서 같은 질문에 대한 반대가 45.0%로 찬성 42.3%보다 높았던 것에 비해 상당한 변화가 일어난 것이다. 2004년 1월 경향신문의 여론조사에서는 국가 권력구조의 관련한 개헌 필요성에 대해 64.6%가 찬성하여 반대 35.4%보다 훨씬 높았다.

개헌에 찬성한 응답자들이 선호하는 권력구조는 대통령 중임제가

34.4%로 제일 많았고 내각책임제가 33.2%로 이와 비슷한 수준이었으며 분권형 대통령제는 18.9%인 것으로 나타났다. 2004년 3월 SBS TV가 실시한 여론조사에서는 응답자의 66.1%가 총선 이후 권력구조에 관한 개헌에 찬성하였으며, 이들 중 35.1%가 4년 중임제를 선호하였고 그 다음으로 분권형 대통령제와 내각제를 선호하는 것으로 나타났다.

이들 조사 결과에서 공통점은 국민들의 대다수인 2/3 정도가 현재의 권력구조에 만족하지 못하고 개헌을 원하고 있다는 것이다. 특이한 점은 현재 권력구조에 만족을 하지 못하면서도 개헌의 방향을 내각제보다는 오히려 순수 대통령제를 선호하고 있다는 사실이다. 이는 아직도 우리 국민들이 내각제보다는 대통령제에 익숙하다는 사실이 반영된 결과라고 생각한다.

권력구조와 관련한 여론조사의 또 다른 특징은 조사시기와 기관에 따라 그 결과가 큰 차이가 있다는 것이다. 이는 아직 우리 국민들이 개헌 여부는 물론 개헌시 자신들이 원하는 권력구조의 형태에 대해 확고한 의견을 갖고 있지 않다는 것을 의미하기도 한다. 현직 대통령에 대한 실망감이 높을수록 권력구조의 개편을 바라는 경향이 있으며 대통령제의 문제점이 많이 들어날수록 분권형 대통령제 또는 내각제의 선호도가 높아질 것이다.

최근의 탄핵파문과 4·15 총선 결과는 권력구조에 관한 정치권의 입장에 큰 변화를 주는 계기가 된 것 같다. 16대 국회 말 탄핵 주도세력은 대체로 내각제 권력구조에 호감을 갖고 있었다고 할 수 있다. 그러나, 4·15 총선결과와 헌법재판소 판결에 의한 노무현 대통령의 직무 복귀는 정치권의 분위기를 내각제보다는 대통령제를 선호하는 방향으로 급선회 시키고 있는 것이 사실이다.

4·15 총선 직후 동아일보가 실시한 17대 지역구 당선자들의 권력구조 선호도 조사에서 당선자 다수인 63%가 4년 중임제 개헌을 선호하는 것으로 나타났다. 정당별 분포는 열린우리당 72.2%, 한나라당 50.0%로 열린우리당 의원들의 4년 중임제 개헌 선호도가 높았다. 현행 단임제 유지는 21.8%, 책임총리제는 11.8%, 그리고 의원내각제는 3.4%로 나타났다.

정치권의 견해가 탄핵 파동이라는 정치적 사건에 크게 영향을 받고 있음을 잘 알 수 있다. 그러나 권력구조라는 근본적인 정치문제가 정치발전이라는 중장기적 시각보다는 단기적 정치현상에 의해 좌지우지되고 있다는 것은 매우 안타까운 일이 아닐 수 없다.

미국식 대통령제

권력구조 개편과 관련한 개헌 논의에서 제일 먼저 대안으로 제시되는 것은 미국식 대통령제로의 개헌이다. 이러한 주장은 우리가 대통령제를 제대로 하지 않아 여러 가지 문제가 발생하기 때문에 대통령제의 종주국이라고 할 수 있는 미국식 대통령제로 돌아가 보자는 논리에서 비롯되며 그 내용은 ① 정·부통령제, ② 대통령 4년 중임제, ③ 대통령 선거와 총선의 동시 실시 등으로 요약될 수 있을 것이다. 현재 정치권에서 제기되고 있는 대통령 중임제 개헌 또한 이러한 차원에서 이해되어야 할 것이다.

우선 현행 헌법의 대표적인 내각제적 요소라 할 수 있는 국무총리제를 폐지하고 부통령제를 신설하는 문제를 검토해 보기로 하자. 부통령을 선출하는 방법으로는 '50년대 시도되었던 대통령과 부통령을 별도로 선출하는 것과 부통령을 대통령의 러닝 메이트(running mate)로 선출하는 두 가지가 있다.

전자의 경우 서로 정당이 다른 대통령과 부통령이 당선될 수 있으며 실제로 '56년 정·부통령 선거에서 대통령에 자유당의 이승만 후보, 부통령에 민주당의 장면 후보가 당선되었다. 부통령의 당적이 대통령과 다른 경우 부통령이 대통령의 독주를 견제한다는 상징적 의미가 있을 수 있으나 부통령의 권한이 거의 없기 때문에 부통령이 대통령을 견제하는 것은 사실상 불가능하다. 장면 부통령은 3·15 부정선거를 막지 못하였고 이는 결국 4·19 학생혁명으로 발전되었던 것이다.

현재 부통령제의 도입을 주장하는 인사들의 대다수는 미국식 러닝 메이트 방식을 선호하고 있으며 그 이유는 부통령을 대통령과 다른 지역 출신인사를 지명하여 대선에서의 지역주의를 극복해 보자는 것이다. 취지는 매우 좋으나 별 권한이 없는 부통령을 다른 지역 출신으로 지명한다고 해서 유권자의 지역주의 문제가 해소되기는 어려울 것으로 생각된다. 이는 현행 제도에서 국무총리의 지역적 배경이 지역주의 해소에 아무런 기여를 하지 못하고 있다는 사실로도 입증될 수 있다.

미국의 경우를 살펴보면 대통령 후보는 부통령 후보를 주로 선거에서 얼마나 도움이 될 것인가를 기준으로 선정한다. 따라서 대통령과 지지기반이 다른 후보를 선정함으로써 선거에서 추가 득표가 가능하도록 노력한다. 그러나 당선이 되고 나면 이런 기준으로 선정된 부통령은 대통령의 일관된 정책추진에 오히려 걸림돌이 될 수 있기 때문에 대통령으로부터 별 역할을 부여받지 못하고 임기를 마치는 경우가 대부분이다.

미국의 첫 부통령 존 아담스는 그의 부인에게 보낸 편지에서 부통령직은 '인간이 만든 공직 중에서 가장 무의미한 자리'라고 표현하였다. 윌슨 대통령 집권시 8년 동안 부통령을 지냈던 마샬은 '옛날 두 형제가 살고 있었는데 하나는 바다로 뛰쳐나갔고 또 하나는 부통령이 되었다. 그 후 아무도 두 형제의 소식을 못 들었다'라는 농담 아닌 농담을 남겼다. 헌법상 형식적 상원의장이 되는 것 이외에는 아무런 권한이 없는 부통령은 당선과 동시에 잊혀져 버리는 신세가 되는 것이다.

이런 점에서 부통령은 각료의 제청권과 해임건의권을 헌법이 인정해 주는 현행 국무총리보다도 훨씬 권한과 역할이 없는 직책임에 틀림없다. 현행 대통령제의 가장 큰 문제가 대통령 한 사람에게 권한이 과다하게 집중되는 것인데 현행 국무총리보다도 권한이 없는 부통령직을 신설할 이유는 없다고 생각된다. 따라서 국무총리직을 폐지하고 부통령직을 신설하는 것은 개선이 아니고 개악이 될 것이다.

다음은 현행의 대통령 5년 단임제를 4년 중임제로 바꾸고 선거 시기를 국회의원 선거와 동일하게 하자는 제안이다. 우선 대선과 총선을 동시에 하자는 것은 잦은 선거에 따른 경제·사회적 비용을 줄일 수 있다는 점에서 매우 긍정적인 제안이라고 생각한다. 또한, 대선과 총선이 동시에 치러지면 집권당이 국회에서 소수정당이 되어 대통령과 국회가 갈등을 일으킬 가능성이 낮아진다는 부수적 효과가 있을 것으로 기대된다.

그러나, 이는 대통령의 권력집중이라는 측면에서는 부정적이라고 할 수 있으며 대통령 업적에 대한 총선에서의 중간평가가 어렵다는 단점이 지적될 수도 있을 것이다. 대통령의 중임 허용은 4년의 임기를 마치고 현직 대통령에 대한 재평가를 하여 책임을 물을 수 있다는 측면에서는 긍정적이라 할 수 있으나 대통령이 임기 중 재당선을 위해 권력을 남용할 가능성이 있다는 단점도 지적될 수 있을 것이다. 미국과 같이 대통령을 효율적으로 견제하는 의회의 전통이 확립되어 있지 않은 상태에서 4년 중임제로의 개헌은 대통령의 권력집중과 임기연장으로 발전될 가능성이 많기 때문에 이 역시 개선이라고 보기에는 어려울 것이다.

결론적으로 말해, 부통령제를 도입하고 4년 중임제를 채택하자는 제안은 앞에서 지적된 대통령제의 문제점을 확대 재생산하자는 것이기 때문에 받아들이기 어렵다고 생각된다. 그럼에도 불구하고, 여론조사를 하면 개헌에 동의하는 인사들이 가장 선호하는 개헌안이 바로 미국식 대통령제를 하자는 것이다. 여·야 정치권에서 대통령 꿈을 키우고 있는 야심 있는 정치인 대다수도 이러한 형태의 개헌을 선호하는 것으로 알려지고 있다. 그러나, 이는 오늘날 한국정치 문제점의 상당부분이 대통령제 자체에서 비롯되고 있다는 사실을 모르는데 있다고 생각한다. 정치인의 경우 그것을 안다고 하더라도 자신이 대통령이 될 경우를 가정하여 대통령에게 모든 권한이 집중되는 것을 오히려 바람직한 것으로 판단하고 있을 가능성이 많다.

앞서 지적한 대로, 우리 나라에서 대통령제가 도입된 것은 대통령이 되겠다고 하는 유력 정치인들이 이 제도를 선호하였기 때문이라는 역사적 사실을 우리는 기억해야 한다. 이제는 대통령제의 폐단에 대한 정치인은 물론 국민들의 올바른 인식이 확립되어져야 할 때다. 작금의 대통령 탄핵 파문은 대통령제 폐단의 일면이 극명하게 표출된 사건이라는 점을 우리는 분명히 알아야 할 것이다.

책임총리제 또는 이원집정제

현행 헌법 제 87조에는 국무총리의 국무위원 제청권과 해임건의권이 분명히 명시되어 있다. 이는 매우 중요한 권한이나 이것을 제대로 행사한 국무총리는 아직까지 한 명도 없었다. 실제로 국무위원의 임명과 해임에 대한 결정은 대통령이 하고 국무총리와는 결정된 내용을 '상의'하는 형태로 국정이 운영되어 왔다. 국무총리 자신이 언제든 대통령에 의해 해임될 수 있기 때문에 헌법에 보장된 자신의 권리를 지나치게 주장하면 대통령으로부터 해임 당할 위험에 빠지게 된다. 김영삼 정권에서 이회창 총리가 취임 5개월 만에 사임한 것도 바로 이런 이유에서였다.

그나마 이 문제로 사임까지 한 것은 이회창 총리가 유일한 경우였고 다른 국무총리들은 국무위원의 임명과 해임은 으레 대통령의 고유권한이라고 간주하여 왔다. 내각제적 요소를 헌법에 가미하였는데 실제로 집행되고 있지 않은 것이다. 최근 책임총리제에 대한 주장은 국무총리의 권한을 더욱 분명하게 헌법과 관계법에 명시하고 이러한 사항들이 실제로 지켜지게 하자는 것이다.

이에 한 발 더 나아가 국회가 야당에 의해 지배되는 경우 야당 인사가 총리직을 맡아 국정을 대통령과 분할하여 운영하는 이원집정제를 도입해야 한다는 주장도 있다. 이원집정제의 기원은 1919년 독일의 바이마르 공화국 헌법이었다. 대통령은 7년 임기로 국민이 선출하였고 재선이 가능하였다. 대통령이 총리 임명의 권한을 그리고 총리는 내각 선임의 권한을 가졌다. 총리는 의회의 신임을 필요로 했고 대통령은 총리와 공동서명으로 의회를 해산할 수 있었다. 여당이 과반수 의석을 차지하지 못하는 경우 의회는 해산되었고 그 경우 정부의 수명은 단기간에 그쳤다. 대통령은 군부지휘권과 비상조치권이 있었고 이러한 제도는 바이마르 공화국 말기에 나치의 집권을 가능하게 하였다.

1958년 프랑스 5공화국의 헌법은 바이마르 공화국 헌법과 크게 다르지 않았다. 프랑스 5공화국 헌법은 제 4공화국의 내각제하에서 정치 불안을 경험한 대안으로 제시된 것이다. 1946년부터 1958년까지 프랑스에서는 25개의 정부가 세워졌으며 15명의 총리가 집권하였기 때문이다.

제5공화국 헌법은 당시 알제리 전쟁의 영웅인 드골 장군을 염두에 두고 그의 영향력을 바탕으로 만들어졌다고 할 수 있기 때문에 '드골 헌법'이라고도 불리어진다. 드골 같은 군부로부터 정통성을 인정받고 있는 인물을 대통령으로 추대함으로써 군부를 대통령 아래 복종시키려는 의도가 있었던 것이다. 5공화국 헌법은 대통령에게 국회 해산권은 물론 특정 정치쟁점들을 의회에 회부하지 않고 직접 국민투표에 부칠

수 있는 권한까지 부여하고 있다. 드골 대통령은 국민 투표제를 남용하여 의회를 무력화시키려 했다는 비판을 받기도 하였다.

프랑스의 이원집정제는 정치안정을 이룩하였다는 측면에서 비교적 성공한 것으로 평가되고 있다. 성공의 원인은 과반수 득표를 필요로 하는 대통령선거에 정치권의 관심이 집중되면서 과거의 난립된 정당구조가 안정적인 형태로 재편성된 데 기인한 것으로 전문가들은 분석하고 있다. 또한, 프랑스의 이원집정제는 집권당이 의회 과반수를 차지하는 경우에는 대통령제와 같이 기능을 하는 반면 야당이 의회를 지배하는 경우에는 내각제처럼 운영되었다. 그러나 대통령이 의회 해산권을 갖고 있기 때문에 5공화국 대부분 기간 중 집권당이 의회를 지배할 수 있었다. 그래서 이원집정제는 대통령제와 같이 운영되었고 대통령이 정치권의 중심이 되어왔다고 할 수 있다.

이원집정제의 가장 큰 문제점은 정책의 책임 소재가 분산되어 있기 때문에 대통령과 총리 사이에 갈등의 소지가 많다는 사실이다. 특히, 총리가 의회를 지배하는 반대당이 맡을 경우 대통령과 총리의 갈등은 심각한 단계까지 발전할 수 있으며 그렇지 않은 경우에도 대통령과 총리는 언제나 긴장관계를 유지할 수밖에 없다. 따라서 정치공작과 음모가 발생하여 정책결정이 지연될 수도 있고 대통령과 총리와의 갈등으로 상호 모순되는 정책들이 시행될 수도 있다.

결국, 이원집정제의 운영은 대통령의 정치력에 달려 있게 되고 순수 대통령제보다 대통령의 역할은 훨씬 어려운 것이 사실이다. 또한, 이원집정제가 성공하기 위해서는 내각제의 성공요건이라 할 수 있는 의회에서의 총리에 대한 안정적인 지지기반의 구축이 필요하다. 따라서, 이원집정제는 성공적인 대통령제에서의 지도력과 비전을 갖춘 대통령과 성공적인 내각제 의회에서의 안정적 지지기반 모두가 필요하기 때문에 매우 까다롭고 어려운 권력구조라고 하지 않을 수 없다.

대체로 대통령제를 채택하고 있는 남미국가에서 대통령제에 내각제 요소를 첨가한 '중간형 대통령제' 또는 '중간형 내각제'를 시도한 적이 여러 번 있었다. 순수 대통령제의 구조적 문제점을 잘 알지만 순수 내각제에 대해서도 확신이 없기 때문이거나 대통령제의 정치 전통을 깨는 것을 주저하기 때문에 남미국가들이 혼합형을 시도하였다고 할 수 있다. 우리 나라도 대체로 이런 경우에 해당한다고 하겠다.

소수파 정권의 탄생을 막기 위해 볼리비아에서는 국민 직접선거에서 과반수 득표 후보가 없을 경우 의회가 대통령을 선출하도록 하였고 이 경우 대통령은 '정당 위에 존재'하는 것으로 하기 위해 의회에서 2/3 득표로써 선출하자는 제안이 나오기도 하였다. 또한, 소수파 대통령이 탄생하면 의회에서 불신임투표와 의회 해산을 허용하여 정치판을 새로 짜게 하는 제안도 있었다. 1979년 페루의 '가(假) 내각제' 헌법은 대통령은 내각을 관장하는 총리를 임명하며, 의회는 내각을 탄핵할 수 있고, 만일 의회가 세 차례 내각 탄핵을 하게 되면 대통령은 의회를 해산할 수 있다는 내용으로 되어 있었다.

얼핏 보기에는 이원집정제를 포함하여 혼합형 권력구조가 대통령제와 내각제의 장점만으로 구성된 것 같으나 이의 성공적인 운영을 위해서는 대통령제와 내각제를 성공적으로 만드는 요건 모두를 필요로 한다는 사실을 발견하게 된다. 그렇기 때문에 한국에서 권력구조 개편을 논의함에 있어 이원집정제는 현명한 대안이 되기 어렵다는 생각을 하지 않을 수 없다.

3. 내각제로의 길

내각제에 대한 부정적 시각

대통령제가 많은 제도적 문제점을 안고 있고 이원집정제 등 혼합형 권력구조가 바람직한 대안이 되지 못한다는 것을 잘 알면서도 내각제로의 개헌을 주저하는 것은 내각제가 자칫하면 정치 불안정을 가져올 것이라는 불안감 때문이다. 우리 나라의 경험을 살펴보면 오랜 기간 시도된 대통령제도 실패하였지만 짧은 기간 시도해 본 내각제 역시 실패하였다고 평가되고 있기 때문이다. 1960년 내각제 개헌과 더불어 출범한 장면 내각은 집권 9개월간 네 차례에 걸쳐 내각을 재구성하였고 결국 5 · 16 군사 쿠데타에 의해 붕괴되었다는 사실이 많은 국민들로 하여금 내각제와 정치 불안정을 동일시하는 이유가 되었다.

대통령제의 성공여부가 대통령의 자질과 정치력에 크게 좌우되는데 반해 내각제가 제 기능을 하기 위해서는 ① 어느 수준 이상 유권자층의 정당 충성도, ② 정당원의 행동을 통제할 수 있는 규율을 지닌 정당, ③ 정당들 사이의 공조 능력, ④ 반체제 정당의 결여 등으로 요약되는 정당정치의 기본적 기틀이 필요하다.

한국에서는 오랜 기간 권위주의 정치체제에서 대통령이 정당을 자신의 통치를 뒷받침해 주는 거수기로 전락시켰고 민주화 이후에도 3김으로 대표되는 정치지도자들이 지역주의를 이용하여 정당을 사당화해왔기 때문에 정당정치는 발전할 수가 없었으며 정당은 국민들로부터 불신과 적대감의 대상이 되었다. 이런 상황에서 정당정치를 기본 작동원리로 하는 내각제에 대해 부정적인 견해를 갖는 것은 어쩌면 당연한 일인지도 모르겠다.

국민들이 내각제에 대해 부정적인 또 하나의 이유는 내각제를 주창하는 세력의 정치적 동기가 순수하지 못하다고 생각하기 때문이다. 전두환 정권 말기에 당시 여권에 의해 제기된 내각제 개헌 제안은 대통령 선거에서 여당이 승리할 자신이 없기 때문에 전국적인 당 조직, 풍부한 선거자금과 인재 풀(pool)을 활용하여 총선에서의 승리를 통해 집권을 연장해 보려는 의도라고 국민들은 생각하였던 것이다.

또한, 자민련 김종필 총재의 내각제 주장도 퇴출대상이 되는 노정객의 정치권에서 계속 살아남으려는 몸부림 정도로 국민들은 인식하였다. 16대 국회 말 한나라당 일각에서 제기했던 내각제 개헌론도 두 차례 대선에서 실패하여 '불임(不妊) 정당'이라는 비판을 받고 있는 대선 패자의 고육지책(苦肉之策) 정도로 국민들은 생각하기 때문에 내각제에 대한 국민적 공감대 형성에 오히려 걸림돌이 되었다. 특히, 최근의 탄핵 파문 과정을 거치면서 내각제는 부패한 기성정치인들이 정치권에서 자신들의 영향력을 계속 유지하려는 의도로 일반 국민들에게 인식된 것도 사실이다.

이에 더해, 내각제는 현직 대통령과 대통령을 지망하는 유력 정치인들에 의해 의도적으로 매도되어 왔던 것이 사실이다. 당초 내각제안을 거부하였던 이승만 대통령은 내각제는 영국이나 일본과 같이 국왕이 있는 나라에서나 하는 것이고 그렇지 않은 경우는 대통령제를 해야 한다고 주장하였고 이는 집권기간 중 내각제를 표방한 야당의 주장에 대한 반대논거가 되었다.

내각제에 기초한 제2공화국을 군사 쿠데타로 무너뜨리고 집권한 박정희 대통령 역시 장면 정권하에서의 정치 불안정을 자신들의 비민주적 행동을 정당화시키는 근거로 삼았기 때문에 정권유지 차원에서 내각제에 대한 단점을 국민들에게 홍보할 필요가 있었을 것이다.

민주화 이후 정치 주도권을 잡은 김영삼, 김대중 대통령 역시 내각제에 대한 부정적 시각을 분명히 하였고 두 차례 대권 도전에 실패한 이회창 총재도 한국에서는 대통령제가 바람직하다는 견해를 피력하고 이를 선거공약과 당 정강정책에 반영하였다.

지금도 열린우리당의 정동영 의원과 한나라당의 박근혜 대표를 비롯한 잠재적 대통령 후보군에 속하는 정치인들 대다수가 내각제보다는 대통령제가 바람직하며 개헌을 한다면 오히려 미국식 대통령제로의 개헌이 필요하다는 주장을 하고 있다. 이런 정치적 배경 때문에 한국에서 일반 국민들도 제2공화국의 정치적 불안정을 장면 총리의 정치 역량 부족보다는 내각제 자체의 모순에 기인한다고 생각하게 된 반면, 역대 대통령의 실패는 대통령제의 문제가 아니라 대통령 개인의 문제라고 생각하게 된 것이다.

그러나, 내각제가 대통령제보다 정치적으로 불안정하다는 주장은 실증적으로 확인되지 못하고 있다. 앞에서 이미 지적한대로 제 3세계 국가들의 경험을 종합해 보면 민주주의가 공고화될 가능성이 대통령제보다 내각제에서 훨씬 높다는 사실이 실증적 연구에 의해 입증되었다. 흔히 내각제의 정치 불안정이 군부개입을 야기하여 민주주의의 붕괴를 가져올 가능성이 높은 것으로 생각하나 실제 상황은 다르다.

예를 들어, 제2차 세계대전 이후 모두 39개의 내각제 민주주의 체제 중 13개 국가에서 민주주의가 붕괴되었으며, 13개의 대통령제 민주주의 체제 중 적어도 10개국에서 민주주의의 붕괴를 경험했다는 것이 반하넨(Tatu Vanhanen)의 연구결과다. 또한, 장관의 평균 재임기간을 비교해 보면 내각제가 대통령제보다 거의 두 배에 이르는 것으로 나타나 내각제에서의 장관들이 대통령제에서의 장관들보다 훨씬 경험이 많다는 것이 블론델(Jean Blondel)의 연구에 의해 밝혀졌다.

내각제를 정치 불안정과 연결시키는 가장 큰 이유는 정당 간의 이합집산이 빈번하고 정당내 규율이 약한 경우 내각제에서는 잦은 정권교체가 야기될 수 있다는 것이다. 정당정치가 잘 발달된 나라에서는 이러한 문제가 발생할 가능성이 적으나 그렇지 않은 경우에는 이에 대한 제도적 장치가 마련되어야 한다는 것이다. 이의 대표적 사례가 독일의 '건설적 불신임 투표제'이다.

스페인과 포르투갈에서도 채택된 바 있는 건설적 불신임 투표제는 ① 총리는 불신임하기 전에 재적 과반수에 의한 후임 총리를 선정하여야 하고, ② 불신임안의 제출로부터 후임 총리선거까지는 반드시 48시간 이상의 '냉각기간'이 필요하며, ③ 총리에 대한 신임투표가 재적 과반수의 동의를 얻지 못하면 총리의 요청에 의해 대통령은 21일 이내에 의회를 해산할 수 있다는 내용으로 되어 있다. 한 마디로 잦은 총리 해임 사태를 예방하고 총리의 정치적 입지를 강화시켜주는 것이라 할 수 있다. 이 제도는 체제의 경직성을 높였다는 비판도 있으나 대체로 내각제에서 발생할 수 있는 잦은 내각교체로 인한 정치 불안을 막는데 기여한 것으로 평가되고 있다.

내각제와 다당제의 결합은 정당들 간의 잦은 이합집산으로 정국불안을 조성할 가능성이 높다. 영국에서 내각제가 오랜 기간 안정적으로 운영된 원인 중의 하나로 양당제 전통의 확립이 지적되고 있다. 양당제에서는 한 정당이 의회에서 다수의석을 갖는 것이 어렵지 않기 때문에 연정을 하지 않아도 집권이 가능하게 된다. 특히, 정당의 규율이 강하고 국민들로부터 고정적 지지층을 확보하고 있는 경우 내각제는 대통령제보다 훨씬 더 안정적이 된다.

한 나라의 정당구조는 선거제도와 밀접한 관계가 있는 바 소선거구제는 정당의 난립을 방지하는데 결정적인 역할을 한다. 양당제가 정착된 영국과 미국 모두 소선거구제들 채택하고 있으며 한국에서도 소선구제의 전통이 정당의 난립을 막는데 기여하였다고 하겠다. 반면, 중대선거구나 비례대표제는 소수당의 출현을 상대적으로 용이하게 하는 바 한국에서 내각제로의 개헌이 이루어진다면 내각을 구성하는 하원은 인구비례에 의한 소선거구제를 채택하여 정당 난립에 따른 정국 혼란의 가능성을 사전에 막도록 하여야 할 것이다.

내각제의 장점

내각제의 대표적인 단점으로 지적되는 잦은 정권교체에 따른 정치 불안은 앞에서 지적된 건설적 불신임 투표제의 도입과 소선거구제 채택 등의 방법으로 사전에 예방할 수 있는 반면 내각제는 대통령제에 비해 많은 장점들을 가지고 있다.

내각제의 장점은 앞에서 지적된 대통령제의 단점을 뒤집어 놓은 것이라 할 수 있다. 무엇보다도 한 사람의 능력에 의존하는 대통령제와는 달리 내각제에서는 정당이 팀을 이루어 활동하기 때문에 정당정치가 발전하고 정치인들의 자질이 정치과정을 통해 향상된다는 것이다. 내각제에서 의회와 내각은 정치인을 양성하는 '학교' 역할을 수행한다.

내각제에서 의원은 여당인 경우 내각의 일원으로 정부운영 경험을 축적하고 야당인 경우에도 예비내각의 일원으로 정부운영 능력을 키우는 경험을 축적하게 된다. 의회에서도 의원들은 서로 팀을 이루어 정책토론에 참가하고 연대를 구축하여 내각을 구성하기 때문에 대화와 타협은 의원들의 일상적인 업무가 된다. 또한, 내각제의 기본 운영주체는 정당이기 때문에 정당정치가 발전하게 되고 정당의 존립이 소속 의원에 달려 있기 때문에 보스 중심의 권위주의적 정당운영이 불가능해진다.

한국에서는 정당정치가 발달되어 있지 않고 의원들의 질이 낮기 때문에 내각제가 어려울 것이라고 하나 사실은 내각제를 하지 않았기 때문에 정당정치가 발전하기 어려웠고 수준 높은 인사들이 정당인이 되기를 꺼려왔다고 할 수 있다. 내각제에서는 정부 요직이 의원들에 의해 거의 독점되기 때문에 정책과 정부운영에 관심이 있는 인사들이 정치권으로의 진출을 희망할 가능성이 높으며 앞서 지적한대로 정치권에서의 경험을 통해 국정운영 능력이 제고될 수 있는 것이다.

내각제에서는 정당이 정치활동의 기본단위가 되기 때문에 정치인들의 정당 귀속감과 충성도가 높아지게 된다. 대통령제에서는 대통령 후보의 개인적인 자질이 선거에서 중요한 비중을 차지하나 내각제에서는 하나의 팀을 이루어 국정을 이끌어 갈 당의 정치적 색깔과 국정운영 능력이 유권자의 관심이 되기 때문에 정책으로 경쟁하는 선거관행이 정착될 가능성 또한 높아진다. 결국, 정책으로 경쟁하는 정당정치가 구현될 가능성이 대통령제보다는 내각제에서 더 높아진다고 할 수 있는 것이다.

대립과 갈등이 부각되는 제로 섬(zero-sum) 게임이 되는 대통령제와는 달리 내각제는 상호 협조와 타협이 강조되는 포지티브 섬(positive-sum) 게임이 될 가능성을 높게 해 준다. 내각제에서 수상은 각료 추천권을 행사하나 자신의 집권 유지를 위해 이들의 협조가 필요하기 때문에 상호 신뢰 구축을 위해 지속적으로 노력해야 하고 야당과도 의회에서 항상 토론하고 설득해야 하기 때문에 우호적인 관계를 유지하려고 노력하게 된다. 따라서, 대통령의 독주를 견제하기 위해 끊임없이 투쟁하는 대통령제의 대립적인 정치풍토와는 달리 내각제에서는 여·야 간 협의와 타협이 관행화되는 이른바 '협의제 민주주의' 전통이 정착될 가능성이 높아진다.

대통령제에서 대통령은 여당이 의회 다수의석을 갖고 있을 때는 지나칠 정도로 강력한 지도력을 발휘하게 되나 거꾸로 여소야대가 되는 경우에는 매우 무력해질 가능성이 높다. 그러나, 내각제에서 수상은 의회에서 다수의 지지로 수상의 자리에 올랐기 때문에 의회의 협조를 얻는데 큰 어려움이 없다. 또한 수상은 언제나 소속 의원들의 정치적 지지를 필요로 하기 때문에 권위주의적이 될 수가 없다. 그래서 내각제 수상의 권위와 정치적 지도력은 대통령제에서 발생하는 권력의 '과다' 또는 '과소' 문제를 일으키지 않을 가능성이 높은 것이다.

대통령제에서 내각제로의 전환

아랜드 라이파아트(Arend Lijphart)는 「내각제 대 대통령제 정부」 (Parliamentary versus Presidential Government)에서 '내 자신의 결론을 내리면 내각제가 가장 좋은 정부형태다. 그리고 대통령제는 가장 나쁜 정부형태다. 다음으로 반(半)대통령제는 순수대통령제보다는 약간 더 바람직한 정부형태다'라고 기술하고 있다.

한국에서도 헌법 전문학자들의 견해는 라이파아트의 생각과 대체로 유사하다고 생각된다. 한국 최초의 헌법학자인 유진오 박사는 내각제를 주장하여 이에 기초한 제헌헌법 초안을 작성하였고 10·26 사태 직후 마련된 '6인 학자안'도 원칙적으로 의원내각제에 입각한 것이었다.

현행 헌법은 대통령제를 기본 골격으로 하고 국회 동의를 받아 대통령이 임명하는 국무총리라는 내각제적 요소가 첨가된 절충형이라고 할 수 있다. 내각제가 가장 바람직한 권력구조라는 의견을 받아들인다고 하면 순수 대통령제로의 개헌은 개선이 아니라 개악을 의미하기 때문에 고려의 대상에서 제외되어야 할 것이다.

또한, 대통령과 수상과의 충돌 소지가 많으며 성공적인 운영을 위해 대통령제와 내각제의 필요 요건 모두를 갖추어야 하는 프랑스식 이원집정제도 바람직한 권력구조라고 생각되지 않는다. 따라서 개헌을 한다면 당연히 내각제로의 개헌이 되어야 할 것이며 이 경우 순수 내각제에서 예상되는 문제점을 보완하는 차원의 수정은 필요하리라 생각된다.

내각제로의 개헌내용을 좀 더 구체적으로 살펴보기 위해 제2공화국 내각제 헌법을 토론의 출발점으로 삼을 수 있을 것이다. 제2공화국 내각제 헌법의 주요 내용은 다음과 같다. ① 국회는 민의원과 참의원으로 구성하고 임기 4년의 민의원은 소선거구제로, 임기 6년의 참의원은 시·도 단위의 중대선거구제로 선출된다. ② 국가 원수인 대통령은 국회 양원 합동회의에서 재적의원 2/3 이상의 투표로 당선되며 대통령은 정당에 가입할 수 없고 임기는 5년이며 1차에 한하여 중임할 수 있다. ③ 국무총리는 민의원 재적의원 과반수의 동의를 얻어 대통령이 임명하며 국무회의 의장이 되고 국무위원을 임면한다. ④ 국무총리와 국무위원의 과반수는 국회의원이어야 하고 국무총리와 국무위원은 국무원을 구성한다. ⑤ 민의원은 재적의원 과반수의 찬성으로 국무원에 대한 불신임 결의를 할 수 있고 국무원은 불신임 결의안이 가결된 후 10일 이내에 민의원을 해산할 수 있다. ⑥ 국무원은 민의원이 조약 비준에 대한 동의를 부결하거나 예산안을 법정기일 내에 의결하지 아니한 때에는 이를 국무원에 대한 불신임 결의로 간주할 수 있다. ⑦ 국무원은 국무총리가 궐위되거나 민의원 선거 후 처음으로 민의원이 집회할 때에는 총사직하여야 한다.

내각제에서 가장 큰 문제는 잦은 정권교체로 인한 정치 불안이기 때문에 이에 대한 보완장치가 마련되는 것이 중요하다. 제2공화국 헌법에서 의회의 내각 불신임권과 내각의 국회 해산권을 연계시킨 것은 매우 바람직하다고 생각된다. 국회가 내각불신임을 의결하는 경우 국회 해산권이 발동될 가능성이 높고 의회가 내각 불신임권을 발동하였을 때만 내각이 국회를 해산할 수 있기 때문에 국회와 내각이 각각 내각 불신임권과 국회 해산권을 발동하는데 신중을 기하게 될 것이다.

그러나, 조약 비준에 대한 동의가 부결되거나 예산안이 법정 기일 내에 의결되지 아니할 때 이를 내각에 대한 불신임 결의로 간주한다는 조항은 잦은 정권교체를 유발할 수 있기 때문에 바람직하지 않다고 생각된다. 이에 더해, 앞에서 언급된 독일식의 '건설적 불신임 투표제'를 도입한다면 내각제에서 안정적인 정국운용이 가능할 것으로 판단된다.

대통령을 국회 양원 합동회의 재적의원 2/3이상 지지로 선출하고 당적을 갖지 못하게 하는 것은 초당적 인물을 대통령으로 한다는 측면에서 매우 합리적이라 생각된다. 의원내각제가 되면 국회는 당연히 양원제가 되어야 하며 그 경우 하원의원 4년, 상원의원 6년의 임기는 타당할 것으로 생각된다. 정당 난립을 방지한다는 차원에서 하원의원 전체를 소선거구제로 선출하는 것 역시 바람직할 것이다. 상원의원의 선출을 제2공화국 헌법의 시·도별 중대선거구제 대신에 시·도 권역별 정당명부 비례대표제를 채택하는 문제가 검토될 수 있을 것이다. 하원의원 선거구는 철저히 인구비례 원칙에 의해 정해져야 하며 상원의원 수는 지역균형에 대한 고려가 필요할 것이다.

비례대표제는 소수정당의 정치권 진입을 상대적으로 용이하게 하고 선거 과열을 방지하는 긍정적인 효과가 있을 수 있으나 정당이 후보 선정 과정을 독점하는 경우 당선자들이 정당에 예속될 가능성이 높다는 단점이 있다. 독일과 같이 당원들의 선거에 의해 비례대표 후보 명단과 후보 순위가 결정될 수 있다면 비례대표제가 바람직할 것이나 당 지도부가 임의적으로 비례대표 후보 선정과 순위 결정을 한다고 하면 시·도별 중·대선거구제에 의한 직접선거가 더욱 진일보된 선출방법이 될 것이다.

내각제로의 개편 시기는 노무현 대통령의 임기와 17대 국회의원의 임기가 완료되는 2008년이 바람직할 것이다. 그러나 개헌 논의는 2004년 정기국회부터 시작하여 가급적 빨리 개헌 절차를 마무리하는 것이 좋을 것이다. 개헌 시기가 늦어질수록 각 당마다 차기 대통령 후보군이 부각될 것이고 대통령 되기를 꿈꾸는 정치인들이 내각제로의 개헌을 적극적으로 반대할 가능성이 높기 때문이다.

내각제 개헌 추진에 있어 핵심적인 문제는 정치권과 국민들로부터 개헌 필요성에 대한 합의를 도출하는 것이다. 그러기 위해서는 개헌 제의가 특정 정당이나 정파의 정치적 이해득실 차원에서 제기되었다는 인상을 주어서는 안 될 것이다. 한 가지 다행스러운 것은 개헌의 방향에 대해서는 이견이 있지만 개헌의 필요성에 대해서는 국민다수와 정치권이 공감하고 있다는 사실이다. 앞에서 지적한대로 국민의 2/3 정도가 개헌에 찬성하고 있다.

따라서, 국회는 전문가들로 구성된 '개헌기초위원회'를 만들어 이들로 하여금 객관적인 입장에서 여러 형태의 개헌안을 마련하고 공청회 등의 의견수렴 과정을 거쳐 최종 건의안을 제출하게 하여야 한다. 정치적인 이해득실을 떠나 객관적인 입장에서 개헌안을 검토하게 되면 본장에서 지적한대로 내각제로의 개헌이 가장 바람직하다는 결론에 도달할 것으로 예상된다.

특히, 노무현 정권의 아마추어식 국정운영 경험과 최근의 대통령 탄핵 파동은 대통령제의 취약점이 여실히 드러난 계기가 되었기 때문에 지금이 개헌문제를 제기하기에 매우 적절한 시점이라고 판단된다. 합리적 여론수렴 과정을 거쳐 적절한 내각제 개헌안이 마련되어 추진된다면 민주화 이후 진행된 민주주의 공고화 과정이 한 단계 성숙되는 계기가 될 것이다.

대통령이 되고자 하는 정치지도자들 또한 내각제에서의 총리는 대통령제에서의 대통령 못지않은 중요한 임무를 수행한다는 사실을 인식해야 한다. 내각제의 총리는 의회에 의해 선출되기 때문에 의회 다수의 지지 속에서 과감하게 국정을 수행할 수가 있다. 대통령과 같이 고정된 임기는 없으나 능력이 있는 총리는 장기간 집권할 수도 있다. 예를 들어, 영국의 대처 수상은 10년 이상 집권하였고 대통령제의 대통령보다 막강한 권한을 행사하였다.

현행 제도에서 대통령은 당선만 되면 본인의 능력과 관계없이 탄핵을 당하지 않는 경우 5년의 임기가 보장되어 있으나 내각제의 수상은 본인의 능력에 따라 집권기간이 달라질 수 있는 것이다. 내각제의 총리 역시 야심있는 정치인의 꿈이 되기에 충분하다는 인식을 바탕으로 자신이 대통령이 되기 위해 내각제로의 개헌에 반대하는 어리석음을 범하는 역사적 실수가 반복되지 않기를 바란다.

내각제 개헌의 필요성에 대해서는 이제 여러 전문가들도 공감을 하고 있다. 한국의 대표적인 헌법학자 김철수 교수는 월간중앙(2004.1) 인터뷰에서 "민주화 이후 네 번의 대통령이 있었지만 모두 제왕적 대통령제의 폐해를 극복하지 못하고 성공한 대통령이 되지 못했습니다. 정국도 계속 불안정 했지요." 라고 지적하면서 "지금이야말로 개헌의 가장 적절한 시기가 아닌가 싶어요. 헌법 개정에 약 두 달이면 충분합니다. 헌법 개정해서 총선 치르는 것이 총선 이후 다시 권력구조 문제로 시간을 허비하는 것보다 훨씬 낫다고 보는 것이죠."라고 주장하고 있다. 16대 국회가 극심한 국론분열을 초래한 대통령 탄핵안을 가결시킬 것이 아니라 내각제로의 개헌안을 통과시켰어야 했다는 이야기다.

정치학자로 당 대표와 국무총리를 역임한 바 있는 이홍구 박사 역시 중앙일보(2003.12.29) 기고문에서 내각제 개헌의 필요성을 역설하고 있다. "반세기에 걸쳐 고착된 우리의 대통령제는 이제 긍정적 효과보다는 부정적 폐단이 훨씬 더 앞서는 지경에 이르고 말았다. 내각을 집행기구로 전락시킨 청와대 비서 중심인 측근정치의 파탄, 국회를 국정의 사이드 쇼로 밀어낸 의회정치의 파탄, 전부를 한 판 승부로 거는 대통령선거가 자아낸 불법 정치자금의 일상화 등 일련의 추세는 민주주의의 핵심인 책임정치와 대의정치의 생명을 위협하는 심각한 위기를 조성하고 있다.” “마침 2008년 2월과 4월에 노무현 대통령과 17대 국회의원의 임기가 거의 동시에 끝나게 되어 있다. 늦어도 2008년 봄에는 내각제로 전환될 수 있도록 17대 국회 초에 여·야 합의로 헌법개정이 이루어지면 정치인과 정당에 꼭 필요한 4년의 준비기간을 갖게 된다.”

노무현 정권 출범 이후 지속되는 사회적 갈등과 정치 불안정 상태를 지켜보면서 내각제로의 개헌은 이제 한국에서 더 이상 미룰 수 없는 중차대한 정치현안이라는 생각을 하지 않을 수 없다. 얼마 전 김원기 국회의장은 개헌논의의 적정시기를 2006년으로 언급한 바 있다. 조기 개헌논의가 자칫 국론분열을 초래할지도 모른다는 이유에서다. 그러나 향후 정치일정을 감안할 때 2006년은 개헌논의가 시작되는 시기가 아니라 마무리 되는 시기가 되어야 할 것이다.

제7장

고비용·저효율에서
저비용·고효율 정치제도로

> "
>
> 내가 강진에서 귀양살이를 할 때,
>
> 나를 도와준 수령의 옷은 늘 추하고 검소했으나,
>
> 의복이 화려하고 얼굴이 기름지고 방탕해 보이는 자는
>
> 나를 돌아보지도 않았다.
>
> 백성들은 토지에서 일하여 농산물을 수확하지만,
>
> 관리들은 백성을 수확해야 할 밭으로 여기면서
>
> 백성의 살갗을 벗기고 골수를 찍어내는 일을 자행하면서,
>
> 백성의 머릿수를 세면서 얼마나 수확할 수 있을까에 골몰한다.
>
> "

정약용, 「목민심서」(牧民心書)

1. 정당제도의 개선

대중정당화

현대정치는 정당정치이기 때문에 정치제도의 개혁은 정당에서부터 시작되어야 한다. 한국의 정당을 살펴보면 한국정치의 문제점이 그대로 노정(露呈)되어 있음을 할 수 있다. 한국의 정당정치는 아직도 유동적이고 구조화되어 있지 못하다. 정치의 기본 단위가 되는 정당이 하루살이처럼 나타났다가 사라지는 상황에서 안정적인 정치발전을 기대하기는 사실상 어려운 것이다.

민주화 이후의 정당 변천 상황만 보더라도, 1987년 대선에서는 민주정의당, 민주당, 평민당, 공화당 등 4당이 경쟁했으나, 1990년 1월 3당 합당 후 일시적으로 민주자유당, 평민당의 양당 양상을 보였다. 1992년 총선을 앞두고 통일국민당의 출현으로 민자당, 민주당과 함께 3당 구도를 이루다가 1992년 대선 후에는 민자당과 민주당의 양당체제가 자리를 잡는 듯 하였다.

그러나, 1995년 자민련과 국민회의가 창당되어 1996년 총선에서는 신한국당, 민주당 등 4당이 경쟁하였다. 1997년 대선을 앞두고 한나라당, 국민회의, 자민련, 국민신당의 4당 구도로 재편되었다가 대선 후 국민신당과 국민회의가 합당하여 다시 한나라당, 국민회의, 자민련의 3당 체제가 되었다.

2000년 총선에서는 한나라당, 새천년민주당, 자민련의 3당이 경쟁하였다. 2002년 대선은 한나라당, 새천년민주당, 민주노동당의 3당 구도였으나, 대선 후 열린우리당이 창당되어 2004년 총선에서는 한나라당, 민주당, 열린우리당, 자민련, 민주노동당의 5당 구도가 되었다.

이처럼 한국에서는 정당의 부침이 심하기 때문에 주요 선거가 있을 때마다 정계개편이 정가의 관심사로 대두되고 정치인들의 이합집산이 보편화되고 있는 실정이다.

그렇기 때문에 한국정치의 첫 번째 과제는 정당구조가 안정되어 정당정치가 체계화되는 것이다. 이를 위해서는 현재 정치엘리트 중심의 정당이 대중적 지지를 바탕으로 한 '대중정당'으로 탈바꿈하여야 한다. 한국정당들이 대중정당이 되지 못하였던 근본적인 원인은 확고한 이념이 아니라, 특정 명망가를 중심으로 정당이 만들어졌기 때문이다.

그러나, 이제 '3김 정치' 시대가 막을 내리고 정치가 진보와 보수로 나뉘어 이념과 정책노선으로 경쟁하는 시대가 열리려 하고 있다. 따라서 지금이야 말로 그동안 한국정당을 지배해온 지역주의에서 벗어나 이념을 같이하는 지지자들이 정당의 중심이 되는 대중정당 그리고 정책정당의 시대가 열려야 한다.

공직후보 선출의 민주화

이를 위해서는 정당 운영의 민주화가 우선적으로 이루어져야 할 것이다. 정당의 존재 이유 중 가장 중요한 것이 권력의 장악이며 민주주의 국가에서 정당이 권력을 장악하기 위해서는 선거에서 공직을 담당할 후보를 내세우고 당선시켜야 한다. 따라서 공직후보를 선출하는 것은 정당이 수행해야 하는 업무 중 가장 중요한 일이다.

정당의 공직후보 선출의 개방성과 민주성은 누가 선출권을 갖느냐에 의해 결정된다고 할 수 있다. 공직후보 선출에 있어 당수 1인이 절대적인 권한을 행사한다면 그 정당은 가장 폐쇄적으로, 반대로 유권자 누구나 참여할 수 있다면 가장 개방적인 것으로 분류될 수 있을 것이다. 얼마 전까지만 해도 한국에서 국회의원선거 공천권은 여당은 대통령이, 야당은 야당 당수가 절대적인 권한을 행사하였다. 대통령과 야당지도자에 의한 사당화가 한국 정당정치의 현주소였던 것이다.

그러나, 김영삼, 김대중 대통령이 정계를 은퇴하면서 정당 민주화는 급속도로 진전되고 있다. 이제 적어도 대통령 후보나 당 대표는 당원 다수가 참여하는 개방적 방식에 의해 선출되고 있다. 2002년 대선에서 민주당은 '국민경선' 방법을 도입하여 당원이 아닌 일반 유권자도 대선후보 경선에 참여할 수 있는 길을 열어 놓았다.

그렇지만, 아직도 국회의원선거 후보자 선출은 경선방식이 보편화되지 못하고 있다. 그 이유는 지금과 같이 정당들이 대중적 기반을 확보하지 못하고 있는 상황에서 지구당별 당원들은 현 지구당위원장의 사조직과 다름이 없기 때문에 이들에 의한 경선은 지구당위원장의 승리만을 보장하기 때문이다. 그래서 일부 정당들이 일반 유권자들을 경선 과정에 참여시키는 방안을 시도해 보았으나 이 역시 특정후보의 동원된 유권자들로 충원되는 문제점이 발생하기도 하였다.

그래서 결국 2004년 총선에서도 주요 정당들은 종전과 같이 공천심사위원회를 구성하여 총선 공천자를 선정하는 방법에 주로 의존하였다. 그러나, 공천심사위원의 선정을 당 대표 등 당 지도부가 하기 때문에 실질적으로 총선후보의 공천은 당 지도부가 한 것으로 간주되었고 따라서 공천탈락자들이 공천 결과에 불복하는 사례가 빈번히 발생하였다.

2004년 총선에서 경선 비율은 한나라당이 7%로 가장 낮았고 민주당 34%, 열린우리당 38%로 나타났다. 그러나 현역의원 교체율은 한나라당이 40%로 가장 높았고 민주당 33% 그리고 열린우리당은 28%로 가장 낮았다.

이런 문제를 근본적으로 해결하기 위해 우리 나라에서도 미국과 같은 예비선거제(primary)의 도입을 제안한다. 미국에서는 주마다 세 가지의 다른 예비선거제도를 실시하고 있으나 이중에서 우리에게 가장 적합한 것은 공개예비선거제(open primary)라고 생각된다. 이는 유권자가 당에 대한 등록이나 소속을 공개할 필요 없이 예비선거일 투표소에서 자신이 참여하기를 원하는 정당 투표용지에 투표하는 것이다.

미국의 가장 많은 주에서 채택되고 있는 방식은 정당에 등록되어 있거나 당원임을 공개적으로 선언하는 사람들만이 정당공천자 선출에 참여하는 폐쇄예비선거제(closed primary)이나 한국에서는 아직도 공직자나 기업인 대다수는 야당에 소속되는 것을 꺼리고 있기 때문에 폐쇄예비선거제의 실시는 많은 유권자들로 하여금 예비선거 참여를 기피하게 할 가능성이 높다.

이외에도 공개예비선거제의 변형으로 여러 선거가 동시에 실시되는 경우 유권자가 각급 선거에서 정당을 바꾸어 후보자를 선택할 수 있는 포괄예비선거제(blanket primary)가 있으나 이는 정당의 공천의미를 약화시키고 나아가 정당정치 발전에 저해요인이 될 수 있다는 문제점이 있다.

예비선거는 정당 공천을 필요로 하는 본 선거 실시 1~2개월 전에 실시될 수 있을 것이며 이의 관리 역시 기존의 선거관리위원회가 담당하면 될 것이다. 공개예비선거제가 실시되면 다음과 같은 장점이 있을 것으로 기대된다.

우선, 정당을 지지하는 저변인구가 대폭 확대될 수 있을 것이다. 한국의 정당은 건국 후 50여 년간 민주주의가 파행의 길을 걷고 정당들이 소수 명망가들에 의해 좌지우지되면서 유권자들에게 매우 부정적인 인상을 심어준 것이 사실이다. 그래서 상당수 유권자들은 선거에 참여는 하지만 정당에 가입하는 것은 기피하고 있다. 특히, 학력수준이 높고 소득이 많을수록 정당 기피현상은 더욱 뚜렷하게 나타나고 있다.

현재 한국의 정당원들은 특정정당을 지지하는 다수의 유권자라기보다는 정치엘리트들이 자신의 정치적 목적 달성을 위해 구성한 사조직의 회원 성격이 강했다고 할 수 있다. 이러한 상황에서 공개예비선거제의 도입은 유권자가 자신의 선호정당을 외부에 공개할 필요가 없기 때문에 본 선거에 투표의사가 있는 상당수 유권자들이 예비선거에 참여할 가능성이 높다는 이점이 있다. 따라서 여러 차례의 예비선거가 치러지는 과정에서 많은 유권자들이 특정정당을 선호하게 될 것이며 이는 장기적으로 정당지지의 폭을 넓게 하여 주요 정당들이 대중정당으로 발전할 수 있는 계기가 마련될 수 있을 것으로 생각된다.

또한, 공개예비선거제가 도입된다면 당내 민주화는 명실 공히 뿌리를 내릴 수 있는 것이다. 국회의원을 포함하여 정당공천이 필요한 선거에 출마하는 정치인들은 현재 공천권을 독점하고 있는 소수의 정당지도자의 굴레에서 벗어나 자신을 지지해 준 유권자의 충실한 대변자 역할을 할 수 있을 것이다.

공개예비선거제 도입에 대한 문제점으로는 과다한 선거비용을 지적할 수 있다. 전 유권자를 대상으로 하는 예비선거제의 실시는 공직선거의 출마자 입장에서는 선거를 두 번 치르는 것에 해당하기 때문이다. 이는 상당히 일리가 있는 비판으로 예비선거제를 실시하고 있는 미국에서 그렇지 않은 서유럽 국가보다 선거비용이 많이 소요되고 있는 것이 사실이다. 이 문제의 해결을 위해서는 선거공영제의 확대 실시가 필요할 것으로 생각된다.

예비선거의 관리비용을 국고에서 부담하고 선거운동 방식도 자금이 많이 소요되는 조직가동을 기반으로 하는 '지상전'을 최소화하고 TV, 신문, 인터넷 등 대중매체를 통한 '공중전'을 활성화하여 비용이 적게 드는 방법으로 후보들이 유권자에게 자신을 알릴 수 있는 방안을 적극 모색해야 할 것이다. 또한, 대중매체 이용비용을 국고에서 전액 보조하는 방안을 마련하면 후보자들의 정치자금 수요를 크게 줄일 수 있을 것이다.

결론적으로, 공개예비선거제의 도입은 단점보다는 대중정당으로의 발전, 당내 민주화 실현 등의 장점이 많다는 사실을 간안하여 적극적으로 검토되어야 할 것이다.

당 조직의 간소화

한국정당들은 대중적 지지기반이 취약한 반면 당 조직은 방대하여 고비용 구조의 문제점을 그대로 드러내고 있다. 한국정당의 구조는 내각제를 채택하고 있는 일본의 정당조직을 모방한 것으로 강한 중앙집권적 성격을 띠고 있다.

과거 당 조직은 당원 관리 및 당의 살림을 관장하는 사무처와 당의 정책기능을 담당하는 정책위원회 등으로 구성되어 있는 중앙당을 중심으로 시·도 지부 그리고 국회의원 선거구 단위의 지구당으로 구성되어 있었다. 주요 정당의 경우 중앙당 사무국 수백 명, 시·도 지부 수십 명, 지구당 사무국 수 명의 유급직원을 두고 있었기 때문에 경상운영비만 해도 중앙당은 매월 수십억 원, 지구당은 수천만 원이 소요되었다.

이와 같이 과거 정당 조직체계는 조직유지와 가동에 많은 자금이 소요된다는 문제점을 지니고 있었다. 특히, 과거에 비정상적인 방법으로 정권을 장악한 권위주의 정권은 선거에서 국민의 지지를 얻기 위해 엄청난 정치자금을 살포하였고 유권자를 동원하기 위한 방편으로 방대한 당 조직을 유지해 온 것이 사실이다.

선거가 없는 기간 중에도 당원관리와 기간조직 유지를 위해 많은 경비를 지출하였으나 민주화가 진전되고 TV 등 대중매체의 영향력이 증대되면서 당 조직을 통한 지지기반의 확대는 한계에 이르게 되었다. 1997년과 2002년 대선에서 과거의 여당조직을 그대로 물려받은 한나라당이 선거비용을 상대적으로 많이 지출했음에도 불구하고 선거에서 패한 것도 바로 이런 이유에 기인하였다.

불법 정치자금 문제가 전 국민의 관심사가 되면서 고비용 정치구조의 근간을 이루는 당 조직을 재정비하는 것이 시급한 정책과제로 대두되고 있다. 이를 위해서는 우선 중앙당을 대폭 축소하고 기존 정당을 원내정당화 하여야 할 것이다. 기존의 사무처, 정책위원회, 당무회의 등을 폐지하고 중앙당을 원내총무 중심으로 재조직하는 것이다. 원내총무가 실질적으로 정당의 대표가 되고 정책담당 부총무, 홍보담당 부총무, 의정담당 부총무, 민원담당 부총무 등을 두어 중앙당의 활동이 의회를 중심으로 이루어져야 한다. 그리고 교섭단체별로 원내총무를 지원하는 상근직원을 국고로 지원하게 한다면 정당이 중앙당을 운영하는데 필요한 경비를 대폭 축소할 수 있을 것이다.

또한, 당원관리에 중점을 두는 기존의 사무처 조직을 후원회원과 자원봉사자 관리에 비중을 두는 방향으로 개편하여야 할 것이다. 선거기간 중에는 선거대책위원회를 별도로 구성하여 필요한 조직을 가동시키고 선거가 끝나면 해체시킴으로써 평상시 당 조직 유지에 필요한 경비를 최소화하여야 한다.

2004년 3월 정당법이 개정되어 지구당이 폐지된 것은 고비용 정치구조를 개선한다는 측면에서 진일보한 시책이었다고 평가된다. 지구당 조직은 과거 '동원 정당' 시기에 만들어진 것으로 유지에 많은 비용이 소요되니 오히려 유권자의 자발적 정치참여에는 걸림돌이 되어왔다고 할 수 있기 때문이다. 그러나 지역별 정당 활동은 정당발전을 위해 장려되어져야 하기 때문에 지구당 폐지와 더불어 지역단위의 자원봉사자 모임이나 후원회 등은 장려되어야 할 것이다.

정책기능의 강화

정당들이 정책으로 경쟁을 하는 서구 선진국과는 달리 한국정당들이 '무정책 정당'이라는 오명을 덮어쓰고 있는 것은 정당들의 기본이념이 별 차이가 없었기 때문이다. 그러나, 2002년 대선에서 노무현 후보가 당선되고 진보성향의 의원들로 열린우리당이 창당되면서 한국 정당정치도 진보와 보수의 경쟁으로 전환될 조짐을 보이고 있다.

2004년 총선을 앞두고 경실련이 주요 정당의 정책을 분석한 결과, 민주노동당-열린우리당-민주당-한나라당-자민련의 순서로 진보에서 보수 성향이 높아지는 것으로 나타났다. 경실련은 민주노동당, 열린우리당 그리고 민주당은 각 정당간의 정책노선 차이가 크지 않아 진보성향의 정당으로, 한나라당과 자민련은 보수성향의 정당으로 분류하였다. 이러한 결과는 당의 정책이념을 가름할 수 있는 119개 쟁점 현안에 대한 각 당의 의견을 설문·조사하여 얻은 것이다. 이는 앞으로 정치가 정당간 정책경쟁으로 이루어질 수 있는 가능성을 보여준 결과라고 할 수 있을 것이다.

그러나 아직은 정당의 정책이 선거결과에 큰 영향을 미치지는 못하고 있다. 과거 대선이나 총선에서 정책문제는 유권자들의 큰 관심을 얻지 못하였다. 민주화 이후 주요 선거에서 가장 중요한 변수는 지역주의였기 때문이다. 정책공약이 선거에서 유권자의 관심을 끈 경우도 가끔 있었으나 이 경우에도 정당의 이념에 바탕을 둔 정책이 아니라 1992년 총선에서 국민당의 '아파트 반값' 공약, 2002년 대선에서 노무현 후보의 행정수도 충청권 이전 공약 등 이른바 '선심성 공약'에 해당되는 것들이 었다.

2004년 총선에서도 정책공약은 유권자들의 관심의 대상이 되지 못하였고, 대통령 탄핵 문제만이 유권자 선택에 있어 중요한 변수가 되었다. 비록 구체적인 정책이 뚜렷하게 부각되지는 않았지만 진보성향의 유권자들은 열린우리당을, 보수성향의 유권자들은 한나라당을 지지한 것으로 나타나고 있기 때문에 정당의 이념이나 정책 노선은 이제 한국정치에서도 중요한 변수로 작용하고 있음을 알 수 있다.

앞에서 지적한대로 고비용 정당구조를 개선하기 위해 중앙당 조직을 대폭 축소한다면 정당의 정책 수립 기능이 약화되지 않을까 우려할 수도 있을 것이다. 그러나, 지금까지 한국정당들이 '무정책 정당'이라는 비난을 받은 것은 당의 정책기구가 미흡했기 때문은 아니었다고 생각한다.

사실상 주요 정당들은 정책위원회 산하에 분야별로 분과위원회를 구성하여 당 내외 인사들이 활동하고 있으며 유급직원인 전문위원들이 이들을 뒷받침해 주고 있다. 한나라당의 경우에는 산하에 여의도연구소라는 씽크 탱크(Think Tank)도 있어 당 정책개발을 전문적으로 담당하고 있다. 또한, 이들 정낭들은 딩 밖의 전문가들로 자문위원회 등을 구성하여 주요 정책 현안에 대한 자문을 받고 있다.

따라서 이제까지 문제는 정책관련 기구가 취약해서가 아니라 선거

때 주요 정당이 내놓은 정책공약들이 대체로 대동소이했기 때문에 유권자들로부터 별 관심을 얻지 못한데 있었다고 생각된다. 이에 더해, 주요 정당들은 자신들이 국가운영에 꼭 필요하다고 생각하는 정책들을 내놓고 이를 평가받으려 하기보다는 유권자의 표를 얻는데 필요하다고 생각되면 자신들의 소신과 다른 정책이라도 선거공약으로 제시하여 왔다.

이와 같이 정당의 이념과는 별 관계가 없는 정책들을 선거공약으로 발표했기 때문에 선거에서 승리하여 집권을 한 후 상황에 따라 정책을 마음대로 변경하기도 하였다. 그래서 유권자들은 선거에서 제시되는 정책공약에 대해 무관심해졌다고 할 수 있다.

정당들이 정책정당이 되기 위해서는 무엇보다 자신의 정치철학에 근거한 정책들을 분야별로 제시하고 쟁점 현안에 대해서도 분명한 입장을 밝히는 것이 중요하다고 생각한다. 이 과정에서 TV, 신문 등 대중매체와 경실련 등 시민단체가 쟁점 현안에 대해 각 정당의 입장 차이를 찾아내고 이를 유권자들에게 제대로 알려주는 역할을 하여야 할 것이다. 그렇지 않으면 각 정당들은 쟁점 현안에 대한 분명한 입장 표명이 자칫 표의 상실로 연결될 것을 우려하여 가급적 적당히 넘어가려 할 것이다.

또한, 정당들은 단기적인 시각에서 표를 얻기 위해 현실성이 없는 선심성 공약을 남발하려는 경향이 있기 때문에 공약의 실천 가능성을 검증하여 그 결과를 유권자들에게 알려주는 것도 언론과 전문가그룹 그리고 중립적 시민단체들이 선거과정에서 반드시 해야 할 역할이라고 생각한다.

2. 국회운영의 개선

국회 위기의 책임

현재 대한민국 국회의 권위는 추락할 대로 추락하였다고 할 수 있다. 건국 이후 언제나 대통령이 권력의 중심에 있으면서 국회의 기능은 크게 위축되었던 것이 사실이다. 권위주의 정권에서 과반수 의석을 확보한 여권은 국회를 법을 통과시키는데 필요한 행정적 절차를 밟는 '통법부' 정도로 인식하였고, 정권연장을 위한 개헌도 변칙적인 방법으로 처리함으로써 국회는 권력에 의해 철저히 유린당하였다.

민주화 이후에는 대통령과 야당지도자들이 국회를 분점하여 지배하였으며 그 결과 국회는 이들을 대리하는 정치인들 간의 '투쟁의 장'이 되었다. 김대중 정권은 여소야대 정국을 돌파하기 위해 야당 대선자금과 주요 야당 정치인에 대한 검찰 수사를 개시하여 10여 명의 현역 국회의원에 대한 체포동의안이 국회에 제출되기도 하였다.

노무현 정권에서도 비슷한 상황이 벌어져 10여 명의 현역 국회의원에 대한 체포동의안이 국회에 제출되었으나 본회의 표결에서 부결 처리되었다. 그러나 이번에는 체포동의안이 부결되면 불구속 기소하던 과거의 관행마저 무너졌고 13명의 현역 국회의원이 구속되는 사상 초유의 상황이 벌어지기도 하였다.

작금의 이러한 현실은 국회와 국회의원의 권위가 땅에 떨어졌음을 보여주는 좋은 사례라 할 수 있다. 현행범도 아니고 도주나 증거인멸의 우려가 없는 현역 국회의원을 정치자금과 관련하여 10여 명이나 구속한다는 것은 검찰이 정치권을 '범죄와의 전쟁' 시의 조직폭력배 정도로 여기지 않고서는 있을 수 없는 일이라고 생각한다.

중요한 사실은 이런 과정에서 검찰은 국민들로부터 '영웅' 대접을 받고 국회의원들은 '도둑' 취급을 당하고 있다는 것이다. 검찰 수사 책임자에 대해서는 인터넷 팬클럽이 생기는가 하면, 구속된 정치인은 정계 은퇴는 물론 엄정하게 사법 처리해야 한다고 많은 사람들이 목소리를 높이고 있는 실정이다.

이러한 상황에서 대통령 탄핵 파문이 발생하였다. 노무현 대통령의 선거관련 발언도 문제지만 이보다 더 큰 문제는 선거관리위원회의 불법 판정에도 불구하고 노 대통령이 잘못을 시인하지 않고 유사한 언행을 지속했던 것이었다. 그런데도 대다수 국민들은 국회의 탄핵 조치가 잘못된 것이라고 흥분하였다. 그 이유는 대통령이 잘한다고 생각해서가 아니라 국회가 대통령을 탄핵할 자격이 없다고 국민들은 생각하였기 때문이다. 이는 건국 후 오랜 기간 국회가 제 구실을 하지 못함으로써 각인된 국회에 대한 부정적 시각과 함께 최근 검찰의 불법 정치자금 수사로 정치권의 부도덕성이 크게 부각된 결과라 할 수 있다.

이와 같이 국회와 국회의원의 권위가 추락하게 된 원인을 살펴보면 국회나 국회의원의 책임보다는 대통령이나 대통령이 되고자 하는 명망 정치인의 책임이 훨씬 크다는 것을 잘 알 수 있다. 예를 들어, 현재 문제가 되고 있는 불법 정치자금의 경우에도 그 문제의 발단은 대통령선거였다. 대선자금과 관련되어 구속된 국회의원들 대다수가 자신을 위해서가 아니라 소속정당 대통령 후보의 당선을 위해 활동하다가 이런 일을 당하였다.

그런데 검찰은 대선자금의 수혜자라 할 수 있는 노무현 대통령은 물론 이회창 후보에 대한 수사와 사법처리를 기피하고 대선 당시 당직자로서 불가피하게 당을 위해 활동한 정치인은 도주나 증거인멸의 우려가 없는데도 구속시켰다. 이렇게 불공평한 일이 벌어지고 있는데도 언론과 국민의 지탄은 오로지 국회의원과 국회만을 향하고 있는 것이다. 탄핵파문 과정에서 이 모든 것의 원인을 제공한 노무현 대통령에 대한 국민 지지도는 오히려 상승하였으니 알다가도 모를 일이다. 불법 정치자금의 규모 역시 국회의원 개인의 경우는 불과 수천만 원 수준이나 대선자금은 적게는 수억 원에서 크게는 수백억 원에 이르고 있다.

제2장에서 이미 지적한 대로 국회가 '일하는 장소'가 되지 못하고 '투쟁하는 장소'로 전락한 것도 대통령에 의한 국회 무력화 전략의 결과였다고 할 수 있다. 일하는 국회는 힘 있는 국회를 의미하며 이는 대통령 마음대로 국정을 운영할 수 없음을 의미한다. 그래서 역대 대통령들은 여당을 사당화 하여 국회에서 '거수기' 노릇을 하게 하였다. 국회에서 합리적인 토론에 의해 대통령이 결정한 정책을 수정할 수 없기 때문에 야당은 국회를 투쟁의 장소로 활용할 수밖에 없었던 것이다.

국회가 항상 열려있게 하지 않고 회기를 임의적으로 정하게 한 것이라든지 정부 예산심의 설차가 부실하여 제대로 된 심의가 불가능한 것 모두 국회의 권한을 무력화시키려는 역대 대통령들의 의지가 반영된 결과임에도 불구하고 우리의 언론과 국민들은 이 모든 것이 국회의원의 책임이라고 생각하고 국회에만 돌을 던지고 있다. 이는 대의민주주의의 심각한 실패라고 하지 않을 수 없으며 이러한 상황이 검찰의 정치자금 수사와 탄핵파동 등으로 최근 더욱 악화되고 있는 것은 한국 민주주의 발전에 새로운 위기를 의미하는 것이다.

국회의 위상 강화

현재와 같이 포퓰리즘적 방법에 의해 국회와 국회의원들이 매도되는 상황이 지속되면 대통령의 권한은 통제하기 어려울 정도로 강화되고 반대로 국회의 위상은 더욱 추락하여 대의민주주의의 기본이 흔들리고 삼권분립의 정신도 크게 훼손될 것이다. 따라서 이제는 국민과 정치권 모두 냉정을 되찾아야 한다고 생각한다. 이를 위해서는 무엇보다도 문제의 원인에 대한 철저한 분석이 선행되어야 하고 이에 대한 국민적 공감대가 이루어져야 할 것이다.

언론과 학계 등 전문가 집단이 이런 역할을 선도해야 하는데 지금의 상황은 이들마저도 흥분하여 상황을 악화시키는데 일조하고 있는 것이 사실이다. 또한, 여야 정치권 역시 비현실적이고 투명하지 못한 정치자금 제도는 물론 '승자 독식' 현상의 각종 부작용을 야기하는 대통령제에 대한 근본적인 개선책을 마련하려는 노력은 하지 않고 모든 책임을 불법 정치자금 모금과 직접 관련된 인사들에게 전가시키고 현 난국을 모면하려 하고 있다. 지금은 우리 모두 좀 더 냉철해지고 솔직해져야 하는 시점이라고 생각된다.

무엇보다도 국회가 국민의 대의기관으로 권위를 회복하고 이에 걸 맞는 위상을 되찾아야 할 것이다. 그러기 위해서는 국회가 명실공히 한국정치의 중심이 되어야 하며 이는 국회가 대통령과 정당의 지배로부터 벗어남으로써 가능하다고 생각한다. 앞에서 제시한대로 중앙당의 조직을 대폭 축소하고 정당을 원내 정당화하는 방안은 이를 위한 첫 걸음이 될 수 있을 것이다. 또한 권위주의 정권에서 오랜 기간 관행화되었던 정부와 여당 간의 당정협의도 폐지해 주요 정책현안에 대한 토론과 협의가 의사당에서 정부와 여·야 국회의원 간에 이루어져야 할 것이다.

주요 정책들이 국회에서 토론되고 필요하면 수정되어 결정된다고 하면 언론과 국민의 관심은 국회 활동에 집중될 수 있을 것이고 국회가 투쟁의 장소가 아니라 일하는 장소라는 이미지를 국민들에게 심어 줄 수 있을 것이다. 이에 더해, 제 6장에서 언급하였던 내각제로의 개헌이 추진된다고 하면 국회의 위상은 더 한층 제고되는 계기가 마련될 것이다.

일하는 국회를 위한 제도개선

한국의 국회가 국민의 일하는 대의기관으로 거듭나기 위해서는 그동안 '통법부'에 적합하도록 만들어진 국회운영 관련 제도와 관행들이 조속히 바뀌어져야 할 것이다. 그 중에서도 첫 번째는 국회가 항상 열려있도록 하는 것이다. 현재는 회기 120일의 정기국회 외에는 여·야 총무단이 합의를 해야 국회가 열릴 수 있다. 그래서 총선 후 과반수

의석을 확보하지 못한 여당이 무소속 의원들을 영입하여 과반수 의석을 만들 수 있을 때까지 개원을 고의적으로 지연시키기도 하였고 야당은 쟁점이 되는 사안의 정치적 부각을 위해 국회를 등지고 길거리로 나가 장외투쟁을 전개하기도 하였다. 그리고 현역의원에 대한 검찰수가가 진행될 때 국회가 소집되면 '방탄 국회'라는 비판을 받기도 하였다.

일하는 국회를 만들기 위해서는 정해진 휴회기간을 제외하고는 항상 국회가 열려있는 방향으로 국회법이 개정되어야 한다. 지금은 가을 정기국회 외에는 정해진 회기가 없기 때문에 예산안은 물론 정부의 주요 법안들이 모두 정기국회로 몰리고 있다. 그 결과 법률안에 대한 심의가 소홀히 이루어지고 있는 것이다. 그러나 상시국회 제도가 관행으로 정착되면 국회의 법안심의도 좀 더 심도 있게 다루어질 수 있을 것이고 정부 정책에 대한 국회차원의 감시와 토론도 일과성이 아니라 지속적으로 이루어질 수 있을 것이다.

이를 위해서는 국회진행 방식도 개선해야 한다. 현재는 상임위원회가 열리면 해당부처의 장관은 물론 거의 모든 간부들이 국회에 출석하여 시간을 허비하고 있다. 상임위에서 정책질의가 있을 때에는 해당부처 이외에도 산하 기관장과 간부들이 모두 참석해야 하기 때문에 이들 기관의 업무집행에 큰 피해를 주는 것이 사실이다. 이러한 관행을 유지하면서 국회가 상시 국회로 전환되면 정부부처와 산하기관의 업무가 마비될 것이다.

따라서, 상임위원회 정책질의가 현재와 같이 부처 소관업무 전체를 수박 겉핥기식으로 다룰 것이 아니라 그때그때 현안이 되는 정책과제하나씩을 선정하고 이에 필요한 최소한의 정부측 간부를 참석시키는 방향으로 전환되어야 한다. 장관의 상임위 참석도 예외적인 경우로 한정시키고 대부분은 차관 또는 차관보와 관련 국장을 상대로 정부에 대한 정책 질의가 이루어지는 관행도 정착시켜야 할 것이다.

법안에 대한 심의가 더욱 철저하게 이루어지기 위해서는 당해 법안에 대한 공청회 또는 청문회의 개최가 필수요건으로 관행화 되어야 한다. 이런 취지에서 16대 국회에서 법안에 대한 공청회 또는 청문회 개최를 국회법 제58조 5항에 의무화한 것은 매우 바람직한 일이다. 그러나 위원회 의결로 이를 생략할 수 있도록 하였고 실제로 이 예외규정이 더 많이 적용되고 있는 것은 유감스러운 일이 아닐 수 없다. 따라서 공청회와 청문회 개최 관행이 뿌리를 내릴 때까지는 이 예외조항을 아예 삭제해 버릴 필요가 있을 것이다.

또한, 일하는 국회를 만들기 위해서는 소위원회 활동이 활성화되어야 한다. 보통 20~30명의 의원으로 구성된 상임위원회는 특정 현안의 심도 있는 토론을 위해서는 그 규모가 너무 큰 것이 사실이다. 그래서 상임위원회 산하에 3개의 상설 소위원회를 두도록 한 것은 매우 바람직한 조치였다고 생각된다.

앞서 제안한대로 국회가 상시 회의체로 전환된다고 하면 앞으로는 소위원회가 국회활동의 중심을 이루게 될 수 있을 것이고 그러면 국회의원의 활동도 더욱 전문화되어 일하는 국회의 상(像)을 정립하는데 크게 기여할 수 있을 것이다. 현재는 소위원회의 의결로 회의를 공개하지 아니할 수 있게 되어 있는데 국가안보상 비밀을 유지해야 하는 경우가 아니면 소위원회도 상임위와 같이 모두 공개되고 속기록도 작성되어져야 할 것이다.

국회운영과 관련하여 대대적인 수술을 가해야 하는 부분은 예산심의 과정이다. 현재 국회의 예산심의는 형식적이고 개괄적으로 행해지고 있는 것이 사실이고 예산지출에 관한 감시는 전혀 하지 못하고 있는 실정이다. 그 원인은 예산결산위원회가 특별위원회 형태로 운영되어 소속의원들이 전문성을 갖기가 어려우며 예산심의를 지원하는 국회 전문인력도 크게 부족하기 때문이다.

이의 개선을 위해서는 현행 예산결산위원회를 '예산위원회'와 '세출위원회'로 나누고 이를 매년 새로 구성되는 특별위원회가 아닌 2년 임기의 상임위원회로 개편해야 한다. 예산위원회는 예산편성 과정을 담당하고 세출위원회는 편성된 예산의 지출과 결산을 담당하도록 하면 될 것이다.

현재 예결위는 50명으로 구성되어 효율적인 회의진행이 거의 불가능한 상태인 바 이를 두 개로 나누고 상임위원회로 개편하면 소속의원들의 전문성도 키우고 정부예산 수립 및 집행 과정을 연중 지속적으로 감시할 수 있을 것이다. 이러한 제도개편은 행정부의 입장에서는 '불편'하겠지만 국민이 낸 세금이 어떻게 쓰여 지는가를 감시하는 것은 국민의 대의기관인 국회가 수행해야 하는 임무 중 가장 중요한 것이기 때문에 일하는 국회상의 확립을 위해 반드시 이루어져야 한다.

최근 예산과 관련된 사항에 관한 연구·분석과 의정활동의 지원을 위해 예산정책처를 신설한 것은 매우 의미 있는 발전이라 할 수 있다.

예산정책처가 미국의 CBO와 같이 정부재정 분야의 최고 전문기관으로 발전하여 국회의 정부재정 감시기능 수행에 큰 도움이 되기를 기대하고 있다.

국회가 일하는 장소가 아니라 투쟁의 장소라는 잘못된 이미지로부터 벗어나기 위해서는 다수결의 원칙이 지켜지는 관행이 정착되어야 한다. 국회에서 소수파가 반대의견을 개진하고 다수파와 격렬한 토론을 벌이는 것은 민주주의의 발전을 위해 반드시 필요한 일이나 자신의 의사를 관철시키기 위해 '실력 저지'의 방법으로 의사진행을 방해하는 관행은 이제 사라져야 한다. '실력 저지', '몸싸움' 그리고 '날치기 처리'의 관행이 국회에서 사라져야 한국국회는 일하는 국회로 거듭날 수 있을 것이다.

이를 위해서는 다수결 원칙에 승복하는 새로운 관행이 정착될 때까지 국회의장의 경위권 발동이 불가피하다고 생각한다. 이런 차원에서 지난번 탄핵안 처리과정에서 국회의장의 경위권 발동은 타당한 조치였다고 생각하며 그 이전에 있었던 한·칠레 FTA 비준 동의안 처리과정에서도 국회의장은 경위권을 사용하여 비준 동의안 처리의 지연을 막았어야 했다.

최근 불법 정치자금에 대한 검찰 수사가 본격화되면서 헌법 제49조에 의해 보장된 회기중 국회의원에 대한 불체포 특권에 대한 제한이 가해져야 한다는 여론이 높아지고 있다. 그러나 이 문제는 매우 신중하게 섭근해야 한다. 현행 헌법이 대통령에게 재임 중 형사소추 면책특권을 주는 것과 마찬가지로 국회의원에게도 회기중 불체포 특권을 주는 것은 대통령의 안정된 통치를 보장함과 동시에 국민의 대표로 선출된 국회의원에게 대통령과 행정부를 효율적으로 견제할 수 있는 보호막을 준 것을 의미하기 때문이다.

1998년 국회의원에 대한 체포동의안 요청은 김대중 정권이 당시 여소야대 정국을 돌파하기 위해 야당 정치인들에 대해 회유와 협박을 하는 과정에서 발생하였다. 이는 결국 30여 명의 한나라당 의원이 여권으로 당적을 옮기도록 하는데 큰 효력을 발휘하였다. 최근 검찰의 조치는 6년 전보다 더욱 큰 정치적 파괴력이 있었다. 검찰의 대선자금 수사는 한나라당의 대국민 이미지를 추락시키는 결과를 초래하였고 이는 4.15 총선에서 한나라당의 참패와 여당인 열린우리당의 압승으로 연결되었다.

이와 같이 현역 국회의원에 대한 구속은 정치적인 목적으로 이루어질 가능성이 높기 때문에 이를 보호하기 위해 국회의원의 회기 중 불체포특권이 헌법에 보장되어 있는 바 이는 민주주의를 지키기 위해 반드시 필요한 보호막이라고 생각된다.

물론 국회의원들이 국민의 대표로서 품위를 지키지 못하는 경우가 종종 발생하곤 한다. 해외출장 중 부적절한 행동으로 물의를 일으킨 적도 있었고 국내에서 도박 등으로 구설수에 오른 적도 있었다. 이런 경우에는 현존 국회 윤리위원회를 통해 관련 의원들에 대한 적절한 징계조치를 강구하는 것이 바람직하다고 생각한다. 현역 국회의원에 대한 검찰수사는 여·야 정치권과 국민 모두 납득할 수 있는 최소한의 수준에 국한되어야 집권자에 의한 검찰권의 정치적 남용과 국회 무력화 시도를 막을 수 있을 것이다.

3. 선거제도의 개선

고비용 선거운동 방식

민주주의의 핵심이라 할 수 있는 선거는 후보자나 정당의 입장에서는 많은 자금을 필요로 하는 정치행사다. 최근 논란이 되고 있는 불법 정치자금 문제도 대부분 선거와 관련된 것이기 때문에 선거관련 제도의 개선은 고비용 정치구조 개혁의 핵심이 되고 있다. 선거자금의 수요는 선거운동 방식과 직결되어 있다. 고비용의 선거운동 방식에 의존하여 선거를 치른다면 후보자와 정당의 정치자금 수요는 커질 수밖에 없기 때문이다.

선거운동방식은 크게 조직에 의한 방식, 직접 접촉에 의한 방식과 대중매체를 이용하는 방식으로 나누어 볼 수 있을 것이다. 우선, 정당조직 및 사조직에 의해 지지표를 동원하는 것은 이제까지 가장 많이 사용되어 온 것으로 조직가동에 많은 자금이 소요된다는 문제점이 있다. 조직을 선거에 가동시키기 위해서는 평상시에도 조직을 유지해야 되기 때문에 정치인은 이를 위해 상당한 시간과 자금을 사용해야 한다.

서구 선진국과는 달리 한국의 정당들은 다수의 일반 국민 지지자로 구성된 대중정당이 아니라 소수의 정치엘리트에 의해 운영되어 왔기 때문에 정당조직은 당비를 내는 당원이 아니라 활동비를 받고 일하는 당원으로 구성되어 있다고 해도 과언이 아니다. 정치인이 개인적으로 만든 사조직 역시 운영·유지를 위해 자금이 소요되는 것은 마찬가지라 할 수 있다.

후보자가 유권자를 직접 접촉하는 선거운동 방식은 매우 효과적이고 큰 비용이 소요되지 않는다는 장점이 있으나 후보자의 노력과 시간이 많이 소요된다는 단점이 있다. 특히, 광역단체장이나 대통령선거와 같이 선거구역이 넓은 경우에는 직접 접촉에 의한 선거운동 방식은 사실상 불가능하다고 할 수 있다.

이 문제를 해소시켜 주는 방식이 TV 등 대중매체를 통한 선거운동이다. 선거대상 구역이 넓은 경우 대중매체 선거운동 방식은 가장 효과적으로 유권자를 접촉할 수 있게 해 준다. 그러나, 대중매체의 이용비용이 만만치 않으며 선거기간 중 여러 후보자들이 대중매체를 통해 광고할 경우 유권자들의 관심이 떨어질 수 있다는 문제점이 있다.

최근의 선거법 개정

2004년 총선에 앞서 '돈 적게 드는 선거'의 필요성이 사회적 관심사로 대두되면서 선거관련 법안이 개정되어 선거운동 방식에 큰 변화가 일어나게 되었다. 우선, 그 동안 지지자들을 동원하기 위해 많은 선거자금이 소요되었던 합동연설회와 정당연설회가 폐지되었다. 또한, 후보자 본인 이외에는 어깨띠를 착용할 수 없게 하였으며 선거운동도 후보자가 없을 경우 2명, 후보자가 포함될 경우 5명까지 합동 선거운동을 할 수 있도록 운동원 수를 제한하고 있다.

이는 그 동안 고비용 정치구조라는 비판을 받아왔던 조직에 의한 선거운동 방식에 철퇴를 가한 것으로 선거운동 비용을 절감할 수 있다는 측면에서는 크게 기여한 것으로 평가되고 있다. 국회의원 선거의 경우 대중매체의 이용이 사실상 한계가 있기 때문에 후보자는 직접적인 접촉에 의한 선거운동 방식에 의존할 수밖에 없게 되었다. 그러나 이것도 쉬운 것은 아니다. 현행 선거법에는 호별 방문이 금지되어 있기 때문에 후보자가 유권자를 직접 만날 수 있는 것은 거리유세 방법뿐인 것이다.

이외에도 현행 선거법이 허용하는 전화 홍보와 인터넷 홍보 등이 주요 선거운동 방식으로 부각되고 있으며 유권자 개개인에게 우편으로 배달되는 후보자에 관한 홍보물이 유권자가 후보자들을 비교·평가하는 중요한 자료가 되고 있다. 선거운동기간을 17일에서 14일로 축소한 것은 선거비용 절감이라는 긍정적인 효과는 있으나 후보자가 자신을 유권자들에게 알릴 시간이 적어졌다는 것은 문제점으로 지적될 수 있을 것이다. 또한, 선거일 120일 전부터 예비후보자 등록을 실시하고 그 후부터 명함 배포 및 이-메일 발송을 허용한 것은 선거운동에 있어 현역 의원과 정치 신인간의 불공평성을 다소 해소해 준 조치로 긍정적인 의미가 있다고 생각한다.

이번 4·15 총선에서 특이한 점은 선거법 위반사례에 대한 선관위의 감시활동이 강화되었고 위법행위에 대한 처벌과 위법행위의 고발에 대한 포상이 동시에 이루어졌다는 것이다. 금품 및 음식물을 제공받은 사는 받은 금액의 50배를 과태료로 내야하는 반면 이러한 위법사례를 신고하는 자는 위법금액의 50배에 해당되는 금액을 포상 받게 되었다. 이로 인해 부정선거 단속을 전담하는 '파파라치'족이 생기는 기현상이 발생하기도 하였으나 이러한 일련의 개선대책들이 선거비용을 줄이고 선거법 위반사례를 억제하는 긍정적인 효과를 거둔 것은 사실이다.

부작용으로는 선거과정에서 많은 불법사례들이 적발되어 앞으로 무더기 선거무효와 이에 따른 재선거 사태가 발생할 가능성이 높아졌다는 것이다. 4·15 총선 과정에서 선거법 위반으로 고발된 당선자가 53명에 달한다고 하니 이들 중 상당수가 선거무효로 인한 재선거가 불가피할 전망이다. 이러한 새로운 상황전개에 대해 선거운동에 대한 규제가 지나쳐 유권자가 후보자를 아는 기회가 너무 적어졌다는 비판이 있는 것이 사실이다. 그럼에도 불구하고 건전한 선거문화 정착을 위해서는 불가피한 과도기적 현상을 감내해야 한다는 것이 전문가들의 지배적인 의견이다.

최근 선거관련 법률 개정에 있어 또 다른 중요한 사항은 그 동안 '돈 먹는 하마'로 비판을 받았던 지구당제도가 폐지되었고, 1인 2표제가 도입되어 정당투표 결과에 의해 비례대표가 결정된다는 것이다. 지구당 폐지는 저비용 정치 구현이라는 측면에서는 바람직하나 그렇지 않아도 취약한 한국정당의 하부구조를 더욱 허약하게 만드는 결과를 초래할 수 있는 문제가 있다.

또한, 현역 국회의원이나 출마 희망자의 입장에서는 차기 선거를 대비해야 하기 때문에 기존의 지구당 조직이 개인후원회 형태로 둔갑하여 정치인의 사조직으로 이름만 바뀌어 존재할 가능성이 높은 것도 문제점으로 지적될 수 있을 것이다. 1인 2표제는 지역구 후보는 인물위주로 선택하고 비례대표 후보는 유권자가 선호하는 정당을 선택할 수 있어 유권자들에게 선택의 폭을 넓혀주었다는 측면에서 바람직한 조치였다고 생각된다.

4. 정치자금 제도의 개선

외국의 경험

2002년 대선자금에 대한 검찰 수사가 시작되면서 정치자금 문제는 이제 우리 나라에서 정치개혁의 핵심과제로 부각되었다. 서구 선진국의 민주주의 발전과정을 살펴보면 민주주의는 언제나 정치자금 문제와 씨름해 왔다고 할 정도로 정치자금은 지속적으로 논란의 대상이 되어왔으며 여러 차례의 제도 개선 노력에도 불구하고 아직도 이 문제에 대한 완전한 해답을 찾은 나라는 없다고 할 정도로 난제로 남아있다는 사실을 알 수 있다.

미국의 정치자금 제도는 국가가 정치자금 조달 및 사용에 관한 규칙을 만들고 실제 정치자금 모금활동은 시장에 맡기는 것이 특징이다. 미국은 선거가 정당이 아니라 후보자 중심으로 치러지기 때문에 정치자금도 후보자 중심으로 모금활동이 이루어지고 있다. 또한, 선거운동 방식이 주로 TV 등 대중매체를 통해 이루어지기 때문에 정치자금에 대한 수요가 높은 것이 사실이다. 더욱이 하원의원의 경우 매 2년마다 선거를 치러야 하고 예비선거도 있기 때문에 선거자금을 포함한 정치자금의 수요는 커질 수밖에 없다.

예를 들어, 대선이 있었던 1996년 각 후보와 정당 등이 약 10억 달러의 선거자금을 사용한 것으로 추정되고 있다. 평균적으로 상원의원 선거에 드는 비용은 약 4백만 달러, 하원의원 선거에는 50만 달러 정도가 드는 것으로 집계되고 있다. 선거비용을 용도별로 보면 TV광고가 50~60%로 대종을 이루고 선거전문가 고용과 여론조사비로 20% 그리고 기부금 모금활동에 20%를 쓰는 것으로 나타났다.

미국의 경우 정치자금의 대부분을 개인들의 후원금으로 조달하고 있다. 선거에서 개인은 후보에게 2천 달러까지 후원할 수 있다. 기업이나 노조는 후보에게 직접 후원금을 기부할 수 없고 정치활동위원회(Political Action Committee : PAC)를 구성하여 후보에게 선거자금을 제공할 수 있는데 한 후보당 5천 달러로 제한되어 있다. PAC들이 지원할 수 있는 후보의 수는 제한되어 있지 않다. 1996년의 경우 PAC들이 의원선거에 기부한 금액은 1억 6천만 달러로 개인후원금 총액의 절반에 해당되는 것으로 조사되었다.

정당의 지원금은 다른 나라에 비해 상대적으로 미미한 수준이지만 그 비중은 점점 커지고 있어 현재는 선거비용의 15%에 달하는 것으로 알려지고 있다. 국고지원금은 대통령선거에만 지원되는데 예비선거비용의 절반 정도가 지원되고 본선거 비용은 전액 국고에서 지원된다. 대신 국고지원을 받으면 선관위가 정한 한도 내에서만 선거비용을 지출해야 한다. 연방정부의 지원금은 예비선거의 경우 20개 주 이상의 주에서 250달러 미만의 개인기부금을 5천 달러 이상 모금한 후보에 국한되며 본선거의 경우에는 5% 이상 득표해야 국고지원을 받을 수 있다.

정당조직의 운영이나 투표 독려운동의 목적으로 정당에게 개인이나 단체 또는 PAC들이 지원하는 연성자금(soft money)은 상한이 없기 때문에 각종 이해단체들이 이를 활용하여 선거에 많은 영향을 미쳐온 것이 사실이다. 2000년 선거에서 연성자금의 규모는 4억 9천만 달러에 이른 것으로 집계되었는데 2002년 정치자금 개혁법안에 의해 전면 금지되었다. 그 후 개정안이 위헌 논쟁에 휘말리기도 하였으나 2003년 12월 대법원은 합헌 판정을 내림으로써 앞으로 선거에서 이익단체의 역할이 크게 위축될 전망이다.

선거자금제도는 1971년 연방선거관리법(Federal Election Campaign Act)이 제정되면서 기본 골격을 갖추기 시작하였고 1976년 대통령선거에서 처음으로 국고지원이 이루어지고 민간으로부터의 선거자금 유입이 반으로 줄어들었다. 연방선거관리법은 1974년 1차 수정되었고 2002년 개정되어 연성자금이 금지되는 등 정치자금 제공을 통한 이익단체들의 영향력을 축소시키려는 노력이 지속되고 있다.

특히, 2002년 개정안은 개인후원금의 상한은 상향 조정하되 PAC의 기부 한도는 인플레이션과 무관하게 동결시켰고 연성자금을 금지함으로써 정치권과 이익집단 간의 유착관계를 단절시키려는 것이었다. 미국에서는 제도적으로 정치자금 조달과 지출과정이 투명하기 때문에 한국에서와 같이 불법 정치지금 스캔들이 발생하는 경우는 매우 드물다.

가장 오랜 민주주의 역사를 갖고 있는 영국은 이미 100여 년 전 당시 심각한 상황이었던 정치자금 문제를 개선하기 위해 1883년 부패방

지법을 제정하여 개별후보가 지출하는 선거비용의 상한선을 설정하여 엄격하게 규제해왔다. 그럼에도 불구하고, 1990년대 잇따라 터져 나온 정치자금 문제에 대처하기 위해 2000년 정치법(Political Parties, Elections and Referendum Act)을 제정하였다.

새로 제정된 정치법에 의해 선거관리위원회가 설립되었으나 그 기능과 권한은 한국과 비교할 때 매우 제한적으로 정당 활동, 선거운동에 대한 규제보다는 정당의 정치자금 보고와 등록 등이 주된 기능이다. 영국에는 후보 개인의 선거비용은 상한이 정해져 엄격히 관리되나 정당의 선거비용 지출에는 규제가 없으며 1997년 선거에서 보수당은 2천 8백만 파운드, 노동당은 1천 5백만 파운드를 사용한 것으로 집계되고 있다.

노동당은 주로 노동조합으로부터, 보수당은 기업으로부터 정치자금을 모금하고 있다. 그러나 노조가 정치자금을 제공하려면 비밀투표로 조합원의 동의를 얻어야 하며 기업도 주주총회의 결의로 정치자금을 제공하게 되어있다. 영국에서는 선거자금에 대한 국고보조는 없으나 야당의 의회활동 지원을 위한 보조금이 지급되고 있으며 이를 하원에서는 쇼트머니(Short Money), 상원에서는 크랜본 머니(Cranborne Money)라고 한다.

또한, 정당의 정책개발을 위한 정책개발지원금 (Policy Development Grant)이 지급되고 있고 미국과는 달리 TV 등 대중매체를 통한 정치광고를 금지하는 한편 국영 대중매체를 통한 선거방송은 제한된 범위 내에서 무상으로 허용하고 있다. 미국에서는 선거비용의 절반을 TV

광고에 사용한다는 점을 감안할 때 무료 선거 공영방송은 선거자금 수요를 줄이는 데 큰 역할을 하는 것으로 추정된다.

독일에서는 정당정치에 대한 국가차원의 보장을 위해 정당에 대한 국고보조와 선거공영제가 실시되고 있다. 독일의 정치자금 제도는 1967년 정당법이 제정된 후 1999년 정당법 개정으로 기본 골격을 갖추게 되었다. 정당에 대한 국고보조는 각 정당수입의 50%를 넘지 못하며 1988~1992년 동안 지급된 연평균 액수를 초과할 수 없다는 절대적 상한선을 갖고 있다.

국고보조는 의회선거에서 유효투표의 0.5% 이상을 획득하거나 주 의회선거에서 1% 이상 획득한 정당에게 자격이 부여되며 현재 이러한 기준에 해당하는 정당은 연방의회에 진출한 6개 정당 외에 12개의 군소 정당이 있다. 다당제를 제도적으로 지원하는 독일정치 제도의 특징이라 할 수 있다.

독일에는 국고보조금 이외에도 정치기부금 및 당비와 관련된 세금공제 혜택이 주어지고 있다. 독일정당의 수입구조는 국고보조가 65%를 차지하여 대종을 이루고 당비와 기부금은 각각 18%, 12%에 불과한 것으로 나타나고 있다. 정당의 지출구조는 인건비 32%, 출판비 13% 등으로 구성되어 있다. 각 정당들은 정치자금의 원천과 지출에 대해 정당 재정위원회에 정기적으로 보고하고 이를 일반에게 열람시키고 있다.

이탈리아는 정치자금 문제와 관련하여 '악명' 높은 나라라고 할 수 있다. 이탈리아의 경우 개개인의 비리수준이 아니라 체제유지와 관련된 구조적 성격을 띠고 있다는 특징을 갖고 있다. 흔히 이탈리아의 관공서와 공기업은 정당 지도자들에 의해 '식민지화' 되었다고 불리어지고 있으며 정당들의 정치자금 조달은 이들 간의 '숨겨진 거래' 형태로 나타나고 있다.

1990년대 초에 발생한 '탄젠토폴리' 스캔들은 이탈리아 정치의 총체적 부정부패를 드러낸 상징적인 사건으로 이는 밀라노 검사들의 정풍운동과 1993년 선거법 개정으로 이어졌다. 이러한 일련의 사태는 50년간 이탈리아 정치를 주도해온 기민당(DC)과 그 연립 파트너인 사회당(PSI)의 붕괴를 초래하기도 하였다.

정당에 대한 부정적인 시각이 확산되자 1974년 이후 실시된 정당에 대한 국고보조금 제도는 폐지되고 국고보조는 선거비용에 한정해 지급되고 있다. 선거비용에서 국고지원 비중은 28% 수준이며 기부금이 65%로 대종을 이루고 있다. 1990년대 초에 있었던 정치자금 스캔들과 이에 대한 검사의 철저한 수사가 정계의 지각변동을 가져온 것은 사실이나 정치자금과 관련한 정치관행이 크게 바뀌지는 않았다는 것이 일반적인 평가다. 정치 지각변동의 결과로 정치무대에 새로 진입한 신생정당들도 정치자금과 관련하여 구습을 답습하고 있기 때문이다. 바람직한 정치자금 관행이 정착되기 위해서는 제도개선 노력과 더불어 정경유착을 조장하는 체제 변혁이 수반되어야 함을 시사한다고 하겠다.

일본 역시 수시로 정치자금 스캔들에 휘말리는 경우로 최근 정치자금제도 개선을 위해 많은 노력을 하고 있는 나라다. 1970년 다나까 수상이 록히드 스캔들로 수상직을 물러났고 1988년 리쿠르트 사건으로 일본 정계가 떠들썩했으며 1990년대에 들어와서는 카네마루 신의 사카와 규빈 스캔들이 급부상하였다.

그 결과 1994년 12월 정치자금법, 선거법 등 정치개혁 4대 법안이 의회에서 통과되었고 일본정치는 그 이후 큰 변화를 겪게 되었다. 정치개혁의 주요 내용은 소선거구제를 도입하고, 정치자금의 조달을 정치가나 파벌이 아닌 정당이 하도록 하였으며 정당에 대한 국고보조금 제도를 신설하는 것이었다.

일본 정치자금제도의 주요 내용은 다음과 같다. 우선, 한 정치인에게 복수로 허용되던 자금관리 단체를 하나로 제한하고, 기업 등 단체로부터의 헌금은 개별 50만 엔으로 제한하며, 정치자금 기부의 공개기준을 5만 엔으로 하향조정하여 자금거래의 투명성을 제고하였다.

또한, 정당에 대한 국고보조는 국민 1인당 250엔으로 2000년 현재 317억 엔에 이르고 있다. 국고보조금의 배분 원칙은 50%는 의석수에 의해 결정되고 나머지 50%는 선거에서 정당 득표비율에 의해 산출된다. 국고보조금의 용도에 대해서는 아무런 제약이 없으나 5만 엔이 넘는 지출의 용도를 기재한 보고서를 공표해야 한다.

1994년 개혁안의 성과는 무엇보다도 정치자금 거래의 투명성이 크게 제고되었다는 것이다. 또한, 정당의 집행부가 기업후원금 및 국고보조금의 창구가 됨으로써 과거 파벌정치의 관행이 크게 개선되었다. 그러나 개혁의 한계도 드리니고 있다. 파벌 자체가 해체되지 않고 파벌의 구조가 보스중심의 피라미드형에서 멤버십클럽형으로 바뀌어가고 파벌자금의 동원도 상호 보조적인 모금형태로 이루어지고 있다. 정치인 개인에 대한 정치헌금은 금지되었으나 정당지부로부터는 정치인에 대한 기부가 가능하기 때문에 정당지부가 법규정을 우회하는 방편으로 활용되고 있는 것으로 알려지고 있다.

한국의 정치자금 제도

1965년 정치자금법이 제정된 이후 현재까지 모두 14차례의 개정이 있었으며 그 중 상대적으로 큰 변화를 가져온 것은 1980년의 3차, 1989년의 4차, 1997년의 10차, 그리고 2004년의 14차 개정이었다고 할 수 있다. 1965년 제정된 정치자금법의 가장 중요한 내용은 정치자금의 양성화를 위해 기탁금 제도를 도입한 것이었다. 기탁금 제도는 정치자금을 제공하고자 할 때 이를 중앙선거관리위원회에 기탁하도록 하였고 기탁금을 국회의석의 비율로 각 당에 배분하는 것이었다.

1980년 3차 개정은 후원회 제도와 국고보조금 제도를 도입하였으며 정당과 후원회의 회계보고를 의무화하였고, 기부행위에 대한 일정한 제한도 두었다. 민주화 이후 단행된 1989년의 4차 개정에서는 종래 중앙당에만 둘 수 있는 후원회 규정을 정당의 시·도 지부와 지구당은 물론 국회의원 또는 국회의원 후보자도 후원회를 둘 수 있게 하였다. 또한, 국고보조금을 유권자 총수에 400원을 곱한 금액을 매년 정액화하여 예산에 의무적으로 반영하게 하였다. 그리고 1997년의 10차 개정에서는 여·야 간의 불균형이 심했던 지정기탁금제도를 폐지하였다.

2004년 3월 14차 개정에서는 지구당 후원회를 없애고 시·도 지부

후원회는 2년 후 폐지하기로 하였다. 국회의원 개인후원회는 유지하되 예비후보자 후원회를 신설하여 정치신인에게 정치자금 모금기회를 열어 주었다. 또한, 기업후원금을 금지시켰고 기업 임원의 경우도 비기업자금만을 사용하도록 하였다. 개인후원금 한도를 연 1억 2천만 원에서 연 2천만 원(국회의원 1인당 최대 500만 원)으로 축소하였고 고액 기부자의 경우 중앙당은 연 5백만 원, 시·도 지부 및 개인후원회는 연 120만 원을 초과하면 명단을 공개하도록 하였다. 이에 더해, 정치자금 수입 및 지출에 있어 1회 100만 원 이상 기부 및 50만 원 이상 지출시 반드시 수표 또는 신용카드 사용을 의무화하였다.

현행 국고보조금 제도는 유권자수에 800원을 곱한 금액을 매년 예산에 배정하여 선거가 있는 해에는 각 선거마다 600원씩 추가하여 계상하도록 되어 있다. 국고보조금의 배정방식은 50%를 국회에서 교섭단체를 구성한 정당에 대해 균등 분할하며 나머지는 국회의석 비율로 각 정당에 배분한다.

정당의 재정구조를 살펴보면 다음과 같은 특징을 발견할 수 있다. 첫째, 중앙당과 시·도 지부의 수입이 차지하는 비중이 점차 줄어들고 지구당의 수입이 늘고 있는데 이는 정치자금 모금에 있어 분권화를 의미한다고 할 수 있다. 그러나 이제는 지구당이 폐지되었고 시·도 지부 후원회도 2년 후에는 폐지되기 때문에 앞으로 후원금은 중앙당으로 집중될 전망이다.

둘째, 정치후원금이 집권당으로 집중되는 현상을 지적할 수 있을 것이다. 이는 아직도 우리 나라에서 민주주의의 공고화가 이루어지지 않고 있다는 것을 의미하며 정당 간 정책철학의 차이가 크지 않은 상황에서 기업후원금이 야당보다는 여당으로 집중되는데 기인한다고 할 수 있다.

셋째, 정당수입에서 당비가 차지하는 비율이 5% 미만으로 매우 낮다는 사실이다. 이는 독일정당들의 경우 당비의 비중이 40%를 넘는 것과 매우 대조적이라 할 수 있으며 한국정당이 대중정당이 되지 못하고 있다는 사실을 반영하는 것이다.

넷째, 중앙당 수입 중 국고보조금이 차지하는 비중이 가장 높다는 것이다. 한나라당의 경우 여당이었던 1997년 전체 수입의 20%에 불과하였으나 야당이 된 2000년에는 62%로 높아졌으며 새정치국민회의는 같은 기간 중 국고보조금 비율이 43%에서 24%로 감소하였다.

다섯째, 정당마다 다소의 차이는 있으나 정당들이 국고보조금의 대부분을 중앙당에서 사용하고 있다. 또한, 국고보조금의 사용도 투명한 규칙보다는 당 지도부의 임의적인 결정에 의해 이루어지고 있으며 국고보조금의 20% 이상을 정책개발비에 사용해야 한다는 법규정도 실제로는 잘 지켜지지 않고 있는 것으로 알려지고 있다.

한국에서 정치자금과 관련하여 가장 큰 문제점은 불법사례가 너무 많다는 것이다. "정치자금은 그 속성상 어느 정치인도 자유로울 수 없는 분야다. 국회 안에 교도소를 차려야 한다는 말이 있을 정도로 빠져나갈 국회의원이 없다. 노무현 대통령이라고 해서 예외가 아니다. 그러나 다 처리할 수 없다는 수사의 형평성 면에서, 또 국회의원을 구속하려면 국회의 체포동의안을 받아야 하는 등 까다로운 절차 때문에 정치자금법에 의한 수사는 가급적 자제되었다. 단, 대가성이 인정되는 경우에 뇌물이나 알선수재로 처벌한다." 검찰 특수부 출신 어느 검사가 한 말이다.
(월간조선 2004.4)

거의 모든 정치인이 정치자금법을 위반하는 이유는 다양하다. 우선, 정치자금 관련 현행 규정이 비현실적이기 때문에 이를 다 지키면서는 정치를 할 수가 없다는 것이다. 예를 들어, 16대 총선에서 후보자들이 사용한 선거자금은 평균 5억원으로 조사되었는데 이는 법정 상한선 약 1억 2천만 원의 네 배가 넘는 수준이었다. 선거자금의 법정 상한선을 현실에 맞게 상향 조정하지 않기 때문에 총선에 출마한 거의 모든 후보자들이 범법자가 되는 것이다.

대선도 마찬가지다. 대선자금의 법정 상한선은 320억 원이나 전국을 대상으로 하는 TV, 신문 등을 통한 광고와 조직가동에 필요한 자금은 이를 훨씬 초과하기 때문에 당선자나 낙선자 모두 이를 어긴 것으로 최근 검찰수사 결과 밝혀졌다. 그럼에도 불구하고, 대선자금 관련 규정의 현실화는 도외시한 채 언론과 국민 모두 불법자금 관련자의 처벌과 해당 정당에 대한 비판에만 열을 올리고 있다.

국회의원 후원회는 연 1억 5천만 원 그리고 선거가 있는 해는 이의 두 배를 모금할 수 있으나 이는 지구당 운영에 필요한 최소한의 경비에도 못 미치는 수준으로 당 대표나 대통령 후보 경선에 나서는 경우에는 별도의 정치지금 모금이 불가피하며 이는 모두 불법행위가 되는 것이다. 결국, 노무현 대통령을 포함하여 현재의 여·야 지도부 모두가 정치자금법을 어겼다는 이야기가 되며 이러한 사실은 김근태 의원의 경선자금

고백사건을 통해 여실히 드러났다고 할 수 있다.

다음으로, 우리는 오랜 기간 정치자금이 음성적으로 조성되고 사용되어온 관행을 갖고 있다는 사실을 지적할 수 있다. 1989년 국회의원의 후원회가 허용되기 전에는 정치자금을 투명하게 모금할 수 있는 방법조차 없었다. 또한, 민주화 이전에는 기업활동에 큰 영향력을 갖고 있던 집권세력이 기업으로부터의 정치자금을 사실상 독점하였고 이는 장기 집권의 수단으로 활용되었다.

민주화 이후에도 집권세력에 의한 기업후원금의 독점현상은 상당기간 지속되었고 지금도 기업들은 야당이나 야권 정치인에게 정치자금을 제공하면 집권세력과 정부로부터 사업상 불이익을 받을 수 있다고 생각하고 있다. 1989년 이후 정당 및 국회의원의 후원회 제도가 활성화되면서 과거에 비하면 불법 정치자금 수수 관행은 사실상 많이 개선된 것이 사실이다.

그럼에도 불구하고, 불법 정치자금 문제가 과거보다 오히려 더 크게 부각되고 있는 것은 이에 대한 검찰 수사가 본격화되었기 때문이다. 앞서 지적한대로 과거에는 정치자금은 수수과정에서 대가성이 인정되는 경우가 아니면 검찰 수사를 자제하여 온 것이 사실이다. 그러나 이런 관행은 김영삼 정권시절부터 무너지기 시작하였다. 그 원인을 살펴보면 검찰이 자발적으로 정치자금에 대한 수사에 착수했다기보다는 적어도 정권 초기에는 당시 집권세력의 정치적 의도에 의해 검찰 수사가 진행되었기 때문이다.

전두환, 노태우 대통령의 정치비자금 수사는 당시 김영삼 정권의

'역사 바로 세우기'라는 정략 차원에서 진행되었고, 김대중 정권 초기에 이루어진 세풍사건 및 다수 야당 정치인의 정치자금 사건은 당시 여소야대 정국을 타개해 보려는 정략적 의도에서 추진되었으며 이 두 경우 모두 집권세력은 소기의 목적을 달성하였다. 정권의 검찰 장악력이 떨어지는 대통령 임기 후반에는 검찰 자체의 노력으로 권력 핵심부에 대한 정치자금 수사가 이루어졌으며 김영삼 정권 시절의 한보사건, 김대중 정권 시절의 최규선 게이트 등이 그 대표적인 사례들로 검찰 수사는 대통령 측근인사와 아들들의 사법처리로 연결되었다.

노무현 정권이 들어서면서 정권의 검찰 장악력이 집권 초기부터 흔들리기 시작하였다. 법무부장관 인사에 검찰이 반발하였고, 이를 수습하기 위해 대통령이 일선 검사들과 직접 토론을 벌여야 하는 사태까지 발생하였다. 이러한 상황은 검찰로 하여금 여·야를 가리지 않고 정치자금에 대한 수사를 하게 하는 결과를 가져왔다. 대통령 주변인사 비리에 대한 수사가 집권 첫 해부터 시작되었고 2002년 대선자금에 대한 수사도 대선 패자만 수사했던 세풍사건과는 달리 대선 승자와 패자 모두를 상대로 진행되고 있다.

이러한 변화는 이제까지 권력의 시녀 역할을 해 왔던 검찰의 위상을 높이는 결과를 초래하였으며 사상 처음으로 현역 국회의원 다수가 구속되는 상황까지 이르렀다. 그럼에도 불구하고, 검찰 수사에 대한 공정성 시비는 불식되지 않고 있다. 검찰이 밝혀낸 5대 재벌기업이 이회창 후보 진영에 제공한 대선자금은 800억 원이 넘는데 반해 노무현 후보 진영에 준 대선자금은 불과 30억 원으로 나타났기 때문이다. 5대 재벌기업이 이회창 후보 진영에 준 대선자금은 발표 효과가 극대화되도록 하나씩 차례로 밝힌 반면 노무현 후보 진영에 준 삼성의 30억 원은 중간수사 결과를 발표하면서 슬그머니 끼워넣는 등 정치적 파장을 최소화하려 하였다.

이러한 비판적 시각에 대한 검찰의 해명은 5대 재벌기업이 노무현 후보 진영에도 불법자금을 제공했을 것이라는 심증은 있으나 기업인들이 진술을 하지 않기 때문에 어쩔 수 없다는 것이다. 대기업들이 '살아있는 권력'의 비위를 거스를 수 없는 한국적인 현실에서 충분히 있을 수 있는 일이라고 생각된다. 그러나 문제는 검찰 수사의 파급효과다. 이러한 검찰 수사는 한나라당에게 치명적이었고 이는 지난 4·15 총선에서 한나라당의 패배, 열린우리당의 승리로 이어졌다.

검찰의 대선자금 수사가 대한민국의 정계 판도를 완전히 바꾸어 놓은 것이다. 한나라당은 보수세력을, 열린우리당은 진보세력을 대표한다고 보았을 때 검찰의 2002년 대선자금 수사는 한국에서 보수세력의 몰락과 진보세력의 급부상을 가져온 것이다. 만일 이와 같은 결과가 검찰이 5대 기업이 노무현 후보 진영에 준 불법 대선자금을 밝혀 내지 못한데 기인한다고 하면 검찰의 대선자금 수사는 긍정적인 측면보다는 부정적인 측면이 훨씬 많았다는 역사적인 평가를 면하기 어려울 것이다.

개선방안

정치자금과 관련된 문제를 종합해 볼 때 정치자금제도 개선의 최우선 목표는 정치인 다수가 정치자금 관련 규칙을 위반하는 현실적인 여건을 바꾸는 것이라고 할 수 있다. 이를 위해서는 무엇보다도 앞에서 지적한 대로 고비용 정치제도를 개선하는 것이 필요하다. 이런 관점에서 4·15 총선에 앞서 추진된 지구당 폐지, 합동연설회와 정당연설회 폐지 등은 바람직한 개선 조치였다고 생각된다.

이와 관련하여, 추가로 제안하고 싶은 것은 대통령선거를 적어도 미국 수준으로 완전 공영화하는 것이다. 대선에서 가장 중요한 선거운동 방법은 TV, 신문 등 대중매체를 통한 홍보다. 따라서 대중매체의 이용 범위를 적정선에서 설정하고 이에 필요한 비용을 전액 국고에서 보조하면 될 것이다. 거액 불법 정치자금이 대부분 대통령선거와 관련되어 왔다는 사실을 감안할 때 대통령선거의 철저한 공영화는 정치자금제도의 개선에 크게 기여하게 될 것이다.

정치자금 관련 제도를 과감하게 현실화할 필요가 있다. 예를 들어, 당내 민주화는 최근 크게 진전되어 당 대표와 대선 후보는 물론 주요 당직의 상당수가 경선에 의해 선출되고 있다. 특히, 당 대표와 대선후보는 전국을 대상으로 선거운동을 해야 하기 때문에 당연히 상당 규모의 정치자금이 필요하나 현재는 이 자금을 별도로 모금할 방법이 없다.

따라서, 국회의원 후원회 모금한도의 폐지를 건의한다. 아울러 정당 후원회의 모금 상한도 폐지되어야 할 것이다. 지난번 법개정으로 기업후원금이 금지되어 있는 상황에서 후원회 한도를 폐지하더라도 지나치게 많은 정치자금이 특정 정당이나 정치인에 쏠리는 현상은 발생하지 않을 것으로 예상된다. 이러한 현실화 방안과 동시에 후원회 자금의 수입과 지출 과정을 투명하게 관리하고 모든 것을 공개한다면 정치자금과 관련한 도덕적 해이 현상은 막을 수 있을 것이다.

기업후원금을 금지하기로 한 정치자금법 개정방안에 대해 어느 중진 기업인이 '제발 지킬 수 있는 법을 만들어 주시오'라고 정치권에 주문한 적이 있다. 이는 한국적인 현실에서 기업이 정치후원금을 내지 않을 수 없기 때문에 기업후원금 금지는 기업임원 등 제3자를 통한 후원금 지원이라는 편법만을 양산하게 될 것이라는 우려의 목소리라고 생각된다.

우리도 영국과 같이 기업후원금을 허용하되 주주총회의 의결을 거쳐야 하는 조건을 달면 정치자금 모금의 현실화도 기하면서 투명성과 정당성도 확보하는 효과가 있을 것으로 생각된다. 이와 같이 기업후원금이 허용되는 경우 현재 법으로 금지되어 있는 노동조합의 정치후원금 지원도 허용되어야 하며 이 경우에도 영국과 같이 조합원의 동의를 받도록 하여야 할 것이다.

또한, 약 1억 2천만 원의 국회의원 선거비용 상한선 규정은 매우 비현실적인 것으로 실제로 지켜지지 않기 때문에 대폭 상향 조정하든지 아예 폐지하는 것도 바람직하다고 생각된다. 실제 선거과정에서 자금이 소요되는 많은 행위들이 불법으로 규정되어 있기 때문에 이에 대한 철저한 감시가 이루어진다면 선거비용 상한선이 없다고 하더라도 '돈 선거'는 치러지지 않을 것이다. 이와 아울러, 각 급 지방선거에 출마하는 후보자들에게도 후원회 설립과 이를 통한 정치자금의 모금을 허용해야 할 것이다.

고비용 정치제도를 개선하고 정치자금 관련 규칙들을 대폭 현실화한 후에는 위법행위에 대한 철저한 감시와 처벌이 뒤따라야 할 것이다. 최근 4·15 총선 과정에서 선거관리위원회 활동은 매우 돋보였으며 불법 선거운동 방지에 크게 기여한 것으로 평가된다. 불법 정치자금에 대한 검찰수사도 이제는 일반화되었다고 생각되며 국민들로부터 대체로 긍정적인 평가를 받고 있는 것이 사실이다.

그러나 정치자금에 대한 검찰 수사에 있어 중요한 것은 정치적 중립을 유지하는 것이다. 특히, 대선자금의 경우 대선에서의 승자는 검찰의 인사권을 갖고 있는 대통령이 되며 재임기간에는 형사 소추되지 않는 면책특권이 있기 때문에 검찰 수사가 정치적 중립성을 유지하는 것은 사실상 불가능하다.

게다가, 불법정치자금 수사는 돈을 준 기업인의 구두진술에 의존하게 되는데 기업인의 입장에서는 대선 패자에게 준 자금은 큰 부담 없이 진술하지만 승자인 대통령에게 준 자금은 밝히기를 꺼리하기 때문에 검찰의 의지와 상관없이 수사 결과가 정치적 형평성을 잃을 가능성이 높다.

앞서 지적한대로 2002년 대선자금에 대한 검찰 수사가 바로 이런 경우라 할 수 있다. 그래서 대선자금에 대한 검찰 수사는 신중을 기해야 한다고 생각한다. 대통령선거를 완전 공영화해야 하는 이유도 바로 여기에 있다고 하겠다.

정치자금의 모집 및 사용 과정을 엄격하게 관리하고 이를 공개하는 것이 시급한 과제다. 이제까지는 정치자금의 모집 과정에도 불법사례가 많이 발생하였을 뿐 아니라 모금된 정치자금의 사용 과정에서의 투명성이 전혀 보장되지 않았다. 정치인 개인의 후원금은 당해 정치인이 거의 마음대로 사용하였다 해도 과언이 아니고 정당의 후원금과 국고보조금도 정당 지도부의 개인 의사와 판단에 의해 집행되어 왔다.

따라서, 이제부터라도 후원금과 국고보조금의 사용과 관련한 규칙을 확실히 정하고 선거관리위원회가 이를 철저히 감시하여야 한다. 최근 감사원이 국고보조금 사용과 관련하여 정당을 상대로 감사를 할 수 있다고 했는데 이는 정치적 중립성에 관한 시비가 있을 수 있기 때문에 바람직하지 않다. 대신에 이 임무는 대통령 산하의 감사원보다는 정치적 중립성이 보장된 선거관리위원회가 전담하여 처리하는 것이 좋다고 생각한다.

정치자금을 통한 정경유착 문제는 현행 정치자금 관련 규칙들이 제대로만 지켜진다면 큰 문제가 없을 것이다. 2004년 14차 정치자금법 개정에서 기업후원금이 전면 금지된 것은 과거 정경유착 사례들에 대한 지나친 염려에 따른 과잉반응이라고 생각된다. 한국의 정당들이 대중정당이 되지 못해 당비 모금이나 일반 개인으로부터의 후원금 모금이 사실상 매우 어려운 상황에서 기업후원금을 원천적으로 봉쇄하는 것은 현실을 무시한 처방이었다는 비판을 받아 마땅하다. 이러한 비현실적 개선안은 오히려 불법정치자금 수요를 증대시키는 결과를 초래할 수 있다. 따라서 기업후원금의 한도를 적정선에서 정하고 주주총회의 승인을 받는다는 전제하에 기업후원금을 다시 허용하는 방안이 적극 검토되어야 할 것이다.

현행 국고보조금제는 몇 가지 측면에서 문제가 있는 것으로 지적되고 있다. 우선, 정당들의 재정확보를 위한 자구노력과 관계없이 국고보조금이 배분된다는 것이다. 정치자금에도 경쟁원리를 적용하고 자구노력을 평가한다는 측면에서 국고보조금의 지급을 당비 납부실적과 연계하는 방안을 적극 검토해야 할 것이다. 예를 들어, 1인당 연간 100만 원 이하의 금액을 납부한 당원들의 당비에 해당하는 금액을 국고보조금으로 추가 지급한다면 정당들의 자구노력을 증가시키는 효과가 있을 것이다.

또한, 현행 국고지원금 배정방식은 국회에 원내 교섭단체를 구성한 정당에게 절대적으로 유리하게 되어 있어 정당의 독과점 체제를 보장해 준다는 비판이 높다. 이는 소수정당의 난립을 방지하여 정국의 안정을 도모한다는 장점이 있으나 새로운 정치세력의 출현을 어렵게 하는 문제점이 있다. 국고보조금의 절반을 원내 교섭단체 정당들이 균등 배분한다는 것은 합리적 논리에 근거한 것이 아니기 때문에 이를 폐지하고 일본에서와 같이 의석수와 정당득표율에 따라 배분하는 방식을 채택하는 것이 바람직하다고 생각된다.

현행 후원회 제도는 후원회를 통한 자금조달의 상한액을 아예 철폐하여 후원회가 정치자금의 가장 주된 통로로 자리 잡도록 하면서 후원회의 회계보고, 후원자들에 대한 정보공개를 의무화하고 이를 선거관리위원회가 철저하게 감시하여 투명성을 높이는 방향으로 개선되어야 할 것이다.

이런 차원에서 현재 허용되고 있는 무기명 정액영수증 방식은 폐지되는 것이 바람직할 것이다. 또한, 정치자금을 관리하는 계좌를 통합하고 이를 공개토록 하는 방안도 검토되어야 한다. 또 일정 금액 이상의 정치헌금은 수표사용을 의무화하는 것도 음성적 정치자금 거래를 차단시키는 방법이 될 수 있을 것이다.

끝으로, 정치자금과 관련하여 지적할 것은 건전한 기부문화를 육성하여 정당활동에 시민참여의 폭을 넓혀야 한다는 것이다. 현재 정당의 수입에서 당비가 차지하는 비중은 5% 수준에 불과하나 장기적으로는 이를 선진국 수준인 50%까지 제고시키는 노력을 하여야 할 것이다. 정당이 기존의 지역정당 특성에서 벗어나 이념정당으로 탈바꿈한다면 일반 대중으로부터 정당에 대한 지지와 관심을 얻는데 큰 도움이 될 것이다. 또한, 정당들도 자신들의 정치이념과 철학을 실현시키는 다양한 정치활동 프로그램을 개발하면서 이를 모금활동과 연계시키는 방안들을 강구해야 할 것이다.

제8장

지역 정당을 정책 정당으로

"

보수적이라 함은

모르는 것보다 익숙한 것을,

해보지 않은 것보다 해 본 것을,

미스터리보다는 사실을,

가능성 있는 것보다는 현실적인 것을,

풀려 있는 것보다 한정된 것을,

먼 것보다는 가까운 것을,

남아도는 것보다 충분한 것을,

완전무결한 것보다 편리한 것을,

유토피아적 행복보다는 지금의 웃음을 선호하는 것이다.

"

Michael Oakeshott, 「On Being Conservative」

1. 정책정당의 조건

다양한 이념 스펙트럼

한국의 정당들이 정책정당으로 발전되어오지 못한 첫 번째 이유는 주요 정당간 이념의 차이가 별로 없었기 때문이다. 이념 차이가 없는 정당끼리 경쟁을 하다보니 정책으로 선거에서 경쟁을 하는 정책정당으로 발전할 수 없었던 것이다.

해방 직후 한국 정당들의 이념 스펙트럼은 매우 다양하였다. 이데올로기와 정치노선에서 좌우익이 뚜렷한 노선 차이를 보였고 좌우익 내부에서도 토지정책, 친일파 처리문제, 신탁통치 등 주요 정책현안에 대해 상당히 다른 입장을 보였다. 그러나 이러한 이념 스펙트럼상의 차이는 한반도 분단, 미 군정과 오랜 기간의 독재정치 과정을 거치면서 거의 사라지게 되었던 것이다.

조선말기에 개화파들이 독립협회를 만들었고 일제하에서 일부 독립 운동가들이 조선공산당을 만들었으나 독립운동 과정에서 정당 일원주의를 신봉하는 공산주의 세력과 이에 반대하는 세력간의 갈등은 심하였다. 이런 가운데 해방이 되면서 소련 군정은 북한에 정당 일원주의에 의한 공산당을 세웠고 미 군정은 남한에 정당 다원주의에 입각한 정당 활동을 허용하게 되었다. 남한에 미군이 진주하기 전에는 정당이 10여 개에 불과하였으나 미 군정이 정당의 신고를 발표한 후에는 54개로 증가하였다.

이런 와중에서 1946년 조선공산당의 위조지폐사건이 발생하여 미군정은 좌파세력을 통제하기 시작하였고 결국 공산당 지도부는 남한에서의 활동을 포기하고 북한으로 피신하였다. 1948년 대한민국 정부가 수립되자 공산당은 불법화되었다. 이후에도 통일혁명당, 인민혁명당 등 비합법적인 전위정당을 만들려는 시도가 있었으나 실패하였고 결국 공산주의를 표방한 어떤 정당도 남한사회 내에서는 존립할 수 없게 되었다.

한국에서 사회주의 이념 또는 노동계급의 이익을 대변하는 정당 활동 역시 위축되어온 것이 사실이다. 상당기간 자본주의를 경험한 서구사회에서 자본주의의 폐해로부터 근로계층을 보호하려는 사회주의 정당이 발달한 것과 달리 한국에서는 공산당이 노동계급의 대변자로 자임하면서 일제시대부터 조직화를 시도했기 때문에 사회당은 존립근거를 박탈 당한 셈이었다. 해방 이후의 권위주의 정권들은 사회주의를 공산주의와 동일시하였고 대다수 국민들도 이에 동조하였기 때문에 사회주의에 입각한 정당의 발전은 거의 불가능하였다고 할 수 있다.

그 결과 한국에서의 정당정치는 태생적으로 보수성향을 가질 수밖에 없는 자유당-공화당-민정당으로 이어지는 권위주의적 대통령이 이끄는 여당과 한국 보수정당의 효시이나 이승만 정권에서 소외되어 야당이 된 민주당에 의해 주도되어 왔다. 여·야 모두 이념적으로 보수 성격이 강했기 때문에 여·야 간의 쟁점은 정치이념을 달리한 정책 사안이 아니라 권위주의적 정권을 유지하려는 여권과 이에 반대하는 야권으로 나뉘어 독재 대 반(反)독재의 대결구도를 이루어왔다.

민주화 이후 독재 대 반독재의 정치구도가 의미를 상실하게 되고 '3김'으로 대표되는 정치지도자들이 정계의 주도권을 잡게 되자 한국정치는 이들 지도자들이 절대적으로 정치적 영향을 미치는 지역으로 분할되는 지역주의에 의한 정당구조로 재편되게 되었다.

이러한 지역주의 정치는 2002년 대선까지 지속되었으나 그 동안 지역주의 정치를 주도해 온 김대중, 김영삼 대통령이 정계를 은퇴하고 김종필 총재도 2004년 총선 후 정계를 떠남으로써 한국정치는 새로운 국면에 접어들게 되었다. 특히, 2002년 대선에서 진보성향이 뚜렷한 노무현 후보가 승리한 후 민주당을 떠나 자신을 추종하는 진보성향의 정치인들로 구성된 열린우리당을 창당함으로써 이제 한국에서도 보수와 진보의 이념과 정책노선에 의한 정당정치의 시대가 열릴 수 있게 되었다.

이에 더해, 2004년 4·15 총선에서 탄핵정국의 여파에 힘입어 열린우리당이 승리함에 따라 건국 이후 지난 50여 년간 보수세력이 독점해 온 한국의 정치권은 진보세력이 오히려 우세한 새로운 양상을 띠게 되었고 이는 향후 한국정치에서 보수와 진보 정당간의 이념과 정책노선 차이를 바탕으로 한 정책경쟁을 가능케 하고 있다.

정당 민주화

이제까지 정당 간 정책 경쟁이 이루어지지 못한 또 하나의 이유는 정당이 정치적 이념과 정책 노선을 같이 하는 정치인들이 모인 집단이 아니라 대표적 정치지도자를 추종하는 정치인들의 모임이 되었고, 따라서 정당이 정당 보스들에 의해 비민주적으로 운영된 데 있다.

여당은 언제나 대통령이 지배하는 정당이 되었고 야당 역시 차기 대통령 자리를 놓고 경쟁하는 정치지도자에 의해 사당화 되었다. 이들 정치지도자들이 자신의 출신지역에서 유권자들의 절대적인 지지를 받고 있었기 때문에 특정지역에서 국회의원에 당선되기 위해서는 자신과 비록 정치 이념이 다르다고 하더라도 그 지역에서 절대적인 지지를 받고 있는 정치지도자가 이끄는 정당의 공천을 받아야 했다.

예를 들어, 호남지역에서 국회의원이 되기 위해서는 정치인은 자신의 정치 이념과는 관계없이 김대중 총재가 이끄는 정당에 소속하여 충성을 바쳐야 했으며 다른 정당의 사정도 이와 비슷하였다. 이러한 상황에서 정당이 정책으로 경쟁하는 것은 불가능한 일이었다.

이른바 '3김 정치'의 실질적 붕괴는 한국정당에서 당내 민주화 바람을 불어 일으키는 계기가 되었다. 그러나 아직도 한국정당이 지역주의에서 완전히 벗어나지는 못하고 있다. 우선 2002년 대선에서 주요 정당들이 후보는 민주적으로 선출하였지만 선거결과는 여전히 강한 지역주의 성향을 보였기 때문이다. 2004년 총선 역시 2002년 대선보다는 나아졌지만 지역주의에서 자유롭지는 못하였다. 이는 아직도 지역별 유권자들이 특정 정당에 대한 호·불호를 갖고 있기 때문이다.

그럼에도 불구하고, 한국에서의 지역주의는 정당들의 정치 이념 및 정책 노선상의 차이가 부각되면서 점차 해소 될 수 있을 것으로 생각된다. 3김의 뒤를 이어 특정 지역 유권자의 절대적인 지지를 얻을 만한 정치인 그룹이 아직은 존재하고 있지 않기 때문이다. 그러나, 지역주의 이외의 정치 쟁점이 없으면 언제든지 3김을 모방하여 지역을 볼모로 하려는 정치인이 새로 나타날 가능성이 있기 때문에 정치권은 정책으로 경쟁하는 정당정치 관행을 정착시키려는 노력에 박차를 가해야 할 것이다.

성숙된 시민사회

한국의 정당은 서구의 대중정당과는 달리 시민사회로부터 유리되어 소수의 정치 엘리트들을 중심으로 조직되고 운영되어 왔다. 그 이유는 두 가지로 요약될 수 있을 것이다. 첫째는 시민사회의 발달이 권위주의적 정권에서 억제되어 왔다는 것이다. 그래서 한국사회의 근대화를 '국가의 과잉 발전에 따른 시민사회의 저발전' 으로 특징짓는다. 서구에서는 봉건사회 시대에 등장한 부르주아 계급이 경제적 자본을 축적하면서 국가기구를 감시하는 시민사회의 중심세력으로 형성되었다. 정신적으로 개인주의와 자유주의 사상에 기초하여 발전한 시민사회는 서구 민주주의 형성에 밑바탕이 되었고 정당정치도 이러한 사회적 기반 위에서 발전하게 되었다.

그러나, 우리는 오랜 기간 가부장적 유교 윤리를 최상의 가치관으로 유지해왔기 때문에 시민사회를 바탕으로 하는 근대적 민주주의의 발전은 지연되었다. 한국에서도 20세기를 전후하여 시민사회가 성립되기 시작하였으나 일본 식민치하에서 근대적 시민사회가 확산되기는 불가능하였다. 해방이 되면서 시민사회 세력들은 급격히 부상하여 1947년

미 군정에 등록된 정당 및 시민단체의 수는 남한에서만 무려 425개에 이르렀다. 그러나 건국 이후 권위주의적 정권이 장기간 집권하면서 시민사회의 활동공간은 매우 협소해졌고 그 자율성도 약화되었다.

그럼에도 불구하고, 시민세력은 권위주의적 권력에 저항하는 민주화 운동을 지속하였고 이는 4·19 학생운동, 광주 민주화 항쟁 그리고 6·29 민주화선언 과정에서 권위주의 정권을 몰락시키고 민주화 시대를 여는데 결정적인 기여를 한 것이 사실이다. 시민세력이 이와 같이 역사적으로 중요한 시기에 결정적인 역할을 할 수 있었던 것은 권위주의적 정권에서 외형적으로는 활동이 억압되었지만 내면적으로는 자생력이 오히려 강화되어 왔기 때문이라고 할 수 있다.

민주화 이후 시민사회는 급속한 발전을 거듭하였고 시민단체들로 대표되는 시민사회 세력의 영향력 또한 크게 강화되었다. 경제정의실천 시민연합, 환경운동연합, 참여연대 등이 대표적인 성공 사례라고 할 수 있을 것이다. 또한, 그 동안 한국의 정치권이 보수세력에 의해 지배되어 온 반면 시민단체들은 상대적으로 진보성향이 높은 특징을 갖게 된 것이 사실이다.

2002년 대선을 전후하여 시민단체와 정치권과의 관계가 크게 달라졌다. 과거에는 시민단체들이 국가 비상시에는 야당 정치권과 연합하여 6월 항쟁과 6·29 선언과 같은 정치적 변화 과정에 직접 참여했으나 평상시에는 자신들의 고유분야 활동에 전념하였다. 그러나, 2002년 대선 과정에서 시민단체들은 여중생 장갑차 사건의 촛불시위를 주도하고 '노사모' 활동을 지원하여 노무현 후보 당선에 큰 역할을 하였다.

최근 대통령 탄핵 파동과 4·15 총선 과정에서 잘 나타났듯이 시민단체들의 정치적 활동은 이제 거의 평상업무가 되었다 해도 과언이 아닐 정도로 활성화되었고 정례화 되었다. 이는 시민단체가 특정 정당과 연합하여 한국 정치·사회를 주도하는 새로운 세력으로 등장하고 있다는 것을 의미한다. 이러한 현상이 이제까지는 노무현 대통령을 지지하는 진보세력을 중심으로 활발히 전개되어 왔으나 이에 대한 반발로 앞으로는 보수진영에서도 시민단체들과 정당 간의 연합행동이 이루어질 것으로 전망된다.

이러한 현상은 시민단체의 순수성을 희석시키고 단기적으로는 사회 내 여러 세력 간의 갈등을 확대재생산 시킨다는 단점이 있으나 정당의 지역주의를 퇴색시키고 이념과 정책 노선을 부각시킨다는 장점 또한 있는 것이 사실이다. 이념과 정책노선이 보다 분명한 시민단체들이 특정 정당을 노골적으로 지지함으로써 정당들의 이념과 정책 노선 역시 과거보다 훨씬 선명해 질 수 밖에 없게 될 것이기 때문이다. 그러면 이들 정당을 지지하는 유권자들의 기준도 종래의 지역주의에서 탈피하여 자신들의 정치철학과 정책 노선이 비슷한 정당을 선택할 가능성이 높아지게 될 것이다. 이러한 상황의 변화는 한국에서도 정당들이 보수와 진보로 나뉘어 정책으로 경쟁하는 시대가 올 수 있는 가능성을 열어주는 계기가 될 것으로 기대된다.

2. 보수와 진보의 정당 정치

서구의 보수와 진보

서구에서 진보주의는 프랑스 혁명에서 시작되었다. 프랑스 혁명을 주도한 세력은 자신들을 과거의 모든 제도와 관행 나아가 종교와 이념까지도 일소하고 새로운 체제와 국가를 건설한다고 생각하였다. 프랑스 혁명은 일부 잘못된 관행을 시정하고 정권의 주인을 바꾸는 차원을 넘어 새로운 사상을 바탕으로 민중이 정치를 이끌어 가는 새로운 정치체제를 의미하였으며 그 과정에서 진보주의가 싹트기 시작한 것이다.

진보주의는 인류가 미개한 상태에서 시작하여 끊임없이 '진보'를 계속하면서 자신의 환경을 정복하고 보다 나은 정신과 물질 그리고 문명을 누릴 수 있다는 진보사관에 기초하고 있다. 그래서 진보사관의 특징은 인류 전체를 하나의 공동운명체로 보는 것이다. 고대 그리스 사상가들은 정치체제가 군주정에서 민주정으로, 민주정에서 과두정으로, 그리고 과두정에서 다시 독재로 이어지는 순환사관을 갖고 있었으며 중세의 기독교인들은 인간 역사의 종말에 일어날 예수의 재림을 기다리는 직선사관을 지닌데 반해, 진보주의자들은 역사는 혁명에 의해 완전히 새롭게 시작된다는 역사관을 가졌던 것이다.

진보주의는 해방(liberation)을 최고의 이상으로 삼았다. 이는 자유주의자가 말하는 자유보다 좀 더 발전되고 적극적인 개념이라 할 수 있다. 자유주의에서 자유는 기본적으로 정부의 부당한 간섭으로부터의 자유를 의미하며 개개인의 '사적 영역'에서 마음껏 자신들의 욕구를 추구할 수 있는 권리를 뜻한다. 그래서 자유주의는 사유재산권과 시장에서의 자유를 그 이상으로 삼고 있다. 그러나 진보주의에서 해방은 이보다 훨씬 정치적으로 적극적인 자유를 의미한다. 경제 분야에서의 자유는 진보주의에서 해방의 전제조건에 불과하고 이에 더해 고대 그리스인들이 자신들 특유의 정치체제인 폴리스(polis)에서만 존재한다고 했던 지배자와 피지배자가 존재하지 않는 수준의 정치적 자유를 포함하고 있다.

또한, 진보주의자들은 정치적 해방을 위한 새로운 정치체제의 수립 과정에서 폭력의 사용은 불가피하다고 생각한다. 사실 프랑스 혁명은 바스티유 감옥의 습격, 루이 16세와 마리 앙뜨와네뜨의 처형, 로베스피에르의 공포정치 등을 통해 알 수 있듯이 폭력의 연속이었다고 해도 과언이 아니다. 단두대에서 공개 처형된 사람들만 4천 명이 넘었고 수많은 사람들이 거리에서 희생되었다.

프랑스 혁명 당시의 진보주의는 이른 바 '계몽주의' 형태로 나타났다. 계몽주의(enlightenment)는 인간의 이성적 능력에 굳건한 확신을 가지고 지식의 보편적 확산과 역사의 진보를 믿는 것으로 데카르트(Descartes)에 의해 철학적 기반이 마련되었다. 진보주의의 또 다른 기초가 된 사회계약론에 의하면 사회제도는 사람들이 합리적인 사고를 통하여 자발적인 동의를 도출해 냄으로써 형성되는 사회체계와 정치제도만이 정통성을 가질 수 있다고 한다.

이러한 진보주의자들의 인간의 이성과 의지에 대한 맹신은 현실 정치에서는 이상주의자들의 기대와는 전혀 다르게 나타났다. 프랑스 혁명의 선두에 서서 자유와 인권을 호소하면서 역사의 흐름을 주도했던 로베스피에르, 당통, 마라 등 혁명지도자들은 공포정치를 하였고 자신들도 권좌에서 밀려나 비참한 최후를 맞이하였다. 또한, 혁명을 통해 수립된 공화국은 얼마 안 되어 나폴레옹의 제국으로 변질되었고 그마저도 무너져 다시 부르봉 왕가의 왕정복고가 이루어진 것이다.

보수주의는 이러한 프랑스 혁명의 폭력성과 비연속성을 지켜보고 이에 대한 반발로 시작되었다. 보수주의의 태두로 알려진 영국의 버크(Burke)는 「프랑스 혁명에 대한 고찰」(Reflections on the Revolution in France)에서 프랑스 혁명의 실패원인을 분석하면서 '모든 개인의 합리적 능력은 그것이 아무리 현명한 인물의 것이라고 해도 매우 제한된 것이라는 점, 사회는 이성(理性)의 힘에 의해서 뭉쳐지는 것이 아니라 전통적 도의와 관습의 힘에 의해 뭉쳐진다는 점, 그리고 문명의 진보란 필연적으로 오는 것이 아니라 매우 아슬아슬하고도 불안한 과정을 걷게 마련이고 그것도 사회의 안정을 유지함으로써 가능하다는 점'을 강조하고 있다.

버크는 당시 진보주의의 근간을 이루는 계몽주의와 자유주의 모두를 급진적이고 위험한 사상으로 생각했다. '인간 이성의 무한한 능력을 신뢰하고 이성에 따른 역사의 진보를 낙관하는 계몽주의와 개인의 무제한적 자유를 허용하는 가운데 합리적 질서를 세우려는 자유주의는 인류가 여태껏 쌓아 올린 문명의 기반을 뒤흔들어 놓을 수 있는 위험한 사상'이라고 비그는 비판하였다. 그러면서 버크는 인간이성의 한계를 인정하면서 신의 권위와 사회적 전통에 대한 존경을 강조하였던 것이다.

그러나 보수주의가 변화 그 자체를 부정하거나 거부한 것은 아니다.

진보주의가 이상적인 목표를 향해 급격한 변화를 추구한다고 하면 보수주의는 인간능력의 한계와 전통을 존중하면서 점진적 변화를 모색한다고 할 수 있다. 사실 프랑스 혁명 당시 영국은 상당한 수준의 민주주의가 진전되어 있었고 자유주의도 사회경제 체제에 스며들어 있었다. 당시 영국의 토지를 소유한 귀족계급은 유럽 대륙과는 달리 이미 시민적 그리고 자본주의적 사회·경제 발전에 참여하고 있었기 때문에 버크가 지키려 했던 영국의 보수주의는 변화와 개혁에 적대적인 것은 아니었다. 따라서 버크가 프랑스 혁명으로 대표되는 진보주의를 거부한 것은 '시민혁명'에 의해 이미 변화된 영국의 사회질서를 지키려했다고 보아야 할 것이다.

프랑스 혁명 이후 19~20세기 유럽에서는 자유민주주의가 보편적 정치·경제체제로 자리를 잡게 되었다. 그러면서 진보주의는 전혀 다른 형태로 발전되어 갔다. 초기 자본주의 체제의 문제점들이 드러나면서 마르크스는 새로운 공산주의 이론을 체계화하였다. 그에 의하면 빈곤과 가난은 지배계층이 자신만이 소유하는 권력을 이용하여 피지배계층을 착취함으로써 발생하는 것으로 이의 해결을 위해서는 피지배계층이 생산수단을 장악해야 한다고 주장하였다. 마르크스 정치사상은 1917년 러시아의 볼셰비키 혁명을 통해 현실화되기 시작하여 동유럽 등 세계 각처로 확산되었으나 1980년대 말 소련과 동구 공산권의 몰락과 함께 실패로 끝났다.

이러한 공산주의의 실험이 지속되는 동안 서구 국가에서는 진보사상이 자본주의와 타협을 통하여 또 다른 모습으로 나타났는데 이것이 바로 서구형 복지국가(welfare state)다. 복지국가는 정치적으로는 부르주아 혁명의 산물이라 할 수 있는 헌정 민주주의를 골간으로 하면서 광범위한 복지제도와 노동권의 보장을 통해 저소득층과 근로자의 문제를 해결하고자 하는 것이었다.

자본주의와 사회주의의 타협물이라 할 수 있는 복지국가는 공산주의의 위협으로부터 자유민주주의 체제를 보호해 주면서 경제적 번영을 이루는 성과를 올렸으나 1970년대에 이르러 심각한 경제적 위기에 봉착하게 되었다. 끊임없이 확산되는 복지제도의 유지를 위해 재정지출과 세금부담의 확대가 불가피하였고 이는 국가재정의 위기와 근로의욕의 상실이라는 부작용을 초래하게 된 것이다. 결과적으로, 서구의 복지국가들은 국제경쟁력을 급속히 잃기 시작하였다.

복지국가 모델이 한계와 모순에 봉착하면서 이에 대한 비판으로 대두된 것이 신보수주의(neo-conservatism)다. 1980년대에 절정을 이룬 미국의 레이거노믹스(Reaganomics)와 영국의 대처리즘(Thatcherism)으로 대변되는 신보수주의자들은 복지국가의 재분배정책은 사유재산과 개인의 자유권을 침해하는 것이라고 비판하면서 정부의 역할은 시장질서의 원활한 운용을 위한 최소한의 질서를 유지하는 것이라는 '작은 정부론'을 주장하였다.

밀튼 프리드먼(Milton Friedman)은 경제성장의 엔진으로서 시장경제적 덕목이 지니는 중요성을 강조하는 경제적 보수주의 이론을, 하이에크(Hayek)는 사회제도는 인간행위의 산물이지 인간의 계획적 산물이 아니라는 사회적 보수주의 이론을 전개하였고 러셀 커크(Russell Kirk)는 문화적 보수주의 그리고 레오 스트라우스(Leo Strauss)는 철학적·정치적 보수주의를 강조하였다.

1990년을 전후하여 공산주의가 붕괴되어 자유민주주의와 시장자본주의 체제가 전 세계의 기본적 정치·경제 체제로 확립되어가고 인터넷 등 디지털 기술의 발달로 세계화 추세가 급속히 확산되면서 보수주의는 전 세계적으로 새로운 전성기를 맞고 있다고 할 수 있다.

한국의 보수와 진보

한국은 영국보다 오랜 정당 정치의 역사를 갖고 있다. 그러나 조선시대의 붕당정치는 성리학이라는 동일한 정치철학을 공유한 집단들 사이에 이루어졌기 때문에 서구 역사에서와 같이 정치세력을 보수와 진보로 구분하기가 어렵다. 조선 초기의 훈구파와 사림파간의 경쟁 과정에서 조광조의 개혁시도에서 나타났듯이 신진세력인 사림파가 훈구파보다 다소 진보적이었다고 할 수 있다.

그러나, 이 두 세력 모두 고려 말 대유학자 이색의 제자들이라는 같은 뿌리를 갖고 있었고 역성혁명에 가담했다는 측면에서 보면 정도전으로 대표되는 훈구파가 처음에는 더 진보적이었다고도 할 수 있을 것이다. 사림세력이 조선 조정의 실권을 잡은 후 동인·서인으로 그리고 북인·남인 또는 노론·소론 등으로 당파가 나뉘어 정권다툼을 하였으나 당쟁의 핵심은 몇 차례의 예송논쟁을 통해 잘 알 수 있듯이 보수·진보 등의 정치이념과는 관계없는 사안들이었기 때문에 조선 붕당정치는 서구와 같이 정책과 이념으로 경쟁하는 정당정치의 형태로 발전하지 못하였다.

한때 이황의 도덕을 강조하는 주리론(主理論)과 이이의 현실성을 강조하는 주기론(主氣論)이 조선 조정에서 토론과 논란의 대상이 되기도 하였으나 이는 일시적인 현상에 그쳤고 통치 철학의 차이로 정파들이 경쟁하는 상황으로까지는 발전하지 못하였다.

조선 중엽에 발전된 실학사상은 한국정치사에서 처음으로 대두된 진보주의라고 할 수 있다. 도덕적 이상론에 근거한 성리학을 정치철학으로 한 사림파를 보수주의라고 한다면 실용주의 사상에 근거하여 서양의 문명과 종교도 받아들이려한 실학사상은 당시 시대상황으로는 매우 진보적인 것임에 틀림없었다. 그러나 실학파 인사들은 성리학으로 무장된 두터운 조선 조정의 벽을 뚫지 못하였고 대다수가 초야에서 세월을 보내면서 집필활동만 하였다.

비록 실학자들이 당대에는 사회를 개혁하지 못하였지만 이들의 사상은 조선말기 개화파로 전수되었다. 예를 들어, 정약용 등의 실학사상에 심취한 이기(李沂)는 관심사인 전제(田制)개혁을 주장하였고 민권이념과 법치주의를 논하였으며 정치체제로 공화제를 주장하였다. 연암 박지원의 손자인 박규수는 개화파의 핵심 인물인 박영효, 김옥균, 서재필 등에게 실학을 가르쳤다. 결국, 실학은 개화파 인사들로 하여금 개혁을 착상하게 한 기본적 토양을 마련해 주었다고 할 수 있다.

조선말기의 개화사상과 개화파의 활동은 진보적 생각이 정치적 행동과 연결된 첫 번째 사건이라 할 수 있다. 개화파의 활동은 1880년경부터 불과 20년 정도의 짧은 기간에 이루어졌으나 개화사상이 뿌린 자주·독립·민주의 씨는 개화파 인사에 대한 탄압과 개화파 단체의 해산 조치에도 불구하고 꾸준히 성장하여 3·1 운동의 정신으로 이어졌다고 할 수 있다.

계급 타파를 통해 봉건적 구질서를 무너뜨리고, 자유인권을 신장하며 자주독립의 가치를 높이든 개화사상은 우정국의 설치, 독립신문의 창간, 신식 교육의 소개, 개신교의 포교 등 정치·사회 부문에서 제도의 대개혁을 추진하는 밑바탕이 되었다. 오랫동안 성리학이라는 전통적 보수의 틀 속에서 발전의 길로 가지 못하고 현상 유지에 급급했던 조선말 당시의 시대 상황에서 개화사상은 새로운 가치를 사회지도층에게 심어주고 새로운 것을 추구하는 풍조를 고조시켰다고 할 수 있다.

한국에서 보수주의의 뿌리는 유교적 전통에서 찾아야 할 것이다. 유교가 보수적이라고 불리어지는 첫 번째 이유는 유교가 미래의 이상 사회를 구현하는데 있어서 그 모델을 요순시대로 상징되는 과거의 이상 사회에서 찾는다는 점이다. 서양의 진보사상이 모순투성이의 과거로부터 탈출하는 데에서 시작하는데 반해 유교사상은 현실에서 필요한 지혜를 과거에서 찾으려하기 때문에 보수적일 수밖에 없는 것이다. 유교의 도덕관 역시 인간의 능력으로 새로운 세계를 개혁할 수 있다는 서양의 진보주의 사상보다는 오히려 서구의 보수주의와 같이 정치와 사회질서는 모두 보다 근원적인 우주질서의 반영이라고 보는 우주론과 맥을 같이 하고 있다.

이는 개인은 자신의 이익과 욕구, 이성과 의지보다는 우주와 사회에 내재되어 있는 질서를 따르도록 노력해야 한다는 뜻으로 새로운 것과 진보적인 것보다는 연속성과 지속성을 강조하는 것이다. 따라서, 유교에서 '정치는 바르게 하는 것이다'(政者正也)로 정의되어 있다.

또한, 유교는 인간이 공동체를 형성하고 그 속에서 삶을 영위하기 위해서는 권위가 필수불가결한 것으로 생각한다. 유교에서 덕치(德治) 역시 치자(治者)와 피치자(被治者)를 구별하고 한 쪽이 다른 쪽을 이끄는 것을 전제로 하기 때문에 서구 진보주의가 추구하는 평등이나 해방과는 거리가 멀다고 할 수 있다. 서구의 보수주의는 모든 정치체제는 올바른 권위에 기초하고 있다고 역설하면서 권위는 위계질서를 전제하고 있다는 점을 분명히 하고 있다.

물론, 유교에도 진보적인 요소가 있는 것이 사실이다. 유교의 고전에서 정치에 관한 논의는 민(民)의 입장에서 위정자들을 질책하는 경우가 많다. 예를 들어, 「논어」에 민(民)에 관한 이야기가 52군데나 있다고 한다. 그러나 서양의 보수와 진보의 잣대로 볼 때 유교는 진보적이라기보다는 보수적이라고 분류하는 것이 타당하다고 생각된다.

조선왕조가 멸망하면서 우리사회의 지배계급이었던 양반계층이 몰락하였고 성리학이라는 정치철학도 그 빛을 잃게 되었다. 이러한 상황에서 우리사회를 보수와 진보로 구분하는 것은 불가능해졌으며 전통적 가치관과 위계질서가 사라진 공백을 서양에서 들어온 새로운 이념들이 메우게 되었다. 20세기 초 서구사회의 공통적 이념이었던 자유민주주의 사상은 물론이고 러시아 볼셰비키 혁명을 통해 전 세계로 전파되고 있었던 공산주의 사상도 당시 한국사회 지도층 인사들에게 주입되었다.

개화파 인사들의 상당수는 국내에서 활동이 어려워지자 중국, 미국 등 외국으로 망명하여 독립운동을 지속하면서 자유민주주의를 신봉하는 우파세력을 형성한 반면, 공산주의에 심취된 인사들의 상당수는 만주 등지에서 독립군 활동을 하였고 일부는 국내 노동계에 침투하여 노동운동과 더불어 공산당을 창당하여 일제치하의 어려운 여건 속에서도 좌파적 정치활동을 하였다. 이로서 한국사회는 보수와 진보라기보다는 우파와 좌파로 나누어지게 된 것이다.

1945년 해방이 되면서 한국의 정치와 사회는 좌파세력과 우파세력 간의 힘겨루기가 극렬히 진행되었다. 그러나 북한에 공산당 정권이 수립되면서 남한에는 미 군정의 도움으로 우파세력이 정국의 주도권을 잡게 되었고 건국과 더불어 공산주의 활동을 불법화함으로써 한국의 정치는 우파세력이 독점하는 상황이 되었다. 이승만 정권에서는 이 대통령의 장기집권을 도모하는 자유당 세력과 이를 반대하면서 자유민주주의를 바탕으로 한 보수주의를 분명히 하는 민주당간의 경쟁이 한국정치의 주 의제였으며 조봉암의 진보당 사건에서 잘 알 수 있듯이 좌파세력의 정치활동은 철저히 봉쇄되었다.

특히, 동족상잔의 6·25 전쟁 경험은 공산주의에 대한 전면 부정을 한국 보수주의의 절대적 가치관으로 부각시켰다. 서구의 복지국가 단계를 경험해 보지 못한 한국에서는 신보수주의자들이 주창하는 '작은 정부'는 매우 어색한 개념인 반면 반공(反共)은 국민 대다수가 공감할 수 있는 보수적 가치관으로 자리잡게 된 것이다.

군사 쿠데타로 집권한 박정희 정권이 3선 개헌과 유신체제 도입

등으로 더욱 권위주의적이 되어가면서 한국정치는 독재 대 반독재 구조로 발전되어 갔고 이 과정에서 진보세력은 반독재 진영에 가담하여 광주항쟁, 6·29 민주화선언 등 역사의 주요 전환점에서 많은 역할을 하게 되었다. 1987년 이후 민주화 과정에서 한국정치가 이념이나 정책 노선보다는 정치지도자들의 지역 연고가 선거에서 유권자 선택의 주요 변수가 됨에 따라 정당도 명망가를 중심으로 이합집산하는 형태로 발전되어 온 것이 사실이다.

이런 와중에서도 1990년 1월에 이루어진 3당 통합은 '보수 대연합'이라는 차원에서 중요한 의미를 지닌다고 할 수 있다. 전통적으로 보수성이 강한 야당 지도자 중 가장 진보성향이 짙은 김대중 총재의 평민당을 제외하고 당시 여당인 민정당이 김종필 총재의 공화당과 김영삼 총재의 민주당과 합당을 한 것은 지역연합의 차원을 넘어 보수세력의 대연합이라 할 수 있기 때문이다. 3당 통합은 보수세력에게는 큰 성과라 할 수 있으며 일본과 같이 보수정당의 장기집권이 가능할 것이라는 예측을 불러일으키기도 하였다. 3당 통합의 효과는 1992년 대선에서 여실히 나타나 정주영 후보의 출마로 보수진영에서의 균열이 있었음에도 불구하고 김영삼 후보의 당선을 가능하게 하였다.

그러나 보수 대연합의 상황은 오래 지속되지 못하였다. 김영삼 정권으로부터 소외된 김종필 총재는 민자당을 떠나 자민련을 창당하였고 1997년 대선에서는 진보성향의 김대중 후보와 내각제를 고리로 연대함으로써 김대중 후보의 당선에 결정적인 기여를 하였다.

1997년 대선에서 김대중 후보의 당선은 사상 초유의 여·야 간 정권교체라는 차원을 넘어 그간 정치·사회적으로 소외세력이었던 호남인과 진보세력이 권력을 장악했다는 의미를 갖는다. 김대중 정권이 내각제 약속을 파기하고 햇볕정책을 강력히 밀어붙이자 김종필 총재의 자민련은 연립정부에서 탈퇴하였고 김대중 대통령은 진보정권으로의 정치적 입지를 더욱 분명히 하게 되었다.

그러나, 김대중 정권의 진보적 색채는 한국사회 보수세력의 반감을 자극하기에 충분하였고 특히 친북(親北) 성향의 햇볕정책은 우리사회에서 보수와 진보세력 간의 이념 논쟁과 갈등을 불러일으키는 새로운 계기가 되었다. 건국 이후 50년간 보수세력이 한국정치의 주도권을 잡고 반공(反共)정신이 국가운용의 기본철학이었던 시절에는 사회주변의 저항세력으로 있던 진보세력이 김대중 정권의 출범과 햇볕정책의 추진을 계기로 정치·사회의 중심으로 활동무대를 옮기게 된 것이다.

2002년 대선에서 노무현 후보의 승리는 우리 정치·사회의 진보화 추세를 가속화시키는 계기가 되었다. 특히, 노무현 후보의 성공적인 사이버 캠페인은 젊은 세대의 상당수가 진보세력에 가담하는 결과를 초래하였다.

이런 와중에서 진행된 검찰의 2002년 대선자금 수사는 기성 정치인과 정치권의 도덕성을 무너뜨리고 국민들로 하여금 새로운 정치세력의 등장을 갈구하게 하였다. 노무현 대통령에 의해 새로 창당된 열린우리당은 이러한 사회분위기의 최대 수혜자가 되었고 출범 1년간 노무현 정권의 숱한 실정에도 불구하고 4·15 총선에서 크게 승리하는 성과를 거두게 되었다. 총선을 불과 1개월 앞두고 발생한 대통령 탄핵 파동이 반(反)야당

분위기를 조성하여 비(非)진보성향의 부동층마저 총선에서 열린우리당을 지지하게 된 것이다.

건국 후 50년간 보수세력이 독점한 한국정치가 1997년과 2002년 대선에서 진보성향의 후보가 대통령에 당선됨으로써 이제는 진보세력이 절대적 우위를 점하는 상황으로 뒤바뀐 것이다. 3당 합당 직후에는 한때 '원조 보수', '진짜 보수', '중도 보수' 등의 표현으로 주요 정당들이 보수 경쟁을 하였는데 지금은 보수정당마저도 과거와의 단절을 선언하고 기성 정치인을 축출하는 등 자신의 '진보 성향'을 유권자들에게 보이려고 열을 올리는 진풍경이 벌어지고 있는 것이다.

갈등이냐 경쟁이냐

진보는 변화를 상징하고 보수는 안정을 의미한다. 그래서 사회가 안정적으로 발전하기 위해서는 진보와 보수 간의 선의의 경쟁과 조화가 필요한 것이다. 보수 없는 진보는 혼란을 초래하여 발전에 걸림돌이 될 수 있으며 진보 없는 보수는 새로운 시대여건에 변화하지 못하고 정체를 초래하기 때문이다. 그래서 서구의 선진국에서는 진보세력과 보수세력이 자신들의 이념과 정책노선을 대변하는 정당활동을 통해 경쟁하면서 상호 보완적인 역할을 수행하고 있다.

새로운 변화를 추구하는 진보가 남성이라면, 있는 것을 지키고 가꾸어 안정을 이루는 보수는 여성이라 할 수 있다. 남성과 여성이 서로 보완적인 역할을 수행하면서 가정과 사회를 구성하는 것과 같이 진보와 보수도 공존할 때 자신의 진가를 발휘할 수 있는 것이다.

그러나, 한국에서 보수와 진보는 선의의 경쟁보다는 갈등과 대립 양상을 보이는 것이 작금의 우리 현실이다. 김대중 정권의 대북정책 추진과정에서 햇볕정책을 지지하는 진보세력과 이의 진의를 의심하는 보수세력은 충돌하였고 이는 남남(南南) 갈등의 원인이 되어 우리정부의 대북 협상력을 약화시키고 북한정권으로 하여금 상황을 오판하여 핵무기 개발 등의 방법으로 '벼랑 끝 외교'를 지속하게 하는 결과를 초래하였다.

노무현 정권 출범 이후에도 보수와 진보 진영 간의 갈등은 계속되었고 최근 이라크 파병과 탄핵 파동 등을 겪으면서 갈등구조는 더욱 심화되고 있다. 주요 현안이 대두할 때마다 진보세력과 보수세력은 자신들의 주장을 관철시키기 위해 대규모 시위활동을 전개하고 있으며 3·1절 같은 국가적 행사도 각기 독자적으로 치르는 상황에 이르게 되었다. 다행히 해방 직후와 같이 두 세력간의 물리적 충돌과 폭력 행사는 아직 없으나 현재의 상황이 악화되면 이런 사태가 발생하지 않으리라고 장담할 수도 없을 것이다.

보수와 진보의 양 세력이 선의의 경쟁보다 갈등의 길로 가고 있는 근본적인 원인은 서로 간의 깊은 불신감에 기인한다고 할 수 있다. 진보세력은 보수세력을 일제시대에는 친일(親日)을 하고 독재정권과 협조하여 '부귀영화'를 누린 민족적 정통성이 결여되어 있고 도덕적으로 결함이 있는 집단이라고 생각하고 있고, 보수세력은 진보세력의 뿌리는 해방 전후에 우리사회에 만연하였던 공산주의라고 인식하고 있다.

따라서 진보세력은 보수세력을 공존의 대상이 아니라 타도의 대상으로 여기고 있으며 보수세력은 진보세력을 사상적으로 북한정권과 가까운 위험세력으로 간주하고 있는 것이다. 이러한 편견이 이 두 세력의 생각을 지배하고 있는 한 우리 사회에서 보수와 진보간의 갈등은 해소되기 어렵다고 할 것이다.

우리사회에서 보·혁 갈등의 또 하나의 원인은 기존 정당들이 보수와 진보세력의 이념과 정책 노선을 수용하여 이를 제도 정치권에서의 토론과 대화로 발전시켜가는 역할을 하고 있지 못하는 데 있다. 현재 우리 나라의 주요 정당 구성원들의 이념적 성향을 보면 보수와 진보를 분명히 구분할 수 있으나 이러한 정책 노선의 차이가 이들 정당의 정강 정책이나 의정활동에는 전혀 반영되어 있지 않고 있다.

예를 들어, 한나라당은 보수정당임에 틀림없으나 이라크 파병안 처리에서 여론을 의식하여 소극적인 자세를 취하였고 한·칠레 FTA 비준 동의도 농민표를 의식하여 계속 지연시켜왔다. 대북정책에 있어서도 정부의 햇볕정책을 비판하고는 있으나 자신들의 보수적 정책 노선을 반영하는 대안제시를 못하고 있다. 이런 상황에서 보수진영은 한나라당에 불만을 갖지 않을 수 없기 때문에 자신들의 의사를 대중집회 등 단체행동을 통해 표출하고 있는 것이다.

진보진영의 상황도 마찬가지다. 열린우리당은 구성원의 성향으로 진보정당임에 틀림없으나 정강정책은 한나라당과 큰 차이가 없는 중도 성향을 보여주고 있고 의정활동에서도 진보진영의 욕구를 충분히 반영시켜주지 못하고 있다.

예를 들어, 진보진영이 결사코 반대하는 이라크 파병 동의안 처리에 있어서도 반대의사를 분명히 하지 않았고 한·칠레 FTA 비준 동의도 결국 찬성하는 쪽으로 당론을 정하였다. 물론, 열린우리당은 대통령이 만든 여당이라는 한계가 있는 것이 사실이나 그래도 이념 성향이 분명한 사안인 이라크 파병 동의안에는 당론으로 반대를 했어야 진보정당으로서의 위치를 확고히 할 수 있었을 것이다. 상황이 이러하다 보니 진보세력 역시 주요 현안이 발생할 때마다 대규모 촛불시위 등의 방법으로 자신들의 의견을 거리에서 표출하고 있는 것이다.

따라서, 현재 우리 사회에서 진행되고 있는 보수와 진보간의 갈등 관계를 선의의 경쟁관계로 전환시키기 위해서는 무엇보다는 기존 정당들이 현재와 같은 이중적인 태도에서 벗어나 보다 분명한 이념과 정책노선을 표방하고 이에 따라 의정활동을 전개하는 관행이 정착되어야 할 것이다. 또한, 보수진영과 진보진영 모두 기존의 과거지향적이고 부정적인 상대방에 대한 편견을 버리고 미래지향적 정책현안을 놓고 건설적인 토론을 전개하는 자세를 가져야 한다.

3. 보수 정당의 길

위기에 처한 보수 정당

건국 이후 50여 년간 한국정치를 거의 독점하다시피 한 보수정당들이 지금 위기에 처해 있다. 보수정당의 대표격인 한나라당은 두 차례에 걸친 대선에서의 실패로 권좌에서 물러났으며 4·15 총선에서 패배하여 제1당의 지위마저 열린우리당에게 넘겨주었다. 국정원 등 국가 권력기관과 KBS 등 공영방송은 진보정권이 임명한 진보적 인사들이 장악하고 있으며 사회적 현안이 발생할 때마다 시위를 주도하고 목소리를 높이는 시민단체들의 대다수도 진보세력이다.

보수성향의 기성 정치인들은 불법 정치자금에 대한 검찰 수사의 대상이 되어 구속되고 정계를 떠나야 하는 상황에 처해 있다. 이러한 과정에서 보수정치인과 보수정당에 대한 국민의 신뢰는 추락하였고 이념 의식이 약한 중도성향의 유권자들도 보수정당을 외면하고 진보정당을 선호하고 있다. 보수성향의 정치인들과 보수정당으로서는 건국 후 처음으로 겪는 위기상황이 도래한 것이다.

보수정당이 처한 위기의 근본적 원인은 1997년 대선에 이어 2002년 대선에서도 패배했다는 사실에 기인한다. 제4장에서 지적한대로, 이 두 선거의 내용을 분석해 보면 유권자들의 성향이 보수에서 진보로 바뀌어서 선거에서 진 것이 아니라 선거 전략의 실패로 인해 한나라당이 패배한 것임을 잘 알 수 있다.

오랜 기간 보수정당에 익숙해져 있으며 유교문화 전통을 갖고 있는 한국의 유권자들은 일반적으로 보수성향이 강하다고 할 수 있다. 그래서 민주화 이후에도 보수정당은 한국정치의 주도권을 유지할 수 있었고 1990년대 중반까지만 해도 주요 정당들이 보수정당의 정통성 경쟁을 마다하지 않았다. 진보성향의 정치인이나 정당들은 자신들의 진보성향을 드러내지 않으려고 노력하였고 선거에서는 자신을 진보가 아닌 중도라고 유권자들에게 설득하려고 애써왔다.

예를 들어, 1997년 대선에서 김대중 후보는 보수의 원조를 자임하는 자민련의 김종필 총재와 연대를 구축하였고 '준비된 대통령'이라는 슬로건으로 보수성향의 유권자들을 안심시키려 최선을 다했고 이러한 전략의 성공으로 승리하였다. 2002년 대선도 마찬가지였다. 민주당의 노무현 후보는 진보성향이 뚜렷한 자신의 힘만으로는 당선이 불가능한 것으로 판단되자 보수성향의 정몽준 후보와의 후보 단일화를 추진하였고 이의 성사로 인해 노무현 후보는 진보진영의 대표주자가 아니라 젊고 새로운 세력의 대표주자로 유권자들에게 각인되어 선거에서 승리하게 된 것이다.

일반 국민들이 최근의 정치권에서의 대변혁에도 불구하고 여전히 보수성향을 띠고 있다는 사실은 여론조사 결과로도 확인되고 있다. 중앙일보 조사(2004.6.3) 에 의하면 한국인의 정치성향 별 분포는 보수가 38.1%로 가장 높고, 다음이 중도로 25.4%, 그리고 진보는 28.7%로 나타나고 있다.

반면, 17대 국회의원 당선자 대상 동아일보 조사(2004.4.17)는 진보가 29.4%로 보수 24.3%보다 높은 것으로 나왔다. 이는 탄핵파문이라는 특수상황에서 실시된 4·15 총선에서 진보성향의 정치인들이 일시적으로 유리한 정치적 심판을 받은 것을 입증해 주고 있다. 6·5 재·보선에서 한나라당이 선전을 한 반면 열린우리당이 참패를 하였다는 사실을 통해 4·15 총선 결과가 검찰의 2002년 대선자금 수사와 탄핵 파문 와중에서 발생한 민심의 동요를 반영한 일시적 현상이었음을 잘 알 수 있다.

보수정당이 위기에 처하게 된 두 번째 이유는 2002년 대선자금에 대한 검찰 수사다. 검찰 수사에 의해 한나라당의 거액 대선자금 수수 의혹이 밝혀지면서 한나라당은 '차떼기 정당'이라는 오명을 덮어쓰게 되었고 한나라당에 대한 국민적 지지는 추락하였다. 검찰 수사는 야당인 한나라당에게는 치명적인 타격을 주었고 여당인 열린우리당에게는 정계의 주도권을 잡는 계기를 만들어 주었다.

승자에 대해서는 전혀 수사가 이루어지지 않고 패자에 대해서만 철저한 수사가 진행되었던 '세풍사건'으로 인해 국민들로부터 '정치검찰'이라는 비난을 받았던 검찰이 2002년 대선자금 수사에서는 승자와 패자를 모두 포함시켰기 때문에 검찰 수사의 정치적 파괴력은 매우 컸던 것이다. 결국, 검찰은 보수정당을 몰락시키는데 결정적인 역할을 하였고 진보세력의 입장에서는 검찰이야말로 자신들의 정치적 입지를 뒤바꾸어 놓은 '일등 공신'이라 할 수 있을 것이다. 4·15 총선에서도 유권자들은 진보정당을 선택한 것이 아니라 보수정당인 한나라당이 대선자금의 검찰 수사로 위상이 추락하게 되자 상대적으로 덜 부패하다고 생각되는 열린우리당을 선택한 것이다.

최근 보수와 진보 진영간의 세(勢)역전 과정에서 공영 TV 역시 큰 역할을 하였다. 우리는 공영 TV가 정치적 중립을 취하지 못하고 언제나 여낭에 우호적인 방송 행태를 취해 온 불행한 과거를 갖고 있다. 민주화 이후 이러한 관행은 과거 권위주의적 정권시대보다는 다소 나아졌지만 정권의 입장을 대변하는 관행은 여전히 지속되어 왔다.

또한, 민주화 이후 사회 전체적으로 노조활동이 활성화되는 과정에서 공영 TV사의 노조가 진보성향의 인물들에 의해 장악되었고 방송내용의 결정 과정에서 이들의 발언권이 증가되어 왔으며 보수정권 시절에는 노조의 진보성향과 경영진의 보수성향이 충돌하는 상황이 발생하기도 하였다. 그러나, 1998년 이후 진보정권이 출범하면서 공영 TV의 경영진이 진보성향의 인사들로 물갈이되었기 때문에 이제는 정부의 지침이 없어도 공영 TV의 방송내용은 자연스럽게 진보성향을 띠게 된 것이다. KBS의 송두율 교수에 대한 특집이 그 대표적인 사례이며 대통령 탄핵사건 등 주요 정치 현안이 발생할 때마다 공영 TV는 진보진영의 의견을 대변하는 역할을 충실히 수행하였다.

이는 1998년 이후 한국 국민의 약 40%에 달하는 보수도 아니고 진보도 아닌 중도계층들이 햇볕정책, 이라크 파병, 대통령 탄핵 파문 등 주요 정치현안 발생시 진보적 입장에 대해 우호적인 태도를 취하게 하는 결정적인 원인이 되고 있다.

끝으로, 당 내분과 잘못된 정세 판단은 보수정당인 한나라당이 위기 대응에 실패한 결정적인 요인으로 작용하였다. 한국과 같이 대통령이 정보수집 기관과 수사기관을 실질적으로 통제하고 시민단체의 활동에도 큰 영향을 주고 있는 상황에서 '뭉쳐야 살고 헤어지면 죽는다'는 야당의 생존을 위한 필수적인 행동지침이라 하지 않을 수 없다. 그런데 한나라당은 이회창 총재가 정계 은퇴를 선언한 후 구심점을 찾지 못하고 당내 여러 세력간의 당권 쟁취를 위한 경쟁이 치열해졌고 이 과정에서 당내분은 심화되었다. 당 대표 선출과정에서 지구당 위원장과 핵심 당원들은 유력 대표 후보들을 중심으로 나뉘어졌고 젊은 소장파 의원들과 중진의원들 간의 견해 차이도 점차 확대되어 갔다.

이러한 상황에서 검찰의 대선자금 수사가 시작되었고 1997년 세풍 사건 당시에는 단결된 모습을 보이던 것과는 대조적으로 최근의 위기 상황에서 한나라당의 분열은 오히려 가속화되었다. 당 지도부는 불법 대선자금 모금의 책임을 이회창 총재를 비롯한 대선 당시의 당 지도부에 전가하였고 사건 관련 인사들은 이러한 당 지도부 입장에 불만을 토로함으로써 내분은 심화되었다. 4 · 15 총선을 앞두고 젊은 소장파는 60세 이상 그리고 5, 6공 출신 중진의원들의 정계 은퇴를 공개적으로 요구하였고 당 지도부는 이에 동조하였다.

결국, 4 · 15 총선 과정에서 상당수준의 세대교체가 이루어지긴 하였으나 그 대가는 당 내부 응집력의 치명적 손상이었다. 당 내분 현상은 노무현 대통령 탄핵안 처리 과정에서도 지속되었고 이는 한나라당이 위기관리 과정에서 일관된 입장을 견지하지 못하고 국민 다수는 물론 고정 지지층이라 할 수 있는 보수세력으로부터도 신뢰와 애정을 받지 못하는 결과를 초래하였다.

4 · 15 총선 직전 박근혜 대표 체제가 출범하여 총선에서 당초 예상보다는 나은 성적을 올림으로써 한나라당은 최근 안정세를 되찾아가고 있다. 이러한 안정세의 회복에 힘입어 6 · 5 재 · 보선에서 한나라당은 부산시장, 경남시사, 제주지사 선거에서 승리하였고 수도권 기초단체장 선거에서도 압승을 거두는 성과를 올렸다. 이는 한나라당이 단결하여 안정세를 유지한다면 그 동안 잃어버린 정치적 실지(失地)를 충분히

회복할 수 있다는 가능성을 보여준 것이라고 할 수 있다.

과거를 부정해야 한다는 착각

과거의 모든 것을 부정하면서 보수임을 자처할 수는 없다. 왜냐하면, 보수는 과거의 전통을 계승·발전시키는데서 시작되기 때문이다. 그러나 한나라당은 최근 있었던 두 차례의 대선에서 연달아 패배하자 자신들의 과거를 모두 부정하고 새 출발을 해야 한다는 착각을 하게 되었다. 사실 2002년 대선에서 보수정당인 한나라당이 진보정당인 민주당에 진 것이 아니다. 오히려 한나라당은 대선기간 내내 단결된 모습을 보였으며 민주당과 자민련 소속 의원들 상당수가 한나라당에 입당하기까지 했다. 반면, 민주당은 계속 분열되어 지리멸렬한 상황을 보여주었고 선거도 당 차원이 아니라 후보 중심으로 소수에 의해 치러질 수밖에 없었다.

따라서 2002년 대선은 한나라당이 민주당에 진 것이 아니라 이회창 후보가 노무현 후보에게 진 것이다. 그럼에도 불구하고, 한나라당은 대선에 패배하였기 때문에 한나라당의 과거 모두를 부정해야 한다고 착각하였고 이 과정에서 보수언론 역시 큰 역할을 하였다.

과거에서 잘못된 것은 당연히 버려야하나 잘된 유산은 오히려 지키고 발전시켜 나가야 한다. 한나라당의 입장에서 보면 잘못된 것은 군사독재의 유산이고 잘된 것은 경제발전을 통한 조국근대화의 업적이다. 그러나 한나라당의 군사독재 유산은 김영삼 대통령이 집권하여 5년 내내

'역사 바로 세우기' 작업을 진행시킴으로써 이미 청산되었다고 할 수 있다. 무엇보다도 인적구성에서 군사정권의 권위주의적 통치와 직접 관련된 인사들은 모두 한나라당을 떠났다. 한나라당내 이른바 '민정계' 인사들은 과거 정권의 부정적 측면보다는 조국근대화 작업에 참여한 긍정적 유산을 갖고 있는 사람들이다.

따라서, 단순히 5, 6공 정부에서 고위 직책을 가졌다는 이유만으로 이러한 민정계 인사들을 한나라당에서 배제시키는 것은 한나라당의 긍정적 유산마저도 버리자는 이야기가 되는 것이다. 이는 한나라당이 보수정당이기를 포기하고 제2 또는 제3의 진보정당이 되어야 한다고 주장하는 것과 다를 바 없다. 그런데도 이러한 의견이 당 내 소장파 의원들에 의해 제기되었고 보수언론은 이를 오히려 부추겼으며 급기야 당 지도부도 이를 받아들이는 상황으로 발전하였던 것이다.

보수정당이 지켜야 할 원칙

한국의 진보세력은 역대 정권의 정통성을 근본적으로 부정하려 한다. 친일파를 숙청하지 못하고 오히려 이들을 중용한 이승만 정권은 물론 군사독재를 한 박정희 정권과 전두환 정권 모두의 정통성을 인정하지 않는다. 따라서 한국적 보수주의는 건국 이후 50여 년 간의 역사에서 지킬 것을 확실히 지키는 네에서 시작되어야 한다. 그렇지 않으면 진보주의와 다를 것이 없으며 보수주의로서의 존재 필요성을 상실하기 때문이다.

이는 이승만 정권의 단순한 합법성뿐만 아니라 실용성 노선의 타당성도 인정하여야 함을 의미한다. 당시 소련이 북한에서 공산 독재정권을 세우는 상황에서 우파세력에 의한 남한 단독정부의 수립은 불가피한 현실적 선택이었음을 인정해야 한다. 그리고 이승만 정권이 비록 장기집권을 도모하여 민주화에 역행하였고 경제발전도 이루지 못했다 하더라도 남한의 공산화를 막는 데에는 크게 기여했다는 사실도 인정해야 할 것이다.

또한, 박정희 정권의 군사독재가 한국 민주주의 발전에 암적인 존재였음에도 불구하고 수출산업의 진흥을 통해 높은 경제성장과 산업구조의 고도화가 이뤄졌으며 그 결과 국민 생활수준이 향상되었고 한국의 국제적 지위가 크게 개선되었다는 사실 역시 긍정적으로 평가해야 한다. 전두환 정권도 박정희 정권의 연장선상에서 평가되어야 할 것이다.

그리고 국민적 요구를 받아들여 6·29 민주화선언이 이루어지고 그 후 3당 합당과 '역사 바로 세우기' 과정 등을 통해 한국의 민주주의가 공고화되는 과정에서도 한나라당이 긍정적으로 주도적인 역할을 했다는 사실에 자부심을 가져야 한다고 생각한다. 또한, 여당 사상 처음으로 민주적 당내 경선과정을 거쳐 1997년 대선 후보를 선출하고 금권·관권 시비가 없는 공정선거를 하여 여·야 간 정권 교체가 이루어지도록 한 것에도 한나라당은 긍지를 가져야 할 것이다.

김대중 정권에서 5년 간 야당을 하면서 총풍(銃風), 세풍(稅風), 병풍(兵風), 안풍(安風) 등 각종 탄압에도 불구하고 당이 분열하지 않고 단합하여 2000년 총선과 2002년 지자제 선거에서 국민으로부터 좋은 평가를 받았다는 것도 자랑스럽게 생각하기에 충분한 것이다. 이러한 과거의 긍정적 유산을 잘 지키고 이에 대해 자부심을 갖는 것이야말로 현재 위기에 처한 한나라당이 보수정당으로 새 출발하는 시발점이 되어야 하는 것이다.

한나라당이 해야 하는 다음 임무는 보수정당으로 지켜야 할 이념과 정책 노선을 분명히 하고 실제로 이를 실천하는 것이다. 이 중 첫 번째가 자유민주주의의 원칙과 전통을 확실히 하는 것이다. 우리는 이미 비민주적인 방법으로 정권을 쟁취하고 장기집권을 도모한 정권이 탄생한 불행한 과거를 갖고 있으며 폭력으로 공산주의 통일국가를 건설하려는 북한 정권이 현재도 건재하고 있으며 이에 동조하는 세력이 남한에도 존재하는 것이 사실이다. 따라서 좌파건 우파건 할 것 없이 자유민주주의의 기본적 가치를 부정하는 집단이나 개인의 행동에 대해서는 단호하게 대처하는 자세는 보수정당이 지녀야 할 첫 번째 덕목이 되어야 할 것이다.

다음으로는 시장자본주의 체제의 확립과 보전이다. 우리는 오랫동안 정부가 주도하는 관치경제의 틀 속에서 고도성장을 해 왔기 때문에 보이지 않는 '시장의 손'에 대해 불신하거나 문제가 생길 때마다 정부가 직접 개입해야 한다는 잘못된 인식을 갖고 있다. 이러한 정부주도 경제운용 방식은 1970년대 후반부터 한계와 부작용을 야기하였고 급기야 1997년 말 외환위기마저 불러일으키는 원인으로 작용하였다. 외환위기의 저방으로 IMF에 의해 게시된 구조조정사업은 시장경제로의 전환을 위한 개혁조치들이었으며 이는 당시 진보성향의 김대중 정권에 의해 추진되었다. 그러나 외환위기의 조기 수습으로 IMF로부터 졸업을 하게 되자 시장경제로의 개혁 조치들은 진보성향의 노무현 정권에서 좌절될 수도 있을 것이다.

따라서 이러한 가능성에 대해 경고를 하고 지속적으로 시장친화적인 정책대안을 제시하는 것이야말로 보수정당임을 자임하는 한나라당의 역할이 되어야 한다. 그러나 지금까지 한나라당의 실적은 그리 만족할만한 수준이 되지 못하고 있다. 노동 문제나 부동산 문제가 발생했을 때 노무현 정부의 비시장적 접근에 대해 적시에 비판을 하고 대안을 제시하지 못하였다. 이는 한나라당 스스로 오랜 관치경제의 틀에서 벗어나 철저한 시장주의자가 되지 못했기 때문일 것이다. 세계화 시대를 선도하는 보수정당으로 자리 매김을 확실히 하기 위해서는 한나라당의 경제철학을 시장친화적인 방향으로 바로 세워야 할 것이다.

일반적으로 진보세력은 형평성을 강조하고 보수세력은 경제 효율성을 강조한다. 한국에서 민주화가 진행되는 과정에서 여·야 정치권은 선거에서 득표전략의 일환으로 형평성을 강조하게 되었고 결과적으로 경제 효율성은 크게 훼손되었다. 이것이 1987년 이후 민주화가 경제발전에 걸림돌이 된 근본적 원인이다. 이는 보수정당을 표방하는 한나라당이 본연의 역할을 제대로 하지 못했다는 것을 의미하기도 한다. 특히, 세계화 시대를 맞아 경제 효율성에 입각한 수월성의 추구는 세계 각국이 지향하는 생존전략의 핵심요소가 되고 있다.

따라서 한국의 보수정당은 단기적 시각에서 형평을 추구하는 진보정당의 흉내나 내는 무원칙한 관행에서 벗어나 좀 더 장기적인 시각에서 경제 효율과 수월성의 원리를 강조하는 국가 발전전략을 세우고 이에 대한 국민적인 공감대를 형성하는 일에 앞장 서야 할 것이다.

한국은 지금 심각한 '자기 정체성의 위기'(identity crisis)를 겪고 있다. 이제까지 대외지향적 한국경제 발전의 원동력이 되었고 공산주의의 위기로부터 안전을 보장해준 한·미동맹 관계가 반미주의로 인해 심각한 위협을 받고 있다. 6·25 전쟁을 시작으로 KAL기 격추사건, 아웅산 테러사건 그리고 최근 핵무기 개발에 이르기까지 우리에게는 재앙적 존재였던 북한의 공산당 정권에 대해서는 햇볕정책 추진 이후 막연한 낭만주의 또는 용공주의가 우리 국민 속에 자리 잡아가고 있다. 엄청난 규모의 군대를 보유하고 국방비를 지출하고 있으면서도 주적(主敵) 개념이 흔들리고 있는 어처구니없는 상황이 벌어지고 있다.

이는 두 차례의 대선에서 진보진영의 후보가 승리한 결과이며 이러한 상황에서 한국사회의 진로를 바로 잡는 것이야말로 보수정당이 수행해야 할 시대적 과제라 할 수 있다. 이 부문에서 지금까지 한나라당의 행동은 긍정적인 측면이 많았던 것이 사실이나 최근 당내 분열과 4·15 총선에서의 패배는 한나라당이 이런 역할을 계속 수행할 수 있는가에 대해 의구심을 갖게 하고 있다. 외교·안보 분야에서 더욱 확고하고 일관된 자세를 유지하는 것이야말로 현시점에서 보수정당이 해야 할 가장 중차대한 임무라는 사실을 한나라당은 분명히 인식해야 할 것이다.

위기는 기회

흔히 위기는 기회라고 한다. 이는 현재 창당 이후 최대 위기에 처해 있는 한나라당에 그대로 적용되는 말이라고 생각된다. 위기이기 때문에 한나라당은 과거의 부정적 요인들을 과감히 제거하고 긍정적인 요인들을 보완·발전 시켜나가면 기회를 만들 수 있다고 생각한다.

한나라당의 치명적 약점은 공룡과 같이 거대한 조직을 갖고 있어 변화에 적시에 대응하고 변신하는 능력이 약하다는 것이다. 한나라당은 과거 권위주의 정권에서 여당이 마음껏 금권·관권 선거를 자행하던 시대의 조직을 그대로 인수하여 유지하고 있다. 그렇기 때문에 한나라당이 선거에서 조직을 가동하려면 막대한 자금이 소요된다. 이들 조직은 자생적으로 만들어진 것이 아니라 정권을 잡은 정치엘리트가 자금과 권력을 동원하여 만든 것이기 때문에 많은 자금을 살포하지 않으면 제 기능을 발휘하지 못한다.

더욱이 TV 토론과 광고 등의 대중 매체를 통한 공중전의 중요도가 급격히 증가하고 인터넷을 통한 사이버 캠페인이 위력을 발휘하는 디지털 시대가 전개되면서 자금력을 바탕으로 지상전에 의존하는 '한나라당식' 선거운동 방식은 매우 비효율적이라는 것이 지난 두 차례의 대선 패배를 통해 완전히 입증되었다. 따라서 위기에 처한 한나라당이 해야 하는 첫 번째 과제는 당 조직을 디지털 시대에 맞게 완전 재정비하고 한나라당에 우호적인 보수 시민단체들과 긴밀한 협력관계를 만들어 대중정당 체제를 만들어 가는 것이다.

이는 당 체제와 운용방식의 근본적인 수술을 의미하고 이러한 개혁은 위기상황에서만 가능하기 때문에 현재의 위기는 한나라당이 잘만 활용한다면 새로운 도약을 위한 기회가 될 수 있을 것이다. 새로운 도약의 기반을 구축하기 위해서는 한나라당의 정체(正體)를 보다 분명하게 확립하여야 한다. 지금과 같이 자신의 과거를 모두 부정하고 진보정당 흉내나 내려고 해서는 어떤 계층의 지지도 받을 수가 없기 때문이다. 한나라당의 정체는 대외지향적 정책기조로 경제발전을 이룬 조국근대화 업적을 토대로 세계화 시대를 맞아 국제경쟁에서 일류국가로 도약하는 데 필요한 경제철학과 대외정책으로 그 근간을 이루어야 할 것이다.

이와 같이 긍정적인 과거 유산을 바탕으로 미래지향적인 당의 이념과 정책 노선이 확정되면 이에 공감하고 이의 실현을 위해 행동하기를 주저하지 않는 지지층을 확보하여야 한다. 이러한 세계화 시대에 부응하는 진정한 보수정당의 재건을 위해서는 무엇보다도 뚜렷한 정치철학을 갖고 당을 단합시키고 지지계층을 감동시킬 수 있는 정치지도자가 부상되어야 할 것이다. 시대가 영웅을 만든다고 한다. 이는 현재 위기에 처해 있는 한국의 보수정당에게 그대로 적용되는 말이라 하지 않을 수 없다.

4. 진보정당의 길

반사 이익의 정치

이미 지적한대로, 진보세력이 한국정치의 주도권을 잡게 된 것은 우리사회가 진보로 바뀌었기 때문이 아니라 보수세력이 결정적인 순간에 단합을 하지 못하고 분열하였고 국민을 감동시키는 효과적인 전략을 구사하지 못한데서 얻은 반사이익의 결과라고 할 수 있다.

1997년과 2002년 대선에서 이회창 후보는 보수세력을 결집시키지 못하였고 홍보전에 실패하여 보수의 상대적 강점인 안정희구심리를 유권자들에게 심어주지 못하였다. 반면, 김대중 후보와 노무현 후보는 보수세력의 균열을 활용하여 이탈세력과 연대를 구축하였고 유권자들에게 불안감을 줄 수 있는 진보성향의 의지 표출은 최대한 자제하면서 선거권을 '낡은 세력' 대 '새로운 세력'의 구도로 만드는 홍보전에 성공하였다.

특히, 2002년 대선과 4·15 총선 과정에서 두드러진 것은 노무현 대통령의 승부사 기질과 뛰어난 대중심리 파악 및 동원 능력이다. 노대통령은 후보 단일화 추진으로 2002년 대선의 쟁점을 진보 대 보수의 대결에서 세대교체로 전환시켰고, 중간평가 제안으로 집권 1년간의 실정을 덮어 버렸으며, 대선자금 1/10 발언으로 측근비리 사건의 파장을 최소화하였다. 선거관리위원회의 불법판정에 불복하고 사과도 하지 않아 야당의 탄핵안 처리를 유도하여 여론의 역풍이 야당으로 쏠리게 하였고 '시민혁명' 발언 등으로 광적인 지지자들의 활동을 부추기기도 하였다.

한국에서 진보주의가 정치권을 주도하게 된 것은 노무현 대통령의 '단독 드리블'의 결과라고 해도 과언이 아닐 정도로 노무현 대통령은 대중심리를 적절히 활용해왔고 이를 통해 자신의 위기를 기회로 전환시켜 본격적인 진보시대를 여는데 성공한 것이다.

무엇이 문제인가 ?

서구의 진보주의 역시 과거를 부정하였으나 미래에 대한 매우 분명한 청사진을 밝혀왔다. 프랑스 혁명 당시에는 군주제도 대신 자유민주주의가 제시되었고 19세기말에는 자본주의 대신에 사회주의와 공산주의가 대안으로 등장하였다. 20세기에 들어와서는 고전적 시장경제의 문제점을 치유하는 대안으로 진보주의자들은 복지국가 개념을 제시하였다.

그러나 한국의 진보주의는 과거를 철저히 부정하고 있으나 뚜렷한 대안을 내놓지 못하고 있다는 것이 문제다. 진보는 앞으로 발전해 가는 것을 의미하는데 과거는 부정하면서 앞으로 갈 방향을 제시하지 않는 진보주의는 혼란과 갈등만을 초래할 것이기 때문이다.

한국의 진보주의자들은 대한민국 건국사 그리고 그 동안의 헌정사를 모두 부정하고 있다. 남한 단독의 우익정부 수립이 잘못되었고, 친일파를 숙청하지 못한 것도 잘못이었으며, 한·미동맹이나 한·일 국교정상화도 잘못되었고, 대외지향적 경제개발도 비판한다. 이들의 일부는 6·25 전쟁 발발에 대해서도 남한의 내재적 모순을 강조하면서 실패한 통일시도라고 한다. 진보주의자들은 한국의 헌정사는 비판과 부정 일색이면서도 북한 정권의 문제점에 대해서는 침묵하고 있으며 감성적 민족주의에 근거한 통일지상주의를 주창한다.

이러한 생각의 연장선상에서 세계화 시대의 미국 패권주의를 비판하고 대안 없는 반미주의를 내세우고 있다. 진보주의자들의 과거 부정적이며 대내지향적인 시각은 세계화 시대의 한국발전에 큰 장애물이 될 수 있으며 핵무기 개발로 '벼랑 끝 외교'를 구사하고 있는 북한 정권의 오판을 초래하여 한반도 긴장을 고조시킬 가능성이 높다.

진보세력의 국가 장래에 대한 비전 부재는 이들로 하여금 즉흥적이며 감성적인 포퓰리즘에 빠지게 하는 결과를 초래하고 있다. 여중생 장갑차사건이 발생하면 지나친 반미주의를 외치다가 한·미협상에서는 미국의 위세에 눌려 정반대의 입장을 취하기도 한다. 노동쟁의 현장에 뛰어들어 일방적으로 노조의 손을 들어 주기도 하지만 노사분규에 대한 외국인 투자가들의 비판 여론이 높아지면 노동정책이 갑자기 강경노선으로 선회한다. 노무현 정권에서 발생한 정책의 일관성 결여 현상은 진보진영이 뚜렷한 국가운영 철학을 정립하지 못하고 상황논리에 의해 즉흥적으로 대응하고 있다는 증거이기도 한 것이다.

진보도 바뀌어야 한다

진보세력이 권력의 주변에 머물러 있을 때에는 대안 없는 비판이 큰 문제가 되지 않았으나 이제 명실 공히 한국정치의 주도권을 획득한 시점에서 진보정당 역시 완전히 탈바꿈해야 할 것이다. 무엇보다도 국가와 사회를 어떤 방향으로 그리고 어떻게 이끌고 갈 것인가에 대한 비전을 명백하게 제시하여야 한다.

진보주의가 지향하는 국가발전 목표가 사회주의인지 서구식 복지국가인지 또는 우리 고유의 새로운 발전모델인지 분명히 해야 한다. 세계화와 미국 패권주의에 대한 입장도 명확히 해야 하고 북한의 핵 개발과 심각한 인권문제에 대한 입장도 확실히 정리해야 한다. 한국 재계와 외국인 투자가들이 노무현 정권에 대해 불안하게 생각하는 것은 정권의 핵심을 구성하고 있는 진보주의자들이 지향하는 국가 발전목표가 무엇인지에 대해 확신이 없기 때문이다.

진보세력에 대해 불안하게 생각하는 것은 기업인들만이 아니라 일반 국민도 마찬가지다. "지금 한국의 진보는 보수의 썩은 부분만을 내보이는 것 밖에 나는 본 것이 없습니다. 그리고 자신의 썩은 모습은 너그럽게 봐 달라고 합니다. 나는 진보의 밑그림을 전혀 알지 못합니다. 그래서 보통 아줌마인 나는 불안합니다." 이는 최근 일간지 기고란에 실린 어느 독자의 편지 내용이다. 이제는 진보세력이 '진짜 보습을 보여달라'는 대중의 요구에 답해야 할 때다.

이런 차원에서 대통령자문 정책기획위원회가 중심이 되어 진보정권이 지향하고 있고 앞으로 지향할 경제·사회·정치·외교·안보 등의 분야를 포괄하는 국가 발전전략의 수립을 건의한다.

이 과정에서 그 동안의 비판세력이었으나 이제는 우리 나라 정치·사회의 주도세력으로 부각한 진보주의 인사들은 물론 보수진영의 인사들도 함께 참여하여 진보진영의 생각도 현실적 차원에서 새로 정리하고 더 나아가 국가발전과 관련된 주요 현안에 대한 국민적인 공감대를 형성하는 계기가 되기 바란다. 진보와 보수진영이 한국사회는 물론 미국, 중국, 일본 및 북한에 대한 현실 분석에 있어 인식을 같이 하고 각 진영의 이념적 지향성이나 가치판단에 따라 대안을 제시한다면 진보와 보수가 공존하면서 선의의 경쟁을 하는 새로운 풍토가 조성될 수 있을 것이다.

진보세력은 이제까지 자신들이 약자의 입장에서 보수세력을 비판하고 매도하는데 전력을 기울여왔다고 할 수 있다. 이제 진보세력이 권력의 주도권을 쥐고 있는 상황에서 보수세력을 철저하게 처부수어 버릴 것인지 아니면 강자의 입장에서 그들을 포용할 것인지도 결정해야 할 것이다. 전자의 길을 택하면 한국사회의 갈등구조는 더욱 심화될 것이고 이럴 경우 언젠가는 보수세력의 대반격과 보복을 당할 가능성이 높다. 그러나 후자의 길을 택하면 한국사회는 건전한 보수와 진보가 서로 선의의 경쟁을 하면서 발전하는 새로운 도약의 기회를 마련할 수 있을 것이다. 이제 한국의 미래는 새로운 집권층으로 부상한 진보세력과 이들이 지지하는 진보정당의 선택 여하에 달려 있는 셈이다.

제9장

'우물 안' 정치를 세계화 정치로

> "
>
> 개혁과 개방을 대담하게 진행하는 과정에서
>
> 선진적인 사회가 대량생산 방식을 도입해야 하는데
>
> 이 방식에는 사회주의 성(姓)도 자본주의 성(姓)도 없다.
>
> 또한, 계획과 시장의 구별은
>
> 사회주의와 자본주의의 본질적인 구별이 아니다.
>
> "
>
> 등소평 어록에서

1. '우물 안' 정치

조선 붕당정치와 임진왜란

우리는 근대 역사의 중차대한 갈림길에서 세계의 흐름을 정확히 파악하지 못하고 우리 정치·사회 내부의 갈등으로 인해 좌절과 고난의 길을 걸었던 쓰라린 경험을 갖고 있다. 임진왜란 과정에서 일본의 침략을 예측하지 못하고 당쟁에 휘말려 국란을 초래한 조선 선조시대의 붕당정치가 그 대표적인 사례다.

임진왜란은 당시 한반도 주변 정세 상 중대한 변화의 결과였다. 1590년 토요토미 히데요시가 일본 전국을 통일하면서 동아시아의 변방 국가에 불과하였던 일본이 섬나라라는 지역적 한계를 뛰어넘어 한국과 중국에 큰 영향을 미치는 사상 초유의 사태가 발생한 것이다. 히데요시는 국내 통일을 위한 전쟁 중 수가 늘어난 무사들에게 지급할 영토를 확장하여 내부적으로 무사들의 불만을 무마하고 외부적으로는 조선과 명(明) 그리고 인도까지 지배하는 대제국을 건설하는 첫 단계로 조선 정벌을 준비하고 있었다.

이 과정에서 일본에서 전쟁을 원하지 않았던 인사들이 전쟁에 대한 경보를 전해 주었는데도 조선 조정은 이를 무시해버렸다. 그 이유는 당시 조선 조정이 국내 정치에서의 주도권 싸움에만 몰두해 동아시아 주변 정세의 변화를 감지하고 이에 대비하는 여유와 안목을 가질 수 없었기 때문이다. 이때 집권세력이었던 동인들은 세자 책봉 문제를 계기로 정철 등 서인들을 축출하기에 여념이 없었던 것이다.

이러한 정황은 임진왜란 발발 2년 전인 1590년 조선 통신사 사건을 통해 잘 알 수 있다. 당시 일본이 조선을 침략할 가능성이 있는지 여부를 살피기 위해 조선 조정은 통신사를 일본에 보냈으나 이들의 보고는 매우 혼란스러웠다. 서인 출신으로 통신사 중 정사(正使)인 황윤길은 이전회의에서 "앞으로 반드시 병화가 있을 것이옵니다."라고 일본의 침략을 예고하면서 히데요시에 대해 "눈에 광채가 있고 담략이 남 달라 보였습니다."라고 경계의 발언을 하였다.

그러나, 동인 출신으로 부사(副使)인 김성일은 침략 가능성에 대해 "전혀 그러한 조짐이 없었사옵니다"라고 하였고 히데요시에 대해서는 "눈이 쥐와 같고 생김새는 원숭이와 같으니 두려울 것이 못 됩니다"라고 황윤길과 정반대의 보고를 하였다. 조선 조정은 통신사들의 보고를 받고도 아무런 조치를 취하지 않음으로써 결국 부사 김성일의 의견을 채택하였다고 할 수 있다.

그러면 왜 김성일은 황윤길과 정반대의 보고를 했고 조정은 정사의 의견을 따르지 않고 부사의 의견을 취했는가 하는 점이다. 이는 당시 정국의 주도권을 쥐고 있던 동인 세력이 서인 세력을 견제하는 데 정치적 우선순위를 두었기 때문이다. 당시 서인 세력의 영수라 할 수 있는 이이는 살아생전에 십만양병설을 주창한 바 있다. 그래서 서인 황윤길의 보고에 힘을 실어주면 이를 빌미로 서인 세력이 다시 정치 중심에 복귀할 것을 집권 동인 세력이 걱정한 것이다. 전쟁에 대비하여 국방력을 강화한다면 이는 서인들의 정국 진단이 맞았음을 의미하는 반면 집권당인 동인들이 정치를 잘못한 것을 인정하는 것이기 때문에 동인들이 지배하는 당시 조선 조정은 부사 김성일의 손을 들어준 것이다.

정파적 이해득실이 국익을 우선할 때 초래될 수 있는 국가적 손실이 얼마나 심대할 수 있는가를 여실히 보여준 사례가 아닐 수 없다. 이에 더하여, 동인들은 전쟁준비 건의는 묵살한 채 세자 책봉 사건과 관련해 정철 등 서인들의 처벌 문제로 내분에 휘말려 강경파의 북인과 온건파의 남인으로 갈라지고 만다.

수구·개화 논쟁과 조선 멸망

임진왜란으로 많은 수모를 겪은 지 3세기 후 조선 조정이 국론 분열로 대외여건 변화에 아무런 조치도 취하지 못하고 나라 자체가 망하는 상황이 전개 되었다. 조선에 개화의 물결이 불어 닥친 1880년대 조선 조정은 민씨(閔氏) 일파와 대원군파가 서로 정권 다툼을 하였고 적극적인 개화를 주장하는 이른바 '개화파'도 방법론을 놓고 '온건 개화파'와 '급진 개화파'로 나뉘어져 갑론을박을 벌였다.

이 과정에서 김옥균으로 대표되는 급진 개화파는 일본의 메이지 유신을 모델로 표방하면서 갑신정변을 도모하였다. 갑신정변 사흘기간 중에도 정치 세력간의 합종연횡은 계속되었으며 급진개혁파는 온건개혁파 일부와 대원군 일파를 끌어들여 혁명정부를 구성하였다.

그러나, 민씨 일파는 청나라 군대의 도움으로 반격에 성공하여 다시 정권을 잡은 후 온건 개혁파와 대원군 일파와 제휴하여 정국을 주도해 나갔다. 민씨 일파 역시 개화에는 적극적이었지만 이들에게는 개화보다 자파의 권력유지가 더 중요하였다. 조선 왕조는 19세기 말 이른바 '서세 동점'(西勢東漸) 이란 서양의 세계화 세력이 동아시아 지역을 강타하는 시대적 변화를 제대로 파악하여 대처하지 못하고 장기간 국론 분열 상태에서 수수방관함으로써 근대적 민주국가 형성의 중요한 시기에 '시간의 경쟁'에서 낙오하여 국가멸망이라는 결과를 초래한 것이다.

외국인의 눈으로 당시의 상황을 지켜 본 미국인 알렌(Allen)은 "그대 들이 잠자고 꿈꾸며 세상사에 개의치 않는 동안에 조선의 오랜 적인 일본인은 지금 당신들이 보고 있는 낯선 서양 사람들의 기술을 배우기에 분주했다. 그래서 일본인들은 지난 날 자기에게 문명을 전해 준 스승의 나라를 정복했다. 한 때는 저들의 선생이었으나 지금은 늙어빠진 퇴역이 된 지금의 왕조에게 여러분들은 무엇을 더 이상 기대할 수 있겠는가?"라 고 기술하고 있다.

보수 · 진보 논쟁과 세계화

세계 흐름을 정확히 파악하지 못하여 근대적 민주국가 건설에 실패 하여 일본에게 나라를 빼앗긴 후 1세기가 지난 지금 우리는 보수와 진보의 갈등 속에서 심각한 국론 분열 상태를 다시 경험하고 있다. 19세기말이 1차 세계화보다 훨씬 거센 2차 세계화 물결이 몰려오고 있는 현 상황에서, 한 · 칠레 FTA협정 체결시 장기간 격렬한 농민들의 시위가 벌어졌고 정치권은 여론의 눈치를 살피느라 결정을 미루어 왔다.

이라크 파병안의 결정과 국회 동의 과정에서도 진보세력의 강한 반발이 있었으며 이들의 지지를 받고 있는 노무현 정권과 열린우리당은 이중적인 행보를 하였고 그 과정에서 친미세력과 반미세력 간의 갈등도 심화되었다.

5억 달러 대북송금 사건에 대한 특검 수사와 관련해서도 국론은 분열되었고 우리사회는 친북세력과 반북세력으로 나뉘어졌으며 이는 진보와 보수가 공존하는 사회분위기를 훼손시키는 계기가 되었다. 최근 대통령 탄핵문제로 보수와 진보세력간의 갈등은 최고조에 달하였다.

이러한 상황을 지켜보면서 나는 '역사는 반복되고 있다'라는 생각을 하지 않을 수 없다. 17세기 문턱에서 동인과 서인으로 갈린 붕당정치가 조선 조정의 눈을 흐리게 하여 일본의 침략에 대비하지 못했다. 20세기 문턱에서는 수구파와 개화파의 갈등으로 또다시 조선 조정으로 하여금 시대상황에 맞는 일관된 정책을 추진하지 못하여 멸망의 길로 접어들게 하였다. 이제 21세기 문턱에서 보수와 진보세력간의 갈등으로 또다시 세계화와 디지털 혁명으로 요약되는 세계 여건변화에 효율적으로 대응하는 데 필요한 국민적 힘의 결집을 어렵게 하고 있는 것이다.

이제 역사로부터 배우는 지혜가 필요한 시점이다. 개인과 정파의 이해득실에 눈이 어두워 국가발전에 필요한 국민적 선택을 못하는 어리석음을 재차 범해서는 안 될 것이다.

2. 세계화와 자유시장 자본주의

세계화의 물결

현 시점에서 대외환경 변화 중 가장 중요한 것은 전 세계를 휩쓸고 있는 세계화의 물결이라고 할 수 있다. 경제부문에서 시작된 세계화는 기업의 활동방식 뿐만 아니라 정부 운용방식과 개인의 사고와 행동에 이르기까지 매우 큰 영향을 미치고 있다. 현재 진행되고 있는 세계화는 1989년 베를린 장벽이 무너지고 이어 소련과 동구 공산주의 정권이 몰락함으로써 세계 정치체제가 자유자본주의 체제로 일원화되면서 본격적으로 시작되었다. 이에 더하여, 1990년대 초부터 인터넷의 보급이 확산되고 전자상거래가 보편화되면서 세계화는 디지털 속도로 전 세계 구석구석에 전파되고 있는 것이다.

이러한 세계화의 물결은 이번이 두 번째로 세계화의 첫 번째 움직임은 1차 산업혁명이 시작된 1800년대부터 1920년대 후반까지 활발히 진행되었다. 19세기 말 한국에 개화의 압력을 가한 서양 세력들도 이러한 세계화의 진행 과정에서 발생한 것이다. 1차 세계화의 주역은 당시 산업혁명을 주도한 영국이었으며 유럽 제국과 미국이 그 뒤를 따랐다. 아시아에서는 일본이 제일 먼저 세계화의 물결을 타기 시작하였고 이는 일본이 조선왕조를 무너뜨리고 중국과 동남아 국가까지 군사적 영향력을 미치게 한 기본적인 힘이 되었다.

1차 세계화의 경제적 힘은 스팀 엔진, 증기 기관차, 증기 여객선 등 공업과 운송 부문에서의 기술혁신에 기반을 두었고 아담 스미스의 「국부론」으로 상징되는 자유주의 경제철학에 사상적 기초를 두고 있었다. 1차 세계화 과정에서 세계 정치 질서는 영국이 중심이 되는 팍스 브리타니카(Pax Britanica)시대였다고 할 수 있으며 이 과정에서 아프리카, 아메리카 그리고 아시아 대륙의 상당 부분이 영국 등 세계화 주도 국가들의 식민지가 되었다.

현재 진행되고 있는 2차 세계화는 1차와 비교해 보면 몇 가지 다른 특징이 있음을 알 수 있다. 우선, 세계화의 규모도 훨씬 커졌고 진행속도 역시 더욱 빨라졌다. 그리고 세계화의 중심 국가가 영국에서 미국으로 바뀌었다. 팍스 브리타니카 시대는 막을 내리고 팍스 아메리카나(Pax Americana) 시대가 도래한 것이다. 미국의 달러화, 군사력 그리고 문화가 디지털 시대의 세계화를 주도하고 있는 것이다. 또한, 1차 세계화는 수송비용의 절감으로 수송 부문의 혁신이 경제력 증가의 근간이 되었으나, 2차 세계화는 컴퓨터, 광케이블, 인터넷 등으로 통신비용의 절감은 물론 세계적인 네트워크 구축을 가능하게 함으로써 지구촌을 더욱 긴밀하게 연결시켜주고 있다.

따라서 지금 진행되고 있는 세계화 과정에서는 생산공정은 물론 연구 개발, 마케팅 등을 따로 분리해 각기 다른 나라에 두고 이들을 인터넷 망을 통해 네트워크화 할 수 있기 때문에 전 세계가 하나의 거대한 생산 시스템을 이루고 있다. 이는 국제정치 측면에서도 매우 긍정적인 것으로 1차 세계화 과정에서는 선진국들이 식민지 쟁탈 경쟁을 하면서 무력 사용도 불사하여 많은 정치·군사적 마찰이 야기되었으나,

2차 세계화 과정에는 무력 사용이 배제된 상태에서 경제원리에 의해 선진국과 개도국간의 경제협력이 이루어지고 있는 것이다.

현재 진행되고 있는 세계화의 특징은 19세기의 1차 세계화에 비해 이를 뒷받침 해주는 경제 시스템이 더욱 안정적이라는 것이다. 그 이유는 세계화의 기반이 되는 경제체제가 19세기의 고전적 자본주의보다 사회보장제도의 확충, 독과점 방지, 노동자의 권익 보장 등의 측면에서 크게 개선되었기 때문이다. 또한, 이미 지적한대로 국제적인 측면에서도 무력으로 개방을 요구하던 19세기와는 달리 개도국들이 자발적으로 세계화 과정에 참여하여 시장원리에 의해 전 세계적 비즈니스 네트워크를 구축하고 있다.

19세기 초에 시작된 1차 세계화가 약 120년 간 지속되었다는 점을 감안할 때 2차 세계화는 적어도 21세기 내내 세계의 흐름을 주도할 것으로 예상된다. 따라서 한국의 국가발전 전략도 이러한 가정에서 세워져야 할 것이다.

자유시장 자본주의

토머스 프리드먼(Thomas Friedman)은 「렉서스와 올리브 나무」에서 "세계화를 이끌어 가는 사상적 기반은 자유시장 자본주의다. 세계화는 전 세계 거의 모든 나라에서 자유시장 자본주의가 전파되는 것을 의미한다. 따라서 세계화는 그만의 독특한 경제규범 곧 개방, 규제 완화, 민영화 등을 중시한다"라고 언급하고 있다.

세계화를 움직이는 기본적인 힘이 기술력을 바탕으로 한 경제활동이기 때문에 세계화 시대에는 경제의 중요성이 더욱 부각되고 있다. 따라서 세계 각국 정부는 국정 운영의 중점을 경제 발전에 두고 있으며, 경제 부문에서의 성과 여부가 선거에서 유권자들이 정당과 정권을 판단하고 선택하는 기준이 되고 있다. 이러한 현상은 국제무대에도 그대로 적용되어 국가간의 외교관계에서도 경제적 이해득실이 가장 중요한 변수가 되고 있다. 그래서 세계화 시대에는 국가 정상들의 외교 활동도 경제와 관련된 문제들의 해결에 역점이 주어지고 있는 것이다.

또한, 세계화에 동참한 국가들 간에는 무력 충돌의 가능성이 거의 없기 때문에 통상과 직접투자를 포함한 경제 문제들이 협력과 갈등의 대상이 되고 있다. 따라서 세계화 시대에는 국내 정치는 물론 국제정치 분야에서도 경제가 최우선시 되고 있으며 정치인들의 관심도 경제에 역점을 두게 되는 것이다.

세계화 시대의 경제를 지배하는 패러다임은 프리드먼이 지적한 대로 자유시장 자본주의다. 그렇기 때문에 세계화 과정에 동참한 국가에서는 자유시장 자본주의에 반하는 정치 이념을 가진 정당이나 정파의 영향력은 점차 약화되고 있으며 종전의 사회주의적 정당들도 자유시장 자본주의 방향으로 정책 노선을 수정해 나가고 있다. 이런 차원에서 전 세계의 우경화가 진행되고 있는 것이다.

자유시장 원리와 디지털 기술혁신의 결합은 새로운 제품과 산업의 등장을 가능하게 함은 물론 기존 산업에서도 생산성의 획기적인 증대를 초래하여 경제성장의 새로운 원동력이 되고 있다. 세계화 시대를 맞아 전 세계가 하나의 시장이 되었다는 것은 경쟁의 심화를 의미하게 때문에 경제 전체의 생산성에는 매우 긍정적인 효과가 있게 마련이다.

또한, 생산자간의 경쟁이 심화됨에 따라 디지털 시대의 세계화는 소비자 선택의 폭을 넓게 해주기 때문에 경제에서 힘의 균형이 종래의 생산자 중심에서 소비자 중심으로 이동하게 된다. 이른바 '소비자 주권 시대'가 열리게 되어 경제 민주화가 실현되고 있다. 세계화 시대의 경제 민주화 추세는 이미 정치 분야에서 핵심 패러다임으로 자리 잡고 있는 정치 민주화의 정도를 더욱 심화시키는 역할을 하고 권력의 분권화도 촉진시키게 된다. 디지털 기술의 발달로 인한 전자민주주의의 실현 가능성 역시 세계화 시대의 분권화를 활성화시키는 촉매 역할을 하게 된다.

세계화 시대는 네트워크 시대를 의미한다. 세계화 과정에 참가한 주체들은 하나의 네트워크를 형성하여 상호 신뢰를 바탕으로 서로 협력하고 경쟁하는 관계를 유지한다. '네트워크의 가치는 사용자 수의 제곱에 비례한다'는 메트카프(Metcalf)의 법칙에 의해 세계화가 진전되면 될수록 세계화라는 네트워크의 가치는 기하급수적으로 증가하게 되는 것이다. 세계화에 동참한 국가는 이와 같이 가치가 나날이 증가하는 네트워크의 혜택을 보게 되는 반면 이에 불참한 국가는 혜택은커녕 국제 경쟁에서 낙오자가 된다. 따라서 세계화 물결을 타는 것은 이제 선택의 문제가 아니라 모든 국가의 생존과 번영을 위한 필수 요건이 되고 있는 것이다.

19세기 세계화 대열에서 낙오되어 35년간 일본의 식민지가 되었던 한국은 현재 진행되고 있는 2차 세계화 과정에는 일찍부터 함께하여 지금은 주변세력의 범주를 넘어 핵심세력에 근접해 있다고 할 수 있다.

한국이 1960년대 초부터 대외지향적 경제정책을 추구하였기 때문에 한국기업들은 세계시장에서 선진기업들과 경쟁하면서 성장하였다. 특히, 세계화의 원동력이 되고 있는 IT 분야에서 한국기업의 국제경쟁력은 세계 최고 수준에 이르고 있다. 또한, 세계화 시대의 주역인 미국과는 긴밀한 동맹관계를 맺고 있기 때문에 세계화 과정에서의 한국의 위상은 상당히 높다고 할 수 있다.

위험 관리 요인

우리는 19세기 말 대외개방 여부를 놓고 의견이 엇갈려 개화파와 수구파로 양분되었다. 다행히 현재 진행되고 있는 세계화 과정에 우리는 이미 동참하고 있기 때문에 세계화 클럽으로부터의 탈퇴는 우리에게 현실적 대안이 될 수 없다. 그러나 세계화는 진행 과정에서 많은 문제점과 위험요소를 갖고 있어 이러한 부작용을 적절히 관리하는 것이 세계화 시대에 정치권의 중요한 역할로 부각되고 있다.

세계화의 가장 큰 부작용은 세계화 과정에서의 참여자와 비참여자 그리고 승자와 패자간의 격차가 심하다는 것이다. 우선 세계화 물결을 탄 나라와 그렇지 못한 나라 사이의 격차가 확대되고 있다. 한국은 전자에 속하나 북한은 후자에 속한다. 세계화는 국가간의 격차만 확대시키는 것이 아니라 한 국가내에서도 세계화에 동참한 개인이나 집단과 이를 거부하거나 참여하지 못한 개인과 집단간의 차이도 크게 벌어지고 있다.

한국의 IT 산업은 세계 최첨단 수준이나 농업은 수입장벽 없이는 생존하지 못한다. IT 첨단기술을 주도하는 삼성전자는 세계 최고의 수익을 올리고 있으나 저임금 노동력을 필요로 하는 제조업체는 도산 위기를 맞고 있다. 개인의 소득 분배 역시 세계화 시대를 맞아 악화 추세를 보이고 있다. 따라서 세계화 시대에 심화되고 있는 격차 해소 문제는 각국의 정부와 정치권이 해결해야 할 최대 고민거리가 되고 있다.

세계화는 전 세계가 하나가 된다는 것을 의미하기 때문에 구성원의 주체성 상실은 세계화 시대의 필연적 문제로 부상하고 있다. 경제통합이 이루어 진 유럽연합(EU)의 경우 개별 국가는 경제정책에서의 주권을 완전히 상실하게 되었고 유럽 공동정부의 출현을 불가피하게 하고 있다.

또한, 현재 진행되고 있는 세계화는 '팍스 아메리카나' 시대를 의미하기 때문에 미국은 경제·군사 부문은 물론 문화 부문에서도 절대적 우위를 점하고 있다. 이와 같은 미국의 독주와 다른 참가국의 상대적 주체성 상실은 전 세계적으로 반미감정을 불러일으키는 원인이 되고 있다. 이러한 현상은 한국에서도 그대로 나타나고 있으며 세계화가 진행될수록 그 심각성이 더욱 고조되고 있다.

세계화는 과다한 연결에 따른 부작용을 야기하고 있다. 우리는 이미 1997년 외환위기 과정에서 이 문제의 심각성을 경험한 바 있다. 재벌기업의 연쇄부도는 국제 금융시장에서 한국경제에 대한 신뢰를 떨어뜨렸고 그 결과 외국 금융자본은 서로 약속이나 한 듯 한국시장에서 일시에 빠져나갔다. 또한, 수시로 발생되는 컴퓨터 해커의 등장 역시 과다 연결에 따른 피해라 할 수 있을 것이다. 이와 같은 세계화 시대의 과다 연결

문제를 해소하기 위해 각국 정부는 물론 국제사회가 노력하고 있으나 근본적인 해결 방안이 어려운 실정이다.

외국의 대응

미국은 세계화의 진원지로서의 역할을 적극적으로 수행하여 왔다. 세계화의 기술적 근거가 되고 있는 디지털 기술의 혁신과 전자상거래 및 전자정부 등 이의 응용 분야에서도 미국은 주도적인 역할을 하고 있다. 미국계 금융기관들은 세계화된 금융 시장에서 선도적인 기능을 담당하고 있으며 미국은 IMF, 세계은행, WTO 등 경제 관련 국제기구들을 통해 회원국들이 세계화에 동참할 것을 강력하게 권장하고 있다.

세계화 과정에서 이와 같은 미국의 역할은 공화당 정권은 물론 민주당 정권에서도 그대로 유지되어 왔다. 공화당의 레이건 대통령은 강력한 방위정책과 반공정책으로 소련의 붕괴를 유도하였고 강경 노동 정책으로 신자유주의 기반을 구축함으로써 2차 세계화를 점화시키는 역할을 하였다. 그 후 집권한 민주당의 클린턴 대통령은 당시 개발된 인터넷을 전자상거래, 전자정부, 이-러닝(e-Learning) 등의 분야에 적용하여 세계화의 물결을 전 세계로 확산시키는데 큰 역할을 한 것으로 평가되고 있다. 부시 대통령의 공화당 정권 역시 확고한 군사적 힘을 구사하여 '테러와의 전쟁'을 전개함으로써 세계화의 확산과 보전을 위한 정치적 안전장치 마련에 최선을 다하고 있다.

유럽 각국도 세계화 시대의 선두주자가 되기 위해 치열한 경쟁을 벌이고 있으며 특히 경제·사회 각 분야의 디지털화에 역점을 두고 있다. 정치적으로는 영국, 프랑스, 독일 등 주요 유럽 국가에서 좌파 정권이 집권하였으나, 이들의 정책은 과거 좌파정권과는 달리 세계화 시대의 신자유주의 정책을 상당부분 수용한 것이라고 할 수 있다. 그러나, 미국이나 영국에 비해 프랑스, 독일 등 유럽대륙 국가들은 세계화 과정에서 발생하는 부작용 해소에 좀 더 많은 정책적인 배려를 하고 있다. 그래서 이들은 영·미식의 철저한 신자유주의 노선에 의한 세계화보다는 빈부격차 해소에 좀 더 관심을 갖는 '인간 얼굴의 세계화'(globalization with human face)에 정책의 역점을 두고 있다.

최근 유럽 정치의 특징은 좌파와 우파정치 세력간의 이념적 경쟁에서 과거의 교조적 성격은 크게 퇴색되고 실용주의적 노선에 치중하고 있다는 것이다. 전후에는 우파가 좌파의 입장을 수용하여 복지국가적 정책들을 구사하였으나 세계화 시대에는 상황이 뒤바뀌어 오히려 좌파가 우파의 신자유주의적 정책을 수용하는 단계에 진입하고 있다.

예를 들어 '제3의 길'을 추구하는 것으로 잘 알려진 영국의 토니 블레어(Tony Blair) 수상은 좌파의 정통적인 사회정의에 추가하여 우파의 시장경제의 역동성을 모두 추구한다는 입장을 견지하고 있다. '제3의 길'의 제창자인 기든스(Giddens)는 「좌파와 우파를 넘어서」에서 "아무도 자본주의 이외의 다른 대안을 갖고 있지 않다. 아직 남아있는 쟁점이 있다면 얼마나, 또 어떤 방법으로, 자본주의가 지배되고 규제될 것인가의 문제다."라고 언급하고 있다.

미국과 유럽국가 이외 나라에서의 세계화에 대한 대응은 크게 세

가지 유형으로 분류된다. 첫 번째는 대중 인기영합적인 정책으로 재정적자와 고인플레를 유발시켰고 주기적으로 경제위기를 겪은 남미 국가들의 경우다.

이들 중 상당수는 위기 발생 당시 IMF 등 국제기구의 강력한 요청으로 신자유주의적 경제정책을 추진하였다. 칠레와 멕시코는 상당기간 물가안정과 지속적 성장을 보여 대표적인 성공사례로 지적되고 있다. 반면, 브라질, 아르헨티나 등지에서는 외환위기가 지속됨으로써 신자유주의적 경제정책 처방이 실패하였다는 비판이 제기되고 있다. 이들 국가는 방만한 재정운영과 대내지향적 산업정책이 거시경제 불안정과 기업 경쟁력 약화의 원인이 되었다는 점을 감안할 때 경제논리에 충실한 신자유주의적 경제정책 처방이 이들 경제의 건전화에 기여한 것은 틀림없다고 생각된다.

때로는 IMF가 정치적으로 비현실적인 수준의 초긴축정책을 요구하여 경제위기에 처한 정부가 정치적인 곤경에 직면하기도 한다. 그러나, 우리가 외환위기 수습과정에서 경험한 바와 같이 단기적인 저항과 혼란을 수습할 정치적 능력만 있다면 이러한 고통은 큰 문제가 되지 않는다고 생각한다.

두 번째 유형은 한국, 태국과 같이 경제의 근본에 큰 문제가 없는데 세계화 과정에서 자본시장이 개방되면서 국제금융 시장의 불안전성으로 인해 외환위기를 경험한 경우다.

이들 국가들은 어찌 보면 세계화의 피해자들이라고 할 수 있다. 그러나, 한국의 경험으로 미루어 볼 때 IMF에 의해 강요된 금융구조조정 및 기업지배구조 개선과 같은 시책들은 오랜 기간 관치금융으로 효율성이 떨어진 한국경제에 새로운 활력소를 제공하였다고 할 수 있기 때문에 한국의 대응은 매우 성공적이었다고 평가되고 있다.

물론, 인도네시아와 같이 IMF가 처방한 구조조정정책을 감당하지 못하여 오랜 기간 정치적 혼란과 경제적 침체를 동시에 겪고 있는 경우도 있으나 이는 신자유주의적 경제정책의 문제라기보다는 해당 국가가 감당하기 어려운 수준의 신자유주의적 개혁을 무리하게 요구한 IMF 당국의 판단이 문제였다고 할 수 있을 것이다.

끝으로, 러시아, 중국, 동구 국가 등 사회주의경제 국가들이 시장경제로의 개혁조치를 취하면서 세계화 과정에 동참한 경우다. 이 경우 중국, 베트남 등 시장경제로의 개혁조치들을 단계적으로 추진한 나라들은 대체로 성공한 것으로 평가되는 반면 러시아와 같이 시장경제로의 전면적 개혁조치를 취한 나라에서는 많은 혼란이 야기되었다.

이 역시 승패의 요인은 시장경제로의 개혁 여부가 아니라 해당국가의 현실에 맞는 개혁의 방법과 속도를 결정하는 차원의 문제였다고 생각된다. 특히, 이들 국가 모두 사회주의경제 체제에서 경제가 장기적 침체의 늪에서 벗어나지 못했다는 사실로 미루어 볼 때 자유시장 경제의 도입을 통한 세계화 대열의 동참은 더 이상 선택의 문제가 아닌 것이다.

한국의 대응

한국은 세계화 추세에 매우 발 빠르게 대응한 경우라 할 수 있다.

1993년11월 김영삼 대통령은 아시아·태평양경제협력체(APEC)회의에 참석하고 돌아온 후 '세계화 선언'을 하면서 국무총리를 위원장으로 하는 '세계화위원회'를 설치하였다. 본격적인 세계화의 시발점이 1990년 전후였다고 볼 때 당시 김영삼 정부의 조치는 매우 놀라운 일이 아닐 수 없다.

그 후 세계화 전략의 일원으로 추진된 단기 자본시장의 조기 개방이 외환위기 발생의 원인으로 지적됨으로써 우리사회에 세계화에 대한 부정적인 시각이 형성되었다. 그러나, 이미 지적한대로 외환위기는 그로 인해 실업과 기업부도 등 많은 고통을 겪었음에도 불구하고 외환위기가 없었다면 불가능하였을 구조조정정책을 추진할 수 있었기 때문에 우리에게는 오히려 전화위복의 기회가 되었다고도 할 수 있다.

세계화 시대 국제경쟁력의 핵심 요소가 되는 정보화 정책의 추진에 있어서도 한국은 매우 성공적인 것으로 평가되고 있다. 김영삼 정부는 1995년 8월 '정보화 촉진 기본법'을 제정하고 1996년 6월에는 '정보화 촉진 기본계획'을 수립하여 발표하였다. 이 사업은 김대중 정부에서도 계속되어 1999년 3월에는 'Cyber Korea 21', 그리고 2002년 4월에는 'e-Korea Vision 2006' 이라는 2, 3차 정보화 계획이 발표되었다. 이와 같은 정부의 정보화 계획은 정보통신부를 중심으로 적극적으로 추진되어 대부분의 정책목표가 초과 달성되는 성과를 보이고 있다.

그 결과 한국은 초고속 인터넷 가입자 수, 인터넷 이용시간 등에서 세계 1위를 기록함으로써 IT 인프라와 이용 측면에서 세계 강국의 위치를 차지하게 되었다. 그리고 전자정부사업의 추진에 있어서도 한국정부는 적극성을 보여 사무자동화는 물론 민원 서비스의 온라인화에도 큰 진전을 보이고 있다. 최근 어느 연구조사에 의하면 전자정부 부문에서 서울이 홍콩, 싱가포르, 뉴욕 등을 제치고 세계 도시 중 1위를 차지한 바 이는 전자정부 분야에서 한국이 앞서가고 있음을 잘 보여주고 있다. 또한, 한국의 IT 산업은 OECD 국가 중 가장 경쟁력이 있는 것으로도 평가되고 있다.

세계화와 정보화 부문에서 이룬 이와 같은 업적에도 불구하고 한국에는 세계화를 거부하거나 세계화에 대해 부정적으로 생각하는 계층이 존재한다. 세계화 시대에 필연적으로 대두되는 농업개방의 직접적 피해자인 농민들이 그 대표적인 경우다. 실제로 한국농업에 피해가 별로 없는 한·칠레 FTA 협약의 국회 비준 과정에서 나타난 농민들의 거센 저항은 일본, 중국, 미국 등과의 향후 FTA 추진 전망을 매우 어둡게 하고 있다.

또한, 한국에서 진보세력으로 분류되는 인사들의 상당수가 세계화와 이를 움직이는 신자유주의에 대해 부정적인 인식을 갖고 있다는 사실도 앞으로 한국이 세계화 전략을 추진해 나가는데 큰 걸림돌이 될 것으로 생각된다. 세계화의 진원지인 미국에 대한 반미감정이 젊은 세대와 진보세력을 중심으로 고조되고 있다는 사실 역시 한국이 세계화 과정에 적극적으로 참여하여 핵심 세력의 일환으로 발전되어 가는데 어려움이 될 수 있을 것이다.

3. 동아시아의 정세 변화

중국의 급부상

세계화 다음으로 우리에게 중요한 국제정세의 변화는 중국의 급부상이다. 중국은 지난 1978년 개방정책을 추진한 이후 연 평균 9%를 상회하는 경제성장을 이룩해왔고 최근 세계적인 불경기에도 불구하고 8%의 성장률을 기록하여 GDP 규모로는 세계 6위의 경제대국으로, 무역 규모로는 세계 5위의 무역대국으로 부상하였다.

현재와 같은 경제성장 추세가 지속되면 2010년에는 중국이 세계 3위의 경제대국이 될 것이라고 한다. 중국은 세계에서 가장 인기 있는 투자 유치국이 되었고 세계 500대 기업 중 400개 기업이 중국에 진출하고 있을 정도여서 '세계의 공장'이라고 불리어지고 있다. 예를 들어, 세계 에어컨의 50%, 컬러 TV의 36%, 카메라의 58%, 전화기의 58%, 오토바이의 50%가 중국에서 생산되고 있다고 한다.

중국이 이러한 경제적 기적을 이루고 있는 것은 등소평의 개혁·개방정책의 결과다. 모택동의 공산주의 이념에 바탕을 둔 '대약진 운동'과 '문화 대혁명'이 경제발전에 실패하여 국민들이 빈곤의 악순환에서 벗어나지 못하게 된 것을 교훈 삼아 등소평은 철저한 실용주의 노선을 채택하여 경제를 개방하고 시장경제로의 개혁을 추진하였다.

'고양이는 검은 놈인지 흰 놈인지가 중요하지 않으며 쥐를 잘 잡으면 된다'는 이른바 흑묘백묘론(黑猫白猫論)을 바탕으로 정치는 사회주의 노선을 유지하여 민주화를 억제하면서 경제는 농업부터 시장원리를 도입하기 시작하여 경제특구를 설치하고 외국인 직접투자를 촉진하는 등 시장경제로의 개혁과 개방을 적극적으로 추진하였다.

중국은 1980년대 중반부터 수출산업의 육성을 본격적으로 추진하면서 박정희 정권의 수출진흥 전략을 발전모델로 삼는 등 한국의 경험을 전수 받으려 노력하였다. 특히, 한국이 '86 아시안 게임과 '88 서울 올림픽을 성공적으로 치르는 것을 지켜 본 중국은 한국을 중요한 경제협력 파트너로 생각하게 되었고 이는 1992년 한·중 수교로 발전되었다. 그 후 한국과 중국의 인적·물적 교류는 폭발적으로 증가하였다.

2003년 대중(對中) 수출은 330억 달러에 달해 중국이 미국을 제치고 한국의 1위 수출시장으로 부상하였으며 2003년 대 중국 투자도 10억 달러를 넘어서고 있다. 현재 한국의 6개 도시와 중국의 22개 도시에 36개 항공노선이 개설되어 매주 300여 편의 항공편이 운항되고 있으며 수교 당시 8만 여명에 불과했던 인적교류도 2003년에는 300만 명에 이르고 있다. 현재 중국에는 20만 명이 넘는 한국인이 체류하고 있으며 유학생과 연수생도 5만 명에 달하는 것으로 추정되고 있다. 수교가 이루어진 불과 10여 년간의 업적으로는 정말 대단한 성과가 아닐 수 없다.

중국의 개방정책과 경제발전은 우리에게는 도전인 동시에 새로운 기회를 안겨 주고 있다. 중국이 낮은 임금과 정부의 강력한 지원으로 노동집약적 수출 시장에서 전 세계를 압도하는 상황에서 한국기업의 국제경쟁력은 급속히 약화되었고 그 결과 미국, 유럽 등 선진국 시장에서 한국상품의 점유율은 계속 하락하고 있다.

예를 들어, 최근 한국의 안산 공단과 중국의 칭다오 개발구를 비교한 결과 한국은 중국에 비해 인건비는 10배, 공장용지 가격은 40배 높은 것으로 나타났다. 이 외에도 한국이 법인세 1.7배, 공업용수 1.5배, 전기요금은 1.9배 높은 것으로 분석되었다. 그 결과 칭다오 개발구에는 50개국의 기업들이 직접투자를 하고 있으나 안산 공단에는 외국계 기업이 하나도 없다고 한다.

이와 같이 중국은 우리경제에 무서운 경쟁 상대이기도 하지만 중국경제의 고도성장은 우리에게 무한한 새로운 기회를 가져다주고 있다. 수교 이후 대 중국 수출은 연 평균 25%씩 증가하고 있고 앞으로의 성장전망 또한 매우 밝다. 고도성장으로 12억 6천만 명 중국 소비자의 구매력이 높아지고 있고 세계무역기구(WTO) 가입 이후 중국시장의 개방속도 역시 매우 빠르게 진전되고 있기 때문이다. 또한, 한국과 중국은 역사적으로 긴밀한 우호관계를 유지해 왔고 한자와 유교문화를 공유하고 있다는 사실을 감안할 때 중국시장 경쟁에서 한국은 분명한 비교우위를 갖고 있다고 할 수 있다.

무엇보다도 중국인이 한국을 보는 시각이 매우 긍정적이다. 일본에 대해서는 식민지 전쟁의 경험으로 부정적인 시각을 갖고 있으나 한국은 '형제 국가'라는 인식과 함께 1960년대 초 이후 한국의 눈부신 경제발전에 대해 높은 평가를 하고 있다. 한국이 민주화 이후 경제가 흔들리고 외환위기까지 겪으면서 한국경제로부터 배우자는 중국의 열기가 최근 크게 식었지만 한국에 대한 긍정적인 시각에는 변함없는 것이 사실이다.

김하중 주중대사는 「떠오르는 용 : 중국」에서 중국의 외교를 '재능을 감추고 드러내지 않으면서 때를 기다린다'라고 표현하고 있다. 철저히 실리를 중시하는 실사구시(實事求是)가 중국외교의 기본 원칙이라는 것이다. 중국은 20세기 문턱에서 세계 열강들에 의해 침략을 당한 모욕적인 경험을 갖고 있기 때문에 경제력을 바탕으로 힘을 키워 세계 속에 우뚝 서서 다시는 부끄러운 역사를 반복하지 않겠다는 것이 중국외교의 궁극적 목표인 것이다.

그런 차원에서 중국은 2001년 WTO에 가입하는 등 세계화 물결에 적극적으로 동참하고 있으며 세계화의 주도국인 미국과도 매우 긴밀한 외교관계를 유지하고 있다. 미국의 이라크 공격에도 중국은 중립적인 입장을 견지하였고 북한 핵무기개발 억제 노력에도 적극적으로 동참하여 '6자회담'을 주선하는 등 미국과 북한간의 중재 역할을 충실히 수행하고 있다.

전문가들은 중국이 자본주의 국가들보다 더 자본주의적인 길로 가고 있다고 한다. 중국은 이미 매우 개방적인 외국인투자 유치 정책을 추진하여 왔다. 단순히 임금과 공장입지 임대료가 저렴한 데 그치는 것이 아니라 지방정부는 외자 유치를 위해 경쟁적으로 유리한 조건들을 외국기업에 제공해 주고 있다. 중국인들의 의식 구조도 철저히 자본주의적이 되어 소득만 많이 올릴 수 있으면 직업의 귀천을 가리지 않는다. 남녀평등 사상노 한국보디 중국이 훨씬 앞서 있어 가사는 아내든 남편이든 수입이 적은 쪽이 도맡는다고 한다.

교육정책에서도 중국은 철저히 자본주의적 접근을 하고 있다. '선택과 집중'이 중국정부의 핵심적인 대학개혁 정책이다. 중국은 1992년 이후 현재까지 490개 대학을 280개로 통폐합하였으며 100개의 경쟁력 있는 중점대학을 육성하는 데 박차를 가하고 있다. 대학마다 철저한 교수평가제를 추진하고 있음은 물론이다. 고교평준화로 고등학교 교육의 하향 평준화와 사교육 열풍을 불러일으킨 것도 부족하여 최근에는 고교내신성적비중의 확대를 강요하여 대학입시제도의 경직화를 유도하고 심지어는 서울대를 폐지하려고 하는 한국과는 대조적인 자본주의의 길을 중국이 가고 있는 것이다.

이에 더해, 중국은 사유재산권 보호를 위한 헌법 개정을 추진하고 있다. 개방과 자유시장경제는 이제 중국이 돌이킬 수 없는 국정 운영의 중심철학으로 자리잡게 된 것이다.

북한의 '벼랑 끝 외교'

중국이 개혁·개방 전략으로 경제적 번영과 실사구시의 실리외교 전략을 추구하는 반면 북한은 대량살상무기 개발로 한국은 물론 미국, 일본 등으로부터 경제적 보상을 챙기는 이른바 '벼랑 끝 외교' (brink-manship diplomacy)를 구사하고 있다. 2000년 6월 남북 정상회담과 김대중 정권의 줄기 찬 '햇볕정책'에도 불구하고 북한은 2002년 10월 북한을 방문한 미 국무성 켈리 차관보에게 핵무기 보유를 시인한 후 국제원자력기구(IAEA)의 사찰을 거부하고 핵확산금지조약(NPT)의 탈퇴를 선언하면서 영변 핵처리시설의 재가동을 발표하는 등 군사적 긴장을 늦추지 않고 있다.

북한은 핵무기 보유를 정권의 안보와 직결되는 사안으로 간주하여 1970년대 중반부터 핵무기 개발에 착수하였고 1994년 미국과의 제네바 합의 이후에도 핵무기 개발을 지속해왔다. 미국 정보기관은 북한이 이미 1990년대 중반에 1~2개의 핵무기 개발에 성공했다고 분석하고 있으며 이러한 사실은 최근 파키스탄 핵 전문가 칸 박사의 증언을 통해서도 확인된 바 있다. 영변 핵처리시설이 가동되면 북한은 머지않아 명실공히 핵보유국이 될 것이다. 이에 더해 북한은 사정거리 300~500Km의 스커드 미사일 400~600기를 보유하고 있고, 1,000Km의 노동미사일을 개발하였으며, 1,500Km이상의 대포동 미사일도 개발중에 있다.

이러한 북한의 상황은 우리에게는 커다란 재앙적 존재가 되고 있다. 6·25전쟁 와중에서 65만 명이 사망 또는 실종되었고 26만 명의 부상자가 발생하였으며 8만 명이 납치되었다. 산업시설의 70%가 전쟁 중 파괴되었다. 전쟁 후에도 지속된 남북대치 상황으로 우리는 막대한 국방비 부담을 감내해야 했고 아웅산 테러와 KAL기 폭파사건 등 북한의 무력도발은 지속되었다. 남북 정상회담의 성사를 위해 한국은 5억 달러의 현금을 북한정권에 주었고 금강산 관광사업은 매년 3억 달러의 적자를 초래하여 사업주체인 현대그룹의 부도와 정몽헌 회장의 자살로 이어졌다.

이 외에도, 상낭량의 쌀, 비료 등 인도적 차원의 대북지원이 지속되고 있고 남북한간의 각종 문화 및 체육행사의 개최를 위해서도 거액의 현금이 북한에 제공되고 있다. 그럼에도 불구하고, '벼랑 끝 외교' 전술을 구사하는 김정일 정권의 행태는 조금도 변화하지 않고 있다.

현재 북한 핵 문제를 둘러싸고 '6자 회담'이 진행되고 있으나 전망이 그리 밝지 않은 것이 사실이다. 1994년 제네바 합의로 중유 공급과 원자력발전소 건설에 미국과 한국 등이 협조 하였음에도 북한은 약속을 지키지 않고 비밀리에 핵무기 개발을 지속해 왔기 때문에 북한에 대한 미국 등 국제사회의 신뢰는 추락하였다. 특히, 9·11 테러사태 이후 미국 부시 행정부의 대북정책은 강경노선이 주축을 이루고 있다. 미국은 북한이 핵무기 개발을 완전히 포기할 것을 요구하고 있으며 이러한 사실이 확인될 때까지는 아무런 경제적 지원도 해 줄 수 없음을 확실히 하고 있다.

그러나, 북한은 핵무기 개발 중지와 더불어 미국으로부터의 불가침 약속과 경제지원을 요구하는 등 1994년 제네바 합의 정도의 타결을 원하고 있다. 이는 북한이 자신의 생존과 직결된다고 생각하는 핵무기 개발을 쉽게 포기하지 않을 것이라는 추측을 가능케 하는 것으로 향후 협상 전망을 어둡게 하고 있다.

북한 핵 문제는 미국의 대통령 선거가 진행되는 2004년말 까지는 현재의 소강상태가 지속될 것이나 그 이후에는 예측 불허의 폭발력을 갖게 될 것으로 예상된다. 우선 부시 행정부의 입장은 대체로 다음과 같이 요약될 수 있다. 북한이 핵무기를 완전 포기하라는 미국의 요청을 받아들이지 않으면 미국은 다음과 같은 구체적 행동계획에 착수해야 한다는 것이다.

이의 첫 번째 조치는 북한에 대한 영공 및 해상봉쇄 조치다. 이러한

1단계 조치에도 북한이 불응하는 경우 미국은 북한의 핵시설에 대한 선제공격을 가한다는 것이다. 이런 과정에서 주한 미군은 북한군의 단거리 포격 사정거리 밖으로 재배치 시킨다는 것이다. 최근 한·미간에 합의된 용산 미군기지의 평택 이전도 이러한 맥락에서 이해되어야 할 것이다.

미국은 이러한 대북 강경정책의 추진 과정에서 한국 정부는 물론이고 중국의 협조를 기대하고 있다. 특히, 북한이 핵보유국이 되는 경우 일본의 재무장과 핵 보유를 미국이 막을 수 없다는 논리로 중국이 북한에 영향력을 미칠 것을 강력히 요구하고 있다. 김정일 정권이 이러한 중국의 설득에 귀를 기울이지 않을 경우 김정일 정권을 붕괴시키고 새로운 친중(親中) 성향의 정권을 세워도 좋다는 의견도 거의 공개적으로 제시되고 있다.

미국내 한반도 전문가들 사이에는 현재의 김정일 정권은 어떠한 방법으로든 교체되어야 만이 한반도에서의 평화는 물론 국제적으로도 테러와의 전쟁에서 미국이 성공할 수 있다는 의견이 지배적이다. 군사전문가 프럼(Frum)과 펄(Perle)은 「An End to Evil」에서 "한반도의 오랜 위기를 해결하는 방법은 김정일 정권을 무너뜨리고 중국에 더욱 협조적인 정권을 세우는 것일지도 모른다. 그런 상황이 되면 미국은 그것을 받아들여야 한다"고 기술하고 있다. 미국의 대북강경정책 노선은 2004년 말 대선결과와 관세 없이 앞으로 상당기가 지속될 전망이다.

일본경제의 장기침체와 정치의 우경화

중국이 지난 10여 년간 눈부신 경제발전을 한 반면 일본경제는 1990년대 이후 지속해서 저성장의 늪에서 빠져 나오지 못하고 있다. 2차 세계대전 과정에서 파괴된 일본경제는 전후 지속해서 연 10%에 가까운 높은 성장률을 보였다. 그 결과 1958년에서 1973년까지 일본의 실질 국민소득은 4배로 확대되었고 이는 '일본경제의 기적'으로 불리어 졌다. 그 후 성장률은 4~5% 수준으로 둔화되었으나 1990년대 초까지 일본경제의 활력은 그런대로 유지되었다. 특히, 자동차, 전자 등 제조업 분야에서 일본은 전 세계를 석권했으며 미국, 서구 국가들은 일본경제로 부터 배우려는 노력을 경주하기도 했다.

이렇게 장기간 발전을 거듭한 일본경제가 1990년대 초부터 활력을 잃기 시작하였고 이러한 상황은 최근까지도 지속되었다. 1992년부터 2002년까지 11년간 일본경제의 연평균 성장률은 1.1%에 그쳤고 1인당 국민소득 증가율은 연평균 0.5%로 미국의 2.6%보다 훨씬 낮았다.

일본경제가 갑자기 활력을 잃은 원인은 여러 가지로 분석되고 있다. 우선 1985년 이른바 플라자 합의에 따라 엔화 환율이 대폭 절상되었고 이에 대한 대응책으로 일본은 저금리를 통한 내수부양을 추진하였다. 이 과정에서 주식 및 부동산 시장이 과열되어 일본정부는 금리 인상과 금융 긴축으로 이에 대응하였다. 그러나 이는 부동산가격 폭락과 대규모 금융 부실로 연결되었고 경기는 장기침체 현상을 보이게 되었다. 1996년 부터는 경기가 다시 회복세를 보였으나 아시아 외환위기로 한국 등 주변 국가들이 경제침체 국면에 놓이자 일본경제도 다시 위축되었다. 1999년에는 IT 붐으로 경기가 다소 회복되었으나 2000년 하반기부터는 IT 산업마저 극심한 불황을 겪게 되어 일본경제는 다시 침체국면에 접어들었다.

일본경제가 장기적으로 침체된 원인에 대해서는 경제전문가들 사이에서도 서로 다른 의견들이 있는 것이 사실이나 대체로 다음과 같은 요인들이 지적되고 있다. 부동산시장 폭락으로 야기된 금융부실을 조기에 과감하게 청산하지 못해 경기침체가 장기화되었고 재정지출 확대에 의존한 경기부양책이 실효를 거두지 못했다는 것이다. 또한, 일본 농업 부문과 서비스 부문의 낮은 생산성 역시 일본경제의 활성화에 걸림돌이 되었으며 인구구조의 급격한 노령화 추세도 경제의 활력을 저하시키는 요인으로 분석되었다.

최근 일본경제가 장기불황의 터널에서 벗어나고 있다는 소식이 전해지고 있다. 2003년 4분기 일본의 경제성장률이 연 7%로 추정되었기 때문이다. 이는 전 세계적 경기 회복세에 힘입은 것으로 생각되며 민간소비는 물론 기업설비투자도 활성화되는 조짐을 보이고 있다.

그러나 이러한 추세가 얼마나 지속될지는 아직 불확실하다. 한 가지 분명한 것은 일본경제가 장기간 침체상태를 보인 반면 같은 기간 중국경제는 눈부신 발전을 하게 됨에 따라 동아시아에서의 힘의 중심축이 일본에서 중국으로 옮겨지고 있는 것이다. 경제력이 국력의 근본이 된다는 사실을 실감케 하는 대목이 아닐 수 없다.

최근 일본의 정치에도 큰 변화가 일어나고 있다. 보수성향의 고이즈

미 총리가 집권하면서 일본정치는 우경화 조짐을 보이고 있는 것이다. 이 과정에서 발생한 북한의 핵무기 개발 파동은 일본의 우경화 추세에 가속 페달을 밟는 격이 되었다. 2003년 11월 총선에서 당선된 의원들의 73%가 일본의 재무장을 가능하게 하는 개헌에 찬성하고 17%가 핵무장도 검토해야 한다고 생각하는 것으로 나타났다. 북한의 일본인 납치사건에 대한 일본의 여론은 매우 좋지 않은 상황으로 발전하였고 이는 북한에 대한 강경 분위기를 더욱 확산시키는 요인으로 작용하고 있다.

자민당은 지난 총선에서 창당 50주년이 되는 2005년 11월까지 헌법 개정안 초안을 마련하겠다는 공약을 하였고, 개헌의 핵심은 전쟁과 군대 보유를 금지한 제 9조의 개정인 것이다. 사실상 일본은 2003년 6월 일본이 북한 등으로부터 공격을 받을 경우를 상정한 이른바 전시대비 입법안을 채택함으로써 일본국민과 정치의 우경화를 향한 첫걸음을 내디뎠다고 할 수 있다.

이러한 일본의 우경화 추세는 일본 군국주의의 폐해를 실제로 경험한 한국, 중국 등으로부터 우려와 경계의 눈총을 받고 있는 것이 사실이다. 일본은 첨단무기와 국방비 규모에서 이미 상당한 수준에 이르고 있기 때문에 북핵 위기를 빌미로 제정된 전시대비법의 정비는 결국 일본 평화헌법의 개정과 일본의 군사 대국화로 연결될 것이라는 우려를 낳게 하는 것이다.

일본의 방위력 증강은 동북아에 군비경쟁을 부채질 할 것으로 전망된다. 일본은 이미 미국과 미사일방어(MD)망을 공동 연구·개발 중이고 현재 4대인 이지스함도 추가로 4대를 더 도입할 예정이며 정찰위성도

발사한 바 있다. 중국 역시 14년 연속 국방비를 10%대로 증가시켜왔고 핵미사일 전력과 해·공군의 현대화에 박차를 가하고 있다. 최근에는 순항미사일도 개발 중이고 러시아제 수호이-27 전투기를 라이선스 생산하고 있다. 경제발전에 따라 중국의 국방력은 앞으로도 계속 강화될 전망이다.

중국의 이러한 움직임은 대만의 군비확충을 초래하고 있다. 신형 프리깃함 도입과 전투기의 독자 개발이 추진되고 있고 신형 지대공미사일의 배치를 서두르고 있다. 이미 지적한대로 북한은 핵무기 개발은 물론 장거리 미사일 개발에 전력을 다하고 있다. 이러한 한반도 주변의 상황에서 한국도 국방력을 강화해야 한다는 데에는 선택의 여지가 없어 보인다.

미국은 일본의 군사력 강화를 확고히 지지하고 있다. 부시 행정부는 출범 당시 중국을 가장 큰 가상적으로 설정했었다. 따라서 일본의 군사력 강화는 중국을 견제하는 수단으로 인식될 수 있는 것이다. 그러나 9·11 테러와 북한 핵 사태 이후에는 미국의 동북아 전략은 큰 변화를 보이고 있다. 중국을 미국의 중요한 협력국가에 포함시킨 것이다. 미국이 북한을 공격하는 경우 일본은 미국을 후방에서 지원하는 역할을 해야 하기 때문에 일본의 군사력 강화는 미국에도 큰 도움이 된다고 생각하고 있다. 이런 차원에서 일본의 전시대비법 정비계획은 2003년 4월 미·일 정상회담에서 이에 대한 양해가 이루어졌다는 분석이 지배적이다. 결과적으로 북한의 핵 사태는 일본을 포함한 동북아 주변 국가의 군사력 강화로 연결되었고 이는 우리에게도 시사하는 바가 크다고 생각된다.

4. 한국정치의 선택

세계화 시대의 국가발전 전략

이러한 상황에서 한국정치의 최우선 과제는 세계화 시대에 승자가 되기 위한 국가발전 전략을 마련하는 것이 되어야 할 것이다. 최근 21세기 국가발전 전략에 대한 보수와 진보진영의 시각을 각각 반영하는 연구결과가 출간되어 관심의 대상이 되고 있다.

하영선 교수의 「21세기 한반도 백년대계」는 보수진영 학자들의 견해를 반영하는 것으로 "세계 지식 질서의 첨단을 주도해 보려는 지식전쟁을 본격적으로 시작해야 하며 이 전쟁의 성패가 한반도의 운명을 좌우할 것"이라고 전망하면서 세계화 추세에 적극적으로 대응할 것을 제안하고 있다. 이어 세계화 시대에 민족의 생존과 번영을 위해서는 정보통신 강국이 되는데 필요한 하드웨어와 소프트웨어를 갖추어야 함을 역설하고 있다.

반면, 진보진영 학자들의 견해를 반영한 「21세기 한반도 구상」은 "장기적으로 현재 세계화의 물결을 주도하는 자본주의 체제를 넘어서는 대안을 모색해야 한다"고 주장하면서 이를 '너무 잘 살지도 너무 가난하지도 않은 중형국가'로 표현하고 있다. 이의 실현을 위해 "경제성장이나 국가의 위세 강화가 아니라 평화, 분쟁 해결, 환경 보존, 이질적인 것과의 공존 등을 발전의 핵심 내용으로 재구성해야한다"는 사회발전 모델을 대안으로 제시하고 있다.

양 진영의 국가발전 전략이 완연히 다르다는 것을 잘 알 수 있다. 보수진영은 세계화의 물결을 주도하는 자본주의 체제를 그대로 받아들여 그 체제내 경쟁에서 승리하기 위해 IT산업의 발전 등을 통한 지식국가 건설을 주장하는 반면, 진보 진영은 세계 자본주의체제를 넘어서는 형평과 균형이 보장되는 '제3의 길'을 모색해 보자는 것이다. 이는 현재 세계화 문제를 놓고 전 세계적으로 진행되고 있는 논쟁이 한국에서도 그대로 재현되고 있음을 보여주고 있는 것이다.

매년 2월 스위스 다보스에서는 세계 각국의 기업인과 정치지도자들이 참가하는 세계경제포럼(World Economic Forum)이 열리고 있다. 세계화가 본격적으로 시작된 1990년대 초부터 열리기 시작한 이 회의는 보수 진영을 대표하는 세계 각국의 글로벌리스트(globalist)들의 모임으로 세계화의 진전사항과 문제점을 검토하고 이의 해결을 위한 대안을 모색하고 있다.

한편, 세계화에 저항하는 세력들도 조직화하기 시작하여 2001년 세계사회포럼(World Social Forum)을 결성하고 매년 국제회의를 개최한다. 여기에는 세계 각국의 좌파 정치단체, 노조, 농민단체 그리고 진보 성향의 시민단체 관계자들이 참석하여 세계화의 문제점을 집중적으로 부각시키고 사회주의 이념에 근거한 대안을 제시하고 있다. 이들은 세계무역기구(WTO)나 국제통화기금(IMF) 등이 주관하는 국제회의가 개최될 때마다 대표들을 보내 과격한 시위활동을 벌이기도 한다.

세계경제포럼이 세계화를 통한 경제효율의 극대화를 강조하고 찬양하는 반면, 세계사회포럼은 반세계화 활동을 통해 형평을 강조하고 개인과 개별 국가의 주체성을 지키려 노력한다. 우파 정치세력은 세계경제포럼을 지지하나 좌파 정치세력은 세계사회포럼을 주도하고 있다. 세계경제포럼은 세계화의 주도 국가인 미국에 우호적이나 세계사회포럼은 미국에 적대적이다. 이와 같이 우파와 좌파와의 갈등은 매우 오래된 것으로 1990년 이후 본격적인 세계화 시대를 맞아 힘의 균형이 우파로 기울게 되자 좌파세력이 힘의 열세를 시위 등의 방법으로 막아보려고 애를 쓰는 것이 오늘날 세계화를 둘러싼 세계적 논란의 현 주소라고 할 수 있다.

그러나 분명한 사실은 힘의 균형은 세계화 세력에게 절대적으로 유리하게 작용하고 있으며 세계화 세력의 승자적 입지는 앞으로도 상당 기간 지속될 전망이라는 것이다. 우리에게는 20세기 문턱에서 당시 세계화 물결을 타지 못하고 낙오되어 35년간 일본의 식민지로 전락한 불행한 과거가 있다. 현재 진행되고 있는 세계화 과정에도 이에 동참한 국가는 경제적 번영을 누리는 반면 이 과정에서 소외된 국가는 경제적 침체와 국제적 지위의 추락을 동시에 경험하고 있는 것이다.

한국은 다행히 현재 진행되고 있는 세계화 대열에 일찍이 동참하여 지금까지 상당한 수준의 성공을 거두고 있는 나라로 국제사회에서 평가되고 있다. 비록 우리가 이 과정에서 외환위기를 겪는 등 어려움이 있었던 것이 사실이나 우리는 이를 조기에 극복하였고 한국 IT산업은 세계시장 경쟁에서 앞서가고 있으며 IT인프라도 세계 최고수준에 이르고 있다.

중국과 같은 공산주의 국가도 세계화에 동참하려고 국력을 집중시키고 있는 상황에서 세계화 시대의 경쟁에서 이미 유리한 고지를 확보하고 있는 한국이 세계화 과정에 동참을 주저하면서 결과도 알 수 없는 대안 모색에 시간을 허비하는 것은 있을 수 없는 일이라고 생각한다.

그럼에도 불구하고, 한국에서 세계화에 대한 논쟁이 최근 다시 벌어지고 있는 것은 노무현 정권의 출범과 4·15 총선에서 열린우리당의 승리로 진보진영이 한국정치의 주도권을 잡은데 기인한다고 할 수 있다. 앞서 지적한대로 세계화는 빈부 격차, 주체성 상실, 과다한 연결의 부작용 등의 문제점이 필연적으로 수반되기 때문에 이에 대한 해결책을 모색하는 것은 세계화의 지속적인 발전을 위해서도 반드시 필요한 일이다. 그러나 이러한 것이 세계화 자체를 부정하고 세계화의 대안을 강구하는 방향으로 진전되어서는 곤란하다.

19세기 세계화의 대안으로 당시 진보세력이 제시한 사회주의와 공산주의 모델이 모두 실패했다는 것은 주지의 사실이다. 자본주의와 사회주의의 절충안으로 채택된 복지국가 모델도 국가 재정팽창과 경제 활력 저하 등의 부작용을 양산하여 이에 대한 대대적인 수정작업이 서구 국가들에 의해 진행되고 있다.

이와 같이 세계는 19세기 세계화의 문제점과 이의 대안으로 제시된 사회주의의 비현실성 모두를 경험하였기 때문에 오늘날의 세계화는 과거보다 훨씬 안정적인 형태로 진행되고 있다. 따라서 세계화에 대한 한국 정치권이 선택은 이를 시대적 대세로 받아들이고 국가발전의 원동력으로 승화시키는 적극적인 태도를 취하는 것이라고 판단된다. 동시에 세계화의 부작용에 대한 사전 대비와 보완책을 마련하여 '인간 얼굴의 세계화'(globalization with human face)가 실현될 수 있도록 노력하는 것이다.

세계화 시대의 교육개혁

1960년대 이후 한국경제 발전의 원동력이 되었던 교육이 최근의 세계화 과정에서 걸림돌로 작용하고 있다. 한국교육개발원의 조사결과에 의하면 2003년 현재 사교육비 총액은 13조 6천억 원에 달하였고 이는 2년 전에 비해 23% 증가한 것으로 나타났다. 한국교육에 절망한 젊은 부부들이 외국 이민을 가기위해 줄을 서있고 '원정 출산'과 '기러기 아빠' 가정이 급속히 늘고 있다. 이는 세계화 시대에 필요한 교육수요가 공교육에 의해 충족되지 못하기 때문에 발생한 결과로 한국 공교육의 개혁은 정치권의 최대 관심사가 되어야 함을 의미한다.

김영삼 정권이 '교육개혁위원회'를 발족하는 등 역대정권 모두 교육개혁을 국정운영의 핵심과제로 삼았으나 한국의 교육문제는 나날이 심각해지고 있다. 그 이유는 정부 교육정책의 목표가 세계화라는 시대적 대세에 충분히 부합하지 못했기 때문이다. 세계화는 교육 부문에서도 시장원리의 적용과 대외개방을 의미하나 한국의 교육시장은 외부로부터 철저히 봉쇄되어 있고 교육부는 초등학교에서 대학에 이르는 모든 교육 행정을 직접 통제하고 있다. 한국의 공교육 정책이 대내지향적이고 규제 중심적이기 때문에 국민들은 세계화 시대에 필요한 교육수요를 공교육 밖에서 충족시킬 수밖에 없는 상황에 놓이게 된 것이 오늘의 한국교육

현실이며 문제의 근원인 것이다.

따라서, 한국의 교육개혁은 교육에 시장원리를 도입하고 과감한 대외개방을 추진하는 데에서 시작되어야 한다. 그러기 위해서는 교육행정과 관련한 교육부의 통제를 과감히 철폐하여야 할 것이다. 대학 행정은 대학 자율에 맡기는 것과 동시에 초중등교육 행정은 과감히 지방자치단체로 이관하여야 한다. 그렇게 하면 교육의 질이 떨어지리라는 것은 기우에 불과하다. 그 이유는 이제 대학정원이 대학진학 희망 학생수를 상회하는 시대가 도래 하는 상황에서 대학행정의 자율화는 대학간의 경쟁을 촉진하여 대학교육의 질이 오히려 높아지는 결과를 초래할 것이기 때문이다.

또한, 초중등교육 행정의 지방분권화도 지방자치단체간의 경쟁을 불러일으켜 지역실정에 보다 적합한 교육이 실시되게 하는 등 교육의 질적개선에 크게 기여할 것이다. 이에 더해, 현재 간선제로 선출되는 교육감도 선진국에서와 같이 지방자치단체장과 러닝메이트를 이루어 직접선거에 의해 선출하여 지방자치단체의 교육에 대한 관심과 지원을 높이는 계기가 되도록 하여야 할 것이다.

세계화의 공통언어는 영어이기 때문에 영어교육 방법의 개선은 교육개혁의 핵심사항이 되어야 한다. 이를 위해 영어를 초등학교에서부터 정식과목으로 가르칠 것을 건의한다. 지금 한국에는 영어유치원이 문전성시를 이루는 등 조기 영어교육의 열풍이 불고 있는데 이는 세계화 시대에 당연하고 바람직한 현상이다. 그런데도 우리사회에는 조기 영어 학습을 부정적으로 보고 이를 정부가 나서서 억제해야 한다고 생각하는 사람들이 많다. 이는 시대착오적 발상으로 오히려 영어를 초등학교의 정규과정으로 채택하여 공교육과정에서 학생들의 영어교육 수요가 충족될 수 있게 하여야 할 것이다.

이와 아울러, 외국 교육기관의 국내 설립도 허용하고 내국인의 외국인 학교 취학도 가능하게 함으로써 교육시장에서 개방의 폭을 크게 확대해야 할 것이다. 조기 유학과 이에 따른 '기러기 아빠' 문제와 같은 사회적 기현상은 이제까지 정부가 폐쇄적인 교육정책을 펴온 결과라고 할 수 있기 때문에 지금부터라도 과감한 발상의 전환을 하지 않으면 한국의 교육문제를 해결할 수 없을 것이다.

수능시험 방식을 주기적으로 바꾸는 정도의 교육개혁 정책은 수험생들과 학부모들에게 혼란만 가중시켰지 교육문제의 근본적인 해결에는 아무런 도움을 주지 못한 것이 사실이다. 이는 규제중심의 교육정책의 한계를 여실히 보여준 것으로 교육행정에 대한 교육부의 규제를 철폐하고 대외개방을 허용하여 시장원리가 작동하는 교육정책을 전개하여야 세계화 시대에 필요한 인재를 양성해 나갈 수 있을 것이다.

그러나, 이러한 개혁조치들에 대해 교육공무원을 포함한 교육계의 기득권 세력은 강한 반발을 하고 있다. 교육행정에 대해 규제가 없어지면 규제를 담당하는 공무원의 권한이 크게 줄게 될 것이고 교육시장에서 대외개방이 이루어지면 국내 교육기관 운영자들은 새로운 경쟁자가 생기기 때문이다. 또한, 대학자율화와 대학간 경쟁의 촉진은 교수들과 대학 행정담당자들에게 경쟁시장에서 살아남기 위한 새로운 노력과 고통을 의미할 것이다.

이런 상황에서 정치권은 어려운 선택을 해야 하는 것이다. 교육계의 반발을 무마하기 위해 문제투성이의 현행제도를 지속할 것인지, 그렇지 않으면 세계화 시대에 필요한 국민적 교육수요를 충족시켜주기 위해 시장원리를 도입하는 과감한 개혁을 추진할 것인지, 이 중에서 하나를 선택해야 하는 것이다. 정치권의 선택이 우리 나라의 백년대계를 좌우하게 될 것이다.

적극적인 대외개방

세계화는 당연히 교육을 포함한 상품 및 서비스 모든 분야에서 대외 개방의 폭을 대폭 확대하는 것을 의미한다. 중국과 같이 큰 나라도 개방정책이 국가발전 전략의 핵심을 이루고 있는 상황에서 한국과 같이 작은 나라의 선택은 당연히 과감한 개방이어야 한다. 유럽에서는 네덜란드가 개방정책으로 유럽의 중심(hub)국가로 도약하였고 아시아에서는 싱가포르가 철저한 개방정책의 추진으로 아시아의 비즈니스 중심국가로 자리를 굳히고 있다. 남미국가들 중에는 칠레가 네덜란드와 싱가포르의 전철을 밟으면서 상당한 성과를 거두고 있다.

이런 맥락에서 한국의 노무현 정부도 동아시아 중심국가 건설을 국정운용의 주요 목표로 설정해 놓고 있다. 그런데 문제는 앞에서 지적한 네덜린드, 싱가포르, 칠레아 같은 나라들은 비즈니스 허브국가가 되기 위한 개방조치들을 지속적으로 그리고 철저히 추진하여 실제로 허브국가로 자리를 굳히고 있는 반면, 한국은 동아시아 허브국가라는 구호만 요란하게 외칠 뿐 이에 필요한 조치는 하나도 제대로 이루어지지 않고 있다는 것이다.

한·칠레 FTA 협정의 국회 비준과정에서 한국정부와 정치권의 무능력과 철학 부재는 여실히 드러났다. 칠레는 쌀, 쇠고기 등 한국의 주요 농산물을 수출하지 않으며 사과, 배 등이 예외품목으로 지정되어 한·칠레 FTA가 한국농업에 미치는 영향이 크지 않음에도 불구하고 과격한 농민시위가 줄을 이었고 여·야 정치권은 눈치를 보느라 FTA 비준을 상당기간 지연시켰다. 이러한 경험으로 미루어 한국이 과연 지금 전 세계 국가들이 치열하게 벌이고 있는 FTA 경쟁에서 앞서갈 수 있겠는가에 대한 근본적인 의구심을 갖지 않을 수 없다.

대외개방 문제는 어느 나라나 정치권의 부담이 되고 있다. 개방으로 이득을 보는 다수의 목소리는 조용한 반면 손해를 보는 소수의 목소리는 매우 크고 거칠기 때문이다. 그래서 이 문제는 국가 명운의 책임을 지고 있는 집권자와 집권당이 소신을 갖고 추진해야 하는 과제다. 한국의 경험도 마찬가지였다. 1960년대 초 대외지향적 수출진흥 정책도 대통령과 정부가 앞장섰으며 1980년대 초의 수입자유화도 그러했다.

그런데 민주화 이후 집권세력이 개방을 주도하는 전통이 흔들리고 있는 것이다. 다가오는 선거에서의 단기적 불이익을 걱정하여 집권세력이 개방화에 앞장서는 것을 꺼리게 되었기 때문이다. 그러나 개방에 따른 정치적 부담은 단기적 현상에 지나지 않으며 개방조치는 많은 국민에게 이득을 주고 경제발전에 크게 기여한다. 정치인과 정권의 시평선(time horizon)을 조금만 넓히면 개방이 자신들에게 정치적 이익이 된다는 것을 잘 알 수 있는 것이다. 이것이 바로 정치리더십의 요체라 할 수 있으며 지금은 중장기적 시각에서 국가발전을 도모하는 정치리더십이 필요한 시점이라고 생각된다.

FTA 전략

자유무역협정(FTA)은 세계 각국의 핵심적인 세계화 전략으로 활용되고 있다. 자유무역협정 단계로 시작된 유럽연합(EU)은 이제 공동화폐를 사용하는 경제동맹 수준까지 발전하였고 미국도 멕시코, 캐나다와 NAFTA를 추진한 후 남미 각국과도 FTA 추진을 가속화시키고 있다. 동남아국가들은 아시아자유무역협정(AFTA)를 오래 전에 추진하였고 브라질을 포함한 남미국가들도 남미공동시장(MERCOSUR) 구축에 앞장서고 있다. 칠레는 중남미 국가들과의 자유무역 차원을 넘어 NAFTA, EU 등 역외 주요 경제블록과의 FTA를 적극 추진하여 남미의 비즈니스 허브 국가가 되려는 노력을 경주하고 있다. 싱가포르는 미국, EU 등 세계의 중심경제권과 FTA를 추진하여 국제무역 중계자라는 자국의 위상을 높이는 한편 동아시아 비즈니스 허브의 위치를 공고히 하려하고 있다.

이러한 상황에서 한국의 선택은 분명하다. 그것은 적극적으로 FTA를 추진하는 것이다. 세계경제의 주역들이 모두 FTA를 경쟁적으로 추진하고 있는데 우리만 이 대열에서 낙오자가 되면 국제거래에서 역외자의 불이익만을 감내해야 할 뿐이다. 또한, 세계화 시대에 FTA라는 밴드왜곤

(bandwagon)에 편승하지 않는 것은 정치적으로도 외톨이가 됨을 의미하기 때문이다.

그러나, FTA에 대한 우리의 입장은 지나치게 소극적이었다. 한·칠레 FTA도 칠레정부 요청에 우리가 마지못해 응한 것으로 우리의 사정으로 협상과 비준동의 과정이 지연되었다. 현재 진행되고 있는 싱가포르와 일본과의 FTA도 상대방의 요청에 의한 것으로 우리는 소극적인 태도로 협상에 임하고 있다.

전문가들의 분석에 의하면 한·싱가포르 FTA는 경제적으로 큰 효과가 없을 것이며 한·일 FTA는 한국보다 일본이 더 큰 이득을 볼 것이라고 한다. 한국은 일본보다는 미국이나 중국과 FTA를 체결해야 경제적 이득이 큰 것으로 분석되고 있다. 그러나 이 경우 농업에 미치는 부정적 효과 때문에 한국정부는 이를 주저하고 있다. 빠른 경제성장으로 국제적으로 위상이 높아지고 있는 중국과 세계화 시대를 주도하고 있는 미국과의 FTA는 우리에게 경제적 이득뿐만 아니고 정치적으로도 긍정적 효과가 매우 클 것으로 기대된다. 특히, 한·일 FTA는 중국과 미국이 부정적인 반응을 보일 가능성이 크기 때문에 한·중 FTA와 한·미 FTA를 동시에 추진하지 않으면 득보다 실이 클 수도 있을 것이다.

결국, 한국은 가까운 장래에 FTA에 관한 중대한 선택을 해야 하는 상황에 직면하게 될 것이다. 바람직한 결론은 우리의 주요 교역국인 일본, 중국 그리고 미국과 FTA를 체결하여 동아시아의 비즈니스 허브 국가로서의 위치를 확고히 하는 것이다. 그러기 위해서는 농업 부문에서의 개방과 이에 따른 대대적인 구조조정을 감내해야 할 것이다. 정치권의 지혜로운 판단과 이해그룹 간의 갈등을 조정하는 정치리더십이 무엇보다도 필요한 시점이다.

세계화의 부작용 관리

세계화 과정에서 정부와 정치권이 수행해야 하는 임무 중 가장 중요한 것은 세계화로 인해 필연적으로 야기될 수밖에 없는 부작용에 대한 철저한 대비책을 마련하는 것이다. 이 중에서도 가장 어려운 문제가 개방으로 인해 피해를 보는 계층을 보호하는 것이다. 농업개방으로 인한 농민의 피해를 보상하고 이들에게 적절한 생계수단을 마련해 주는 것이 그 대표적인 경우라고 할 수 있다. FTA가 아니더라도 다자간 무역협상에서 농업개방 문제는 이제 우리가 더 이상 피할 수 없는 과제로 부각되고 있다. 농업개방 대책은 피해농민에 대한 철저한 보상책을 마련하는 데에서 시작되어야 할 것이다.

농업개방에 따른 직접적인 피해를 현금으로 보상하고 농어민 연금제도를 보완하여 보험가입 기간과 관계없이 농업에 종사하다가 은퇴한 고령자에게 적정수준의 공적연금을 지급하는 방안이 마련되어야 한다. 또한, 개방으로 농업을 떠나는 사람들에 대한 전직훈련 프로그램도 개발하고 개방 이후에도 경쟁력을 유지할 수 있는 전업농에게는 이들이 농업을 기업과 같이 경영할 수 있도록 기술과 자금은 물론 경영지원도 이루어져야 할 것이다.

이러한 구조조정에 필요한 재원의 마련은 농업개방이 가져다 줄 긍정적 경제효과를 감안할 때 별 문제가 되지 않을 것이나 개방의 불가피성을 농민들에게 설득하고 사회적 동요를 최소화하는 정치적 리더십과 행정관리 능력이 무엇보다도 요구된다고 하겠다.

또한 세계화는 이 과정에서 승자와 패자간 소득 격차를 확대시키게 된다. 세계화의 진원지인 미국의 경우 소득 격차는 1990년대 이후 계속 확대되고 있으며 한국의 소득분배도 외환위기 이후 계속 악화되고 있다. 사무자동화가 진전되고 고임금으로 노동집약적 공장들이 해외로 이전됨으로써 실업률도 높은 수준에서 유지되고 있다. 이러한 세계화 과정에서 개인간 그리고 계층간 격차는 사회적 갈등의 원인이 될 가능성이 크기 때문에 이를 사전에 예견하고 이에 대한 대책을 마련하는 것이 정부와 정치권의 역할이 되고 있다.

이를 위해서는 무엇보다도 세계화 과정에서 소외된 사회 구성원을 세계화에 동참할 수 있도록 유도해야 할 것이다. 개인의 경우 컴퓨터와 인터넷 사용방법을 가르쳐주어 디지털 시대의 구성원으로서의 기본 자질을 갖추게 하고 세계화 시대에 사양직종에 종사하는 사람은 전직 훈련과 재교육을 통해 성장 가능성이 높은 직종으로 이동할 수 있도록 도와주어야 할 것이다. 또한 실업보험, 사회보험 등의 사회안전망을 확충하고 저소득층의 기본 생계를 보장하는 제도적 장치를 확립하여야 한다.

세계화는 시장원리에 의해 작동되기 때문에 윤리의식이나 가치관이 존재하지 않는다. 그래서 세계화 시대에서 시장의 거대한 힘은 정의롭지 못한 상황을 조성할 수도 있다. 예를 들어, 아시아 금융위기 과정에서 해당 국가의 국민들은 실업과 인플레로 많은 고통을 겪은 반면 외환투기를 자행하여 위기를 조장한 국제투자가들은 큰 금전적 이득을 챙겼다. 세계화에 대한 비판여론이 높고 반대세력이 세계화의 대안을 모색하려는 것도 바로 이런 이유다. 그러나 문제는 세계화의 대안이 사실상 존재하지 않는다는 것이다. 그렇기 때문에 정부와 정치권은 이러한 부작용 발생의 불가피함을 국민들에게 알리고 이에 대한 보완책을 마련하여 국민들의 협조와 이해를 구하는 노력을 지속적으로 해야 할 것이다.

한·미동맹 관계의 공고화

동아시아 근대사에서 한·미동맹 관계는 120년의 역사가 있다고 할 수 있다. 1885년 '조·미 평화수호통상 및 항해에 관한 조약'의 체결을 계기로 한국과 미국은 공식적인 관계를 수립하였다. 이 조약에는 미국의 우호적 중재의 의무가 포함되어 있었으며 당시 국권 상실의 위기 상황에 직면한 조선 조정은 미국의 힘을 활용하여 일본의 조선 침략을 견제해 보려 하였다. 이러한 조선 조정의 노력은 당시 주한 미국 공사들로부터 호의적인 반응을 얻었으나 미국 국무성의 불개입 지시와 무관심한 태도로 실효를 거두지 못하였다. 당시 미국은 조선에 대한 처리 문제는 동아시아의 청, 일본, 러시아, 영국 등 주요 열강과의 관계 속에서 해결되이야 한다는 입장을 견지하였기 때문에 일본의 강요에 의해 한·일의정서가 체결되었을 때 미국은 이를 한·일간 보호조약으로 간주하여 한·미간 수호조약에 명시된 우호적 중재의 의무를 이행하지 않았다.

한국과 미국간의 특수한 동맹관계는 해방 이후 남한에서 미 군정이 실시되면서 시작되었다고 할 수 있다. 미 군정은 정당 다원주의 원칙에 입각하여 남한에 다양한 형태의 정당 활동을 허용하였으나 1946년 조선노동당의 위조지폐 사건 이후 미 군정은 좌익세력의 정치활동에 대한 견제와 통제를 시작하였다. 미 군정은 1948년 한국정부 수립과 더불어 막을 내렸다. 건국 후 한국에 대한 미국의 정책은 한국이 미국의 방위선 밖에 있다는 당시 애치슨 국무장관의 발언 등을 통해 알 수 있듯이 잠시 불분명한 적도 있었으나 북한의 남침과 이의 저지를 위한 미국의 참전으로 양국간의 동맹관계는 확고한 방향으로 발전되어왔다.

1953년 한·미동맹 조약이 체결되면서 미국은 한국의 안보를 확실히 보장하는 동맹국이 되었다. 한·미동맹 조약으로 한국은 한반도가 북한에 의해 적화통일되는 것을 방지하고 경제발전에 필요한 한반도에서의 안전을 미국으로부터 보장받으면서 그 대가로 미군 주둔과 전쟁 발발시 국군지휘권을 미군에 주는 등 독립국가로서 자주권의 일부를 미국에 넘겨주었다. 반면, 미국은 지정학적으로 동아시아의 요충지인 한국에 군사기지 확보와 정치·외교적 영향력을 행사함으로써 미국의 잠재적인 도전세력이 될 수 있는 중국과 일본을 동시에 견제할 수 있는 교두보를 구축하게 된 것이다.

한·미동맹 조약이 체결된 후 지난 반세기간의 성과는 대체로 매우 긍정적이었다고 평가할 수 있다. 안보를 미국으로부터 확실히 보장받은 상황에서 한국은 시장경제를 바탕으로 놀라운 경제발전을 이룩하였고 상당기간 우여곡절을 겪기는 하였지만 민주화도 이루어지고 이제는 본격적인 민주주의의 공고화 단계에 진입하게 되었다.

미국의 입장에서는 한국의 민주주의와 경제발전의 성공사례는 미국이 추구하는 자유민주주의와 시장경제의 우월성을 입증하는 기회가 되었고 주한미군의 존재는 동아시아에서 공산주의 세력의 확대를 저지하고 중국과 일본을 견제하는 역할을 충실히 수행하였다. 결국 한·미동맹 관계는 한국과 미국 모두에게 큰 이득을 안겨 주었다고 할 수 있다.

이러한 성과에도 불구하고 최근 한·미동맹 관계가 흔들리고 있다는 우려의 목소리가 높다. 그 첫 번째 증거는 한국에서 반미(反美)의식이 높아지고 있다는 것이다. 예를 들어, 미국 퓨(Pew) 연구소의 여론조사 결과에 의하면 미국에 대해 긍정적 이미지를 갖고 있는 주민 비율은 필리핀 90%, 일본 72%인 반면 인도와 한국은 각각 54%와 53%로 상대적으로 낮은 것으로 나타났다. 조사대상 44개 아시아국가 중 미국에 대한 부정적인 이미지가 한국이 여덟 번째로 높았다. 미국의 반(反)테러 전쟁에 대한 반대의견이 일본은 32%에 불과하였으나 한국은 72%로 매우 높았다.

최근 중앙일보 여론조사 결과에 의하면 탈미(脫美) 자주외교를 지지하는 계층이 28%로 한·미동맹 강화를 선호하는 계층 20%보다 높게 나타났다. 반미의식은 연령계층 별로도 큰 차이를 보이고 있다. 20대와 30대는 탈미 자주외교 지지자가 각각 39%, 34%로 높았으나 50대 이상은 17%로 상대적으로 낮았으며 한·미동맹 강화 지지자는 20대 12%, 30대 10%, 40대 18% 그리고 50대 이상 40%로 나타났다. 또한 여론주도층보다 일반대중의 반미의식이 상대적으로 높은 것으로 나타났다. 일반대중의 경우 대미 자주외교 지지자가 60%, 주한미군 철수 지지자가 57%로 높은 반면 여론주도층은 대미 자주외교 지지 43%, 주한미군 철수 지지 29%로 나타나고 있다.

한국인에 대한 미국인의 태도는 무관심이 대종을 이루고 있다. 최근 매일경제신문 여론조사에 의하면 미국인의 75%가 한국인에 대해 '별로 느끼지 않는다'로 응답하였고 25%만이 '친밀감을 느낀다'라고 하였다. '한국하면 연상되는 것은?' 이라는 질문에 15%가 전쟁·군대, 10%가 자동차 , 8%가 경제성장, 7%가 북한 핵, 6%가 가난, 5%가 전자제품, 4%가 하이테크, 3%가 저임금, 35%가 모르겠다로 대답하였다. 경제발전과 관련한 항목이 30%에 달한 반면 6.25 전쟁과 가난이라는 부정적 시각도 21%에 이른다는 것을 알 수 있다.

한국에서 반미의식이 높아지고 대북정책에 관한 한·미간 의견 차이가 커지면서 미국내 한국전문가들의 한국에 대한 인식이 크게 변화하고 있다. 최근 개최된 한·미 안보 관련회의에서 리처드 알런 전 레이건 대통령 안보보좌관은 "최근 북한의 위협에 대한 한·미간의 평가가 달라지면서 50년 동맹관계가 쉽게 회복되기 어려운 긴장을 겪고 있다"라고 언급하였고 알렉산드로 만수로프 아·태 안보연구센터 소장은 "한·미관계에 석양(sunset)이 지고 있다는 말들이 나오고 있다"라고 밝혔다.

한·미동맹 관계가 다소 흔들리고 있는 현재의 상황에서 이의 필요성을 다시 한번 점검해 볼 필요가 있다고 생각된다. 우선 한·미동맹은 한국을 북한의 군사적 위협으로부터 보호해 주는 역할을 하고 있다.

지금도 한반도의 군사적 긴장은 세계 최고 수준이라 해도 과언이 아니다. 북한은 110만 명의 병력과 탱크 3,500대, 대포 4,740기 등 재래식 군사력은 물론 각종 미사일과 생화학 무기를 보유하고 있으며 이의 대부분을 휴전선에 전진배치해 놓고 있다.

이에 더해, 북한은 오래 전부터 핵무기를 개발해 왔으며 머지않아 명실 공히 핵보유국이 될 것이라는 것이 전문가들의 공통된 의견이다. 이에 반해, 한국은 핵무기는 물론 중장거리 미사일도 없으며 병력, 탱크, 대포 등 재래군사력에서도 북한에 열세를 보이고 있다. 현재 이러한 남북한간의 군사력 격차를 주한 미군의 존재로 균형을 유지하고 있기 때문에 미군의 철수는 한국안보에 치명적인 위협을 가할 것이다.

또한, 동북아에서 질서를 유지하고 한국의 존립과 국가적 이해를 극대화 한다는 중장기적 시각에서도 한국은 미국과의 동맹관계를 필요로 하고 있다. 우리는 역사적으로 중국과 일본의 패권주의의 희생물이 되어왔으며 이러한 상황에서 국가로서의 존폐가 위협당하기도 하였다. 최근 일본과의 독도 영유권 분쟁, 중국과의 고구려사 논쟁 등이 시사해 주듯이 우리와 일본, 중국과의 갈등은 현재진행형이라고 할 수 있다.

중국은 역사적으로 통합과 분리의 과정을 반복해 왔다. 등소평의 등장으로 시작되는 실용주의는 중국의 경제력과 국방력의 증강을 가져 왔지만 시장경제체제로의 개혁은 지방에 대한 중앙의 장악력을 약화시키고 있다. 따라서 중국정부는 국방력 강화를 통해 소수민족의 이탈 방지와 중화(中華)경제·문화권 형성을 통해 민족통합을 유지하려 하고 있다. 그래서 중국은 대규모 탈북자들의 만주 유입에 의한 범(凡) 한민족주의의 등장과 그에 따른 만주 한민족의 분리주의를 경계하고 있다. 최근 고구려사에 대한 논쟁도 이러한 차원에서 이해되어야 할 것이다.

중국은 한반도의 지속적인 분단을 통해 미국의 패권주의에 북한을 방패로 활용하고 한국으로부터 북한문제를 매개로 외교적 이득을 최대화 하려할 가능성이 높다. 또한 중국은 한국이 동북아 중심국가로 부상하는 것에 대해 경계하는 입장이라 할 수 있다. 중국 역시 해안도시의 개발을 통해 동아시아에서 교역과 비즈니스의 중심지로 자리를 굳히려 하고 있기 때문이다.

중국은 기본적으로 미국의 패권주의와 일본의 팽창주의를 견제한다는 입장에서 안보전략을 구상하여 왔다. 반면, 일본은 대미 밀착외교를 견지하면서 자위대의 국제 활동무대를 확대하는 등 이른바 '보통 국가'로의 변화를 통해 자국의 안보이익을 확고히 하고 중국의 부상을 경계하는 대외전략을 강구해 오고 있다. 그러나 9·11 사태 이후 중국은 반테러전에서 미국과 협력함으로써 미국과의 관계개선에 노력하고 있다.

이와 같이 일본과 미국의 동맹관계가 더욱 확고해지고 중국도 미국과 협력관계를 발전시키려는 상황에서 한·미동맹 체제의 붕괴는 한반도 문제가 한국의 의사와는 관계없이 중·미·일 등 주변 강대국에 의해 결정된 19세기 말의 상황이 재현되는 결과를 초래할 수도 있을 것이다.

한·미동맹 관계의 유지는 한국경제의 지속적 발전에 결정적인 요인이라는 사실에도 이견이 있을 수 없다. 한국경제에 대한 대외신인도는 한반도에서의 평화유지가 전제조건이며 이는 확고한 한·미동맹 체제를 통해서만 보장될 수 있기 때문이다. 또한 세계화의 중심국가인 미국과의 동맹관계는 한국경제에는 큰 이점으로 작용하고 있다. 미국은 IT 등 첨단 산업기술의 공급원인 동시에 한국기업들이 생산하는 전자제품, 자동차 등의 최대시장이기 때문이다. 이에 더해, 한국내 외국인 직접투자와 주식투자의 대다수가 미국계 기업과 금융기관에 의해 이루어지기 때문에 한·미동맹 관계의 붕괴는 한국경제에 대한 대외신인도 추락으로 이어질 것이 확실하다.

이와 같이 한·미동맹 관계 유지가 한국의 발전과 생존에 절대적으로 필요한 상황임에도 불구하고 한국에서 반미주의가 고조되고 있는 것은 다분히 감정적인 이유에 기인한다고 하겠다. 무엇보다도 1990년 이후 급속히 진행되고 있는 세계화 과정에서 미국의 패권주의(Pax Americana) 현상이 심화되면서 이에 대한 감정적 반발심이 반미감정으로 표출되고 있다고 할 수 있다. 소련 붕괴 이후 세계에서 아무런 견제세력이 없는 미국의 존재는 한국을 포함한 세계 여러 나라에게 매우 오만한 국가로 비추어지게 되었고 이러한 현상은 9·11사태 이후 부시 행정부의 반테러전쟁 수행과정에서 더욱 심화되고 있다.

이에 더해, 김대중 정권 출범 이후 한국에서 진보세력의 정치·사회적 영향력이 증대하고 TV 등 대중매체가 이들에 의해 장악되면서 반미주의의 사회적 전파력이 가속화되었다. 2002년 발생한 미군 장갑차 사건이 대표적인 사례로서 진보세력의 조직적이고 지속적인 활동은 단순한 교통사고를 국민적 반미감정의 폭발로 승화·발전시켰다. 9·11테러 사건 발생 당시 TV 등 공중매체들이 이슬람 문제를 집중적으로 부각시켜 한국국민 다수로 하여금 미국의 강경한 반테러 조치들이 부당하다는 생각을 하도록 하는데 크게 거들었다. 반미주의로 무장된 전교조 교사들의 활동도 젊은 세대로 하여금 반미감정을 갖게 하는데 일조를 하였을 것으로 생각된다.

앞에서도 지적한대로 한·미동맹 체제는 한국의 안보유지는 물론 경제발전과도 직결되는 중차대한 사안이라 할 수 있다. 그렇기 때문에 이 문제가 감정적인 차원에서 다루어지고 정치적 목적으로 이용되고 악용되어서는 안 될 것이다. 한국의 현실과 한반도 주변정세를 살펴보면 한국의 미래가 확고한 한·미동맹 체제의 유지에 달려있다는 사실에는 진보세력도 부정하지 못할 것이다. 그렇다면 지금이라도 여·야 정치권은 한·미동맹 체제 유지에 관한 공감대를 형성하고 이를 바탕으로 선동적인 방법으로 반미감정을 유발시키는 어떠한 행동도 자제시키는 노력에 앞장서야 할 것이다.

대북 정책

대북정책은 대내적으로는 보수와 진보세력간의 정치·사회적 갈등을 유발하고 대외적으로는 한·미동맹 체제에 균열을 가져오는 원인이 되고 있다. 이러한 상황은 김대중 정권이 이른바 '햇볕정책'을 추진하면서 표면화되었으며 노무현 정권에 들어서도 개선의 기미를 보이지 않고 있다. 오히려 노무현 정권 출범과 더불어 국내정치가 보수와 진보진영으로 더욱 명확하게 구분되어지고 종래의 '친미 외교' 노선이 '자주 외교'

노선으로 수정되면서 대북정책을 둘러 싼 보수와 진보진영 간의 갈등과 한국정부와 미국정부와의 의견차이는 더욱 심화되고 있는 실정이다.

보수와 진보진영은 대통령 탄핵 등 주요 현안이 발생할 때마다 충돌하고 있으며 자신들의 의견 표출을 위해 대중 집회와 시위를 마다하지 않고 있다. 과거에는 화기애애한 분위기에서 의견의 일치를 보았던 북한문제 관련 한·미간 전문가회의에서도 한국과 미국측의 현격한 견해 차이가 표출되고 있고 이를 좁히지 못한 채 토론이 마무리되곤 한다.

대북정책을 논하기에 앞서 우선 북한의 현재 상황을 점검해 볼 필요가 있다. 먼저, 북한의 기획경제 시스템은 완전히 무너졌으며 그렇다고 시장경제 체제가 확립되지도 않았기 때문에 북한경제는 현재 대혼란 상태에 놓여있다. 소련의 붕괴로 외부로부터의 경제적 지원이 중단된 1994년 이후 북한경제는 급전직하로 추락하였다. 거의 모든 부문에서의 생산이 절반 이하 수준으로 감소하였고 전력공급 부족과 석유공급 차질은 북한경제 시스템을 마비시키고 있다. 이런 상황에서 김정일 정권은 주민들에게 기본 생필품을 공급할 수 없게 되었고 도시 곳곳에 있는 암시장이 그나마 북한경제를 지탱시켜주고 있다.

북한은 2002년 7월 가격과 임금의 현실화 조치를 취했으나 수입 확대를 통한 상품공급의 증가를 수반하지 않은 단순한 가격현실화 조치는 인플레만 유발하는 결과를 초래한 것으로 평가되고 있다. 이는 북한 스스로는 경제재건 능력이 없다는 사실을 입증하는 것으로 북한의 경제발전을 위해서는 국제협력과 대외개방이 불가피함을 의미하기도 한다.

그러나 북한은 중국이나 베트남식의 개혁과 개방을 주저하고 있다. 개방을 하게 되면 역사상 유래를 찾을 수 없을 정도의 통제를 통해 정권을 유지하고 있는 현 김정일 체제의 보장을 장담할 수 없기 때문이다. 그래서 김정일 정권은 전면적인 개혁 대신 소극적이며 부분적 개혁조치로 대처하고 있으며 외국의 적극적인 지원을 수반하지 않는 부분적 개혁조치들은 인프레와 분배구조의 악화만을 초래하고 있는 것이다.

이에 더하여, 북한은 핵무기 등 대량살상무기를 담보로 미국 등 국제사회를 상대로 협박을 하는 이른바 '벼랑 끝 외교' 전술을 구사하고 있다. 그래서 북한에 대한 국제사회에서의 이미지는 추락하게 되었고 국제사회로부터의 경제적 지원은 더욱 어려워지고 있다. 현재 북한 핵문제와 관련한 6자회담이 진행되고 있으나 북한과 미국간의 현격한 입장 차이로 큰 진전을 기대하기 어려우며 이 문제의 해결이 없는 한 북한에 대한 국제사회의 경제적 지원은 불가능할 것이다.

또한, 북한은 자국민에 대한 혹독한 인권유린 행위를 자행하고 있다. 경제난으로 2백만에 가까운 사람들이 굶어 죽은 것으로 추정되고 있으며 영양실조 등으로 고통을 받고 있는 사람도 부지기수다. 뿐만 아니라 정권의 유지를 위해 정치적 반대세력을 철저히 탄압하고 있으며 이들에 대한 고문, 생체 실험 등 가혹행위와 처형도 서슴지 않고 있다. 북한에는 현재 20만 명의 정치범이 집단수용소에서 각종 인권유린 행위에 시달리고 있다. 인류 역사상 보기 드문 반인륜적 정권이 북한에 존재하고 있는 것이다.

이러한 북한정권에 대한 한국정부의 입장은 이해하기 어려울 정도로 호의적이다. 막대한 현금을 북한당국에 지급하고 정상회담을 하는가 하면 각종 문화행사를 추진하고 있다. 현대그룹의 도산과 정몽헌 회장의 자살까지 불러온 금강산 관광사업은 적자상태에서도 계속되고 있다. 쌀과 비료도 꾸준히 공급하고 있다. 북한이 제네바 협정을 위반하고 핵무기를 개발하였음이 밝혀졌는데도 한국정부는 북한의 원자력발전소 건설사업을 계속해야 한다고 미국과 일본을 설득하고 다닌다.

남북교류 과정에서 북한측의 무례한 언사와 행동에도 오히려 한국정부가 사과를 하고 남북교류 활동을 지속하려고 안간 힘을 쓰고 있다. 북한의 인권문제를 제기하는 UN보고서 채택 과정에서도 한국정부는 불참 또는 기권 등의 아리송한 태도로 일관하고 있다.

이렇듯 납득할 수 없는 한국정부의 굴욕적인 대북정책에 대한 정부측의 답변은 한반도의 평화유지를 위해 불가피하다는 것이다. 그러면 과연 햇볕정책 추진 이후 한반도에서 긴장이 완화되고 평화정착의 기반이 구축되었는가 묻지 않을 수 없다. 이에 대한 평가는 정반대다. 북한의 핵무기 개발과 NPT 탈퇴 선언 등으로 한반도에서의 긴장은 그 어느 때보다 고조되고 있다. 북한과 미국과의 입장 차이를 감안할 때 북핵 문제는 2004년 말 미국 대통령선거 이후 북·미간의 군사적 충돌도 배제할 수 없는 것이 현재의 상황인 것이다.

한국정부의 '퍼붓기 식' 햇볕정책은 경제난 등으로 붕괴위기에 처한 김정일 정권의 수넝을 연징시켜주었을 뿐만 아니라 북 핵 관련 미국과의 협상과정에서 북한의 입지를 오히려 강화시켜 주었다는 것이 미국 북한 문제 전문가들의 지배적인 의견이다. 미 국제경제연구원(IIE)의 놀랜드

(Noland) 박사는 북한에 대한 지원이 중단되면 북한정권의 교체 가능성은 첫 해 40%가 될 것이며 2년 내에는 김정일 정권이 무너질 것으로 전망하고 있다.

조지타운 대학의 랭카스터(Lancaster) 교수는 "대북원조가 고통 받는 사람들을 돕는 것인지, 북한 정권의 수명 연장을 거드는 것인지 판단하기 어렵기 때문에 원조기관과 지원국들에게 도덕적 고민을 안겨준다"고 말하고 있다. 또한, 미 의회 조사국의 래리닉시는 "미 의회는 한국이 왜 북한의 인권문제에 대해 침묵을 하는지 궁금하게 생각한다. 또 한국은 남북 정상회담을 위해 뒷전에서 북한에 금전적 지원을 해줘 미국을 좌절시켰다"라고 주장하고 있다. 대북정책과 관련하여 한국과 미국의 북한전문가들 사이의 심각한 의견 차이를 실감케 하고 있다.

이러한 상황에서 한국정부와 정치권은 어떠한 선택을 하여야 하는가? 우선 여·야 정치권은 북한과 관련한 몇 가지 시각에 대해 인식을 같이 하여야 할 것이다. 첫째는 한반도에서 평화를 유지하는 것은 매우 중요한 일이며 이런 시각에서 북·미간 군사적 충돌은 막아야 한다는 것이다. 둘째는 김대중 정권이 추진한 햇볕정책은 남북간 대화의 물꼬를 열었다는 차원에서는 의미 있는 진전이라 할 수 있으나 '퍼붓기 식' 지원 방식은 북한의 개방을 유도하고 대량살상무기의 개발을 억제하는 데 별 도움이 되지 못했다는 인식하에 대북정책을 원점에서 다시 점검해 보아야 한다는 것이다. 셋째는 현안인 핵문제에 관한 한 한국과 미국이 공동보조를 취하고 강·온 전략을 병행해야 대북협상에서 효력을 발휘할 수 있다는 사실이다.

이러한 몇 가지 기본적 인식을 바탕으로 노무현 정부는 대북정책에 대한 여·야 간의 공통분모를 모색하고 이를 기초로 한·미간의 공감대 형성에 노력해야 할 것이다. 이는 한국정부가 기존의 대북정책을 상당부분 수정해야 함을 의미할 것이고 또한 북한 핵문제가 불거진 현재의 상황에서 우리의 불가피한 선택이라고 판단된다.

제10장

정치시대에서 경제시대로

"

우리는 생존을 위해 단순한 하나의 원칙을 갖고 있었다.

그것은 싱가포르가

이 지역에 있는 다른 나라보다

더욱 건실하고 조직화되고

더욱 효율적으로 변해야 한다는 것이다.

만일 우리가 우리의 이웃 국가들과 비슷하다면

사람들이 굳이 싱가포르에서 사업할 필요가 없다.

"

Lee Kuan Yew, 「From the Third World to First」

1. 경제시대를 여는 정치

정치시대와 경제시대

'정치의 시대에서 경제의 시대로'는 1960년 집권한 일본의 이케다 총리가 내건 슬로건이었다. 당시 일본의 정치상황은 매우 혼란스러웠다. 미·일 안보협정과 관련해 20만 명의 데모대가 국회의사당을 포위하는 등 사회분위기가 상당히 어수선했기 때문이다. 이케다 총리는 '소득배증' 계획을 발표하고 연간 9%의 경제성장률을 달성하는 데 국정운영의 최우선 순위를 두었다. 1962년 프랑스 방문시에는 '트랜지스터 세일즈맨'을 자청하면서 활발한 경제외교를 전개하였고 1964년 동경올림픽을 성공적으로 개최하여 일본국민들의 자긍심을 높여 주었다. 그 결과 일본은 1968년 서독의 경제력을 앞질러 세계 제2의 경제대국으로 부상하였다.

한국도 1988년 서울올림픽을 성공적으로 개최하여 대내적으로는 국민의 자긍심을 고취하였고 대외적으로는 한국의 위상을 높여 소련, 중국 등 공산권 국가들과 수교를 하는 등 활발한 북방외교를 전개하였다. 그러나 한국 정치권의 관심사는 경제보다는 정치문제에 집중되었다. '88 올림픽 직후 국회에서 '5공 청문회'가 열렸고 그 결과 올림픽 과정에서 결집된 국민저 단합은 여지없이 무너져 버렸다. 전두환 전직 대통령이 출석한 국회 청문회장은 욕설과 몸싸움으로 아수라장이 되었고 그 후 전 대통령이 백담사로 '유배'를 가야하는 사태까지 벌어졌다. 노사분규는 그칠 줄 몰랐고 이 과정에서 임금은 오르고 생산성은 하락하였다. '보통사람의 시대'를 선언한 노태우 대통령은 불법적이고 때로는 폭력을 수반한 노사분규에 대해서도 속수무책이었고 한국기업의 국제경쟁력은 크게 약화되었다.

1993년 집권한 김영삼 대통령의 '문민정부' 역시 국정의 우선순위는 경제보다는 '역사 바로 세우기'라는 과거청산 작업이었으며 이 과정에서 두 전직 대통령이 구속되었고 많은 기업인들이 기소되어 법정에 서게 되었다. 결국, 한국경제는 1997년 말 외환위기라는 최악의 상황을 맞이하였으며 경제정책의 주도권을 IMF에 넘긴 채 고금리와 긴축정책으로 인한 기업도산과 대량실업으로 많은 기업인들과 근로자들이 큰 고통을 겪게 되었다.

외환위기 발생 과정에 집권한 김대중 대통령의 '국민의 정부'는 초기에는 경제문제 해결에 역점을 두었으나 위기가 점차 수습되면서 국정운영의 우선순위를 대북관계의 개선으로 전환하였다. 이 과정에서 경제원칙을 무시한 금강산 관광 등 대북사업이 추진되었고 이는 현대그룹의 도산과 이를 살리기 위해 30조 원에 달하는 공적자금이 투입됨으로써 국민경제에 큰 부담으로 작용하였다.

노무현 대통령의 '참여정부' 역시 국정운영의 우선순위는 경제보다는 정치에 두고 있다. 열린우리당을 창당하여 새로운 진보세력이 정치의 주도권을 잡을 수 있도록 하기 위해 대통령이 지지자들에게 시민혁명을 지속하라고 하고 4·15 총선에서 지원을 아끼지 않겠다는 발언도 하여 대통령 탄핵 파문의 빌미를 제공하였다. 노사분규 과정에서 정부가 개입하여 노무현 정권의 지지세력이라 할 수 있는 강성노조의 손을 들어 줌으로써 노조의 목소리는 더욱 커지게 되었고 노사분규 건수는 증가하고 있다. 한국경제에 대한 국제신인도는 계속 하락하고 있고 국내 기업들의 해외 탈출이 줄을 잇고 있다. 탄핵파문 이후에도 노무현 대통령은 국가보안법 폐지와 '과거청산'을 직접 주장함으로써 경제보다는 국내정치문제에 국정운영의 중심을 두고 있다.

건국 후 지난 56년 간을 되돌아보면, 이승만 정권과 장면 정권 시기는 정치시대로 그리고 박정희 정권과 전두환 정권 시기는 경제시대였다고 특징지을 수 있으며 민주화 이후의 정권들은 거의 모두 정치시대에 속한다고 할 수 있을 것이다. 국정운영의 우선순위가 경제에 집중되었던 경제시대에는 경제가 눈부신 발전을 한 반면 경제가 정치현안 때문에 뒷전으로 밀렸던 정치시대의 경제는 정체 또는 퇴보의 길을 걸었음을 잘 알 수 있다.

세계화는 세계 각국으로 하여금 경제를 우선하는 경제시대로의 진입을 강요하고 있다. 세계화로 지구촌이 하나의 큰 시장이 되어 각국간의 경쟁이 치열해지면서 승자와 패자간의 격차가 확대되고 있기 때문에 세계 각국은 세계화 시대의 경쟁에서 이기기 위해 기업의 경쟁력 강화에 정책의 최우선 순위를 두고 있는 것이다.

국내 정치에서도 경제문제가 가장 크게 부각되고 있고 선거 결과도 집권세력의 경제성적표에 의해 결정되고 있다. 외교관계도 이념보다는 철저히 자국의 경제적 손익계산에 의해 이루어지고 있고 적군과 아군의 개념도 경제적 실리에 의해 결정되고 있다. 최근 미국과 중국 간의 우호적 관계도 이러한 맥락에서 이해되어야 할 것이다. 과거 미·소간 냉전체제가 정치시대라고 한다면 세계화된 지금의 세계는 경제시대라고 할 수 있는 것이다.

전 세계가 정치시대에서 경제시대로 옮겨가고 있는데 한국은 1987년 민주화를 전환점으로 경제시대에서 정치시대로 가고 있다. 그렇게 때문에 한국상품은 경쟁력을 잃어 국제시장에서 점유율이 계속 하락하고 있고 한국경제에 대한 대외신인도 역시 지속적으로 떨어지고 있는 것이다. 우리는 이미 치욕적인 외환위기를 경험하였으며 현재와 같은 상황이 계속되면 이러한 위기가 반복되지 않으리라는 보장이 없다. 1997년에 경험한 대로 디지털 시대의 경제위기는 디지털 스피드로 발생하기 때문에 우리는 한시도 마음을 놓을 수 없는 상태다. 따라서 현 시점에서 정치권의 가장 시급한 과제는 민주화 이후 지속되고 있는 정치시대를 넘어 우리도 세계화 추세에 맞추어 경제시대로 가는 것이다.

미래지향적 상생(相生)의 정치

민주화 이후 한국정치가 경제를 외면하는 정치시대에서 벗어나지 못하는 이유는 정치권이 과거의 문제로 갑론을박하면서 서로 '헐뜯기' 경쟁에 몰두하고 있기 때문이다. 노태우 정권에서 국회 다수의석을 차지한 야당들은 5공 청문회를 열어 집권세력의 부도덕성을 폭로하는데 주력하였고, 김영삼 정권은 '역사 바로 세우기'로 여권내 군부세력을 거세하였으며, 김대중 정권은 세풍사건 수사 등 검찰력을 동원하여 국회

다수당인 야당을 탄압하였다. 노무현 정권도 불법 정치자금에 대한 검찰 수사를 독려하여 기성 정치권에 대한 국민의 불신감을 조성하여 새로운 정치세력의 입지 확보를 지원하고 있다. 이에 더해, 국회 과반의석을 차지한 열린우리당은 국가보안법 폐지와 '과거 청산' 작업에 당력을 집중시키고 있다.

이러한 과정에서 여·야 정치권은 각자 생존을 위한 치열한 투쟁을 하게 되었고 공격 당한 세력은 상대방의 약점을 들추어내 반격함으로써 정치권의 공방은 더욱 치열해져 왔다. 그 결과 새로운 정권이 들어서면 검찰수사권을 통해 전임자와 반대세력에 대한 대대적인 공격이 가해졌고, 이에 피해를 본 상대세력은 집권세력의 비리정보를 폭로하여 반격을 가하는 것이 주기적으로 되풀이되고 있는 것이다.

이 과정에서 정치권에 대한 국민의 불신은 높아지기만 했고 경제계는 불법 정치자금을 준 원죄(原罪)로 언제나 숨을 죽이고 있어야 했으며 대내외적으로 불신의 대상이 되었다. 어느 외국연구기관의 설문조사 결과, 한국의 경우 일반 국민의 기업에 대한 불신 정도가 70%로 조사돼 대상국 22개국 중 1위였다는 놀라운 사실도 여·야 정치권의 상대방 헐뜯기 경쟁의 산물이라고 할 수 있을 것이다.

이제는 여·야 정치인 다수를 서울구치소로 보내고 한국 굴지의 기업총수들을 죄인으로 만드는 정치권의 헐뜯기 경쟁이 중단되어야 한다. 현재의 상황이 지속되면 정치권만 아니라 이들에게 정치후원금을 제공할 수밖에 없는 기업과 경제가 동반 추락할 수밖에 없기 때문이다. 이를 위해서는 우선 대통령과 집권세력이 전임자 또는 야당세력에 대한 정치보복 관행의 고리를 끊어야 한다. 그리고 정치자금에 대한 검찰 수사 역시 불가피한 경우에 한정하고 그런 경우에도 반드시 정치적 중립을 지켜야 할 것이다. 또한, 야권 역시 부정확한 제보와 풍문을 무차별적으로 폭로하는 관행에서 탈피하여 집권세력과 정부의 정책을 비판하고 건전한 대안을 제시하는 방법으로 국민의 지지를 받는 새로운 전통을 만들어가야 한다.

우리는 아일랜드로부터 화합과 상생의 정치를 배워야 한다. 아일랜드는 오랜 기간 극렬한 노조투쟁과 경제침체의 악순환에서 허덕이고 있었으나 1987년 제1 야당 당수 앨런 듀크스가 대폭적인 재정지출 삭감 계획을 담고 있는 집권당의 예산안에 전폭적인 지지를 한 이른바 '탈라 전략'으로 불리는 연설을 하여 노·사·정 간 사회연대의 분위기를 조성하였다. 그 결과 아일랜드경제는 고도성장의 길로 접어들었다. 1988년 국민소득 1만 달러에서 1997년 2만 달러를 돌파하였고 2002년 3만 달러에 달하여 영국을 제치고 서유럽에서 가장 잘 사는 나라 대열에 합류하게 된 것이다. 아일랜드 사례는 국민소득 1만 달러의 늪에서 벗어나지 못하고 있는 우리에게 좋은 교훈이 아닐 수 없다.

경제를 최우선하는 정치

표면적으로 보면 경제를 중요하게 생각하지 않는 정권은 없으며 선거철만 되면 주요 정당들은 경쟁적으로 경제와 관련된 멋진 청사진을 제시하고 있다. 그런데 실제로 정치권의 주요 논쟁거리는 경제와 거리가 먼 경우가 많다. 정치적 쟁점 중 가장 뜨거운 감자는 상대방에 대한 비리폭로 또는 과거경력 시비 등이다. 정책 토론도 경제문제보다는 대북지원, 이라크 파병 등 의견 차이가 현격히 드러나는 통일·외교 분야 현안이 많다.

농산물 시장개방, 노사 분규 등 경제 관련 현안에 대해 정치권은 가급적 언급을 자제하여 특정 이익집단의 감정을 자극하려 하지 않는다. 그래서 결국 한국의 정치권은 선거기간에는 장밋빛 경제공약을 제시하지만 이의 달성을 위해 꼭 필요한 조치에 관해서는 단기적 인기를 의식하여 침묵으로 일관하는 무책임한 태도를 취하고 있는 것이다.

이러한 상황에서 경제시대를 여는 정치가 펼쳐지기를 기대하기는 어렵다고 생각된다. 이제 정치권은 국민들에게 좀 더 솔직해져야 할 것이다. 고도성장과 동북아 비즈니스 중심국가를 선거공약으로 제시한 정당이 농산물 개방을 반대하고 강성노조의 불법 파업에 우호적인 입장을 취하는 이중적 태도를 취해서는 안 될 것이다.

한국정당들도 점차 이념 노선의 차이를 드러내면서 보수와 진보로 구분되어지고 있다. 따라서 정당들은 자신들의 가치관에 입각한 정책목표와 분야별로 일관성 있는 정책대안을 국민들에게 제시하여 유권자들이 이를 근거로 정당을 선택하고 그러한 정책들의 추진 결과에 대해 다음 선거에서 평가받을 생각을 해야 한다. 언론과 시민단체 등 전문가 그룹은 정당들이 제시한 정책들이 일관성이 있는지 그리고 실현 가능한지를 평가하여 그 결과를 국민들에게 알려 국민들이 올바른 선택을 할 수 있도록 도와주어야 할 것이다. 또한, 유권자들은 지역 연고나 일시적인 감정이 아니라 정당이 제시하는 정책의 내용과 이의 실현 가능성 등을 나름대로 평가하여 지지정당과 후보를 결정하려는 노력을 해야 할 것이다.

경제시대를 여는 정치가 이루어지기 위해서는 정치권의 다수가 세계화 시대에 부응하는 경제철학을 공유하고 있어야 할 것이다. 특히, 현재와 같이 진보세력이 집권을 하여 국회에서 다수 의석까지 확보한 경우 이들의 경제철학이 세계화 시대의 개방정책과 시장원리에 역행하는 것이라면 경제발전은 기대하기 어려울 것이다.

세계화 시대를 맞아 세계 각국의 좌파 정치세력은 집권을 하면서 자신들의 경제철학을 수정하는 경우가 많아지고 있다. 현재 영국의 노동당이 대표적인 경우로 블레어 내각은 종래의 진보적 노동당 정책노선을 상당부문 수정하여 시장 친화적이며 친(親)기업적인 경제정책을 추진함으로써 기업으로부터도 상당한 호감을 얻고 있다. 브라질의 룰라 대통령도 좌파정당을 대표하여 선거에 승리하였으나 집권 후에는 보수적 인사들을 경제장관과 중앙은행 총재에 임명하고 시장친화적인 경제정책을 추진함으로써 IMF 등 국제 금융기구로부터 긍정적인 평가를 받고 있다.

이와 같은 좌파정권의 정책노선 변경은 경제실적을 좋게 하였고 이는 정권에 대한 대외적인 신뢰는 물론 국민적인 지지를 높이는 결과를 초래하였다. 결과적으로 세계화 시대의 치열한 국제경쟁이 좌파정권으로 하여금 우파적 경제정책을 추진하게 하는 것이 작금의 세계적인 추세다. 이는 현재의 노무현 정권에게 시사하는 바가 크다고 할 수 있다.

2. 경제시대를 선도하는 정치지도자

외국의 성공사례

경제시대를 열어 경제발전에 성공하기 위해서는 뛰어난 정치지도자의 역할이 반드시 필요하다. 2차 세계대전 후 '라인강의 기적'을 일으킨 독일이 그 대표적인 사례라고 할 수 있다. 라인강 기적의 주역은 아데나워 총리와 에르하르트 경제장관이었다. 아데나워 총리는 민족주의를 포기한다는 이유로 독일의 총리가 아니고 '연합국의 총리'라는 비난까지 받으면서도 친서방 외교노선과 시장경제정책 기조를 고수하였고 유럽통합도 적극적으로 추진하였다.

에르하르트 장관은 화폐금융 질서의 안정을 최우선으로 하면서 자유주의 경제정책을 통해 기업하기 좋은 환경을 만드는데 정책의 역점을 두었다. 그는 기업의 독점도 반대했지만 강성노조의 노동력 독점에도 강하게 비판하였다. 아데나워 내각에서 경제장관으로 14년 그리고 총리로 4년 간 재임하면서 '사회적 시장경제' 원칙을 충실히 적용하여 라인강의 기적을 일구어 낸 에르하르트는 이렇게 말하였다. "자유시장경제만이 우리에게 자유와 복지를 안겨 줄 수 있다. 자유란 하나이며 그것은 결코 나뉘어 질 수 있는 것이 아니다. 정치적 자유, 경제적 자유, 인간적 자유는 통합된 하나의 통일체이다."

2차 세계대전의 또 하나의 패전국인 일본 역시 1950년대 요시다 수상과 1960년대 이케다 수상의 경제우선 정책에 힘입어 세계 제 2의 경제대국으로 발전하였다. 요시다 수상은 전후 일본의 기본적인 정책노선을 경제성장에 두었고 안보는 미국에 의존하였다. 또한, 1955년 보수진영의 자유당과 민주당이 합당하여 자유민주당을 결성하여 1993년까지 장기 집권하여 보수세력이 주도하는 정치적 안정을 이룩하였다는 사실 역시 전후 경제발전에 밑거름이 되었다. 앞서 언급한대로 1960년 집권한 이케다 수상은 집권하면서 '정치의 시대를 경제의 시대로'라는 슬로건을 내세워 경제우선 정책을 가속화하여 일본 역사상 경제기적을 이룬 지도자로 평가받게 되었다.

싱가포르 역시 정치지도자의 확고한 정치철학과 신념으로 정치안정과 눈부신 경제발전을 이룩한 대표적인 사례라 할 수 있다. 리콴유 수상은 31년간 장기 집권하면서 싱가포르를 완전히 개방된 아시아의 물류 및 비즈니스 중심지로 만들었다. 리콴유 수상은 자신의 노동활동 경력을 십분 활용하여 일찍이 노사안정을 이루는데 성공하였고 경제는 완전 개방하여 다국적기업의 투자를 장려하였다.

또한 '다른 것은 다 수입해도 공무원은 수입할 수 없다'는 생각에서 공무원에게 최상의 금전적 보상을 해주어 최고의 인재를 등용함으로써 정부행정의 효율성과 투명성을 높였다. 현재 싱가포르항은 연간 3억 2,600만 톤의 화물을 처리하는 세계 최대의 컨테이너 항구로 발전하였고 6,000여 개의 외국기업들이 싱가포르에서 활동중이고 총 투자의 70%가 외국인이며 인구의 90%가 영어소통이 가능하다.

중국을 개혁과 개방의 길로 이끌어 오늘날 경제대국으로 급부상하게 한 것은 전적으로 등소평의 공로라고 할 수 있다. 세 번이나 실각하였다가 1977년 권력의 중심에 서게 된 등소평은 '개혁·개방을 추진하되 사회주의 체제가 붕괴되는 것은 용납하지 못 한다'는 온건적 개혁노선을 분명히 함으로써 정치적 안정 속에서 경제개혁과 개방을 추진하는 데 성공하였다.

등소평은 자신을 정치적으로 탄압하고 중국경제를 파탄으로 몰아넣은 모택동 주석을 국가영웅으로 대접하여 시신도 수도 한복판에 안치해 놓으면서, 자신은 몸을 낮추어 처신하였고 자신의 시신은 화장하여 홍콩 앞 바다에 뿌리게 하였다. 또한, 실사구시의 외교 전략을 구사하여 미국과도 협조적인 외교관계를 유지하여 중국을 다국적 기업들이 가장 선호하는 투자지역으로 만들어 놓았다. 등소평의 혜안이 중국의 운명을 바꾸어 놓은 것이다.

영국의 대처는 1959년 국회의원이 되면서부터 정부의 과도한 개입주의와 복지정책을 비판하면서 기업활동의 자유를 주장하였다. 1979년 영국 최초의 여성총리가 되면서 대처는 인플레이션을 해소하고 탄광노조를 굴복시켰으며 감세, 정부지출 삭감 등의 정책을 추진하여 이른바 '영국병'을 치료하는데 성공하였다. 대처는 11년간 총리로 보수당 정부를 이끌어오면서 미국의 레이건 대통령과 함께 강력한 반공(反共)노선을 견지함으로써 소련으로부터 '철의 여인'이라고 불리어지기도 하였고 공산주의와의 냉전을 승리로 이끄는데 선봉장 역할을 하였다.

대처총리가 히이에크, 프리드먼 등 신자유주의 경제학자들과 친분을 유지한 것은 사실이나 대처리즘(Thatcherism)은 당시의 '영국병'이 사회주의적 정책의 부작용이며 이의 해결을 위해서는 시장과 기업활동에 대한 정부의 개입을 축소하고 노동조합의 부당한 파업을 막아야 한다는 대처 자신의 신념에 기초하였다고 할 수 있다.

미국의 레이건 대통령은 소련이 군비(軍備)경쟁에서 미국을 이길 수 없다는 신념으로 '별들의 전쟁'(Star Wars) 등 강력한 군비증강 정책을 강행하여 소련을 군축협상에 나오게 하였고 궁극적으로 냉전을 종식시켰다. 그 결과 세계화 추세는 더욱 가속화되었고 전 세계는 정치시대에서 경제시대로 전환되게 되었다. 레이건은 원래 루스벨트 대통령의 뉴딜정책을 열렬히 지지하는 민주당원 이었으나 할리우드 영화계에서 노조간부로 있을 때 공산주의자들과 대항해 싸운 경험이 그를 정치적으로는 보수주의, 경제적으로는 자유주의자로 변화시켰다고 한다.

레이건은 캘리포니아 주지사 시절에도 주 정부재정을 흑자로 전환시키는 업적을 이루었고 1968년 버클리 대학 소요사태에는 주 방위군을 출동시키는 등 강경대응을 하였다. 1980년 대통령에 당선되어 8년간 재임한 레이건은 과감한 감세조치로 기업의 활력을 제고하고 경기를 활성화시키는 이른바 레이거노믹스(Reaganomics)정책을 전개하였다.

레이건 대통령은 재임기간 중 발생한 항공관제사 파업에 군 인력을 동원하는 등 강력히 대응하여 미국에서 강성노조 활동이 크게 위축되게 하였다. 이렇게 이루어진 협조적 노사관계는 1990년을 전후하여 폭발적으로 진전된 디지털 기술의 혁신과 함께 '신경제 시대'(age of the new economy)를 여는 기초가 되었고 이를 바탕으로 팍스 아메리카나 시대는 더욱 확고한 기반을 구축하게 되었다.

정치지도자의 덕목

이러한 외국의 사례를 통해 얻을 수 있는 교훈은 사회계층간 갈등이 부각되고 경제 등 민생문제가 뒷전으로 밀리는 정치시대를 넘어 정치안정을 바탕으로 경제발전이 이루어지는 경제시대로 가기 위해서는 정치지도자의 역할이 매우 중요하다는 것이다. 이러한 사실은 건국 후 한국의 경험을 통해서도 확인할 수 있다. 대통령이 국정운영의 최우선 순위를 경제문제 해결에 두고 강력한 정치력을 발휘하였을 때 한국경제는 눈부신 성과를 올린 반면 대통령의 국정운영 우선순위가 경제보다는 정치에 있었을 때 경제는 정체 또는 뒷걸음질쳤다.

대통령책임제 권력구조에서 대통령은 행정수반으로서 그리고 국가원수로서 막강한 힘과 영향력을 갖고 있기 때문에 대통령에 대한 연구가 많이 진행되고 있으며 이를 '대통령학'이라고도 한다. 프레드 그린슈타인(Fred Greenstein)은 「위대한 대통령은 무엇이 다른가」(The Presidential Difference)에서 성공한 대통령의 덕목으로 ① 국민과의 의사소통 능력, ② 같이 일할 사람들을 선택하고 효과적으로 조직화하는 능력, ③ 정치적 수완, ④ 비전을 제시할 수 있는 통찰력, ⑤ 국정 일반에 대한 문제파악 능력, ⑥ 정서관리 능력 등 여섯 가지를 제시하고 있다.

또한, 코우즈스와 포즈너(Kouzes & Posner)는 「리더십 도전」(The Leadership Challenge)에서 여론조사 결과 일반 국민들이 대통령에게 요구하는 덕목으로는 ① 정직, ② 미래지향성, ③ 감동시키는 능력, ④ 창조적 능력 등이라고 지적하면서 이 중에서도 국민들은 '정직'을 가장 중요한 덕목으로 여긴다고 한다.

박세일은 「대통령의 성공조건」에서 한국적 현실에서 대통령이 지녀야 할 덕목으로 다음의 일곱 가지를 제시하고 있다. ① 정직과 국민사랑 그리고 자기희생의 열정을 가져야 한다. ② 국가 발전의 비전과 전략에 대한 청사진을 가져야 한다. ③ 천하의 최고 인재를 폭넓게 모아야 한다. ④ 자신을 낮추고 남의 이야기를 잘 들어야 한다. ⑤ 자기관리에 엄격해야 한다. ⑥ 국정 시스템 운영능력이 있어야 한다. ⑦ 역사의 교훈에서 배워야 한다. 매우 합리적이고 포괄적인 덕목이라고 생각되나 과연 이런 것을 모두 갖춘 인사가 존재할 수 있는지 또한 존재한다고 해도 대통령으로 당선될 가능성이 얼마나 있는지에 대해 의구심을 갖지 않을 수 없다.

최평길은 「대통령학」에서 고위공직자를 상대로 실시한 조사 결과 대통령이 갖추어야 할 주요 덕목으로 ① 미래에 대한 비전 54.3%, ② 결단력 20.5%, ③ 도덕성 8.0%, ④ 신축적 사고 9.0%, ⑤ 지식 3.9%, ⑥ 포용력 2.6%, ⑦ 성실성 1.0%, ⑧ 자신감 0.3% 등을 꼽고 있다. 일반 국민은 정직을 가장 중요한 대통령의 덕목으로 생각하는 반면 고위공직자는 미래에 대한 비전을 대통령이 갖추어야 할 가장 중요한 자질로 여긴다는 것이 특이한 차이점이라 할 수 있다.

미래에 대한 비전

경제시대를 성공적으로 선도한 정치지도자들의 공통점은 국가장래에 대한 분명한 비전을 갖고 이를 구현시키려는 노력을 지속적으로 하였다는 점이다. 그래서 앞에서 지적된 정치지도자의 여러 가지 덕목 중 경제시대에 가장 필요한 것은 미래에 대한 비전이라고 생각된다. 이는 고위공직자를 상대로 한 여론조사 결과와 일치하는 것이다. 그러나 일반 국민들은 정직이나 감동시키는 능력을 중요시하는 것으로 조사되고 있다. 신뢰할 수 있는 사람을 정치지도자로 삼겠다는 국민정서는 충분히 이해가 되나 이를 지나치게 강조하는 것은 새로운 부작용을 야기할 수 있다.

첫 번째 문제는 상대후보의 신뢰성에 흠집을 내기 위해 선거과정에서 상대방의 약점만을 집중적으로 부각시키는 네거티브 캠페인이 기승을 부릴 가능성이 높아진다는 것이다. 이러한 현상은 1997년에 이어 2002년 대선 과정에서도 뚜렷이 나타났으며 선거기간 중 제기된 후보에 대한 인신공격의 상당 부분이 나중에 근거가 없는 것으로 판명되었으나 선거결과에는 큰 영향을 미친 것이 사실이다.

또한, 선거에서 후보의 도덕성 문제가 쟁점이 되면서 후보의 미래에 대한 비전 등 국정운영 능력에 대한 평가가 뒷전으로 밀리는 결과를 초래하고 있다. 이는 능력이 뛰어나기보다는 약점이 상대적으로 적은 후보가 공직에 선출될 가능성이 높음을 의미하며 결국 비효율적인 국정운영의 근본적인 원인이 될 수 있다.

현대의 선거는 미디어 신거리고 한다. 특히, 선거운동 대상지역이 넓은 대통령선거는 미디어 캠페인이 선거결과를 좌우한다고 해도 과언이 아니다. 그래서 선거전에서 가장 중요한 것은 유권자를 감동시킬 수 있는 이벤트를 만들고 유권자들이 원하는 방향으로 후보의 이미지를 부각시키는 것이다. 한국에서도 1997년 대선에서 TV 토론, TV 광고 등이 본격적으로 도입되면서 대통령선거는 이미지 선거이며 이벤트 선거가 되었다.

이러한 추세는 미국 등 선진국도 마찬가지다. 흥행에 성공적인 영화 제작을 위해서는 좋은 시나리오와 명배우가 있어야 하듯이 미디어 선거에서는 탁월한 선거홍보 전략과 이를 효과적으로 표현해 내는 연기력이 뛰어난 후보가 있어야 한다. 그래서 미디어 선거에서 성공하기위한 정치 지도자는 연기자와 같은 능력을 소유해야 한다. 그러나 훌륭한 연기자가 미래에 대한 비전과 국정수행 능력을 동시에 갖추는 것은 쉬운 일이 아니다. 따라서 현대의 미디어 선거에서는 미래에 대한 뚜렷한 자신의 비전이 없는 후보도 참모들이 만들어준 비전을 선거기간 중 유권자들에게 잘 전달하는 연기력만 갖고 있으면 선거에 승리할 수도 있는 위험을 초래하게 된다.

바로 이런 점이 대통령제의 심각한 문제점이라고 생각된다. 선거과정에서 네거티브 캠페인이 기승 부릴 가능성이 높고, 능력 있는 후보보다는 약점이 상대적으로 적은 후보가 승리하게 되며 자신의 비전이 없어도 참모들이 만들어준 것을 유권자들에게 잘 전달하는 연기력이 뛰어난 후보가 국가운명을 거의 독점하는 대통령에 당선될 가능성이 높다는 것이다.

반면, 내각제에서는 내각수반이 되는 수상을 일반 유권자들이 아니라 정치엘리트들이 선출하기 때문에 이미지보다는 국정운영 능력이 수상후보 선출에 중요한 결정요인이 될 수 있을 것이다. 내각제에서 유능한 수상은 임기가 제한되어 있는 대통령보다 훨씬 오래 집권 할 수 있기 때문에 자신의 미래에 대한 비전을 실현시킬 수 있는 가능성 또한 높아지게 된다. 뿐만 아니라 내각제 수상은 의회에서 과반수 의석 확보가 보장된 상태에서 집권하기 때문에 자신의 비전을 정책으로 구현시키는 것이 의회 과반수의석을 확보하지 못한 대통령보다 훨씬 수월하다. 결론적으로, 경제시대를 선도하는 정치지도자는 대통령제보다는 내각제에서 부상될 가능성이 훨씬 높다는 사실을 지적하지 않을 수 없다.

민주화 이후 한국의 대통령들이 경제시대를 열어가지 못한 것도 대통령제의 이러한 제도적 결함에 기인한다고 생각된다. 한국에서 경제시대를 선도한 대표적 정치지도자는 박정희 대통령이었는데 박 대통령은 군사쿠데타에 의해 집권하여 권위주의적 방식으로 집권연장을 해왔기 때문에 앞에서 지적된 현대 대통령 선거제도의 문제점인 미디어 선거의 부작용, 단임제의 한계 등이 발생할 수 없었던 것이다.

실용주의 외교노선

성공적으로 경제시대를 선도한 정치지도자들의 또 하나의 특징은 초강대국인 미국의 경우를 제외하고는 모두 실용주의 외교노선을 선택하였다는 점이다. 다시 말해 외교에서 패권경쟁에 참여하여 국력을 소모하지 않고 실용주의적 접근을 함으로써 경제발전에 국력을 집중시킨 것이다. 전후 경제기적을 일구어낸 서독과 일본이 대표적인 사례이며 최근 강대국이면서 실사구시의 외교노선을 걷고 있는 중국 또한 이 경우에 속한다고 할 수 있다.

독일, 일본, 중국과 같은 강대국들도 실용주의 외교노선으로 국력을 경제에 집중하는 현실에서 한국의 선택은 자명하다고 생각한다. 실리에 기초하여 기존의 한·미동맹 관계를 지속적으로 유지하면서 동북아의 강대국인 중국과 일본과도 긴밀한 경제협력을 바탕으로 우호적인 외교 관계를 발전시켜 나가는 것이다.

이런 차원에서 최근 노무현 정권의 자주외교 노선에 대해서는 상당히 신중한 접근이 필요한 문제라고 생각된다. 세계화로 미국의 패권주의가 더욱 심화·확산되고 있는 상황에서 자주외교를 하는 나라는 지구상에 미국밖에 없다는 것이 전문가들의 공통된 견해다. 물론, 북한과 일부 아랍 국가들이 자주외교 노선을 천명하고 있으나 이들 모두 경제적으로 비싼 대가를 치르고 있다는 사실을 명심해야 할 것이다.

대외지향적 시장경제

경제시대를 선도한 정치지도자들 모두가 대외지향적 시장경제 철학을 소유하고 있다. 대내지향적 경제정책을 추구한 나라들은 모두 실패하였으나 대외지향적 경제정책을 채택한 대부분의 나라들은 성공하였다. 1950년대 한국이 전자의 경우였고 1960년대 이후의 한국이 후자에 속한다고 할 수 있다. 또한, 사회주의 경제체제의 실험은 실패로 끝났고 세계 역사상 가장 오래된 시장경제는 나날이 번성하고 있다. 세계화는 시장경제의 르네상스라고 할 수 있으며 세계화 시대에 시장경제 이외의 대안이 없다는 것은 이미 공지의 사실이라 할 수 있다.

따라서 한국이 민주화 이후 지속된 정치시대를 넘어 경제시대로 진입하기 위해서는 이 과정을 선도해야 하는 대통령이 확고한 대외지향적 시장경제 철학을 갖고 있어야 한다. 사회주의 모델이 실패하였을 뿐만 아니라 사회주의도 아니고 시장경제도 아닌 이른바 '제 3의 길'은 사실상 존재하지 않는다는 것도 정치지도자들은 분명히 인식하여야 할 것이다.

영국 노동당이 주창하는 '제3의 길'은 노동당의 전통적인 사회주의 노선을 수정하여 세계화 시대에 맞는 시장경제의 길로 가겠다는 의지의 전술적 표현으로 이해되어야 할 것이다. 이는 오랫동안 공산주의 관행에서 탈피하여 시장경제의 길로 가려는 중국이 자국내 보수적 공산주의자들의 동참을 유도하기 위해 '사회주의적 시장경제'를 주창하는 것과 마찬가지의 정치전략이라 할 수 있는 것이다. 그러나, 제헌헌법에서부터 자유시장 경제체제를 확고하게 천명해 온 한국이 이제 와서 존재하지도 않는 '제3의 길'을 모색하려 한다면 이는 정말로 어리석은 짓이 아닐 수 없다.

인사관리 능력

경제시대를 선도하는 정치지도자의 덕목으로 인사관리 능력은 아무리 강조해도 지나치지 않다고 할 수 있다. '인사가 만사'라는 말은 행정부의 수장으로 경제팀을 포함한 정부부처와 정부관련 기관의 인사권을 쥐고 있는 대통령에게 그대로 적용된다고 할 수 있다. 우수한 인재들을 발탁하고 이들에게 국정운영의 권한과 책임을 부여하여 그들의 동기를 유발시켜 대통령이 지향하는 목표를 향해 헌신적으로 뛰게 하는 것이야말로 국정운영의 요체라 할 수 있을 것이다.

우선 경제시대를 이끌 경제팀과 관련하여 중요한 것은 대외지향적 시장경제 철학을 확고히 갖고 있으며 행정부서를 통솔할 수 있는 인사들로 하나의 팀을 구성하는 것이다. 그리고 경제부총리를 경제팀의 수장으로 정하고 경제부총리에게 경제정책 조정과 관련된 권한을 부여해야 할 것이다. 또한, 대통령은 경제팀이 확정된 경제정책을 소신껏 추진할 수 있도록 정치적 후견자 역할을 충실히 수행해야 한다. 특히, 경제개방과 관련하여 피해집단의 반발로 인한 사회적 갈등을 최소화시킬 수 있는 정치력을 발휘하는 것도 대통령의 역할이 되어야 할 것이며, 노사화합 분위기를 조성하여 기업하기 좋은 환경을 만들어 주는 데에도 대통령이 정치리더십을 발휘해야 할 것이다.

3. 경제시대를 완성하는 행정

정부주도 경제운용의 유산

우리는 일본으로부터 식민지 행정체제를 물려받았고 오랜 기간 정부 주도 경제운용의 전통을 갖고 있다. 식민지 행정은 국민을 신뢰하지 않기 때문에 규제중심적이 되며 국민에게 봉사하기보다는 국민 위에 군림하는 행정이라는 특징이 있다. 민주화 이후 여러 차례의 대대적인 정부규제 완화조치에도 불구하고 과다한 정부규제가 여전히 문제가 되고 있는 것은 우리가 아직도 식민지 유산을 완전히 청산하지 못했다는 증거일 것이다.

1960년대 초부터 시작된 정부주도 경제운용 방식은 한편으로는 '한강의 기적'이라는 눈부신 경제발전을 이루었으나 다른 한편으로는 경제활동 각 분야에 정부개입이라는 부작용을 초래한 것이 사실이다. 메이슨(Mason)과 김만제는 「한국의 경제·사회 근대화」(The Economic and Social Modernization of the Republic of Korea)에서 다음과 같이 지적하고 있다. "정부에 의해 발표된 정책들이 심각하고 조직적인 반대에 부딪히지 않고 추진될 수 있었다는 측면에서 정부는 정치·사회적 안정을 유지하는데 크게 기여하였다. 정부는 민주주의 국가에서는 하기 어려운 방법으로 정책변화를 주도하고 추진하여 왔다. 정부내 소수인사들에 의해 정책결정이 이루어졌다는 것은 장단점이 있으나 적어도 단기간에는 장점이 단점보다 많았던 것 같다"

우선 당시 헌법은 강한 대통령과 약한 국회를 제도적으로 보장하였다. 특히, 유신헌법 채택 이후에는 대통령은 비상조치 발동권 등 전권을 가지고 정책을 결정하고 집행하였다. 또한, 정부는 경제개발계획을 통해 경제전반에 관한 계획을 수립하고 이를 국영화된 금융기관의 대출은 물론 특정산업과 기업에 대한 각종 조세 및 금융상의 특혜를 활용해 집행하였다. 노사분규 발생시에는 경찰과 정보기관들이 직접 개입하여 사태가 악화되는 것을 사전에 차단하였다.

이러한 정부주도 경제운용 방식은 1980년대부터 서서히 바뀌기 시작하였다. 전두환 정권은 과거 특정산업을 지원하던 산업정책을 포기하고 정부의 지원은 기술개방 등 간접적인 방식으로 이루어지게 하였다. 금융자유화도 점진적으로 진행되었고 김영삼 정권에서는 경제개발계획을 수립하는 관행도 폐지해 버렸다. 민주화가 되면서 노사분규에 경찰 등 권력기관이 개입하는 관행도 완전히 사라지게 되었다.

상당히 큰 변화가 이루어진 것이 사실이나 아직도 몇 가지 문제점이 있음을 알 수 있다. 우선 경제개발계획이 폐지되고 경제기획원이 해체됨에 따라 중장기적 시각에서 경제전략을 마련하여 이에 대한 국민적 합의를 도출하는 전통이 무너져버린 것이다. 정부가 관치금융을 통해 기업의 투자결정에 관여하는 행태는 당연히 없어져야 하지만 날로 치열해지는 국제경쟁에서 승자가 되기 위한 경제전략은 반드시 필요한데 이 마저도 정부가 준비하지 않게 된 것이다.

이에 더해, 민주화 이후 집권한 대통령들이 경제문제보다는 과거와의 단절 등 정치문제에 역점을 두었고 예산기능 부서의 독립 등으로 경제부총리의 권한마저 약화시킴으로써 경제정책의 조율을 통해 일관된 정책기초를 유지하기가 어려워지게 되었다. 그 결과 대내적으로는 기업환경이 악화되었고 대외적으로는 한국경제에 대한 대외신인도가 하락되었다.

두 번째 문제점으로는 산업정책 추진상의 혼선을 지적할 수 있을 것이다. 개별산업 육성법이 폐지되고 관치금융의 관행이 크게 개선되었으나 기업활동에 대한 정부규제가 여전히 남아있고 합리적인 기업퇴출 제도가 마련되어 있지 않다. 이러한 상황에서 정부는 기업에 대해 특혜는 주지 못하면서도 규제를 통해 간섭을 하고 기업경영 악화시 기업의 생사여탈권을 결정하는 힘을 갖게 된다. 따라서 정경유착의 가능성은 과거 정부주도 경제운용 시기와 마찬가지로 지금도 여전한 것이다. 민주화 이후 이제까지 지속되고 있는 각종 경제비리 및 불법 정치자금 사건들의 발생 역시 이런 맥락에서 이해되어야 할 것이다.

세 번째 문제점은 노사분규 과정에서 정부의 역할이 아직도 완전히 정립되지 않고 있다는 사실이다. 민주화 초기에는 노사분규가 불법적으로 발생하고 때로는 폭력사태까지 이어져도 정부는 극도로 개입을 자제하였고, 그 결과는 과도한 임금 상승과 기업의 국제경쟁력 약화로 연결되었다. 외환위기 발생을 전후하여 노동관련 법규들이 대폭 개정되어 지금은 선진국 수준에 도달했다고 할 수 있다. 또한, 권위주의적 정권에서 인위적으로 억압되었던 근로자의 노동권도 크게 신장하여 노동조합은 고용주와의 협상에서 충분히 자신들이 의견을 개진하고 반영시킬 수 있는 능력을 보유하게 되었다.

그렇기 때문에 현시점에서 노사분규 발생시 정부의 역할은 직접적 개입을 극도로 자제하고 법의 공정한 심판자 또는 집행자 역할만 하면 되는 것이다. 그러나, 아직도 대다수의 진보세력 인사들은 노사분규 발생시 정부가 직접 개입하여 근로자의 편을 들어 주어야 한다고 생각하고 있고 실제로 노무현 정권 초기에 이러한 경우가 여러 차례 발생하였다. 이는 지금까지 노무현 정권의 경제성적표를 나쁘게 만든 근본적인 원인이 되고 있는 것이다.

세계화 시대의 경제운용과 정부 행정

서상목은 「시장을 이길 정부는 없다」에서 세계화 시대의 성공적인 경제운용의 조건으로 다음의 열 가지를 제시하고 있다.

첫째, 대통령의 경제철학을 바로 세워라. 경제운용이 바로 되기 위해서는 정부행정의 총책임자인 대통령이 대외지향적이고 시장경제 중심적인 경제철학을 가져야 한다는 것이다. 만일 경제철학이 불분명한 인사가 대통령으로 당선된 경우에는 대통령의 경제철학이 세계화 시대에 걸맞는 방향으로 정립될 수 있도록 도와주는 것이 대통령 경제비서진의 역할임을 강조하고 있다.

둘째, 경제부총리에게 힘을 실어 주자. 기획예산처를 재정경제부와 통합하여 경제부총리에게 정부예산 수립권한을 줄 것을 제안하고 있다. 또한, 경제팀을 구성할 때 경제부총리를 먼저 내정하고 그의 천거를 받아 나머지 경제팀을 짜는 것을 관례화하여 경제부총리가 명실 공히 경제팀의 수장이 되게 할 것을 건의하고 있다.

셋째, 중장기경제발전 전략을 세워라. 기존의 대통령 경제자문위원회를 상설화하고 KDI를 이의 사무국으로 개편하여 중장기 경제발전 전략의 수립 업무를 전담시킬 것을 건의하고 있다. 우선 시급한 과제로 FTA 추진전략과 산업 클러스터 로드맵 마련을 제안하고 있다.

넷째, 국민적인 공감대를 이루어라. 주요 경제정책 현안과 전략에 대한 토론회와 공청회 등을 통해 각계각층의 의견을 청취하고 지속적인 경제교육 활동으로 경제문제에 대한 국민적인 관심과 이해를 높이는 노력을 경주할 것을 건의하고 있다. 계층간 이해관계가 상충되는 현안에 대해서는 대통령과 정치권이 정치력을 적극 발휘할 것을 강조하고 있다.

다섯째, 조기경보 시스템을 구축하라. 금융, 부동산, 노사관계 등 위기상황이 발생할 수 있는 분야의 동향을 분석하고 돌발사태를 미리 예견할 수 있는 조기경보 시스템 구축을 건의하고 있다.

여섯째, 연동계획 제도를 확립하라. 상황의 변화가 심한 디지털 시대에는 모든 계획이 수시로 평가되고 수정될 수 있는 연동계획의 성격을 띠어야 함을 강조하고 있다.

일곱째, 자유시장경제의 전통을 지켜라. 세계화를 작용시키는 기본적 힘은 자유시장경제 원리이기 때문에 경제팀 모두가 철저한 자유시장주의자들로 구성되어야 함을 지적하고 있다.

여덟째, 글로벌리스트가 되어라. 세계화 시대의 흐름을 정확히 이해하고 세계화의 관리능력이 있는 글로벌리스트로 경제팀을 구성해야 함을 강조하고 있다.

아홉째, e-비즈니스 경영마인드를 가져라. 디지털 시대에 승자가 되기 위해서는 기업경영은 물론 경제운용도 창의력과 신속한 대응을 강조하는 e-비즈니스 경영마인드가 필수적 요건임을 지적하고 있다.

열째, 뜨거운 가슴을 가져라. 시장경쟁 과정에서의 낙오자와 세계화 과정에서의 소외계층에 대한 보완책을 뜨거운 가슴을 갖고 마련하는 것 또한 세계화 시대를 경영하는 경제팀의 필수요건임을 강조하고 있다.

세계화 시대를 맞아 선진국들은 경쟁적으로 행정개혁 노력을 경주하고 있다. 그 추세는 크게 다음의 세 가지로 요약될 수 있을 것이다. 첫째, '작은 정부'의 추구로 복지국가 건설 과정에서 팽창된 정부지출과 공공부문의 규모를 줄이고 정부재정과 행정의 효율성을 높이려 하고 있다. 이러한 노력은 공기업의 민영화와 정부가 담당하던 서비스를 민간에게 위탁하는 방향으로도 발전되고 있다. 또한, '시장의 실패'를 교정하기 위해 도입된 정부의 규제가 '정부의 실패'를 초래했다는 인식하에 규제의 완화와 절차 및 규정의 간소화가 적극적으로 추진되고 있다.

행정개혁의 두 번째 추세는 행정의 자율성을 높이는 반면 책임행정을 구현하는 것이다. 이런 차원에서 행정의 분권화와 권한 위임이 과감하게 이루어지고 있고 그 대신 조직 책임자가 담당기관의 성과에 대해 책임을 지도록 하는 것이다. 이는 행정이 법규나 규정에 지나치게 얽매이는 경직성에서 탈피하여 행정이 궁극적으로 달성하려는 결과를 중요시 여기고 이를 기준으로 행정의 책임을 묻는 것을 의미하기도 한다.

최근 행정개혁의 세 번째 특징은 디지털 시대가 공급자 중심에서 소비자 중심으로의 전환을 의미하는 것과 같이 고객지향적 행정서비스를 공급하려 한다는 것이다. 이는 고객을 소중히 여기고 고객을 잃지 않기 위해 노력하는 기업경영 방식으로 정부행정을 운영한다는 것을 의미한다. 전자정부의 출현은 디지털 기술을 활용하여 정부의 행정서비스를 고객인 국민들에게 보다 편리하고 신속하게 제공하려는 노력이라 할 수 있을 것이다. 또한, 고객지향적 행정은 정보의 공개와 접근 허용을 포함하게 된다. 국민들이 정보접근을 쉽게 할 수 있게 하고 정보공개의 폭을 넓히며 행정의 민주성을 확보하고 국민의 감시와 비판을 통해 행정의 효율성을 증진시키려는 것이 최근 선진국들의 행정개혁 노력인 것이다.

한국도 외환위기 이후 정부개혁을 구조조정의 핵심과제로 선정하여 지속적인 노력을 경주해 온 것이 사실이다. 여러 차례의 정부조직 개편 시도가 있었고 정부규제를 반으로 줄이는 계획을 추진하기도 하였으며 공기업의 민영화도 시도되었다. 그러나, 정부의 이러한 노력에도 불구하고 정부 행정개혁은 아직도 미완성 상태라는 것이 전문가들의 평가다. 정부기능의 근본적인 개혁이 수반되지 않은 중앙부처의 조직개편은 업무의 효율화보다는 혼선을 초래하였고 정부의 야심 찬 규제완화 계획에도 불구하고 기업인들은 아직도 정부규제가 기업경제활동에 최대 걸림돌이라고 생각하고 있기 때문이다.

정부 개혁 중 그나마 큰 성과를 올린 분야는 전자정부 사업이라고 생각된다. 이 사업은 첫째, 정부기술을 활용한 행정업무의 효율성 제고, 둘째, 정보기술을 활용한 신속하고 정확한 대국민 서비스 실현, 셋째, 행정업무의 처리절차 재설계를 통한 정부혁신유도 등의 세 단계로 구성된다. 이제까지의 전자정부 사업은 첫 단계를 마무리하고 둘째 단계를 열심히 추진하고 있다고 할 수 있다.

한국은 전자정부 사업실적의 국제적 비교에서 매우 높은 평가를 받고 있는 것이 사실이다. 현재 진행 중인 온라인 대국민 서비스 업무를 성공적으로 마무리 짓고 셋째 단계인 행정처리 절차의 재설계를 통한 정부혁신을 이루어가야 할 것이다.

정보화 시대에는 국민의 욕구도 다양해지고 서비스 중심의 행정이 요구되고 있다. 따라서 정부의 행정능력도 ① 창의적인 문제해결, ② 신속한 대응력, ③ 네트워크 관리능력 등이 요구되고 있는 것이다. 이러한 국민적 요구에 대응하기 위해서는 정부 조직도 ① 현재의 높은 관리계층보다는 낮은 관리계층, ② 권한 집중형보다는 권한 위임형, ③ 내부 통제형보다는 네트워크형 등으로 개편되어야 한다. 이런 차원에서 현재 진행되고 있는 정부의 행정개혁 노력은 아직 걸음마 단계에 있다고 하겠다.

세계화 시대에 요구되는 정부행정의 개혁 방향은 e-경영을 추구하는 기업의 경영방향과 상당부분 맥을 같이 하는 것을 알 수 있다. 세계화 시대에는 각국 정부들이 초국적 기업의 국내유치를 위해서는 물론이고 자국기업이 외국으로 빠져나가는 것을 막기 위해 보다 더 나은 기업환경을 만드는데 치열한 경쟁을 벌이고 있다. 그래서 정부 운영도 효율성을 우선하고 고객만족도를 높이기 위해 최선을 다하는 기업경영과 같이 하지 않으면 극심한 국제경쟁에서 낙오자로 전락하게 된다. 세계화 시대에 정부개혁의 중요성이 강조되는 것도 바로 이런 이유에 기인하는 것이다.

성공 장관론과 내각제

성공적인 행정서비스 체제의 구축을 위해서는 대통령 못지않게 중요한 것이 장관의 역할이다. 한 분야의 정부 서비스를 실제로 총괄하는 직책이 장관이기 때문이다. 장관은 부처행정의 최고책임자이면서 또한 국무위원이다. 장관이 자신의 소관업무를 원활히 총괄하고 국무위원으로서의 임무를 잘 수행하면 국가와 국민에게 큰 이득을 주게 되나 그렇지 못한 경우에는 심각한 문제를 야기할 수 있다.

그래서 장관의 역할은 매우 중요한 것이다. 그러나, '대통령론'에 대해서는 많은 연구가 이루어졌으나 '장관론'에 대해서는 체계적인 연구가 많지 않은 것이 사실이다. 김호균은 「21세기 성공 장관론」에서 전두환 정권부터 김대중 정권까지 재임한 장관들의 특성을 다음과 같이 정리하고 있다.

① 경력 배경은 관료 출신이 40.7%로 가장 많았고 다음이 정치인 출신 20.5%, 학자 출신 16.8%, 군 출신 10.8%, 언론인 출신 4.2%, 전문경영인 출신 0.3%의 순으로 집계되었다.

② 장관의 평균 재임기간은 13개월로 정부별로는 전두환 정부가 18개월로 가장 길었고 노태우 정부 13개월, 김영삼 정부 12개월, 김대중 정부 11개월로 민주화가 진전될수록 장관의 재임기간이 짧아지고 있다.

③ 성공장관은 관료와 정치인 출신이 많고, 실패한 장관은 학자

출신의 비중이 가장 높게 나타났다. 정치인 출신의 경우 부처업무 추진능력과 조직관리 능력이 돋보였고 관료출신은 공직에서의 경험과 노하우가 장점으로 지적된 반면, 학자 출신의 경우 조직관리 능력이 미숙하고 조직 구성원들과의 융화에 문제가 있었다는 점들이 지적되었다.

④ 장관의 임명 기준별 분포는 전문성 기준이 59.3%로 가장 높고, 다음은 정치성 기준 26.5%, 일반 관리성 기준 14.2%로 집계되었다.

⑤ 장관의 경질 사유별 분포는 정치적 사유가 49.1%로 가장 높았고 다음은 상징적 사유 25.7%, 부처업무 책임사유 18.1%, 개인적 스캔들 5.8%로 나타나 장관들의 70%가 개인적으로 져야 할 책임과 관계없이 장관직을 사퇴하는 것으로 나타났다.

위의 연구결과에서 가장 중요한 사실은 장관의 재임기간이 1년 정도로 매우 짧으며 민주화가 진행될수록 장관 재임기간은 더욱 짧아지고 있다는 사실이다. 장관의 재임기간은 장관의 업적을 가름하는 가장 중요한 척도라 할 수 있다. 장관이 취임하여 소관업무를 파악하고 조직을 장악하는데 적어도 6개월의 시간이 필요하다고 가정하였을 때 장관의 평균 재임기간이 1년이라는 사실은 대부분의 장관들이 소관업무를 파악하고 막 본격적으로 일을 하려고 할 때 자리를 물러나게 된다는 것을 의미한다.

이러한 상황에서는 아무리 능력이 뛰어난 인물이 장관직을 맡게 되어도 큰 업적을 이루는 것은 불가능하다. 이러한 사실은 민주화 이후 경제 등 민생 분야에서 정부가 내놓은 요란한 구호에도 불구하고 실제로는 큰 업적이 이루어지지 못한 근본적인 원인이라고 생각된다.

나는 보건복지부 장관 시절 충북 오송(五松) 지역에 보건의료단지를 건설해 보려는 구상을 한 적이 있다. 생명공학 분야는 정보통신 분야와 더불어 세계화 시대의 역사 흐름을 좌우하는 두 개의 축을 이루는 분야라고 할 수 있다. 그런데 IT 분야가 민간기업의 활동으로 눈부신 발전을 거듭한 데 반해 생명공학 분야는 관련 기업들이 영세규모를 면치 못하고 있고 연구·개발(R&D) 활동도 제대로 이루어지지 않고 있는 것이 한국의 실정이었다. 의료와 제약 분야에서 많은 우수한 인재를 보유하고 있는 한국이 생명공학 분야에서 크게 뒤지고 있는 것은 정부정책의 실패에 기인한다고 생각하였다. 이 분야의 주무부서라 할 수 있는 보건복지부가 규제중심의 보건의료행정을 펼쳐왔기 때문이다.

그래서 나는 이를 바꾸기 위해서는 발상의 대전환이 필요하다고 생각하였고 그 첫 단계로 오송에 보건의료 산업 클러스터를 만들어보려 하였다. 이를 위해 고속철도 역사(驛舍) 신설이 예정되어 있는 오송 지역을 산업 클러스터 단지로 지정하고 정부가 관리하는 국립의료원, 국립보건원 등 보건의료 전문기관을 이전하여 이 분야의 R&D를 선도하는 종합적인 연구센터로 육성하려 하였다. 이와 아울러 현재 수도권 지역에 산재해 있는 제약회사 등 보건의료 관련 기업들도 이전시켜 이들을 R&D 중심의 첨단산업으로 육성·발전시켜 보려는 것이 나의 기본 구상이었다.

나의 이러한 구상은 초기부터 많은 어려움에 봉착하였다. 우선 재경부 예산실이 신도시 건설과 정부기관 이전에 필요한 새로운 재정지출이 곤란하다고 반대하였다. 나는 국립의료원, 국립보건원 등이 현재 보유하고 있는 대지를 민간에 매각한 대금을 활용하면 큰 추가적 재정부담 없이 이들 기관의 이전이 가능할 것이라는 논리로 예산실 관계자들을 설득하였다.

보건복지부 내의 반발도 만만치 않았다. 이들 이전 대상 기관에 종사하는 직원들이 수도권을 떠나고 싶지 않았기 때문이었다. 나는 이들 대표자들과 면담 등을 통해 날로 사양길에 있는 국립의료원을 일례로 지적하면서 정부의 보건의료 관련 기관들이 오송단지로 이전되어야 한국의 생명공학을 세계적인 수준으로 끌어올리는 견인차 역할을 하는 기관으로 발전될 수 있다고 강조하였다. 또한, 고속전철이 개통되면 오송 지역은 실제로 수도권과 같은 생활 여건이 될 것이라는 점을 지적하면서 그들을 설득하였다.

이렇게 어려운 설득과정을 거쳐 오송 보건의료과학단지 조성계획은 1994년도 말 확정되었다. 그러나 나는 이듬해 5월 장관직을 사임하였고, 이 사업의 추진은 답보상태에 있으며 10년이 지난 지금까지도 그 빛을 보지 못하고 있다. 그 이유는 후임 장관들이 자신의 아이디어가 아닌 정책을 부처 안팎의 반대 의견을 무마하고 설득하면서까지 밀어붙일 의사가 없었기 때문이다.

실제로 정부행정을 담당해 보면 새로운 사업을 추진하는 것이 얼마나 어려운 것인가를 실감하게 한다. 우선 과거의 관행에 익숙해진 소관부처 공무원부터 설득해야 하고 다른 부처 업무와 연관이 있는 경우 해당 부처의 반발을 진정시키고 새로운 예산이 수반되는 사업인 경우에는 예산부서의 이해와 동의를 얻어내야 한다. 집단간의 이해가 엇갈리는 경우에는 합리적으로 조정해야 하고 국민들의 협조가 필요하면 대국민 상대의 각종 홍보시책도 강구해야 한다.

또한, 새로운 사업의 성공적인 추진으로 인한 긍정적인 효과가 나타나기까지는 짧게는 2~3년, 길게는 5년 이상의 시간이 필요하다. 그렇기 때문에 소관 분야의 총책임자인 장관의 재임기간이 1년 정도로 짧으면 새로운 사업의 추진은 사실상 불가능하다. 민주화 이후 역대 정권들이 분야별로 수많은 장밋빛 공약을 국민들에게 약속하였으나 이중 실제로 추진된 것이 별로 없는 근본적인 원인이 장관의 평균 재임기간이 매우 짧다는 데에 기인한다고 생각한다.

민주화 이후의 정권에서 경제, 복지, 교육 등 실제로 해당부처의 장관이 책임지고 집행해야 하는 민생문제 분야에서의 실적은 매우 부진한 반면, 임기 5년이 보장된 대통령이 직접 관심을 갖고 추진한 정치적 사안은 대체로 큰 성과를 거두었다고 할 수 있다. 노태우 대통령의 '88 서울올림픽의 성공적인 개최와 북방외교, 김영삼 대통령의 '역사 바로 세우기'로 요약되는 과거단절 시도, 김대중 대통령의 햇볕정책, 그리고 노무현 대통령의 '시민혁명'을 통한 진보세력의 약진 등으로 대표되는 대통령의 역점사업들은 모두 성공적으로 집행되었음을 알 수 있다.

이렇듯 장관의 평균 재임기간이 짧은 것은 근본적으로 직접선거로 임기가 보장된 대통령에 비해 대통령의 자의에 의해 임명되고 언제든지 해임되는 장관의 정치적 위상이 상대적으로 너무 왜소한 데 기인한다고 생각된다. 장관 경질 사유 중 75%가 '정치적' 또는 '상징적' 사유에 의해 이루어졌다는 사실은 매우 충격적인 일이 아닐 수 없다. 이는 장관이 직접 책임을 지고 물러나야 할 이유가 없는데도 '정치적 국면의 전환'을 위해 개각이 이루어져 왔다는 사실을 입증하는 것이다.

내각제에서 장관은 총리와 행정을 같이 하는 동반자 관계를 유지하게 되나 대통령제에서 장관은 대통령과 주종(主從) 관계를 갖게 될 가능성이 높다. 특히, 민주화 이후 한국의 대통령들은 예기치 못한 돌발사태 발생시 이로 인한 정치적 파장이 자신에게 미치는 것을 차단하기 위해 장관을 경질하는 사례가 빈번하였으며 이는 장관 재임기간의 단축으로 인한 국정운영의 차질을 가져왔다. 결국 대통령의 이기적인 정치적 행동이 경제 등 민생 부문에서 자신의 실적을 스스로 깎아 내리는 결과를 불러왔다고 할 수 있다.

앞에서 지적한 대로 스테판과 스카치의 연구결과에 의하면 장관의 평균 재임기간은 대통령제보다 내각제에서 거의 두 배나 더 긴 것으로 나타났다. 또한, 한번 장관을 역임한 사람이 다시 장관을 하는 재임명 비율도 대통령제보다 내각제에서 세 배나 더 높았다. 김호균의 연구에서도 정치인 출신 장관들의 성공비율이 학자출신 장관보다 훨씬 높은 것으로 나타났다. 내각제가 되면 정치인들은 정계 진출 초기부터 정무차관 등으로 행정경험을 쌓게 되기 때문에 정치인 출신 장관의 성공비율은 더욱 높아질 것으로 예상된다.

한국에서는 관료 출신 장관의 비율이 40%로 가장 높고 성공률도 높은 것으로 나타나고 있다. 이는 관료 출신 장관이 전문성과 조직

장악 능력에서 비교우위가 있기 때문인 것으로 판단된다. 관료 출신 장관이 상대적으로 무난하게 부처를 이끌고 가는 장점이 있으나 새로운 개혁을 그들에게 기대하기는 어렵다. 개혁성 측면에서는 학자 출신 장관이 상대적 비교우위가 있을 수 있으나 경험 부족으로 부처 장악에 실패하는 경우가 많다. 그래서 장관은 정치인 출신이 가장 적임이라고 판단되며 이런 면에서도 정치인들에게 행정 경험을 쌓게 하는 내각제가 정부행정을 보다 효율적으로 운영하는데 적합한 제도라고 생각한다.

장관이 자신의 구상을 정부정책으로 구현시키기 위해서는 충분한 임기가 보장되어야 함은 물론이고 자신과 정책적으로 뜻을 같이 하는 전문 보좌팀을 구성할 수 있는 권한이 있어야 한다. 대통령제의 유일한 성공사례인 미국의 경우 상당수 장관의 임기가 대통령과 같음은 물론이고 장관은 차관보 이상의 고위직과 정책수립 부서 간부의 임명권을 대통령으로부터 보장받고 있다. 그러나, 한국은 차관 인사도 장관보다는 청와대에서 주도하는 것이 통상적인 관례이고 차관보 이하의 직급에는 외부 인사의 영입이 제도적으로 극히 제한되어 있다.

그래서 대다수의 장관들은 혈혈단신으로 소관부처에 부임하여 청와대가 정해주는 차관과 기존의 관료조직에 의존하며 행정을 펼쳐야 한다. 이런 상황에서는 관료 출신 이외의 인사가 장관으로서 제 역할을 하기가 매우 어려우며 이는 학자 출신 장관이 실패하는 경우가 많은 원인이 되기도 한다. 그나마 정치인 출신 장관이 성공할 수 있는 것은 자신의 정치력을 발휘하여 청와대가 정해 준 차관과 기존 공무원 조직을 장악하기 때문이라 하겠다. 장관에게 상당기간의 재임기간과 아울러 차관보

이상의 고위직과 정책수립 관련 부서 간부의 외부채용 권한을 보장해 주는 전통이 수립되지 않는 한 새로 출범한 정권이 임명한 장관들이 경제, 복지 등 민생 분야에서 성공하기는 매우 어렵다.

지방 분권화와 참여민주주의

디지털 기술의 발달과 세계화는 경제 분야에서 국경의 벽을 허물어 지구촌을 하나의 시장으로 통합시키는 반면, 행정 분야에서는 지방 분권화를 촉진시키고 정치 분야에서는 참여민주주의의 폭을 확대하고 있다. 대부분의 선진국들은 중앙정부의 권한을 지방으로 이관시키고 지방정부에 대한 중앙정부의 통제권을 약화시켜 지방정부의 권한을 강화하는 개혁조치들을 추진하고 있다. 우리 나라에서도 5·16 군사 쿠데타에 의해 30여 년 간 중지되어 오던 지방자치가 1991년 지방의회의 구성으로 부활된 후 지금은 지방자치의 외형적 골격은 완비되었다고 할 수 있다.

지방자치의 추진으로 무엇보다도 위민(爲民)행정의 전통이 확립되어 가고 있다. 거의 모든 지방정부가 민원실의 운영 등을 통해 주민의 민원을 적극적으로 청취하고 있고, 정책실명제, 인터넷 홈페이지 운영 등을 통해 행정의 책임성과 공개성을 제고하려는 노력을 하고 있다. 또한, 전자정부의 구현을 통해 민원처리와 각종 행정서비스에 대한 주민 만족도를 높이는데 진력하고 있다.

지방자치는 '다른 지역이야 어떻게 되는 우리지역만 잘 되면 그만이다'라는 지역 이기주의의 부작용도 있었지만 그래도 부정적인 면보다는 긍정적인 효과가 훨씬 큰 것으로 평가되고 있다. 특히, 지방자치는 지역발전과 관련하여 지방정부간의 경쟁을 유발하여 지역의 경제활성화에도 크게 기여하고 있는 것이 사실이다. 기업투자를 유치하기 위한 지방정부간의 경쟁이 치열해지면서 서로 기업하기 좋은 환경을 만들려고 노력하고 있으며, 농촌지역의 경우 지역 특산물을 개발하고 이를 상품화하는데 농어민단체와 지방정부가 힘을 합쳐 적극적으로 추진하고 있다.

향후 지방자치와 관련한 개선방안으로 다음과 같은 건의를 하고자 한다. 첫째, 지방자치의 폭을 교육과 치안 부문으로 확대해 나가야 한다. 교육의 경우 시·도 교육감을 주민 직접선거에 의해 선출하고 광역단체장과 러닝메이트 형태로 선거함으로써 지방정부의 교육지원 기능을 확대함과 동시에 초·중등 교육행정 기능을 교육부에서 시·도 교육위원회로 대폭 이양하여야 할 것이다. 또한, 경찰조직을 이원화하여 지방경찰청장을 주민 직선을 통해 선출하는 자치경찰제를 도입하면 주민을 위한 경찰행정서비스가 구현될 수 있을 것이다.

둘째, 지방자치에서 참여민주주의의 폭을 크게 확대하여야 할 것이다. 중앙정치는 기존의 대의민주주의 체제를 유지하되 지방정치는 디지털 기술의 발달을 최대한 활용한 참여민주주의를 적극 추진하는 것이다. 주요 정책의 결정과정에 주민의 의견을 최대한 반영하기 위한 주민투표제와 주민발안제 등을 도입하고 주민소환제도도 기초자치단체 단계에서 시도해 볼 필요가 있을 것이다. 또한 읍·면·동사무소를 주민자치센터로 전환하여 이에 필요한 시설 및 인력지원을 강화함으로써 기존 자치단체의 주민 서비스 기능을 제고하여야 한다.

셋째, 광역자치단체의 기능은 조정, 연락, 지원기능만으로 축소하는 반면 기초단체의 기능을 강화하여 대부분의 대민기능이 기초단체에 집중되도록 하여야 한다. 이와 아울러 기초단체장의 선거에서 정당공천을 배제하여 기초단체 차원의 행정이 중앙정치로부터 분리되게 할 필요가 있다. 정당공천제는 지방정치인의 주민 반응성과 책임성을 약화시킬 가능성이 높고 지역당이 존재하는 우리의 현실에서 기초단체와 기초의회가 동일 정당에 의해 지배되게 함으로써 권력의 분산과 견제가 이루어질 수 없기 때문이다. 이 경우 기초자치 단체장과 의원의 선거는 광역자치와 분리하여 시행함으로써 선거과정에서의 유권자 혼란을 막아야 할 것이다.

끝으로, 지방재정의 확충방안이 마련되어야 한다. 이를 위해서는 지방교부세의 법정 배분비율을 상향 조정하거나 소득세나 법인세 등 국세의 대상이 되는 세원에 대해서도 자치단체가 중복 과세하는 방안을 검토해 보아야 할 것이다.

이러한 지방 분권화와 참여민주주의의 구현을 위한 개혁조치들이 추진된다면 지방경제가 경제시대를 선도하는 밑거름이 되고 지방자치는 풀뿌리 민주주의의 기반이 될 것이다.

맺음말

경제시대를 여는 정치리더십

"

내가 드릴 것은 피와 수고와, 눈물과 땀뿐입니다.

우리의 목표는 대체 무엇일까요? 승리입니다.

그 길이 아무리 멀고 험난해도,

어떤 희생을 치르고,

어떤 두려움을 겪게 되더라도,

우리는 승리해야 합니다.

승리가 없으면 생존도 없기 때문입니다.

"

Winston Churchill 연설문 중에서

정치 리더십의 실패

매일경제신문의 설문조사에 의하면 국내 여론 주도층 인사의 90%가 한국의 리더십에 '문제가 있다'라고 응답하였다. 리더십 부재로 한국호가 방향을 잃고 갈팡질팡하고 있다는 것이다. 리더십 회복을 위해서는 응답자의 88%가 정치권이 변해야 한다고 하였다. 정치 리더십이 실종되어 있다는 것이 이들의 지배적인 의견인 것이다. 선거기간 중 변화와 개혁을 약속하고 당선된 노무현 대통령의 집권 1년간 실적은 실망 그 자체였다.

김영삼 대통령과 김대중 대통령이 취임 초기에 개혁조치를 성공적으로 추진하여 높은 국민적 지지를 받은데 반해 노무현 대통령은 분명한 개혁 어젠다(agenda)도 설정하지 못하고 인사실패로 행정부 장악에도 성공하지 못하였다. 한국갤럽 조사에 나타난 역대 대통령의 취임 1주년 직무수행 지지도는 김영삼 대통령이 55.0%, 김대중 대통령이 55.9%이었던데 비해 노무현 대통령은 이의 절반도 안 되는 25.1%로 나타났다.

노 대통령에 대한 국정평가를 분야별로 살펴보면 '잘못했다'라는 의견이 경제 분야에서 61.4%로 가장 높았고 그 다음은 국가기강·사회질서 분야 52.3%, 교육정책 분야 45.7%, 대미외교 분야 43.1%, 지역갈등 분야 33.6%, 대북정책 분야 33.7%의 순으로 나타났다. 노무현 대통령이 '잘한 일'에 대한 설문조사에서는 69%가 '없다' 또는 '모르겠다'로 대답하였고 그 다음은 정치개혁 4.7%, 대선자금 비리 규명 4.6%, 부정부패 척결 3.8%, 검찰 개혁 2.9%, 부동산 억제 2.9%, 여론수렴 2.5%의 순으로 나타났다. 노 대통령의 남은 4년간의 임기 중 가장 역점을 두어야 할 사항에 대한 응답은 경제회복과 성장이 54.0%로 가장 높았고 두 번째로 취업난 해결이 7.5%로 경제문제가 국민들의 가장 큰 관심사인 것으로 나타났다.

대통령뿐만 아니라 여·야 지도부 역시 이 기간 중 제대로 된 정치리더십을 발휘하지 못하기는 마찬가지였다. 대선에 승리하여 정권 재창출에 성공한 민주당은 새 정부 출범이후 계속해서 당 내분에 휘말려 있었고 이는 결국 분당사태로까지 이어졌다. 결과적으로 노무현 정권 첫 1년 동안 집권당이 존재하지 않은 상태에서 국정이 운영되었다고 해도 과언이 아닐 정도로 여권의 불안정 상태가 지속된 것이다. 이에 더해, 한·칠레 FTA 비준 동의, 이라크 파병 동의 등 노무현 정권의 핵심적 정책사안들에 대해서도 여당의 입장이 불분명하여 국정혼란은 더욱 가속화되었다.

국회에서 다수의석을 갖고 있었던 한나라당은 대선 패배에도 불구하고 당내 결속을 유지하면서 행정부에 대한 견제기능을 수행한 것은 높게 평가될 만 하다. 그러나 2003년 말 검찰의 대선자금 수사가 본격화되고 한나라당의 대규모 불법 대선자금 문제가 표면화되면서 한나라당 지도부의 정치리더십은 흔들리기 시작하였다. 5년 전 세풍사건 당시에는 한나라당이 하나가 되어 검찰의 일방적 수사에 대해 정치적으로 대항하였으나 이번에는 검찰수사가 여·야 모두에게 진행되었기 때문에 한나라당은 정치적 대응을 하지 못하고 대혼란에 빠져들었다. 소장파 의원들은 당 지도부를 비난하면서 '물갈이'를 주창하였고 당 지도부는 그 책임을 이회창 후보와 대선 당시 지도부로 전가함으로써 한나라당은 걷잡을 수 없는 혼란상태에 이르게 되었고 이 과정에서 한나라당에 대한 국민적 지지도는 추락하였다.

이런 와중에서 발생한 사건이 대통령 탄핵 파동이었다. 중앙선거관리위원회의 경고 조치에 대한 사과를 거부한 노 대통령의 기자회견과 대우건설 남상국 사장의 자살은 야당내 탄핵회의론자들의 마음을 바꾸는 계기가 되었고 그 결과 대통령에 대한 탄핵 결의안은 국회에서 통과되었다. 그러나 최근의 검찰 대선자금 수사로 정치권에 대한 국민의 불신이 최고조에 달한 상황에서 국회 탄핵안 통과는 많은 국민들로 하여금 탄핵을 주도한 야당에 대한 강한 거부감을 갖게 하였으며 이는 4·15 총선에서 열린우리당의 승리로 연결되었다. 취임 1년간의 실정과 대국민 지지도 하락에도 불구하고 예상치 못한 탄핵사태가 노무현 대통령과 여당에게 총선 승리라는 선물을 안겨다 준 것이다.

화합과 통합의 정치가 필요하다

검찰의 대선자금 수사와 탄핵 파동에 힘입어 4·15 총선에서 여당이 승리하였다고 해서 노무현 대통령이 기뻐하기만 할 상황은 아니라고 생각된다. 국회에서 탄핵 가결로 노 대통령은 이미 상당한 정치적 타격을 받은 것이 사실이며 이는 헌법재판소의 최종 판결이 대통령의 손을 들어 주었음에도 불구하고 향후 국정운영에 큰 걸림돌로 작용할 것이다.

무엇보다도 탄핵 파동 과정에서 노무현 대통령 지지와 반대세력 그리고 진보와 보수세력간의 극심한 세 대결이 지속되었고 이는 앞으로 상당기간 우리 정치·사회에 새로운 대립과 갈등의 불씨로 남아 있을 것이다. 진보는 보수세력을 그리고 보수는 진보세력을 선의의 경쟁상대가 아니라 제거해야 할 적군으로 생각하고 행동한다면 우리사회의 안정과 경제발전은 기대하기 어려울 것이다. 그래서 지금이야말로 대통령과 여·야 정치지도자들이 제대로 된 정치리더십을 보여주어야 할 시점인 것이다.

여기에서 가장 중요한 것은 대통령의 정치리더십을 바로 세우는 것이다. 동아시아연구원 대통령개혁 연구팀은 「대통령의 성공조건」에서 정치적 통합의 방법론으로 ① 권력지향적 정치통합에서 정책지향적 정치통합, ② 대결과 지시에서 상대를 인정하는 협상과 설득, ③ 포괄적 관여방식에서 전략적 선택과 집중을 통한 위임방식, ④ 대통령 개인보다는 조직과 제도 그리고 시스템에 의한 정치적 통합 등 네 가지를 제안하고 있다.

노무현 대통령은 이들의 정책건의를 받아들여 취임하면서 청와대 조직을 비서실과 정책기획실로 분리하는 등 대대적인 조직개편을 단행한 바 있으나 앞서 지적한대로 국정운영에는 실패한 것으로 평가되고 있다. 따라서 지금 시점에서 중요한 것은 실패원인을 분석하여 근본적인 개선안을 마련하여 추진하는 것이다.

국정 실패의 가장 큰 원인은 노 대통령이 앞에서 지적된 첫 번째 건의를 실천하지 않았기 때문이라고 생각한다. 4·15 총선 승리 등 '권력 추구'는 정당에 맡기고 대통령은 경제 살리기 등 '정책 추구'에 몰두하였어야 했는데 그 반대로 한 것이다.

이는 민주화 이후 역대 대통령이 실패한 원인이기도 하다. 민주화의 기수였던 김영삼, 김대중 대통령도 민생문제보다는 과거와의 단절 또는 야당 견제를 위한 정치행위에 치중하여 임기 말에는 국론이 분열되고 경제도 어려움에 처하는 상황을 맞게 되었다. 탄핵 파동 이후에도 노무현 대통령은 국가보안법 폐지와 '과거청산' 작업에 자신의 정치적 명운을 거는 듯한 행동을 하고 있다.

이제부터라도 노무현 대통령은 '권력추구' 행위는 여당에 맡기고 자신은 경제 등 '정책 추구' 행위에 전념하여 국정운영에 성공한 대통령이 되어야 한다. 이를 위해서는 야당을 포함한 보수세력과 대화의 폭을 넓히고 필요하면 이들도 국정운영에 참여시켜 화합과 통합의 정치를 솔선수범해야 할 것이다. 여·야 정치권 역시 과거지향적 상대방 헐뜯기 경쟁을 중단하고 자신들의 정치이념에 근거한 합리적인 정책개발을 통해 경쟁하는 새로운 정치풍토조성에 적극 나서야 한다.

경제를 최우선 하는 국정운영

국민들이 현 정권의 업적 중에서 가장 불만스럽게 생각하는 부문이 경제 분야이고 앞으로 역점을 두어야 한다고 지적한 부분도 경제다. 그렇기 때문에 향후 국정운영의 최우선 순위는 당연히 경제에 두어야 할 것이다.

현재 우리의 경제 상황은 상당히 위험한 수준이라고 생각된다. 극심한 내수부진으로 청년실업률이 사상 최고치를 기록하고 있고 신용불량자 문제도 심각하다. 국제 원자재가격 상승으로 물가불안도 가중되고 있으며 노사불안과 경기부진으로 기업의 투자심리가 크게 위축되어 있다. 이런 상황에서 외국인 직접투자는 저조한 상태이고 한국기업도 국내 생산은 줄이고 임금이 저렴한 중국 등 외국으로 생산기지를 옮기고 있다. 한국기업의 해외투자는 2004년 1/4분기 중 78%나 증가한 반면 국내 설비투자는 마이너스를 기록한 것으로 나타나고 있다.

내국인 자금의 해외 유출은 계속 증가하여 미국 캘리포니아주 남부 지역의 부동산 가격이 한국에서 유입된 부동자금 때문에 크게 오르고 있다는 언론보도까지 있을 정도다. 이는 한국인들 스스로 한국경제의 미래에 대해 불안하게 생각하고 있다는 증거인 것이다.

경제를 최우선으로 하는 국정운영을 위해서는 우선 대통령의 관심이 정치보다는 경제 등 민생문제에 집중되어야 하며 여·야 정치권도 정쟁보다는 경제살리기에 앞장서는 모습을 보여야 한다. 총선이 끝나고 탄핵 파동도 마무리된 현 시점이 대통령과 정치권의 관심을 경제로 돌리는 적기라고 생각된다. 경제살리기라는 국가적 목표설정에는 보수와 진보 세력간의 의견차이도 크지 않을 것이기 때문에 총선과 탄핵 파동 과정에서 분열된 민심을 하나로 모으고 격앙된 정치권의 분위기를 진정시키는 데에도 큰 도움이 될 것이다. 이런 차원에서 현재 진행되고 있는 '과거청산' 작업과 국가보안법을 둘러싼 여·야 간 논쟁은 조속히 종결되어야 할 것이다.

경제살리기는 대외지향적이고 시장원리가 중시되는 경제운용을 의미하며 노사분규 과정에서도 법질서가 유지되는 것을 뜻한다. 또한, 기업활동에 대한 정부규제도 크게 완화되고 정부가 기업환경 개선에 앞장서는 것을 의미하기도 한다. 더 나아가 현재의 고비용·저효율 교육제도도 시장원리가 강조되고 학생들의 창의력을 키우는 방향으로 개선되어 세계화 시대에 국제무대에서 경쟁력 있는 인재를 배출하는 데 손색이 없게 됨을 뜻하기도 한다.

권력구조를 포함한 정치제도의 개선

대통령과 행정부가 경제살리기와 교육개혁 등의 민생현안 챙기기에 진력하는 동안 여·야 정치권은 그 동안 한국정치 발전에 걸림돌이 된 대통령제를 내각제로 바꾸고 예비선거제도를 도입하여 정당의 대중화와 당내 민주화를 제도화하는 등 한국정치의 기본 틀을 다시 짜는 작업에 착수해야 할 것이다.

지금까지 한국에서의 정치제도 개혁작업은 집권자의 장기집권 의도를 제도화하든지 주요 정치지도자들 간의 정치적 타협에 의해 이루어져 왔다. 이제는 특정 정파나 정치지도자의 이해득실 차원을 넘어 국가의 백년대계를 설계한다는 차원에서 정치제도의 개혁작업이 진행되어야 한다.

이를 위해 국회내에 정치개혁특위를 구성하여 내각제 개헌, 예비선거제도 도입, 정치자금제도의 개선 등 주요 정치현안에 대한 공청회를 개최하여 구체적 추진방안을 마련할 것을 건의한다.

내각제로의 전환 시기는 현 대통령과 국회의원의 임기가 만료되는 2008년이 바람직하며 그 때까지는 헌법에 명시되어 있는 국무총리의 권한을 최대한 보장하여 책임총리제가 실제로 운영될 수 있도록 해야 할 것이다.

또한, 장관과 청와대 보좌진의 인적구성도 취임 후 지금까지의 경험을 살려 세계화 시대에 적합한 능력 있는 인물들로 이루어지도록 대통령의 세심한 배려가 필요하다고 하겠다.

참고문헌

강원택, 「한국의 선거정치」, 푸른길, 2003.

공의식, 「현대일본의 정치」, 세종출판사, 1998.

김병국 외, 「한국의 보수주의」, 인간사랑, 1999.

김용호, 「한국정당정치의 이해」, 나남출판, 2001.

김웅진 외, 「현대정치학 서설」, 세영사, 2001.

김철수, 「한국헌법사」, 대학출판사, 1998.

김하중, 「떠오르는 용 중국」, 비전리더십, 2003.

김호균, 「21세기 성공 장관론」, 나남출판, 2004.

박세일 외, 「대통령의 성공조건 I : 역할, 권한, 책임」, 동아시아연구원, 2002.

백경남, 송하중 외, 「새천년의 한국정치와 행정」, 나남출판, 2000.

백낙청, 「21세기의 한반도 구상」, 창비, 2004.

백선기, 「정치담론과 인터넷」, 커뮤니케이션 북스, 2003.

서경주, 「한국의 지역주의」, 백산서당, 2002.

서상목, 「시장을 이길 정부는 없다」, 매일경제신문사, 2003.

서정갑, 「부조화의 정치: 미국의 경험」, 법문사, 1989.

손호철, 「현대 한국 정치: 이론과 역사」, 사회평론, 1995.

신복룡, 「한국정치사상사」, 나남출판, 1997.

신지연 편, 「현대 정당정치의 이해」, 백산서당, 2003.

안병영, 임현백 편, 「세계화와 신자유주의」, 나남출판, 1999.

안청시, 백창제 편, 「한국정치자금제도」, 서울대출판부, 2003.

오인환, 「위기관리의 리더십」, 열린책들, 2003.

윤성식, 「정치개혁의 비전과 전략」, 열린책들, 2002.

윤영오, "국회개혁에 관한 연구", 한국정치학회보, 제29집 4호, 1995.

은혜정, 「전자민주주의 시대의 인터넷 활용」, 한국방송진흥원, 2002.

이내영, 이하경 편, 「노무현정부의 딜레마와 선택」, 동아시아연구원, 2003.

이덕일, 「당쟁으로 보는 조선역사」, 석필, 1997.

이수현 편, 「대통령의 성공조건Ⅱ : 회고와 제언」, 동아시아 연구원, 2002.

이윤정 편, 「정치개혁과 국회개혁」, 동아시아 연구원, 2003.

임현백, 안선교 외, 「새천년의 한국과 세계」, 나남출판, 2000.

주용식 외, 「위대한 생각」, 월간조선사, 2004.

최영진, 「한국지역주의와 정체성의 정치」, 오름, 1999.

최장집, 「민주화 이후의 민주주의」, 후마니타스, 2002.

최장집, 임현진 편, 「한국사회와 민주주의」, 나남출판, 1997.

최평길, 「대통령학」, 박영사, 1998.

하영선, 「21세기 한반도 백년대계」, 풀빛, 2004.

국제관계연구회, 「국제정치와 한국」전4권, 을유문화사, 2003.

사회와 철학연구회, 「진보와 보수」, 이학사, 2002.

Josep Colomer(ed.), Political Institutions in Europe, Routledge, 1996.

Thomas Friedman, The Lexus and the Olive Tree, Random House, 2000.

David Frumm & Richard Perle, An End to Evil, Random House, 2003.

Gregory Henderson, Korea : The Politics of the Vortex, Harvard Press, 1968.

Samuel Huntington, The Clash of Civilizations; Remarking of World Order, Touchstone, 1996.

Lee Kuan Yew, From the Third World to First, Harper Colins Publishers, 2001.

Arend Lijphart, Parliamentary versus Presidential Government, Oxford Press, 1992.

Juan Linz & Arturo Valenzuela, The Failure of Presidential Democracy : Comparative Perspectives, Johns Hopkins Press, 1994.

Edward Mason & Mahn-Je Kim, The Economic and Social Modernization of the Republic of Korea, Harvard Press, 1980.

Michael Mezey, Comparative Legislatures, Duke University Press, 1979.

Kenneth Minogue, Politics, Oxford Press, 1987.

Andrew Roberts, Hitler & Churchill ; Secrets of Leadership, Orion Publishing Co., 2003.

Harry Rowen & Sang-Mok Suh, To the Brink of Peace, Stanford A/PARC, 2001.

정치시대를 넘어 경제시대로

초판인쇄 2004년 10월 10일
초판발행 2004년 10월 15일

지 은 이 서상목
펴 낸 이 이찬규
펴 낸 곳 북코리아
등록번호 제03-01240호
주　　소 140-011 서울시 용산구 한강로1가 141-3
전　　화 (02) 792-1007
팩　　스 (02) 795-0210
이 메 일 sunhaksa@korea.com
홈페이지 www.ibookorea.com

값 15,000원

ISBN 89-89316-46-4 93340